歴史的現実と西田哲学

絶対的論理主義とは何か

板橋勇仁

法政大学出版局

Historical reality and Nishida Philosophy

Nishida Kitarō, Tanabe Hajime and Tosaka Jun

Yujin Itabashi

凡例

一　西田幾多郎の著作からの引用および参照は、すべて『西田幾多郎全集』（岩波書店、一九六五～一九六六年発行第二刷）に基づく。引用と参照に際しては、たとえば第十巻第一頁なら（10, 1）のように、典拠箇所の巻数と頁数を示す。

二　西田の書簡からの引用および参照は、すべて新版『西田幾多郎全集』（岩波書店、二〇〇二年～）に基づく。引用と参照に際しては、日付と宛先を明示した上で、新版『西田幾多郎全集』を示す略号 SNZ と整理番号とを、たとえば整理番号一二二二であれば（SNZ 1222）のように付記する。

三　田邊元の著作からの引用および参照は、すべて『田邊元全集』（筑摩書房、一九六三～一九六四年発行）に基づく。引用と参照に際しては、たとえば第四巻第一頁なら（THZ 4, 1）のように、『田邊元全集』を示す略号 THZ と典拠箇所の巻数ならびに頁数を示す。

四　戸坂潤の著作からの引用および参照は、すべて『戸坂潤全集』（勁草書房、一九六六～一九七九年発行）に基づく。引用と参照に際しては、たとえば第四巻第一頁なら（TJZ 4, 1）のように、『戸坂潤全集』を示す略号 TJZ と典拠箇所の巻数ならびに頁数を示す。

五　引用文中の……は省略記号である。また、筆者（板橋）による註を引用文に挿入する場合は、その箇所を〔　〕をもって示す。

六　引用に際しては、原則として旧漢字を新漢字に改め、仮名遣いは原文のままとする。また原文中の圏点や傍点などの強調表現については省略する。

七　本文中の人名への敬称は省略する。西洋人名は現在において一般的なカタカナ表記法で記す。

目次

歴史的現実と西田哲学——絶対的論理主義とは何か

序論　後期西田哲学に問うべきこと

「現実の世界とは如何なるものであるか。現実の世界とは単に我々に対して立つのみならず、我々が之に於て生れ之に於て働き之に於て死にゆく世界でなければならない」（7, 217）。西田幾多郎は、論文「現実の世界の論理的構造」の冒頭で以上のように記している。同じ題の下になされた当時の講演においても「本当の現実は自分が其の中に居る世界でなくてはならない」（15, 214–215）と述べる西田は、しかし今までの哲学の論理ではこの「現実の世界」が十分に捉えられていないとして、冒頭の引用箇所に続いてまた以下のように記す。「従来、主知主義の立場を脱することのできなかつた哲学は所謂対象界といふ如きものを実在界と考へた。それは我々の外に見る世界に過ぎなかつた。之に対しては我々は単に見るものに過ぎなかつた。併し真の現実の世界は我々を包む世界でなければならない、我々が之に於て働く世界でなければならない、行動の世界でなければならない。かかる世界の論理的構造は如何なるものであらうか」（7, 217）。

上記論文が収められた『哲学の根本問題　続編』（昭和九年）以降の著作において展開された思想は、一般に後期西田哲学と呼ばれる。その中で西田は、詳しくは本書第一章で考察していくように、我々の自己がそこにおいて生まれ、働き、死にゆく場としての「現実の世界」とは、すでに形作られた世界から、新たな仕方で働く我々の自己が形作られ、生み出されていくような世界であるとしつつ、それを「歴史的現実」の世界として明らかにしていく。[1] すなわち「歴史と云ふものから我々は作られるものである、歴史の中から生まれるものである。併し又歴史と云ふものを作つて行く」(15, 402) とも述べられるように、すでに歴史的に形作られたものから新たな歴史が形作られるという、その運動全体に「歴史」の現実があるとされた上で、こうした歴史の現実こそが、我々の自己がそこで生まれ、働き、そこへ死にゆく場とされる。後期西田哲学は、我々の自己を包み、我々の自己がその中に居る「現実の世界」を「歴史的実在」の世界、「歴史的現実」の世界であるとみなして、その成立構造を明らかにしていくのである。しかし西田はまた「現実の世界」のこうした構造を明らかにしていくには、「我々は物の見方、考へ方を一変せなければならないのではないかと思ふ。そこに論理の新なる構造が要求せられるのではないかと思ふ」(7, 181) と述べる。[2] 従来、西田哲学の論理は東洋的な論理や宗教的な論理とみなされることが多かった。しかし西田が目指した新たなる論理とは、以下のような彼自身の言が示すように、明らかにそれらとは異なる論理であった。「私は西洋論理と云ふものと東洋論理と云ふものと、論理に二種あると云ふのではない。論理は一でなければならない」(12, 289)。「私は宗教的体験の立場から論じて居るのではない。歴史的現実の徹底的な論理的分析から云つて居るのである。而もその単に構造を分析して居るのでなく、その運動を究明して居るのである」(9, 57)。

だが「真の現実の世界を論ずるには、私は論理から出立せなければならないと思ふのである」(7, 218) とも述べたその西田は、絶筆となった「私の論理について」の中にこう記している。「私の論理と云ふのは学界からは理解せられない、否未だ一顧も与へられないと云つてよいのである。……私は先づ私の立場から私の云ふ所を理解せられることを求めるのである」(12, 265)。一体この言葉は何を意味しているのであろうか。「物の見方、考へ方を一変せなければならない」ような「新たなる構造」を持つ後期西田哲学の「歴史的現実」の論理とは、一体いかなる論理なのであろうか。[3] そして『善の研究』以来、私の目的は、何処までも直接な、最も根本的な立場から物を見、物を考へようと云ふにあつた。すべてがそこからそこへといふ立場を把握するにあつた」(9, 3)と言う西田の思索において、そもそも「論理」とはいかなる意味を持つものだったのであろうか。

一般に西田哲学の論理は〈場所的論理〉や〈絶対無の論理〉などと呼ばれ、それに加えて特に後期西田哲学の論理については、〈絶対弁証法の論理〉や〈矛盾的自己同一の論理〉などとも呼ばれている。[4] とはいえ、こうした〈絶対弁証法の論理〉や〈矛盾的自己同一の論理〉としての〈場所的論理〉の内容を単に記述しただけでは、ただちに後期西田哲学の論理を理解したことにはならない。たとえば、よく知られるように、西田にとって「哲学と宗教とは常に相表裏する」(10, 470) ものである。[5] すなわち、歴史的現実の構造を論理によって概念的に限定し、表現するような哲学的な思惟の立場と、あらゆる限定・規定や表現を超越するとされる絶対者に接して「そこに言語思慮を入る余地がない」(9, 67) とされる宗教的な経験の立場とは、「常に相表裏する」仕方で成立するものである。しかし、哲学の立場と宗教的経験との関係を単にそのように記述しているのみであれば、西田がここで言うところの「哲学」の内容を真に理解したことにはならないであろう。こうした記述によるのみでは、思惟による論理的な限定・表現を超越する直接的な宗教的経験と「常に相表裏する」ものとして自らを位置づける哲学的な思惟が、それ自体としてはいかなる立場を持ち、いかなる身分と妥当性を持って成立するものであるのかが明らかにされないからである。したがって、哲学の論理それ自身が、思惟による論理的な限定を超越するとされる宗教的経験に対して、いかなる地位と役目を持つものなのかが示されず、ゆえに、こうした直接的な経験を論理的に表現することがいかにして可能となるのかが十分に主題化されないからである。したがって、西田の「歴史的現実」の論理を理解しようとするならば、この論理がいかなる論理性を持ち、いかなる身分と妥当性を有する立場にあるのかが併せて主題化されなければならないし、そのためにはまた、哲学的な思惟の立場がよって立つ方法の意味とその根拠とが正確に明らかにされなければならないであろう。

しかもこの際にさらに併せて注意されなければならないのは、『哲学の根本問題　続編』以降の後期西田哲学の道行きが、確立された一つの定まった立場における道行きであるかの如くに捉えられてはならないということである。本書で考察していくように、たしかに『哲学の根本問題　続編』以降、晩年に至るまでの西田の思索は、それ以前の著作における〈初期ないし中期の〉西田哲学と区別して〈後期西田哲学〉と呼ばれるにふさわしい内容を有している。とはいえ、後期西田哲学の論理と方法が最終的に確立されるのは、田邊元や戸坂潤からなされる方法論的な批判に繰り返し応答しながら辿り着いた、『哲学論文集第五』および『同　第六』における方法論的な考察においてに他ならない。そこで西田は、田邊や戸坂から向けられた批判を意識しつつ、哲学的な思惟の方法が、歴史的現実の「記号的」ないし「概念的」な表現・限定にあることを明示した上で、「歴史的現実」の論理としての「矛盾的自己同一の場所的論理」は、論理による思惟の「概念的」な限定・表現の徹底という方法よりほかに、およそいかなる認識も経験も前提としない「絶対的論理主義」(10, 510) の方法によるものであること[6]、またその意味において「歴史的現実」の論理は「絶対論理」(10, 475) の立場に立つべきものであること[7]を提示したのである。したがって「歴史的現実」の論理としての「矛盾的自己同一の場所的論理」を理解するとは、論理による概念的な限定・表現を超越した宗教の立場それ自身が、哲学的な思惟において、概念的な限定・表現以外のいかなる方法も前提とすることなく論理的に限定され、表現されることがいかにして可能となるのかを理解することに他ならない[8]。それも哲学的思惟が歴史的現実の世界において、その限定・制約を媒介として成立するものであることを顧慮しつつ理解することに他ならない。

しかしそれでは、なぜ後期西田哲学は、我々の自己がそこにおいて生まれ、働き、死にゆく歴史的現実の世界を明らかにするために、こうした「絶対的論理主義」の方法による「絶対論理」としての哲学の遂行を要求するに至ったのであろうか。哲学の論理が、「絶対的論理主義」による「絶対論理」であるとされることは、我々の自己が歴史的現実の世界において生まれ、働き、死にゆくことにおいて、現実上いかなる意味を持つのであろうか。そして事実は、こうした問いに向き合い、そのことで後期西田哲学の論理が歴史的現実をいかなる方法によって、いかなる立場から明らかにしようとするものであるかが明らかにされる時にはじめて、後期西田哲学がなぜ「歴史的現実」を明らかにするのか、またそのためになぜ哲学の論理と方法への方法論的な問いが問われなければならないのかについて、理解することになるのである。というのも、「真の現実の世界を論ずるには、私は論理から出立せなければならないと思ふのである」（7, 218）、「如何なる問題が論ぜられるかと云ふ前に、それが如何なる立場から論ぜられるかが問題とせられなければならない」（8, 499）といった叙述や、哲学の方法が徹底的に遂行されることによってはじめて、我々の自己のあるべき行為の実践が可能となる（11, 157–158）という趣旨の叙述からも明らかになるように、そもそも歴史的現実の論理としての後期西田哲学それ自身が、常に哲学の論理へのこうした方法論的な考察を根幹に据えて進展してきたものに他ならない。したがって、こうした進展の歩みの中で獲得された「絶対的論理主義」の方法と、それに基づく「矛盾的自己同一の場所的論理」が有する「絶対論理」としての論理性を、まず正確に明らかにすることなくしては、後期西田哲学の歴史的現実の論理を適正な仕方で評価することはできない。[9] しかし、管見の及ぶ限り、今までの研究ではこうした「絶対的論理主義」の方法が明確に主題化され、明らかにされたことはなかった。今や西田哲学は、特定の立場や関心から理解されるのではなく、それ自身の内から歩み直されるべき時であろう。

本書では、「絶対的論理主義」による哲学の方法とはいかなるものであるのかを考察することで、後期西田哲学の論理を明らかにし、さらにはこの論理を、処女作『善の研究』以来の西田哲学の論理の進展と連関づけることで、『善の研究』から後期西田哲学に至る西田哲学の論理を貫く根本的な構造について明らかにしていきたい。[10]

なお本書は、この目的を果たすために、田邊元と戸坂潤による方法論的な西田哲学批判との連関において、後期西田哲学の論理と方法を考察していく。周知のように、西田哲学はまた、常に他の学問的思想と対決し、それを批判的に摂取することを通して展開されてきたものである。したがって後期西田哲学においても、その全体を詳細に明らかにするためには、西田が他の学問的思想をいかに参照し摂取したのか、その一々について検討される必要がある。だがここで本書が考察するような、後期西田哲学の論理と方法について言えば、それはとりわけ田邊元と戸坂潤から受けた方法論的な批判に向き合い、応答していく中で確立されていったものに他ならない。本書で明らかにされるように、西田にとってこれらの批判は、哲学の論理がいかなる身分と妥当性を持つものであるのか、したがって、この論理がよって立つ方法はいかなる地位と根拠とを持つものであるのかについて、整合的な回答を迫るものとして、重大な意義を有するものだったのであり、また西田はまさにこれらの批判との対話と対決によって、自らの論理と方法を確立していったのである。

言うまでもなく、従来、田邊と戸坂による西田哲学批判の内容を理解しておくことが、西田哲学の展開を理解するために不可欠であることが指摘されてきた。しかし本書が明らかにするように、両哲学者からの批判とは、まさしく他ならぬ西田哲学の論理と方法の妥当性をめぐる方法論的な批判が中心となったものである。したがって後期西田哲学の論理と方法を明らかにするためには、後期西田哲学の方法論的な展開を、まずはこうした西田哲学批判との連関の中で精密に跡づけていくことこそ、必要不可欠なことであると言わねばならない[11]。なるほど田邊と戸坂の批判は、ともにかならずしも西田哲学を正確に理解しておらず、その点において重大な難点を有するものではある。しかし実際には、これらの批判が提起する方法論的な問題そのものは、正当な、そして極めて意義深いものに他ならない。第一章において詳述するように、田邊の批判は「種の論理」の立場から、概念によって思惟の必然的媒介の過程としての「推論」の方法によってこそ、歴史的現実の論理が根拠づけられるとみなすものであり、また戸坂の批判は「唯物弁証法の論理」の立場から、概念的な思惟の検証・実証としての「実践的模写」の方法によって、歴史的現実の論理が根拠づけられるとみなすものである。したがって田邊からしても戸坂からしても、思惟の概念的な限定を超越する経験を根本にして展開される西田哲学の論理は、そもそも論理が概念を媒介とするものである以上、論理自身の客観的妥当性・必然性を根拠づけることが不可能なものである。むしろ西田哲学の論理は、歴史的現実に媒介されることなしに現実を恣意的に「解釈」（田邊、戸坂）するのであり、それは恣意的に主観化された現実の中に安んじて生きる立場から表明される「観想」的な「寂静主義」（田邊）や「意識主義」ないし「個人主義」（戸坂）の論理に他ならないとされるのである。

したがって田邊と戸坂による方法論的な批判は、哲学的な思惟の立場がよって立つ方法の根拠づけがいかなる仕方で可能となるのかを問うものなのであり、さらにはこの論理を表明する者が歴史的現実の世界にいかに向きあい、いかに行為し、いかに生死するのかを問うものに他ならない。そもそも方法論的な問いとはまた、単にその哲学の理論的な根本構造を問うにとどまるものではなく、歴史的現実において我々の自己が現に自己として生まれ、働き、死にゆく、まさしくその現実のありようを問うことなのである。しかし従来は田邊と戸坂による批判のこうした内実とその意義や射程は、両者の批判が西田哲学を正確に理解した上での批判とは言い難いことや、この批判が方法論的なそれであることが適切には顧みられてこなかったことなどもあり、かならずしも十分に理解されてこなかった。しかし他ならぬ西田自身は、こうした批判の方法論的射程を深く理解したのであり、したがって、西田哲学の「論理」そのものに焦点を当てて、哲学の論理と方法の探究という観点から後期西田哲学の展開を把握するなら、この展開は田邊と戸坂の論理を積極的に摂取しながら、その都度の自らの立場を批判的に超克していった、その変化・発展の過程として評価されるべきものなのである。

ともすれば従来は、後期西田哲学の展開は基本的に同一の構造を有する論理が体系的に展開していく過程として評価されることも多かった。しかし、西田の思索のこうした展開の過程を綿密に跡づけていくなら、西田が、田邊と戸坂による批判に応答しつつ、『哲学の根本問題　続編』から『哲学論文集第二』へと著述を進めることによって提起するに至った「絶対弁証法」の論理とその方法は、なおも田邊と戸坂による批判への応答に迫られていく中で、他ならぬ西田自身によってその不十分さが自覚され、こうした論理と方法も『哲学論文集第五』ないし『同　第六』に至って改められていくことが明らかになる。すなわち、従来は看過されてきたものの、西田が一旦は「歴史的生命」の論理としての「（絶対）弁証法的論理」として提起した哲学の論理は、「弁証法」ではない論理、すなわち「絶対論理」としての「矛盾的自己同一の論理」へと改められ、「行為的直観」として提起された哲学の方法はまた、「自覚的直観」のそれへと改められていったのであり、そこに「絶対的論理主義」の方法に基づく、後期西田哲学の「歴史的現実」の論理が確立されていくのである。したがって本書は、なぜ西田の思索がこのような道行きを辿っていったのかを検討しつつ、後期西田哲学の論理と方法が、田邊と戸坂による批判に応答する中で生成していくその過程を考察することを通じて、後期西田哲学の論理と方法を明らかにする。

本書はまず第一章において、後期西田哲学の根本構造が確立された『哲学の根本問題　続編』（昭和九年）および『哲学論文集第一』（昭和十年）を主題的に取り上げて、これらの著作で提起される哲学の論理と方法とを考察する。またこの考察を厳密に進めるために、『無の自覚的限定』（昭和七年）もしくは『哲学の根本問題』（昭和八年）の立場に対してなされた田邊ならびに戸坂による批判と、それを受け止めつつなされた、『哲学の根本問題　続編』ならびに『哲学論文集第一』への方法論的転回についても併せて検討する。

第二章では『哲学の根本問題　続編』および『哲学論文集第一』における哲学の論理と方法とに対する田邊と戸坂による方法論的な再批判について検討した上で、これらの批判と向き合うことで新たに提起された『哲学論文集第二』（昭和十二年）における哲学の論理と方法とについて考察していく。

第三章ではまず『哲学論文集第二』における哲学の論理と方法とが、田邊と戸坂による批判に真に応えうるものではないことを確認する。しかしこのことは他ならぬ西田自身によってまた強く自覚されていたことであった。『哲学論文集第三』（昭和十四年）以降、西田は自らの論理と方法とが従来抱えていた難点を克服しつつ、方法論的な考察を深めていくことで、それまでの自らの哲学的な方法を「絶対的論理主義」のそれとして提起するに至る。この章では主として『哲学論文集第五』（昭和十九年）における論文「知識の客観性について」「自覚について」や『哲学論文集第六』（昭和二十年）における論文「デカルト哲学について」において確立した後期西田哲学の論理と方法とを、『哲学論文集第三』以降の時期に執筆された諸論考も参照しつつ、明らかにする。[12]

最後に終章として、処女作『善の研究』（明治四十四年）からの西田哲学の論理と方法の進展を視野に入れつつ、前章までの考察の成果を確認することを通して、西田哲学はいかなる論理であるのか、それはいかなる方法によるものなのかについて考察する。ここにおいて『無の自覚的限定』以前の西田哲学の論理と方法を明らかにした拙著『西田哲学の論理と方法――徹底的批評主義とは何か』において残された課題、すなわち後期西田哲学の論理と方法を明らかにすること、そして『善の研究』から後期西田哲学に至るまでの西田哲学の論理と方法のその根本構造について明らかにするという課題を果たしたい。

註

（1） 西田にとって、「歴史」とは「形作られたものが形作る」（8, 207）ないし「形作られたものを足場として形作つていく」（8, 265）ことを意味し、それは「永遠の今の自己限定」ないし「絶対現在の自己限定」において成立するとされる。第一章を参照。

（2） この問題提起は、すでに『哲学の根本問題』（昭和八年）において述べられているものである。

（3） 本書執筆の際には、後期西田哲学の展開を詳細に跡づけた先駆的業績として以下のものを参照した。高坂正顕

「西田幾多郎先生の生涯と思想」（一九四七年）、『高坂正顕著作集』第八巻、理想社、一九六五年、一五－一二三四頁。小坂国継『西田幾多郎』、ミネルヴァ書房、一九九五年。また西田の場所的論理の提出と確立とを考察した上で、後期西田哲学の問題意識と根本構造とを、中期西田哲学のそれとの関係をふまえつつ明らかにした論攷として、以下のものに多くを学んだ。上田閑照『場所』、『上田閑照集』第三巻、岩波書店、二〇〇三年。

（4） 西田哲学の論理を「繫辞の論理」として主題化したものとして、鈴木亨『西田幾多郎の世界』（一九七七年）、『鈴木亨著作集』第二巻、三一書房、一九九六年、一九九六年、西川富雄「西田哲学と存在論の伝統」、大峯顯編『西田哲学を学ぶ人のために』、世界思想社、一九九六年、三七－五六頁、また「矛盾的自己同一の論理」として主題化したものとして、荒谷大輔『西田幾多郎』、講談社、二〇〇八年、がある。なお西田哲学の論理を「（絶対）弁証法の論理」として考察した文献については、第一章註11および12を参照。

（5） 第三章で考察するように、後期西田哲学において、哲学的な思惟の立場は「世界の概念的自覚」（10, 471）の立場として定式化される。

（6） ただし本書で後述するように、西田によれば、思惟による概念的な表現の自己展開が実現することそれ自身が、とりもなおさず、思惟が思惟自身の自己展開・自己導出を否定する直接的経験の事実を媒介としていることの表現であり証左であるとされる。この際、こうした逆説的な事態を理解するには、思惟の概念的な限定が媒介する否定性の機能と位相とが考察されなければならないであろう。詳細は第三章を参照。

（7） 引用箇所において、西田は「絶対論理」とは「論理が我々の歴史的生命を規定する」（10, 476）ような論理であると述べる。

（8） 西田によれば、いかなる意味でも限定・表現を超越するものとは、限定され表現されたものと、それとの対立・区別において消極的に限定されるような無限定・無媒介なるもの、その意味での限定・表現のできないものとの、そうした対立図式そのものを超越するもののことである。西田からすれば、限定・表現を超越する直接的経験は、かえって自らについての限定・表現を自らの成立の必然的契機として自らの内に含むものであり、ゆえに、この構造をいかに整合的に示しうるかが、限定・表現を超越する経験がいかにして概念的な限定・表現にもたらされるかという問いに際して、西田が向き合うべき課題である。これについては、本書第一章以降を参照。

（9） 後期西田哲学の考察は、実践論・国家論・文化論・芸術論・宗教論など、多岐にわたるが、それらの正否を当時の時代状況にも照らしつつ評価していくには、これらの議論や、そこで使用される概念が、いかなる立場からの、いかなる文脈においてのものであり、いかなる論理を目指すために用いられているものなのかが、まずもって理解される必要があろう。そのためにはまた、まずもって後期西田哲学の論理と方法それ自体が根本的に理解されなければならないであろう。

(10) 後期西田哲学の論理を方法論的に考察したものとして以下を参照した。高坂正顕「西田哲学の方法」(一九四八年)『高坂正顕著作集』第八巻、理想社、一九六五年、四〇一―四〇六頁、新田義弘『現代の問いとしての西田哲学』、岩波書店、一九九八年。しかしいずれも「絶対的論理主義」の方法を主題化してはいない。ただし後者からは行為的直観と自覚的直観の区別について教示を得た。なお西田哲学研究という形をとってはいないが、しかし実質的には後期西田哲学の場所的論理を方法論的に考察していると評価しうるものとして以下がある。務台理作『場所の論理学』(一九四四年)、こぶし書房、一九九六年。しかし同書で「場所の論理の方法」とされる「無智の智」が、西田自身が提起するところの「絶対的論理主義」の方法としての「自覚的直観」といかなる関係にあるのかについては、必ずしも明らかではない。またそもそも同書において、西田が方法論的に探究したような、直接的経験に対する哲学の論理の身分と妥当性が十分に主題化されているとは言い難い。務台の言う「場所の論理」の方法については、同書一〇三―一〇四頁、一四八―一四九頁、一五三―一五六頁などを参照。

(11) 従来の研究では、後期西田哲学の方法はしばしば「徹底的実証主義」、「絶対的客観主義」のそれであるとみなされてきたように思われる。これらの方法と「絶対的論理主義」の方法との関係については、終章を参照。

(12) なおこの章では『哲学論文集第三』以降の西田哲学の内容を考察するが、それはまた実際には実践論・国家論・芸術論・文化論・科学論・生命論・宗教論などの多方面にわたる思想内容を含んだものである。ただしこれらの内容について、本書は基本的には立ち入らず、ただ後期西田哲学の論理と方法とを明らかにするために必要な限りにおいて触れるにとどめる。なおこのうち宗教論を展開したもので、西田が生前に完成させた最後の論文である「場所的論理と宗教的世界観」(一九四五年)は、周知のように従来からその内容の重要性が強く指摘されている論文である。同論文はその中において後期西田哲学の論理と方法とを主題化した論文「デカルト哲学について」では主題的に展開されていなかった「逆対応」などの概念が鍵概念として用いられるなどの点で注目に値する。しかし同論文においては哲学の論理と方法への考察それ自体が主題化されてはいない。そのため本書では同論文を考察対象とはせず、その詳細な考察は本書の考察の成果をふまえて別途試みることとする。

第一章　行為的直観と絶対弁証法の論理

――『哲学の根本問題　続編』から『哲学論文集第一』まで

一　歴史的現実の論理への問い

序論においてすでに触れたように、西田は『哲学の根本問題　続編』の冒頭に収められた論文「現実の世界の論理的構造」を以下のように書き起こす。「現実の世界とは如何なるものであるか。現実の世界とは単に我々に対して立つのみならず、我々が之に於て生れ之に於て働き之に於て死にゆく世界でなければならない。従来、主知主義の立場を脱することのできなかつた哲学は所謂対象界といふ如きものを実在界と考へた。それは我々の外に見る世界に過ぎなかつた。之に対しては我々は単に見るものに過ぎなかつた。併し真の現実の世界は我々を包む世界でなければならない、我々が之に於て働く世界でなければならない、行動の世界でなければならない。かかる世界の論理的構造は如何なるものであらうか」(7, 217)。

西田が探求しようとする論理とは、以上の引用箇所において明確に示されているように、我々がその中で生まれ、働き、死にゆくような、最も具体的で現実的な場としての「世界」が一体いかなる構造をもって成立しているのか、それを明らかにするものである。そしてこの際に西田の念頭にあるのは、我々の自己は、他ならぬこの自己として唯一度生まれ、働き、死にゆく、そうした代替不可能なる唯一独自の個としての存在であるということ、しかもこうした我々の自己の存在はまた、あくまでも現実の世界において、その中から可能になるということである。

西田によれば、我々の自己は「唯一なる個物」であり（7, 239）、「自己は何処までも自己を限定する意味を有つたもの」（7, 236）、すなわち唯一の個として他によらずに自らによって働き、自らを規定・限定するものである。しかし「個物は唯個物に対して限定せられる」（7, 221）ゆえに、我々の自己とはまた、世界において特定の仕方ないし関係において、他の個に対して限定された存在である。我々の自己とは、唯一のこの自己として自らによって働き、自らを創造していくことにおいて自己であり、自己がこうした能動的な主体性・創造性を有しておらず、他のなにものかに還元され、代替されてしまうような存在であるなら、そもそも何らかの仕方で自己をこの自己として理解し他と区別することも不可能となろう。とはいえ、我々の自己の主体性はまた、世界において他と異なるこの自己のそれであるがゆえに、自己は特定の仕方ですでに限定され決定されたこの自己として与えられ、働くほかないのであり、その意味において、我々の自己は、自らの能動的な主体性・創造性への根底的な否定を介して存在し、それゆえ世界の中で死にゆき、消滅する存在である。しかも自己がこの自己として唯一固有の主体性・創造性を有することと、我々の自己の主体性・創造性を否定する世界において自己の存在が可能になるということと、この両者の決定的な矛盾は、我々の自己が唯一の個たるこの自己として存在する限り不可避のものであり、解消されたり克服されたりすることの決して無いものである。

西田にとってこうした矛盾とは、まさに冒頭の引用にもあるように、現実の世界が「我々を包む世界」であると同時に、「我々が之に於て働く世界」であるということに他ならない。そして現実の世界のこうした矛盾を含んだありかたが、西田によれば「歴史的」ということである。すなわち西田の言う「歴史的」とは、単に過去の来歴を意味するものではなく、過去にすでに形作られたものを基にしつつそこから新たな創造が生じるというありようそれ全体のことである。したがって西田が、「現実の世界」は「歴史的実在」の世界である、ないしは「現実の世界」は「歴史的現実の世界」であると述べる時、それは過去の単なる継続を否定して、自由に新たなものを「形作る」主体が、すでに形作られた現実の世界において「形作られる」ないし生まれるという、現実の世界の矛盾したありようが念頭に置かれている。ゆえに、端的には「形作られたものが形作る」(8, 207) とも定式化される、単なる機械的因果性を原理とするのでも、また単なる恣意的偶然性を原理とするのでもない、現実の世界のこの歴史的形成の有する構造を解明するものが、西田の言う「歴史的現実」の世界の論理である。

そして西田がこうして「歴史的現実」の世界の論理を企図することは、『哲学の根本問題　続編』の「序」で西田自身が明確に述べているように、「前書〔『哲学の根本問題』〕の『私と世界』に於ては尚自己から世界を見るという立場が主となつてゐたと思ふ。従つて客観的限定といふものを明にするのが不十分であつた」(7, 203) のに対して、「歴史の底には個人をも否定するものがなければならない」(7, 210) ということを、厳密にそして適確に主題化することでもある。[1] 換言すれば、我々の自己の唯一固有の創造性を可能にするような仕方で我々の自己を限定し包括している「歴史的現実」の構造を、すなわち我々の自己が恣意的に創作したり改変したりすることができない客観的現実性を歴史的に有する世界の構造を、明らかにすることである。

西田によれば、従来の哲学は、そこにおいて我々の自己が行為する歴史的現実の世界の内から出発するのではなく、しばしば自己（意識）から出発して世界を把握しようとするのであり、世界の実在性の原理をただ自己の内から導出しようとする「主観主義」(8, 98) の立場を払拭したものとは言えない。それは実際には自己を世界の外に置き、したがって世界において他に媒介されない、そうした無媒介な自己を基準にして世界を傍観しているにすぎないが、しかし世界において限定される個でないような自己は自己ではない以上、こうした「主観主義」は、世界はもちろん実は「自己そのものを深く問題とせない」(8, 118) ものである。西田にとって「自己そのものを深く」問うとは、世界における自己を問うこと、すなわち自己が世界において具体的に唯一のこの自己として生き働き死にゆくそのありようを問うことであり、しかもこうした唯一の個への問いは、むしろすでに見てきたように、歴史的現実の世界の包括性・客観性と我々の唯一無二の自己に固有の創造性とがいかなる仕方で関係するのかを、その緊張関係を解消することなしに問うことに他ならない。したがって、まさに我々の自己が唯一の個たることへのこうした問いを徹底的に探求するからこそ、西田は、むしろ自己から出発する「主観主義」をあくまでも退けつつ、我々の自己が唯一の自己として主体的に働くことそれ自身がまた歴史的世界の客観的な形成において可能となっているということを明らかにしようとするのであり、換言すれば、それ自身いかなるものにも還元・解消されない唯一の自己の創造性を、「形作られたものが形作る」ような世界の歴史的な形成の構造から明らかにするような論理を要求するのである。

それでは、こうした問題意識の下に企図される哲学の論理とは、いかなる論理であろうか。それはいかなる方法に基づき、したがっていかなる仕方で真理性を持つものであろうか。そもそも一般に論理と言えば、通常は、世界の構造そのものというよりも、むしろそうしたものを知るために使用する、我々の思考方法・形式のことを意味しよう。しかし実際には、何らかの論理的思考方法によって我々が世界を知ること自身、まさに当の世界の中で現に起っている出来事と言わねばならない。もしも我々が全く世界の外部に存在するのであれば、そもそも世界について思考し知るということも原理的に不可能である。それゆえに、およそ我々が世界について思考し知ることができる限り、我々は現に世界の内に居て、「現実の世界」において考えているのでなければならない。「我々が物を考へるといふのは、既に現実に於て考へて居るのである」(8, 126)。このことを顧慮すれば、我々が論理によって歴史的現実の世界を知り得るのは、まさに我々がそうして世界を知ることが可能になるような仕方で現実の世界それ自身が歴史的に自らを形成するからだと言わねばならない。しかも歴史的現実の世界について論理的な仕方で知ること自体、すでに世界における「一種の行為」であり（8, 54）、またその意味で世界の形成に他ならない。ここでは、現実の世界の歴史的形成の営みそのものの内に、論理性の根底が見出されるべきであり、論理が論理として成立する構造が求められるべきである。したがって西田の求める「論理」とは、単なる思惟の方法にとどまらず、まさしく論理によって世界について知るという出来事がそこで生じる歴史的現実の世界の動的な自己形成の在り方そのものであると言えよう。したがって歴史的現実の「論理」とは、思惟による対象的な限定によってではなく、いわば我々の自己が歴史的現実の自己形成を直接に生き抜き、経験することにおいて把握され自覚されるものに他ならない。

だが以上のように、論理をまた歴史的現実の世界の自己形成のあり方と捉えるなら、さらに論理の論理性そのものの理解も、その根本的な転換を迫られることとなろう。すでに本書の序論で述べたように、西田は歴史的現実の世界の論理を展開するために「我々は物の見方、考へ方を一変せなければならないのではないかと思ふ。そこに論理の新なる構造が要求せられるのではないかと思ふ」（7, 181）とさえ述べる。次節で詳述するように、我々が世界の歴史的形成を直接に経験し自覚するありようは「行為的直観」と呼ばれ、そしてこの行為的直観において元来我々の自己は自己として存在し、自己として生きるとされる。そして歴史的現実の世界の根本的な論理構造とは、さしあたり『哲学の根本問題　続編』と『哲学論文集第一』においては、現実の自己の最も具体的で直接的なありようであるこの「行為的直観」の方法によって把握されるものに他ならない。「哲学といふのは客観的対象の学問ではない、行為的直観の学でなければならない」（8, 211）。というのも、西田にとって哲学の論理とは、これから考察していくように、思惟による限定や根拠づけを超えた直接的な経験である「行為的直観」において実現される思惟によって、歴史的現実の構造を限定し明らかにしていくものに他ならないのである。すなわち西田の論理は、歴史的現実の世界における我々の自己の直接的な経験の徹底と、世界の構造の思惟による体系的・統一的な限定の徹底との間の緊張関係の内で成立すると言うべきものとなるのであり、その意味においてまさしく「新なる構造が要求せられる」独特の論理となるべきものである。だがそれでは我々の自己の最も具体的で直接的なあり方であり、「歴史的現実の論理」の方法である「行為的直観」とは、一体いかなる事態なのであろうか。次節において検討したい。

二　行為的直観と永遠の今の自己限定——「非連続の連続」と否定性

西田からすれば、「行為的直観」とはいかなる事態であるのかを明らかにすることは、現実の世界の「歴史的」な形成の側から我々の自己の行為のありようを明らかにすることであり、それは現実の「歴史的」な形成のその本来のありようが、「永遠の今の自己限定」として明らかになることである。手始めとして、我々の自己の行為が、「形作られたものが形作る」ような、現実の世界の歴史的形成において可能となるという、前掲したところの構造をより詳しく考察していこう。「形作られたものが形作る」とは、後年「作られたものから作るものへ」とも定式化される運動、すなわち、形作られたものを足場として新たなものを形作っていくことを指す。「この世界にあるものは、既に形作られたものであり、形作られたものが形作つていくのである。我々は……形作られたものを足場として形作つて行くのである」(8, 265)。このことは西田からすれば、さしあたり我々の自己の行為は、文化的・物質的・生物的など、およそ広い意味におけるすでに「形作られたもの」としての世界、いわば特定の自然環境や文化的・社会的伝統などが折り重なる現実の世界の中から「形作って行く」ものに他ならないということである。

たとえば単純に、私が物を動かすという場合でも、物は単に私の意のままになるものではない以上、私はすでに形作られているその物の組成や性質・性状にあくまでも従わなければならないのであり、この意味では、むしろ物が私をして動かしめている。実際、物がスムーズに動いている時、私が物を動かすことと物が私を動かすこととは、共に一つの動きをなしてそもそも直接に一つの出来事であり、また両者が直接に一である限り、私が物を動かすという出来事が実現している。この事態において実際に起っているのは、すでに形作られた「物」と、物を動かす主体、新たな出来事を形作る主体としての「私」という二つの〈もの＝実体・基体〉が各々互いに独立にそれ自身で先に存在して、それが関係するということではなく、物が私を動かし私が物を動かす〈こと〉がそれ全体として、それ自身で生じている事態である。物が物自身から働き、物の性質・性状を現わすのを私が受け取ること、すなわち西田の言い方では受動的に「見る（直観する）」ことが、直ちに私が私として能動的に「働く（行為する）」ことなのである。

実際、西田によれば、我々が用いるさまざまな技術ひとつを取ってみても、そうした技術とは「物が我を限定し、我が物を限定する」ことであり（7, 340-341）、したがって単に主体としての私に属するものではなく、むしろ私の働きが、いわば物の働きの中に入り、物の働きが私の働きとなること、物の働きと私の働きとが直接に一つの働きとなることである。しかも西田からすれば、こうした「技術といふものが我々の行為的自己に本質的なものでなければならない」（7, 341）。たとえば包丁を研ぐ技術とは、私の動きと包丁の動きが、全く一つの動きとして実現されることである。そして、その都度の固有の状況の中で刃をこぼすことなく包丁を研ぐということは、研ぐという仕方で、すでに作られた各々の包丁におけるその固有の質感を誤りなく見ているということであり、また適切に研ぐために生かすべき自らに固有の性状や身体のさばき方などが、誤りなく働いているということである。もちろんこうした事態は日本の伝統に限ったことではなく、たとえば異なる伝統においては料理用ナイフを研磨するという技術において同様の事態をなしている。

物を動かす、包丁を研ぐといった例に限らず、自転車に乗る、料理を作る、建物を建てる、音楽を合奏する、人と対話をする、組織のありようを変革するなど、そもそも物事を動かし、作り出す技術が実現している時、そこでは、まさにそれが実現しているその〈こと〉自身において、すでに形作られていたもの（道具・素材・関係など、そしてそれらの背景にある環境・文化・法則・制度・社会構造など）の「働き」と、新たに形作る私の「働き」とが、互いに他を介して自らを表現しつつ、しかも互いに他に還元されることなく否定を介して直接に一つの〈こと〉となっているのである。もはや形作られたものとしての他も、形作る私もないような仕方で、しかもそれゆえにこそ、異なる他と私とが働いているこうした出来事においては、私は受動的に見てから能動的に働くのでも、また逆に、能動的に働いてから受動的に見るのでもなく、「見る」ことは直ちに「働く」ことであり、「働く」ことは直ちに「見る」ことである。「主観が客観を限定し客観が主観を限定することが、物が働くといふことであり、逆にそれは我々が行為によつて物を見る、行為的直観といふことである」（8, 155）。そして私は、この直接的な行為的直観というありようにおいて私として生きるのであり、私を自覚するのである。「我々は働くことによつて真の自己を見出すのである。そこに我々の真の自覚がある」（8, 54）。形作られたものとしての他と、形作るものとしての自己とは、そもそも独立自存する〈もの＝基体・実体〉として互いに関係しあうのではなく、かえって〈形作られて形作ること〉の自己形成それ自身において、その相反する要素ないし方面として存在し、働くのである。

したがって以上のような西田の論理は、しばしば誤解されるように、私と他との、あるいは形作られたものと形作るものとの対立を無意義化するような非歴史的な直接性の経験の称揚をめざすものではありえない。むしろ行為することは、我々の自己の生を成立させる否定性のありようが提起されている。すなわち、私が私として在り、ここでは、になることが示されているのである。世界において我々が生き、行為することとは、〈働きつつ見る〉ような行為的直観として、すなわち〈形作られて形作る〉〈表現されて表現する〉という、否定を介した協働的な出来事がそれ自身で生じることである。本来、我々の自己は、まさしく過去に「形作られたもの」と未来に向かって新たに歴史を「形作るもの」とが否定を介しつつ〈形作られて形作ること〉それ自身として存在し、行為する。

西田によれば、「歴史的世界」とは、何らかの限定する〈もの＝基体・実体〉が根底にまずあって、それが自らを歴史的に限定し形成することで現れるものではなく、はじめからいわば底無き仕方で「限定するものなくして限定する無の限定の世界」(8, 18) として成立している。歴史的現実の世界とは、〈形作られて形作る〉ないし〈表現されて表現する〉出来事が自ら生成していくこととして、世界が世界として自らを形成し表現する〈こと〉それ自身である。いわばこうしたいかなる〈もの＝基体・実体〉もない、「無」基体的な、すなわち西田の言う「無基底的」な限定ないし形成こそ、歴史が歴史として成立し、形成されることなのである[2]。

したがって行為的直観とは、我々の自己が自己を表現し形成する〈こと〉と、歴史的世界が歴史的世界として自らを表現し形成する〈こと〉とが否定を介して相異なりつつも直接に一つとなる〈こと〉を意味するのであり、換言すれば、むしろ我々の自己の自己形成は、我々の自己を基体としてそこに成立するものではなく、歴史的世界が「無基体的」・「無基底的」に自己形成する〈こと〉において成立している。「行為は単に主観的に起るのではない。それは世界の自己限定として生起するものでなければならない」(7, 381)、「我々の行為と考へられるものは……世界が世界自身を限定する形成作用の意義を有つて居る」(7, 358-359)。行為的直観は、我々の自己による行為であると共に、しかし単に自己によってのみ実現しうるものではなく、むしろまた世界の自己形成によって与えられる客観的な現実性を持った事実ないし出来事でもある。西田がしばしば述べるように、我々の自己の行為は他のいかなる〈もの＝基体・実体〉にも依存しない「個物の自己限定」であると同時に、それはいわば「主観的・客観的なる世界の一面」として、「世界の個物的限定」に他ならない。

ゆえに、行為的直観という事態を歴史的現実の世界の側から捉えれば、それは、我々の自己がいわば世界の個物的な唯一無二の「形成作用」ないし形成要素として自らを自覚するということであり、見ることと働くこととは、ないしは形作られることと形作ることとは、元来まさに歴史的現実の世界それ自身の自己限定・自己形成の不可分にして相反する要素ないし方面をなす。行為的直観とは、我々の自己の自己形成が他の何ものにも還元不可能な唯一固有の仕方において、しかもそれが世界の自己形成と直接に一つであるような仕方で成立していることを自覚することによって可能となるのであり、すなわち、自己の差配に対する否定に媒介されて歴史的現実の世界の自己形成に開かれ、そこにおいて世界の「個物的限定」として生きること、その〈こと〉において可能となるのである。

とはいえ、こうした西田の論理にはまた、当然の如く疑念も生じてこよう。上述してきたように、西田は、働くことと見ることとが、あるいは形作ることと形作られることとが、否定を介して直接的に一つの〈こと〉である「行為的直観」に、唯一の個性を有したこの私と他のものとの、ひいては世界そのものの、その真のありようが現れている事態を観て取る。しかしそもそも行為的直観とは、訓練などを経た末に獲得されるごく特殊な体験、自他融合一致の体験にすぎず、ゆえにまた、そうした直接的な行為的出来事を世界と自己との最も根本的な真相と観て取るのは、分析的で限定的な知識や、それをもたらす思惟や反省が持つ固有の意義と妥当性とを不当に軽視することになるのではなかろうか。むしろ、物を動かすことであれ、包丁を研ぐことであれ、そうした行為が行為的直観として実現するに至るまでの過程は、分析的な思惟や反省を介した試行錯誤のそれであり、必ずしも直接的な行為的直観として生きられ、自覚されてはいないのではないかとも考えられよう。

しかしこうした疑念が生じるのは、行為的直観が、まさに世界の歴史的形成において実践される行為であることが十分に理解されていないことによると思われる。たとえば包丁の研ぎ方についての知識がなければ私は包丁を研ぐこともできないであろうが、しかしまたそうした知識を有しているだけでは、研ぎ方を知っていることにはならないのであり、私がいかに包丁を研ぎうるのかは、実地に訓練し工夫していく中で発見していくべきものでもある。力の入れ方や角度の取り方などがすでに知識として得られていたからこそ実際に研ぐことができたのであるが、しかし実際に研ぎえたことで初めて、力の入れ方なり角度の取り方なりの実質的な指示内容やその合理性が理解されたことになったとも言いうる。

言うなれば、私は包丁の研ぎ方について何を知っていたのか、私は研ぎ方の何を知りたかったのか、ひいては、なぜ私は包丁を研ぎたかったのか、そして私とは何者であるのか、それを私は実際に包丁を研ぐ〈こと〉の中で、最後に発見するのである。だからこそ、包丁を研ぐことそれ自体が、料理人の精神修養の場ともなるのであろう。〈うまく研ごう〉という想い（欲や見栄）までもが捨て去られるほどに、各々の包丁の個性に従って適切に研ぐ訓練を積むことは、かえって自分なりの型が生み出されることであり、自己が研ぎ澄まされる行ですらある。包丁を研ぐ技術やその知識、あるいはそれを実践する私やその意志などは、包丁を研ぐことを可能にしたものであると共に、またそれらは包丁を研ぐことに先立って明らかになっているのではなく、包丁を研ぐことが実現することで、私も物もないような「行為的直観」という仕方で後から明らかになり、その本質を持つのである。したがって、現在は言うまでもなく過去を原因にして定められているが、しかし過去は新たな現在の生起により、自らが否定されて新たな相貌を持つことで、自らの本質を持ち、自らを明らかにするのであって、その意味では過去の本来の姿はあくまでもまた現在によって、正確に言えば、未来に向けて現在に行われる形成によって、定められるのである。

したがって西田によれば、現実の世界の歴史的形成とは、現在の我々の自己に定位して言えば、「我々はいつも歴史的に限定せられ、或時或場所に生れる、限定せられた世界に生れる」と共に、我々の自己がその「限定せられた世界」を「否定すると共に肯定し行く」ことである[3] (7, 412)。すなわち歴史的な形成は、すでに述べたような行為的直観という仕方で、「形作られたもの」と「新たに形作るもの」とが、互いに他から否定されることによって〈働きつつ見ること〉ないし〈形作られて形作ること〉において、実践されるのである。そして上述してきたように、この〈形作られて形作ること〉の底には、それに先立って存在し、すべてを限定する〈もの〉など存在せず、過去と未来とを限定し媒介する〈もの＝基体・実体〉などないゆえに、過去と未来とは、そのどちらかが基点となるのではなく、いわばその非対称性それ自身を媒介として存在する。両者は自らの否定を介して現に互いに〈形作られて形作ること〉において、しかもその〈こと〉のそれ自身による自己生成の直中においてのみ、自らを持つのであり、またそうした仕方で現在において互いに他を呼び起こしあい、一つに結びつきつつ、各々のその唯一固有のありようへと充実する。

したがって、「行為的直観の世界は、現在が過去未来を含むのみならず、過去未来が之に同時存在的なる世界でなければならない」(8, 82)。ここで「同時存在的」とは現在の世界が否定を含むということ (8, 84)、すなわち過去と未来とが否定を介して直接に一つの〈こと〉として現在するという意味である。したがって西田によれば、過去と未来とが否定を介しつつ「同時存在的」であるような現在、すなわち「永遠の今」こそが、「行為的自己としての我々が立つ此の現在」としての「歴史的現在」なのであり、我々の自己がそこにおいて生きる「歴史的現実の世界」とは、「永遠の今の自己限定」とも言うべき、まさに絶対的に現在が現在自身を限定し形成する〈こと〉において、成立する世界なのである。

とはいえ、こうした西田の論理に対しては、詳しくは後に検討する田邊元の論文などにも見られるような批判も予想されよう。すなわち我々が行為する歴史的現在が「永遠の今の自己限定」として成立し、そこにすべての過去と未来とが直接的に一つとなるとみなされるのなら、それは結局、過去からの歴史的な限定・制約を超越して、現在においてすべての歴史を一挙に直接に把握しうるとみなすことに帰結するのではないであろうか。こうした批判から見れば、むしろ西田の立場は、歴史的な有限性・相対性を孕む現在における我々の自己の行為を実は不当に絶対化しており、実質的には、歴史的現実の世界を離れて自己をその外に置き、その自己を基準にして世界を傍観し観想する、非歴史的な主観主義であることになろう。

だが西田からすれば、こうした批判の立場こそ、自己が行為しているこの現在を世界の歴史的形成と無媒介に自己自身で存在するとみなした上で、その自己を基準にして世界を見るという意味での非歴史的な「主観主義」に他ならない。ともすれば通常は、この自己の行為的現在がそれ自身において自らの存在根拠を持ち、それ自身で自己同一的に現前するとみなされる。しかし、自己同一的な自己現前・自己肯定をいかなる否定性（他性）よりも先置きするこうした態度は、かえって世界の歴史的形成を自己の下に差配しようとする独断的な自己肯定に終始していると考えられる。むしろ「形作られたものが形作る」という世界の歴史的形成における我々の自己の行為的現在が真の意味で問われるなら、現在は自らと峻別される〈もの＝基体・実体〉によって、事後的に否定されて媒介されるのではなく、現在が現在であるその自己肯定それ自身が、直接に否定的な媒介性によって貫かれているのでなければならない。したがって過去は、自らに回収したり、自らから根拠づけたりできないような異他的なる現在（における未来への志向）に否定的に媒介されることでのみ、自己同一を持ち、自己の内的統一性を持つのであり、現在（の志向的未来）もまた、そうした仕方で過去に否定的に媒介されることでのみ、自己同一・自己統一を持つ。

西田はこうした自己同一を「矛盾の統一」（「弁証法的統一」「弁証法的自己同一」）ないし「非連続の連続」と呼び、以下のように述べる。「行為的直観の世界はその一般的限定の方向に一般的統一を考へることもできなければ、その個物的限定の方向に個物的統一を考へられるものでもない。その底に何等の意味に於ても統一とか連続とかいふものを考へることはできない。唯絶対の否定即肯定、絶対の肯定即否定の弁証法的統一としてかかる世界が考へられるのである。此故に私はかかる世界を非連続の連続の世界とか絶対無の限定の世界とかいふのである」（7, 206–207）。決定された過去がそれ自身でまずあって、それに基づいて個々の現在が帰結するとみなされる時、個々の現在のありようはまた、必然的・普遍的（一般的）因果性によって包括され、限定されるとみなされることとなろう。ゆえに西田からすれば、過去の自立的自己同一・自己統一を認めることは、世界が「一般的統一」によって成り立つとみなすこととなる。そして逆に、個々の現在が自己自身で自立的に自己同一・自己統一を持ち、過去によらずにその都度世界を創造していくとみなすことは、世界が「個物的統一」によって成り立つとみなすことである。[4] しかしすでに述べたように、過去も現在もそれ自身で自己同一・自己統一を持たないゆえに、本来、世界は単なる一般的統一によっても、また単なる個物的統一によっても根拠づけられない。過去と現在、ないし一般的限定と個物的限定とは、それ自身で自立的に自己統一を持つことへの否定において自己統一・自己肯定を持つ。そしてこの否定性にこそ、西田の言う「否定」の真義がある。それゆえ西田は、こうした「否定即肯定」「肯定即否定」の自己統一について「その底に何等の意味に於ても統一とか連続とかいふものを考へることはできない」と述べる。それは世界が無差別・無統一であるということではない。無媒介なる無統一的なるものとはまた、そうした仕方でそれ自身において成立し、自立的に自己統一を持つ基体・実体に他ならない。むしろ西田が述べようとするところは、自立的自己統一へのこうした部分的・相対的な否定を媒介してではなく、自立的自己統一への真の意味での否定、「絶対の否定」を媒介として世界が成立するということである。したがって西田は、世界の自己統一について、それが自立的に自己完結した自己統一としての基体的連続の絶対的な否定を媒介とした、無基底的（無基体的）な自己統一・自己連続であるがゆえに、「非連続の連続」あるいは「絶対無の（自己）限定」と呼ぶのである。

そしてこうした自己同一・自己統一こそが、まさに働くことと見ることとが、ないしは形作ることと形作られることとが、否定を介して直接に一つである「行為的直観」を意味するものに他ならない。「我々は我々の行く所を知らない。我々は行為的自己としてこの現実の世界に即し、見ることによつて働き、働くことによつて見て行くのである」（7, 359）。そもそも行為的直観とは、〈働きつつ見ること〉がそれ自身で無基底的に生成するということであってみれば、それは今ここに働いていることだけがその方向が与えられる仕方であるということ、働くことで今ここにその都度はじめてその方向が見られていくということに他ならない。行為的直観として示されている事態は、否定を媒介する行為の過程を超越することなどではなく、むしろその反対に、行為の前に一挙に全体を直観することはできないということ、歴史的世界における我々の自己の行為が、いかなる意味でも先取りすることができず、ただその実践において、すでに形作られた過去に否定的に媒介されることにおいてのみ成立するということに他ならない。その都度の〈働きつつ見ること〉ないし〈形作られて形作ること〉の実践において初めて、働きとその主体がまたそれとして与えられ、自己統一を持つのであり、働くことと見ることとの両者は、働くことの内からも見ることの内からも連続的に導出したり根拠づけたりすることができない仕方で自己統一性を有する。我々の自己の唯一無二の主体的な行為はまた、自己統一の差配・統御への全き否定を媒介として、自らからはその実現を導出し得ない仕方で、「非連続」的に自己肯定・自己統一を持つのである。

したがって、西田の言う「非連続の連続」とは、新たな現在がその都度非連続的に連なるということ、すなわち「非連続」が「連続」することではない。自己同一的・自己統一的に現前する現在（＝個物的統一）がその都度非連続的に連続するのではなく、自己の行為が自己統一的・連続的に成立する〈こと〉と、自己の行為が自己によっては実現しえない、自己を超えた仕方で非連続的に与えられる〈こと〉とが、直接に一つの〈こと〉をなすのであり、その意味において、むしろ「非連続即連続、連続即非連続」とも言われるのである。正確を期すなら、自己の内的連続の成立と自己を超越した非連続の成立とが、互いに他に還元されず、徹頭徹尾異他的なるままに、直接に一つの〈こと〉をなしているというまさにこの〈こと〉において、我々の自己は内的連続への否定を媒介として、自己に固有な仕方で新たに歴史を形作り、創造することが可能となるのである。現在における我々の自己の行為は、基体性そのものへの否定を介した無基底的な「非連続の連続の媒介者の自己限定」において成立する。いかなる自立的な自己統一も有し得ない仕方でのみ、現在が現在となり、我々の自己が自己として働くことができるのであり、自己が行為する歴史的現在とは、過去と現在（の未来への志向）とがその基体的自己統一・自己現前への否定を媒介とし、その意味で「同時存在」するような、「限定するものなくして限定すること」としての「永遠の今の自己限定」として成立するのである。そしてこうした「永遠の今の自己限定」において、世界の底には一般的にも個物的にもいかなる統一的・連続的基体（＝もの）が存在しないゆえに、我々の自己は基体的連続性への否定を媒介して、個としての自己統一を持ち、歴史的現実の世界において、他に類を見ない個である唯一度のこの自己として、生まれ、働き、死にゆくのである。

こうしてみれば、行為的直観は「絶対否定」もしくは「絶対無」を媒介とすると西田もしばしば述べるように、直接性とは、媒介がないということではなく、媒介がいかなる〈もの＝基体・実体〉でもないことに他ならない。行為的直観を無媒介・無差別なありようとみなす誤解は、行為的直観を、自己（主体）と他（客体）の一方が他方に解消されるありようと捉えるにせよ、あるいは両者が融合合一して一つの実体となることと捉えるにせよ、主体と客体とが互いに独立に自己同一的に存在するとみなす、そうした二元的対立図式を絶対化した上で、自己同一的に存在する何らかの基体としてでなければ、主体もそれを媒介するものも存在しえないとみなしていることによるものである。行為的現在を「永遠の今の自己限定」として捉えることを非歴史的な主観主義とみなす、上述したような批判がありうるなら、それはこうした誤解に基づくものと言えよう。しかし、この誤解は、自己を世界における他の存在（客体）との関わりからまずは独立に生き、働きうる存在として考えるものであり、したがって実際にはそれは、自己を世界における媒介の外部に置いた上で、その自己を基準としてそこから世界を捉える「主観主義」としてすでに排斥されてきたものに他ならない。こうした非歴史的な主観主義は、我々の自己が無媒介に自らで自らの基に在るとみなし、自己肯定をいかなる否定性（他性）よりも先置きしつつ、我々の自己の自立的な自己同一の根拠となるような基体を求めるものである。しかしむしろ〈直接的〉であるとは、こうした基体的な主観主義を絶対に否定し、いかなる意味でも媒介者を〈もの＝基体・実体〉化せずに、歴史的な媒介が媒介として成立し機能しているその〈こと〉の現場を生きることに他ならない。我々の自己の行為的現在は、〈働きつつ見ること〉〈形作られて形作ること〉としての「永遠の今の自己限定」において、その無基底性ゆえに歴史的現実の世界の自己形成の過程に媒介されうるのであり、またそうした歴史的世界の自己形成の個性的要素として、あくまでも否定性ないし非連続性に媒介されることで、正確には「否定即肯定、肯定即否定」「非連続即連続、連続即非連続」としての「非連続の連続の媒介者」に媒介されることで、我々の自己は自己としてのこの個を生き、働き、死にうるのである。

三　行為的直観と宗教的立場

こうして我々の自己は、「行為的直観」という仕方で自らの自立的な自己同一性すなわち基体性・実体性それ自身を否定されることで、本来「永遠の今の自己限定」において生き、行為しているのであり、その実践に歴史の真の形成が存する。ただし通常の多くの場合、あくまでもある目的や関心を前提し肯定している限りで、否定を媒介とした「行為的直観」が実践されるのであり、そこでは「行為的直観」のありようが、ある限定された立場から実践されているに過ぎず、歴史的現実そのものを「永遠の今の自己限定」として自覚し、実践しているような根底的な真の行為的直観が実践されているとは言えない。しかもそれゆえに、その時々の行為的直観の実現が、かえって世界の差配への意志を過剰なものに高めることが少なくない。我々の自己は、自己の根底に無媒介な自立的基体を見る、主観主義的な自己肯定によって自己を見失い在処を失って、焦燥と苦しみの中で虚しく空転していく。しかもそもそも歴史的現実の成立構造それ自身に、こうした事態が生じるその必然的契機が存する。すなわち歴史的現実は、それが基体性・実体性そのものへの「絶対否定」を媒介とした「非連続の連続」として成立するゆえに、我々の自己の自己同一・自己肯定と、我々の自己の自己否定とは徹頭徹尾否定を隔てており、そのどちらかが他に吸収されたり、両者の矛盾が何らかの仕方で解消されて安定的な統一・調和へと転化されることはありえない。ゆえに歴史的現実は、西田がしばしば述べるように、我々の自己の差配と意図を超えた「動揺的」な〈現実〉なのである。

したがって行為的直観とは、根底的には、自己の差配の絶対的な無力さに直面し、自己が自らの存在根拠を自己自身の内に持たないことに徹頭徹尾直面することによって可能となる。真の意味での「絶対否定」に媒介されたこうした事態を、よく知られるように西田は、宗教的体験の出来事と見なす[5]。すなわち、何らかの限定された立場に立つのではなく、歴史的現実そのものの自己形成に媒介されて「我々の行為が歴史的全体を媒介とする時、それは宗教的でなければならない」(8, 266)。西田によれば、たとえば悪を斥け善をなそうとする道徳的な行為の立場は、それがいかなる善悪観に基づくものであれ、我々の自己の自立的自己同一への差配を自らの力で否定し克服しようとする、原理的に不可能な立場を意味する。我々の自己は自らの内に無媒介な基体を求める主観主義を脱することなく、自らへの罪悪感と苦悩とはさらに増すことになる。ここでこうした立場を「一種のヒュブリス」(7, 425)として自覚し、善なる行為を意志する以前に、そもそも個としてのこの自己の存在それ自身を貫いている如何ともし難い有限さと罪悪とに直面して、自らを絶対に超越した絶対的なるものに、自らの苦悩からの救いを求めていくところに、宗教的な生が求められる。

しかしここで、自らの罪悪を減少し浄化させることによって絶対的な超越者につき従おうとするなら、それもまた差配への意志に基づく「ヒュブリス」によっていると言わねばならない。我々の自己が個としての自らの有限さと無力さとを自覚して絶対的なるものに救いを求めれば求めるほど、現実のいかなる時と場所にも救いが存在しなくなる。個として有限であるまさにそれゆえに、我々の自己は自己を超越した絶対的なるものに自ら従うすべを持たない。「我々から絶対者に到る途はない」(7, 427)。救いを求めて絶対的なるもの(絶対者)に自らを委ねようと努めても、そのこと自身が自己の目的と関心に基づいた差配である以上、自己はついぞ自己によって差配への意志を否定することはできない。

西田はここに、個としてのこの自己に必然的な「根本悪」を観て取る[6]。前節で考察したように、歴史的現実の世界とは、〈形作られて形作る〉ないし〈表現されて表現する〉出来事が自ら生成していくこと、世界が世界として自らを形成し表現する〈こと〉それ自身である。我々の自己は、本来こうした「永遠の今の自己限定」としての無基底的な歴史的形成において、その個性的要素として生き、働き、死す存在である。しかし我々の自己は自己自身によっては「絶対否定」の媒介に開かれることができない。他とは異なるこの個として自ら行為しようとすればするほど、すなわち自由に行為を志向し意志すればするほど、歴史的現実から遊離し、世界と自己の本来に背いていく。ここに我々の自己に必然的な、そして決してぬぐい去られることのない根本的な罪悪性がある。「根本悪は自由意志そのものの本質である。……是に於て我々人間の存在は深き自己矛盾である。我々の存在は意志自由になければならない。自由意志のないところに自己といふものはない」(7, 422)。

ここに至って、我々の自己は救いを願う価値もなく、そもそもその存在そのものが自己中心性に貫かれた許されざるものであることが露わになるが、このことに直面し、我々の自己が自己自身によって絶対的な超越者に従い得る(あるいは背き得る)という自己確信そのものが擦り切れて無に帰した時、そして救いを願おうとする態度そのものまでもが死に絶える時、自己は回心によって宗教的立場に立つ。「宗教には一方に回心といふことがあり、一方に恩寵といふものがなければならない。而して自分が宗教を求めたと云ふことそのことが自分の力でなかつたといふことが知られなければならない」(8, 265–266)。我々の自己はいかなる意味でも自己によって自己の基体化・実体化を否定することはできず、それどころか自己によっては、この矛盾に撞着しそれを自覚することすらできない。我々の自己の主観主義的な自己実体化が否定し去られることは、自らによってすべてのものを在らしめる絶対的なるもの(絶対者)が、我々の自己の本来のありようを実現せしめるという仕方によってのみ実現する。そうである以上、先の引用にあるように、西田によれば、我々の自己が「絶対否定」に根底的に媒介されて、行為的直観において本来の自己を生き、自覚することとは、いわば絶対的なるものからの「恩寵」として呼び起こされるような、それもこのことの自覚を伴って呼び起こされるような、そうした「回心」において実現する。

ここで注視されなければならないのは、宗教的立場についてのこうした考察では、行為的直観を超越し否定するものによってこそ成立するという構造が主題化されていることである。西田はかならずしも特定の宗教的教義に拘泥することなく、すべてを在らしめる絶対的なるものを「神」とも呼んだうえで「神は絶対に隠された神である。我々が行為によつて物を見るといふ方向へ、何処まで行つても神に撞着するのではない」（7, 427）と記す。加えて我々の自己は、歴史的現実の自己形成・自己表現において「行為的直観によつて達することのできないものと云ふだけでなく、行為的直観を否定する意味を有つたもの」に対するとも述べられる（7, 428）。すでに前節までに考察してきたように、〈働きつつ見ること〉〈形作られて形作ること〉〈ないしは〈表現されて表現すること〉〉としての行為的直観とは、新たに「形作るもの」の行為的現在の内からも、すでに「形作られたもの」としての過去の内からも、連続的に導出できないありようであった。それゆえに新たに「形作るもの」としての自己には、それを辿っていくことで行為的直観が実現するような手だてや手がかりは元来存在しえない。その意味において行為的直観とは、「形作るもの」としての現在の自己が「形作られたもの」からの働きかけを見ることを手だてにして、自らの働きの調整と按配とを図っていくといった、相互否定的な相互限定・相互協働を示すものではありえない。いかなる意味においても他の働きを見ることが不可能であるという我々の自己の挫折においてこそ、我々の自己から行為的直観の実現を意図し導出することに対する真の否定が生じ、それゆえに基体的・実体的自己同一性への全き否定を媒介とした行為的直観が根底的な仕方で成立する(7)。そもそも行為的直観を、相互否定的限定・協働がそれ自身によって自己を形成していくという意味での自己媒介的な自己形成・自己創造の作用として捉える限り、そこではすでに現在と過去とが互いに他と協働してゆけること、あるいはそうした協働の能力ないし根拠を両者がそれ自身の内に持つことが前提となっている。別言すれば、この理解においては、すでに協働可能性が先取りされ約束されている限りでの現在（における未来への志向）と過去との関係が主題化されているのみであり、歴史の過程が不当にもすでに一挙に見渡されている。したがってこうした理解を持つ限り、いかなる否定性よりも行為的現在のこの自己の無媒介な自己肯定を先置きした、自己の主観主義的な基体化・絶対化によって、いかなる他性をも自己に回収してしまうことになろう。

したがって、行為的直観の自己媒介的な自己形成性そのものが否定されることによって、まさに行為的直観は〈働きつつ見ること〉〈形作られて形作ること〉としての無基底的な自己形成それ自身となる。絶対者によって行為的直観が否定されるとは、行為的直観の基体性・実体性が絶対に否定されること、換言すれば、形作り働くことと、形作られて見ることとの統一性・媒介性の基体化・実体化が否定し去られることである。そして行為的直観とは、そもそも基体的・実体的な連続性・自己同一性を前提にし、根拠とすることへの否定をこうした仕方で媒介としているゆえに、まさに当の行為的直観として成立している。したがって絶対者はいかなる基体・実体でもない。行為的直観が自らを絶対に否定し超越した絶対者において成立するということは、行為的直観が自らによって自らを形成することと直接に一つの〈こと〉をなすのであり、またこの〈こと〉がまさに「行為的直観」が成立するということなのである。したがって、我々の自己が宗教的立場において直面する、行為的直観を否定し超越する「絶対者」とは、それが「絶対無」、「無基底の底」、「絶対否定の肯定」などとも呼ばれるように、我々の自己の基体的・実体的な自己同一性を絶対に超越する無基底的な真の媒介者のことなのであり、すなわち、我々の自己の自己基体化・実体化をその根底から絶対に否定することで〈働きつつ見ること〉〈形作られて形作ること〉を開いている〈こと〉それ自体に他ならない。

ゆえに、絶対者の「恩寵」が行為的直観を可能にすると言われても、それは無基底的な〈働きつつ見ること〉に先だって絶対者の絶対性・恩寵性が可能的であれ開かれているということを意味してはいない。我々の自己を絶対に否定し超越する絶対者（の絶対性）とは、まずそれが自己同一的に自らにおいて成立した上で、自らを否定して個としての我々の自己の存在を可能にするようなものではありえない。そうした絶対者とは、それ自身はいかなる否定性にも媒介されていないような、無媒介で無差別な基体・実体に他ならず、媒介者を基体化・実体化するような、我々の自己の基体的な主観主義において捉えられた絶対者に他ならない。ゆえに、絶対者が個を超越して自らにおいて自らであるということは、はじめからいかなる基体・実体でもない仕方で自己否定を媒介して個を自らにおいてそれとして成立せしめる〈こと〉それ自身・その全体のことなのであり、この意味において絶対者は、行為的現在における個の唯一性と主体性とに外的に対立するものではなく、個が個として働くことが本来そこにおいて成立する「場所」、それもいかなる基体・実体＝有でもない無基底的な「無基底の底」としての「絶対の無」の「場所」、「絶対無（として）の場所」なのである。それは、すでに拒斥されたような、新たに「形作るもの」とすでに「形作られたもの（と絶対者）」との相互否定的な自己形成作用（の過程）としての媒介者とは異なり、「形作るもの」と「形作られたもの」との間の否定性・他性を解消することなく両者を媒介し、両者の唯一固有性・主体性をそのままに（「同時存在」として）自らの内に包むという意味において「場所的媒介者」なのである。[8]

以上で考察してきたように、宗教的立場においては、働く個の基体性・実体性に対する全き否定・超越が存在し、またそうした否定・超越によって、そもそもこの事態が開かれている。絶対者が存在することと、行為的現在においてこの自己が自己として働くこととが我々の自己の自己基体化・実体化への否定を媒介として直接に一つであること、このことそれ自身は、我々の自己からは決して実現できず根拠づけることができない仕方で無基底的（無基体的・無根拠的）に生じる。行為的直観としての我々の自己の行為は、それ自身が自らに固有で自由な行為であり、かつそれは、その根底にいかなる根拠もなく、本来実現不可能であるはずの、底無しの不可測・

不可思議な事実として生じるのである。そしてこうした宗教的立場とは、「我々が超越的なるものに接するといふことは物を離れるといふことではなくして、深く物に入ることである」（7, 349）とも述べられるように、自己基体化・実体化の否定を媒介として「非連続の連続」という仕方で成立する〈働きつつ見ること〉〈形作られて形作ること〉としての行為的直観の本来のありように徹していくことに他ならない。先立って存在する自己同一的なる〈もの＝基体・実体〉のない行為的直観の無基底的な自己形成は、いかなる意味においても事前に先取りすることの不可能な形成の実現という、不可測・不可思議性に貫かれた仕方で成立し、またそれゆえにこそ、それは行為的直観の自己形成である。宗教的立場において、現在の行為的直観の事実は、その本来の実現不可能性とそれゆえの不可思議性を根底的に現し、したがって、他のいかなる事実からも導出しえない唯一度の固有な出来事として生きられるのであり、それゆえにそこに個が各々の代替不可能な唯一性を持つことを根底的に自覚し、生きるのである。我々の自己は自らの主観主義的なありようを否定し尽くされることで、自己からの根拠づけを超えた歴史の客観的な現実性に媒介されてこの唯一固有の自己として生まれ、働き、死にゆく存在なのであり、宗教的立場とは、我々のこうした自己をその最も具体相において自覚し、実践するありようなのである。「宗教は現実の世界を離れて他を目的とするものではない。この歴史的現実に絶対の意義を見出すことである」（7, 427）。換言すれば、行為的直観とは、行為的現在における我々の自己が、歴史的現実の絶対的な無基底性を媒介として自己を自覚するということである。すなわち、過去と現在が否定を媒介として同時存在する「永遠の今の自己限定」として成立する歴史的現実の形成作用における、その個性的で主体的な要素として、我々の自己が自らを自覚すること、したがってまた歴史的現実において唯一固有の自己として生まれ、働き、死にゆくことなのである。

四　絶対弁証法の論理と哲学の方法

それでは以上の考察をふまえて、西田にとって「論理」とはいかなるものなのかについて検討していこう。西田は、「論理」とは「実在のロゴス的表現の形式」(8, 245)であり、「実在のロゴス的構造」(8, 218)であると述べる。だがそれはいかなることを意味するのであろうか。すでに示されたように、我々の自己がそこにおいて生まれ、働き、死にゆくような歴史的現実の世界は、いかなる〈もの＝基体・実体〉もない仕方で、「絶対否定」ないし「絶対無」を媒介として無基底的に自己を形成する世界である。それは「限定するものなくして限定すること」それ自身において成立する世界であり、別言すれば、表現するものなくして自らを表現する〈こと〉として成立する世界である。ゆえに歴史的現実の世界は、それ自身としては限定ないし表現を超越したものであると共に、かえって自らを無限に表現し限定していく(西田は後者の側面について、歴史的現実は「無限なる周辺」を持つと述べる)。そして西田によれば、そもそも歴史的現実の世界がこうした自己形成的・自己表現的な世界であるがゆえに、判断や思惟によって世界について限定し表現することもまた、この世界の自己表現において必然的に成立する。したがって西田は、「判断とは実在的なるものの自己表現である」(8, 211)と述べ、さらには「知識は実在のロゴス的表現」(8, 218)であるとも述べる[9]。知識を得る判断や思惟は、世界の自己表現におけるその「ロゴス(＝言葉／言表／意味)」的な限定・表現において、すなわち言葉・言表による意味内容の分節ないし述定としての限定・表現において生成するものである。したがって「実在のロゴス的表現の形式」が論理であるとは、歴史的現実の世界がロゴス的に自らを表現し把握していくその仕方・形式が論理であること、別言すれば、世界のロゴス的自己表現がそれである限りにおいて有する統一的・体系的な関係性の形式・構造が論理であることに他ならない。加えてまた論理が「実在のロゴス的構造」(8, 218)であるともされるように、世界のロゴス的な自己表現の間の、そのとりわけ意味的な関係性ないし媒介性の形式・構造が、すなわちいわば〈ロゴスのロゴス〉としての根源的な「ロゴス」的形式・構造が「論理」なのである(周知のように「ロゴス」の語はまた「理法」「秩序」「論理」の意も持つ[10])。したがって論理とは、また我々の自己がそこにおいてその創造的要素として生き、思惟するところの歴史的世界の自己形成の形式・構造を「言葉/言表/意味=ロゴス」的に、正確には〈ロゴスのロゴス〉的に自覚し表現するものに他ならないのである。

西田は、歴史的現実のこうした論理を「弁証法的論理」とみなす。「実在がロゴス的に自己自身を限定することが弁証法的論理である」(8, 213)。ここで「論理」が「弁証法」と呼ばれるのは、さしあたりそれが否定性を媒介とし、「絶対否定即肯定、絶対肯定即否定」ともいうべき「矛盾の統一」を原理とするからである。西田はヘーゲルの弁証法を参照しつつ、それを「個々独立なるものと一般的なるものとの矛盾の統一」(8, 8)を明らかにするものとして積極的に評価するとともに、弁証法が示すのは、一般的なるもの(普遍)は自らへの否定によって個別に媒介され、また個は自らへの否定によって一般に媒介されるという構造であり、ゆえに二節でも見たように、個と一般とが、すなわち現在の自己同一と過去の自己同一とが、矛盾を原理とした「非連続の連続」として自己同一・自己統一を持つような運動の構造であるとする[11](8, 8–10)。歴史的現実の世界とは、無媒介な自己肯定・自己統一への否定を媒介として、いかなる基体・実体も存在しない仕方で無基底的に自己を形成するのであり、西田によれば、こうした世界の歴史的形成の運動の形式・構造を表現する論理、すなわち「絶対否定(絶対無)」を媒介とした「非連続の連続」としての自己同一による論理こそが、真に矛盾を原理とし、否定性を媒介とする「弁証法的論理」の本義に他ならない[12]。

したがって西田はヘーゲルの弁証法を以下のように批判する。「肯定即否定、否定即肯定として、弁証法的統一を作用的に考へるといふことは、尚個物が自己自身の媒介者となるといふことを脱することはできない。従つてそれは尚我々の自己が自己自身を媒介者とする主観的弁証法であつて、真の絶対弁証法ではない。ヘーゲルといへども、かゝる立場を脱し得なかつた」(8, 15–16)。西田からすれば、個と一般、ないし現在と過去とが、両者の相互限定を媒介として、その都度、より高次の段階において統一され体系化されていくような作用的発展の弁証法は、そうした運動の自己形成性・自己媒介性とその根拠としての連続的統一性を前提にする限り、個の自立的で連続的な自己統一に対する根底的で絶対的な否定を媒介とするものではない。したがってこうした弁証法は、我々の自己が歴史的現実において、代替不可能な唯一固有のこの自己として生まれ、働き、死にゆくというありようを明らかにすることもできない。西田によれば、自らの弁証法は、そこにおいて「形作るもの」と「形作られたもの」とが互いに唯一固有の実在として、否定性・他性を隔てて媒介される、無基底的な「永遠の今の自己限定」を明らかにするものなのであり、それに比すればヘーゲルの弁証法は、個としての我々の自己が自らのもとに存在根拠を持つとみなして、我々の自己の自己肯定をいかなる否定性・他性よりも先置きし、自己を基体化・実体化して歴史的現実の外部に置く、主観主義的な弁証法に他ならないのである。

ゆえに、本来、弁証法的論理とは、ヘーゲルのように歴史的現実をその外部から把握するという方法によるものではない。主観主義的ではない真の弁証法的論理、すなわち「絶対弁証法」の論理とは、我々の自己が自らの根底にいかなる基体・実体も措定しないことで、歴史的現実の無基底的な自己形成・自己表現を直接に生きるという方法で把握されるものである。すなわち「形作られたもの」と「形作るもの」とが〈形作られて形作ること〉ないし〈表現されて表現すること〉である行為的直観という仕方で、我々の自己が歴史現実の無基底的な自己表現を遂行することで把握されるものである。したがって弁証法的論理とは、まさに歴史的現実の世界において直接に生きられ、自覚される論理に他ならない。西田によればさしあたり、判断し思惟する我々の自己の立場を限定し、ある限定された領域での行為的直観が遂行されることにおいて、その限定された立場の内容に従って諸々の概念的知識とそれを体系化する学問の立場が成立する。しかし、いわばこうした抽象化・対象化の立場において成立する「対象論理」からは、世界そのものの構造を表現するような「具体的論理」と言われるべき「弁証法」は把握されない。「概念的知識の立場から弁証法的世界を見て行けば、何処までも根柢の底に根柢を求めて行く推論式的である。弁証法は単に概念的知識の問題ではなくして行為の問題である。併しそれは対象論理の裏附としての弁証法である。「推論式的論理といふものは……具体的実在の論理でない」（8, 261–262）、（8, 217）（ここで「推論式的論理」とは、具体的には田邊元の論理を念頭に置いたものと推しうる。次節を参照）。

西田はまた、概念的な知識・思惟とそれに基づく推論について次のように述べる。「伝統は又我々を限定する。知的には、それは概念的に限定せられた一つの世界である。我々はそれから種々に推論することができる。それが論弁的推理である」（8, 212）。歴史的現実の世界の論理は、こうした概念的な思惟の推論によって導出したり根拠づけたりしうるものではない。そうした導出や根拠づけの方法は、ある仕方で限定され統一された世界において成り立つものであり、その最も包括的な成立形式が対象論理に他ならない。しかしこうした対象論理とは、自らの立場自身の妥当性を無条件に前提視した限りでの「伝統」的な世界なのであり、したがってそれ自身が本来は世界において歴史的に媒介されて（行為的直観として）成立することは不問に付した上で、そこから歴史的現実を対象化する論理なのであり、自らの立場を基体化・実体化して歴史的現実の世界をその外部から把握するような主観主義的な方法において成立しているものに他ならないであろう。むしろ歴史的現実の「具体的論理」としての「（絶対）弁証法」を把握し、それによって判断し思惟する立場が、「世界を対象的に見る立場ではない」（8, 244）、「行為的直観の学」（8, 211）としての哲学的思惟の立場である。ゆえに哲学の立場とは、ある限定された立場からではなく、世界の無基底的な自己表現としての〈表現するものなくして表現すること〉をまさに直接に生きることで、すなわち、既存のある限定された立場における推論的な思惟の連続的な自己統一そのものが否定し去られることで、「真実在」の「ロゴス的自己表現」を遂行する立場に他ならない。したがって哲学は、「具体的論理」としての弁証法によって、歴史的現実の世界において成立する諸々の立場のその身分と役割とを統一的・体系的に連関づけて表現し把握するのであり、この意味においてまさしく歴史的現実の世界の統一的・体系的な形式・構造を表現する。それゆえ、西田にとって「実在のロゴス的構造」としての「論理」とは、まさに「実在そのものの根本構造を明にするもの」(8, 217) に他ならない。それゆえにまた、弁証法的論理は「対象論理」を排除するのではなく、むしろかえってそれを自らにおいて包括するのであり、すなわち「弁証法的論理は対象的論理を契機とすることによつて弁証法的論理である」(同) と言わねばならないのである。

以上で考察してきたように、西田にとって論理とは、基体性・実体性そのものへの否定を媒介する「非連続の連続」としての論理に他ならない。すなわち、そこにおいて我々の自己が自己として生き、働き、死にゆき、またそのことを自覚する、そうした歴史的現実の世界の自己形成の成立形式を明らかにするものが論理であり、しかもそれは、まさしく世界の自己形成・自己表現における意味的自己限定・述定を介して世界を統一的・体系的に明らかにするものに他ならない。したがって、こうしてロゴス的に明らかになる体系的内容とその形式としての論理の真理性・客観的妥当性も、歴史的現実の世界がその自己表現において自ら証示していくものである。すなわちそれは、我々の自己が、自らの基体化・実体化によって主観主義的に世界を把握することへの徹底的な否定に開かれて、世界の自己証示を行為的直観というありようにおいて直接に生きることによって証されるものである。ゆえに、ここでは単に理論的な知識や思弁のありかたのみならず、むしろ、我々の自己が自己自身で存在し行為しうるとみなすような自己基体化・実体化と、それに基づく日々の具体的な行為の否定的転換が問題となっている。まさに「単に概念的知識の問題ではなく、行為の問題である」というその意味において、西田哲学の論理は「具体的論理」である。

したがって哲学の立場とは、ある限定された仕方においてではなく、歴史的現実における我々の自己の存在そのものを把握する立場なのであり、「哲学は歴史的生命そのものの内容でなければならない」、それも「ロゴス的表現」としてのそれでなければならないのである(8, 244)。絶対否定を媒介とする弁証法的論理とは、我々の自己が自己基体化・実体化の否定を媒介して行為し生きる、そのありよう自体のロゴス的表現に他ならない。歴史的現実の論理を弁証法的論理として把握することを可能にする哲学的思惟の方法とは、歴史的現実のロゴス的自己表現という仕方で、我々の自己が歴史的現実の世界の創造的要素として、その本来のありようを証し、実践するような、そうした根底的な行為的直観のことに他ならないのである。

五　田邊元の西田哲学批判への応答――中期西田哲学からの転回㈠

前節において考察されたように、西田哲学における「歴史的現実の世界」の論理とは、換言すれば、我々の自己がそこにおいて生まれ、働き、死にゆく世界の「具体的論理」とは、基体性・実体性への否定を媒介とした「弁証法的論理」に他ならない。そしてこうした論理とはまた、我々の自己による主観主義的な自己基体化・実体化への全き否定を媒介とし、したがって思惟による推論的な導出や根拠づけへの否定による、「行為的直観」において直接に生きられ、自覚される論理である。とはいえ、以上のような見解に基づいて歴史的現実の世界の構造を体系的に明らかにしてゆくのみでは、西田哲学の論理を理解したことにはならないであろう。すでに考察してきたように、歴史的現実の世界は無基底的な〈表現するものなくして表現すること〉として成立し、自らを形成するのであり、ゆえに一面から見れば、それ自身としてはあくまでもロゴス的表現・限定を超えた事態でもある。それは我々の自己に即して言えば、行為的直観の最も根底的な実現とされる宗教的事実それ自身は、ロゴス的な限定・表現を超越した仕方で生起するということである[13]。しかしだとすれば、ロゴス的表現・限定を超えた事態である歴史的現実の無基底的な自己表現・自己形成を、それとして哲学においてロゴス的に限定し表現することはいかにして可能となるのであろうか。

西田にとって具体的論理としての弁証法的論理とは、諸々の思惟の立場の中でも、限定された仕方においてではなく、行為的直観において歴史的現実の自己表現そのものにまさしく直接に徹するという仕方でのみ、自覚され表現されるものであった。そしてこうした哲学的思惟としての行為的直観は、思惟による根拠づけの否定によって実現されるものであるゆえに、行為的直観において自覚され表現される媒介性ないし論理性は、反省的思惟による推論を原理とする「対象論理」にはその真義を捉え得ないものに他ならない。

しかし、以上のような仕方で「具体的論理」の「対象論理」に対する超越性ないし包括性を強調するに留まるのみであれば、まずもって直接的に具現するような行為的直観が知識を超えたものであり、もはや思惟や反省によって根拠づけられるべきものでもない以上、この直接的な事態を歴史的現実の自己形成・自己表現（としての行為的直観）として、具体的論理において限定し表現しうることの必然性を示すことも不可能なこととなろう。したがって、単に具体的論理の対象論理に対する根源性についての知見を得たのみで、具体的論理の立場、すなわち哲学の立場の歴史的現実において有する身分と妥当性それ自身を問うことがなされない限り、西田の言う「具体的論理」の論理としての性格そのものが明らかになったとみなすことは許されないであろう。

たしかに西田からすれば、行為的直観は哲学的な思惟や反省による概念的な限定によって導出しうるものなどではなく、むしろ行為的直観としての〈表現するものなくして表現すること〉のその無基底的な自己形成自身が、行為的直観が成立する根拠（「無基底の底」）である。したがって、哲学の立場におけるロゴス的な表現とその媒介形式としての論理とは、哲学的思惟としての行為的直観の遂行それ自身において証示されるものであり、西田からすれば、その真理性はもはやそれ以外の仕方で導出されたり根拠づけられたりするものではありえない。むしろそうした根拠づけは、行為的直観を確証するなんらかの超越的な媒介者をさらなる根拠として措定することを導くものであり、それこそすでに排斥されてきたような、我々の自己を歴史的現実に無媒介な自己同一的基体・実体に基づける主観主義を導くものに他ならない。ゆえに、思惟とりわけ哲学的思惟は、あくまでも行為的直観の一契機・一様相として成立するのであり、行為的直観を遂行し生き抜くという方法それ自身が、哲学的思惟を展開せしめ、その真理性を保証すると言えよう。しかしこうした行為的直観それ自身が「論理＝ロゴス」的な限定を超えたものとされている以上、今まさに述べてきたような仕方で行為的直観が成立し、哲学的思惟の論理が歴史的世界の自己表現として真理性を持つということが、哲学の論理において、蓋然的にではなく必然的・客観的な妥当性を持って表現されることが、整合的に示されるべきである。そしてこの方法論的な根拠づけがなされなければ、具体的論理がロゴス的表現・限定の妥当しない無限定・無媒介なるものの恣意的・主観的な表現ないし解釈に陥る危険を回避できないであろう。したがって自らを表現する歴史的現実それ自体が、結局は論理の妥当しない、論理ならざる〈もの〉として基体化・実体化されることとなり、西田の「歴史的現実の世界」の論理は、まさに忌避されるべき主観主義の立場に堕することとなろう。

しかし従来は看過されてきたものの、以下で考察していくように、事実は他ならぬ西田こそ、まさにこうした問いに向き合ったのであり、むしろそのことが西田をして「具体的論理」としての「絶対弁証法」を構築するに至らしめていたと言わねばならない。そもそも西田は、序章でも述べたように、田邊元と戸坂潤から、哲学の立場の成立根拠を問う方法論的な批判を受け、それに応えていく中で『哲学の根本問題　続編』と『哲学論文集第一』の考察に至ったのであり、むしろ田邊と戸坂からのこの批判の内容と射程とを正確に明らかにし、またそれに対して西田がいかなる応答をなし、自らの思索を発展させていったのかを厳密に理解することが、西田哲学そのものを理解する上で不可欠な課題である。しかし、こうした課題が必ずしも十分に果たされていない現在までの研究状況においては、「具体的論理」としての「絶対弁証法」において、哲学の立場それ自身の妥当性を証示する方法論的な根拠づけの存在することが顧みられず、したがって、この方法論的な根拠づけが証示する後期西田哲学の論理の必然的妥当性・真理性についても主題化されてこなかった。以下では、後期西田哲学の論理を理解するために必要な限りにおいて、処女作『善の研究』から『哲学の根本問題　続編』に至る西田哲学のその方法論における発展を参照し[14]、田邊と戸坂による批判、ならびに、それに対する西田の応答を、順次検討していくこととしたい。

まず処女作『善の研究』から西田の思索を振り返ってゆけば、この著作で西田は、唯一なる個としての我々の自己の在処を求める「人生の問題」を考究するにあたり、「凡ての独断を排除し、最も疑いなき直接の知識より出立」するような「批判的の考」（1, 52）によって、直接的経験の事実である「意識現象」から独立した実体を措定する独断論を徹底的に排斥した。西田はそのことで主観と客観との統一を、否定性を媒介とした直接的統一として、主客の実体的な対立図式によらずに明らかにしようとしたのである。西田のこうした哲学的な方法は、自己がそこにおいてある実在世界のその最も具体的で直接的な真相を究めるという関心と、実在世界を体系的に論理化する関心とが二つながら相関的に働いており、意味を担う判断や反省的思惟による限定を超えた直接的な「純粋経験」の事実に徹するという志向と、この「純粋経験」を原理として哲学の体系的な論理を構築するという志向との相互緊張関係において成立するものである。しかし現実には、必ずしもこの営みは成功しなかった。

というのも、意味や反省的思惟は、純粋経験の自己展開・分化発展の一過程において次位的に生じるものとされたため（1, 24–5参照）、純粋経験（の発展）としての実在それ全体が、実質的には、意味や思惟に先立って成立しているような限定されざる〈もの〉として基体化・実体化される傾向があったからである。これは純粋経験の哲学的論理の客観的な妥当性を整合的に示すことを困難にするものであり、またここでの哲学の方法が、西田自身が述懐するように「心理主義的」な立場（1, 6）から我々の自己を基体化・実体化する、主観主義的な傾向を有していることを示すものであった。

ここでは、そこから次位的に意味や反省を派生させるところの「主客未分」の原初的な純粋経験が、限定されざる〈もの〉としての主客無差別の無媒介な基体・実体ではなく、それ自身においてすでに否定的対立性を媒介していること、したがって、純粋経験はその原初から意味や反省的思惟を自らの必然的契機として成立していることを示さなければならないであろう。西田は高橋里美からの批判を契機として、直接的経験についての論理を構築する反省的思惟の客観的・必然的な妥当性の根拠づけを主題化することで、『善の研究』で企図された、実在の直接的な真相への徹底と実在の論理の確立との相互緊張関係において、「批判」的な哲学的方法を確立するという志向を徹底していく。次の体系的著作『自覚に於ける直観と反省』においては、直観的経験・事実と、意味・思惟との内的結合の解明を課題として掲げ、新カント学派の批判哲学との対決を試みつつ、我々の自己の「自覚」の構造を分析することで、この課題を果たそうとする。その結果、我々の直接的で具体的な経験それ自身が、直観的進行と反省的復帰とが否定を媒介として直接に一つである「絶対自由意志」の自己創造として捉え直されていく。西田はこの思想において、本来、我々の自己は、自らが無媒介に自己自身で働き、意志しうるとみなす自己基体化・実体化への否定を媒介として、すなわち直観の連続的進行への否定を媒介として、自己として自覚するのであり、そこに実在世界の最も具体的で直接的な経験が成立すると共に、また客観的妥当性を有した反省的思惟が成立するとの知見に達する。しかしここで西田は、こうした否定的媒介を「否定の否定」「否定即肯定」「無」などと呼びつつも、その構造を我々の自己の「自覚」に即して整合的に示すことはできなかった。結果的には、「絶対自由意志」を限定されざる〈もの〉として基体化・実体化する主観主義を払拭することはできなかったのである。

こうした思索を経て、また新カント学派とのさらなる対決を通して、一般に西田独自の体系的論理と評価される、場所の着想に基づく論理が初めて提出される。その著作『働くものから見るものへ』の中で、西田は、『善の研究』以来の課題である、「批判」的な哲学的方法の探求のために、改めて我々の「自覚」の構造を分析し、「自覚」の根拠を探求する。西田はこの著作の「前編」において、我々の自己が自己を知るという「自覚」の事態から出発し、その成立根拠を探り直す。(15) 西田は以下のように述べている。「自覚の意識の成立するには『自分に於て』といふことが附加せられねばならぬ。知る我と知られる我と、我が我を知る場所とが一つであることが自覚である……我々の自覚の本質は、我を超越したもの、我を包むものが我自身であるといふことでなければならぬ」(4, 127–128)。西田は、知る我と知られる我とを媒介することで、我の自覚(正確には自覚としての我)を成立させるような媒介者を「場所」と呼んだ上で、この媒介者の否定性について考察を進めていく。

この書の後編において確立される西田の「場所の論理」を必要な限り概括すれば、西田によれば自覚の「場所」とは、自らを自らとして意識するような「意識」に他ならないが、しかしこの意識とは、いかなる仕方でも対象(有)として限定されないものである。というのも「意識の範囲として限定せられたものは、意識せられたもので、意識するものではない」(4, 237)以上、対象的に限定された意識は、意識された意識にすぎず、「意識する意識」そのものではないからである。西田によれば、真の意識(意識する意識)はその範囲を限定されない「無」であり、それも対象(有)と対立する意識、すなわち有の相対的な否定者としての相対的な「無」ではなく、むしろ〈有―無〉という二元的対立によっては限定されず、かえってこの対立そのものを「内に包む」ような「絶対の無」(4, 245)としての「場所」である。絶対の「無」の場所は「何処までも限定することのできないといふ意味にては無であるが、而もすべての有は之に於てあるもの」(4, 244)であり、全てのものを自らにおいて限定しそこにおいて包む「場所」に他ならない。こうした「場所」とは、自己限定に先立って存在するいかなる〈もの＝基体・実体〉もない、「限定するものなき限定」「(絶対)無の自己限定」としての「自覚」それ自身を指すのである。

このことは、以下に考察するように、対象の存在を自覚の意識の内容に還元してしまうことを意味しない。西田によれば、この「限定するものなき限定」とも言うべき直接的な事態はまた「見るものなくして見る」(4, 6)ことと表現し得る。というのも、意識することとは、意識する〈もの〉が、自らから独立して存在するなんらかの〈もの〉について意識することによるのではない。意識も対象もなく、直接に自らを〈見ること〉このこと自体が、「見るものなくして」自ら生成するのである。意識と対象とは互いに独立自存する基体・実体ではなく、また一つの基体・実体の内で無差別的に存在しているものでもない。そうした見解は、意識が自己を何らかの〈もの＝基体・実体〉と捉えてしまうことで生じるものにすぎない。〈見ること〉の内には、いかなる基体・実体も存在しないのであり、意識と対象、あるいは主観としての自己と客観とは、一つの働く(意志する)〈もの＝基体・実体〉において連続的に媒介しあっているのではなく、その自立的な自己同一性への否定を媒介として、むしろ最初から、互いに絶対に異なりつつ、しかも直接に一つの〈見ること〉をなしているのである。

これに加えて真の意識は「知情意」が共に成立する場所であるともされるように(4, 224)、〈見ること〉とは知情意が一体となった最も具体的で直接的な経験のことを意味する。そして西田によれば、自己を「自覚」することは、我々の自己の意識の基体化・実体化が絶対に否定し去られることにおいて可能となるような、したがって、いかなる意味でも我々の自己の意識から導出したり、そこに還元したりすることのできないような、そうした〈見るものなくして見ること〉に他ならない。ゆえに、西田の言う「絶対の無」の「場所」とは、まさしく〈見ること〉において、意識と対象とを、すなわち主観としての我々の自己と客観とを、その基体性・実体性への否定においてそれとして肯定し、互いに関係せしめているような、それ自身はいかなる基体・実体でもない媒介のことに他ならない。西田の立場は、限定されざる〈もの〉から出発するような主観主義的な意識内在論を意味するのではなく、むしろ『善の研究』では課題として残された〈批判主義〉を徹底し、我々の自己の主観主義的なあらゆる基体化・実体化を排斥することによって可能になった、いわば〈意識する意識〉ないし〈意識すること〉の内在論と言うべき立場に他ならない。

西田は次の著作『一般者の自覚的体系』においては、自らの立場を「カントの批評主義の途」(5, 8) と呼びつつ、さらにカントをも批判して「徹底的批評主義」(5, 184) の立場に立つ。そのことで西田は「理論理性自身の自省の拠つて立つ立場とその形式」(5, 293) とを示し、「批評哲学は如何なる立場によつてその一般妥当性を要求するか」(5, 293) を明らかにしようとする。すなわち西田は『働くものから見るものへ』に向けられた左右田喜一郎からの方法論的批判を承けつつ、哲学の思惟そのものが持つ客観的・必然妥当性の根拠づけを積極的に果たしていく。この著作では、対象・客観がノエマ、それを包む「場所」としての意識がノエシスと呼ばれる。そして西田は、「無の場所の自己限定」においてノエシスの自己限定とノエマの自己充実・自己限定とが内的に結合して一つの〈こと〉をなすことを示していく。別言すれば、西田は、『働くものから見るものへ』において確立された〈意識すること〉の内在論の立場から、意識による対象の構成と対象の自己顕現とが、〈意識すること〉それ自身において否定的に媒介しあうことを示し、そのことで「無の場所の自己限定」における哲学的な思惟の方法論的な根拠づけを図ったのである。

それではこうした西田哲学の論理と方法について、田邊と戸坂とはいかなる批判を向けたのであろうか。以下では、まず田邊の批判と西田の応答について考察してみよう。よく知られるように、田邊元は論文「西田先生の教を仰ぐ」において、こうした西田の論理に対する批判を展開し、また西田もそれに応える形で諸論文を著して、それが次の著作『無の自覚的限定』を構成することになる。それでは田邊による批判とはいかなる内容を持つものであったのか、またそれはいかなる点で西田のこの後の思索を導いていったのであろうか[16]。田邊からの批判は、田邊自身が述べるように、根本的には「哲学の立場そのものに対する疑惑」(THZ4, 314)、すなわち西田哲学の方法への疑念に由来するものである。

田邊によれば、西田哲学の体系においては「所謂絶対無の自覚と呼ばれる宗教的体験が最後のものとして存するのであるけれども、絶対に無限定なる此立場は、苟も概念的限定を全然欠如することを許さざる哲学に対しては云為の外にある」(THZ4, 306)。ここで田邊は、西田の言う「絶対無の自覚(自己限定)」を「絶対に無限定」と解しており、また他の箇所でもそれを「規定するものも規定せられるものも無い絶対一如の立場」(THZ4, 311)とみなす。したがって、西田の論理は、本来哲学はあくまでも「概念的限定」に基づく「分別対立の反省的立場」以外のものではありえないにも関わらず、「その分別対立との消滅せる宗教的自覚の立場を最も具体的なものとして最後のもの」とみなしてしまうような哲学である(THZ4, 312–313)。それは哲学の立場から「最後の不可得なる一般者を立て、その自己自身に由る限定として現実存在を解釈する」ような「発出論」であり(THZ4, 309)、それ自身に固有の妥当性を持つべき「哲学」のその廃棄を導く(同)、絶対に忌避されるべき「哲学の宗教化」(THZ4, 312)に他ならない。田邊からすれば、哲学的反省は概念的な限定を介してのみ成立しうるゆえに、絶対的な全体の宗教的体験としての「絶対無の自己限定」は、哲学的反省からはあくまでも「極限点」として「微分的」に無限に求められていくものであって、それ自体として十全に与えられるものではない。哲学的反省の立場は「常に相対に即しながら絶対を求めんとする愛知的動性」（THZ4, 314）それ以外ではありえない。この観点からすれば、「宗教的体験は超歴史的であり、哲学的反省は歴史的相対的である」（THZ4, 311）、すなわち哲学は、あくまでもその都度の歴史的な制約の下に相対的に成立し、そこに微分的に含まれる超歴史的な絶対的全体を求めて、自らの相対性を絶えず克服していくべき動的な立場なのである。[17]

西田の論理における哲学の立場とその方法への以上のような批判は、さらに西田の論理の具体的な内容の批判へと帰結する。すなわち、「見る自己が完全に無に帰すると共に、一切が自己となり、そこに他なるもの外なるもの、即ち見られざるものとして非合理的といはるべきものは、無くなる筈である」（THZ4, 315）。それゆえに絶対無の自覚とは、もはや働くものも働きを受けるものもなくなり、したがって行為が不必要となる「静観」である。換言すれば、それは「飽くまで現実に立脚してその生ける地盤を保持」（THZ4, 309）することなく、我々の自己が、常に歴史的な現実において相対的・否定的に限定され、制約されて生きていることから離れる立場である。したがって絶対無の自覚は、我々の自己において「見られざるもの」、すなわち包括したり合理化したりできないものとしての歴史的現実の「非合理性」「反価値性」に直面し、それを克服していこうとするような行為の、無限なる動的な過程が断念される「諦観」の立場である。しかし本来、「働きの根底となる無限に深きものは自覚に入る能はざるものであり、見るものに永久に対立する否定原理であって、是に由り歴史の非合理性即ち絶対偶然性ともいふべきものが成立する」（THZ4, 318）。むしろ田邊自身の論理によれば、「自覚は常に自己否定を媒介にして行はれなければならないのであつて、絶対無の自覚といへども、否定的限定を媒介にして行はれる外はない」（THZ4, 317）のであり、我々の現実は、自ら働くことと、他の働きを見ることとの「相関的」な否定を媒介とする「弁証法」的な生成過程において成立し、哲学もまた、そこに成立するのである。

こうして西田の論理の具体的内容に対する批判は、概括すれば、西田の論理は、働くことを見ることの内に内在化し、歴史的現実の制約と非合理性とをそのままに合理的なものとみなすような、「超歴史的」な「静観諦観」の論理であるということに帰する。しかしここでとりわけ注視されなければならないことは、田邊がまた、こうした批判に対して、西田からは田邊の批判が「場所的限定」を「対象的限定」、すなわち、いわば実体を根拠とした限定として理解する誤解に基づくものであるとの応答がなされるに違いないと述べつつ、むしろ場所的限定が対象的限定でないことに十分な理解を示していることである。田邊はその上で、西田の論理が「哲学の宗教化」の立場に立つものである限りにおいて、自らの批判が必然的に妥当すると主張する（THZ4, 312-313）。

なるほど西田の論理からすれば、絶対無の場所の自己限定は、あくまでも否定性を媒介にした自覚であり、それは「絶対に無限定」「分別対立との消滅」という意味において「一切が自己となり、そこに他なるもの外なるもの、即ち見られざるものとして非合理的といはるべきものは、無くなる」ような事態ではありえない。むしろ絶対無の自覚こそ、我々の自己の意識の実体化（絶対化）が否定されることで、客観的な現実に真に媒介される最も具体的な経験ないし行為に他ならず、こうした否定性の意義を理解しない田邊の立場こそ、自己を実体化する超歴史的な主観主義に留まっているとの応答がなされるであろう。ここに至り、西田と田邊の各々が、自らの論理こそ、真に具体的で客観的な歴史的現実を生きる立場に立つものであり、相手の論理は、主観主義的で観念的な現実にすぎないものを、真の歴史的現実と誤認して生きる立場に他ならないと主張することとなろう。しかし田邊は、とりもなおさずこうした事情を正当にも理解した上で、西田からのこの応答を予想しつつ、むしろ西田が自らの論理を歴史的現実の論理とする、その哲学の立場それ自身が客観的な歴史的現実においていかなる身分と妥当性とを有するかを問い、哲学の立場を「反省的思惟の制限上」を超える「哲学の宗教化」のそれとして非難したのである（THZ4, 312）。すなわち田邊からすれば、絶対無の自己限定が自らについての論理的な限定の妥当性を整合的に根拠づけうるものであるのか、それとも論理による概念的な限定によっては到達できないもの、したがって西田の意に反して、実質的には絶対無の自己限定が限定されざる〈もの〉として、歴史的な制約性・限定性を超越した超歴史的な基体・実体にすぎないものであるのかが、第一義的に問われるべきである。

それゆえに田邊は、まさにこの論文の最後において、西田のように「働くことを見ることに吸収し尽すこと」は「哲学の本意」に反し、「私は其意味に於て、初に述べた如く、哲学の宗教化に対し疑を懐かざるを得ない」(THZ4, 328) と述べる。田邊からすれば、歴史的制約の下で論理において概念的限定を行う「哲学の立場そのもの」の身分と妥当性を問うことによって、西田の論理は、実は歴史的現実の外部に自己を置いて「現実と隔離した静観諦観」(同) を持つような主観主義的な方法によっていることが根本的に明らかにされるのである。

たしかに田邊のこうした批判は、西田の言う「絶対無の自己限定」が否定性を媒介としない絶対に無限定なものであるとみなす点においては妥当性を欠いており、正当な批判とは評価しがたいものである。しかし、むしろ田邊の批判の中で重要であるのは、西田の論理においては、絶対無の自己限定における、概念的限定を行う「哲学の立場そのもの」の妥当性が根拠づけられていないという主張である。そして後述するように、他ならぬ西田自身が田邊の批判を、「無の限定」において、概念的限定による知識構成がいかにして成立し、いかにして根拠づけられるかという問いを提起するものとして受け止めた上で、この問いにそれまでの自らの論理ではかならずしも十分に回答を与えることができていないことを認め、『一般者の自覚的体系』の次の哲学的な著作『無の自覚的限定』において、むしろ「非連続の連続」としての弁証法を提出しつつ、この批判に積極的に応えていくのである。

なるほど西田からすれば、「絶対無の自己限定」は概念的な知識によって導出したり根拠づけたりしえない仕方で直接的に自覚される事態であり、その意味ではこの事態は概念的な知識を超越したものであるが、しかしそれは単に無限定な〈もの〉ではなく、かえって自らにおいて無限に自らを限定する〈こと〉それ自身であり、したがって、自らにおいて自らの知識的限定を必然的に成立させる事態であった。すなわち絶対無の場所とは、あらゆる限定を、したがって概念的な知識としての限定を、真に超越するものであるからこそ、それは限定されたものに対して消極的・相対的に限定された無限定なる〈もの〉ではなく、すべての限定を必然的に自らにおいて成立させ、蓋然的な妥当性においてではなく、必然的な妥当性において根拠づけているのである。

だが、そうした見解に基づいて西田が自らの論理を展開するのみであれば、田邊の批判を斥けたことにはならないであろう。こうした見解においては、絶対無の自己限定それ自身を概念的な知識において明らかにする哲学の立場が、それ自体は概念的知識から根拠づけられず、知識を超越している絶対無の自己限定に対していかなる歴史的な制約・限界を持ち、いかなる妥当性を有しているのかが明らかにされないからである。正確には、哲学の立場が絶対無の自己限定においていかなる身分と妥当性とを持って成立し、生成していくのか、それは歴史的現実といかなる関係を有するものなのかが、十分に解明されないからである。そしてこうした解明を十分になし得ないようであれば、そもそも西田の論理それ自身が、西田が言うように絶対無の自己限定によるものではなく、むしろ田邊が言うように無媒介な実体としての有の事後的な限定によるものにすぎないこととなろう。したがって、絶対無の自己限定に対する哲学の立場の妥当性を根拠づける方法論的な考察に、西田哲学の難点を見出す田邊の批判は、決定的に重要なものと言わねばならない。西田からすれば、田邊の批判の重要性とは、以下に見るように、絶対的なる「超歴史的なるもの」を絶対無としてではなく、微分的なものとする田邊の論理の正当性にあるのではなく、絶対無の自己限定の事態が知識に超越的に成立し、それゆえにかえって知識を根拠づけるというその構造の、より徹底的な解明を迫る点に存するのである。

西田は『無の自覚的限定』の序において、第一論文「表現的自己の自己限定」を、判断における概念的限定の妥当性の根拠づけを論じたものと説明した後、以下のように述べる。「『場所の自己限定としての意識作用』〔第二論文〕及び次の論文〔「私の絶対無の自覚的限定といふもの」〕も主として哲学研究第百七十号に載せられた田邊君の批評を考慮して、私の場所とか無の限定とかいふものが知識構成に如何なる役目を演ずるかを明らかにしようと思つたのである」(6, 6)。同じく序においては続いて、この営みをさらに徹底させるために、客観的知識(の対象界)の構成形式としての「永遠の今の自己限定」を論じるのが第四論文「永遠の今の自己限定」であると述べられる(6, 7)。さらに、第五論文「時間的なるもの及び非時間的なるもの」以降、第八論文「私と汝」、最終の第九論文「生の哲学」に至るまで、この「永遠の今の自己限定」において個物と環境、個人と社会、内界と外界などの関係を論じたものと記される(6, 7–10)、『無の自覚的限定』において西田は、まさに田邊の批判に応答する仕方で、自らの論理を新たに弁証法として提起して、歴史的現実の世界を主題化しつつ、知識ないし哲学的な思惟の客観的妥当性についての方法論的な根拠づけを遂行していると言うことができよう。

西田はまず第二・第三論文において、絶対否定を媒介とした「絶対無の自覚」としての「限定するものなくして限定すること」を「語るものなくして語ること」と捉え直すことで、絶対無の自覚において、哲学の思惟の内容それ自身が、思惟による限定を超越した自覚に客観的・必然的に妥当することを示し、〈意識すること〉の内在論としての「徹底的批評主義」を展開させる。そしてそこから、田邊の批判に応える仕方で、従来は十分に主題化することのなかった課題、すなわち、客観的知識を構成する立場が、ひいてはそれを体系的に根拠づける哲学の立場それ自身が、いかなる意味において歴史的な制約を持ち、また生成発展していくのかについて、明らかにしていこうとする。

西田は、新カント派と共に田邊の立場をも念頭に置きつつ、実在のその都度の発展過程において全体(絶対)が極微的に含まれるとみなすような立場は、実在を「一般者」(全体的普遍)の連続的自己限定において成立するものとみなして、実在の根底に連続的基体を設定する立場であると捉える(6, 105)。そしてこうした実在把握ににおいては、個々の現在は絶対的全体の自己外化の必然的な一過程に他ならないことになり、ゆえに個の自由なる主体性も、また歴史の非合理性・偶然性も、その成立を示し得ない。西田からすればこうした論理こそ、不当な発出論的立場に他ならないのであり、むしろ実在の運動とは、いかなる連続的基体・実体も存在し得ない「断絶の連続」「非連続の連続」でなければならない。

西田はこうした実在のありようを、とりわけ第四論文以降、「永遠の今の自己限定」として明らかにしていく。西田からすれば、歴史の非合理性・偶然性とは、現在が自らの連続性への否定を媒介として成り立つということに他ならない。今この現在と次なる新たな現在とが、すなわち、その都度の限定された過去とその都度の新たな現在とが、互いに他に還元されない仕方で、徹頭徹尾、他なるままに内的に結合することにおいて歴史が進行する。それも、限定されたもの（＝ノエマ）としての過去と現在との事後的で外的な結合によるのではなく、両者が否定を媒介して内的に「自己の底に絶対の他を見ること」その〈こと〉自身が、それ自身において自らを形成し充実していくという「ノエシス的（作用的）結合」こそが、現在が生成・成立するということであり、歴史が進行するということである。

したがって現在とは、そこにおいて否定的に媒介されないようないかなる過去も現在（における未来への志向）も存在しない仕方で成立するのであり、すなわち現在は、絶対的な現在それ自身において自らを形成し、そこに歴史が歴史として進行する。西田は基体性・実体性への否定を媒介としたこの自己形成を「永遠の今の自己限定」と呼び、これこそが真に否定を媒介とした運動、すなわち「弁証法的運動」であるとみなす。そもそも田邊が自らの論理を「弁証法」と呼んだとき、そこには、その論理が無媒介・無限定なる静的有＝実体の措定を否定する論理であることが念頭にあったと思われる。しかし西田からすれば上述したように、田邊の論理は実際には連続的基体・実体を措定する立場に他ならないのであり、これに反してむしろ自らの論理こそが、そうした基体・実体を措定しない論理である。西田は田邊に抗してこのことを強調するために、田邊の「弁証法」に応じる仕方で、かえって自らの論理が明らかにする歴史的運動こそを「弁証法的」な運動とするのである。[18] そしてこの弁証法的運動こそは、絶対的な他性と否定性とを媒介にする運動であり、すなわち根底的には、真に主体的で、唯一固有の代替不可能性を有し、唯一度的に生まれ、かつ死にゆく人格的な存在としての「私と汝」との、基体性・実体性への否定を媒介とする相互応答の行為において成立しているものなのである。[19] すなわち、「私の自己自身の底に見る絶対の他として汝と考へられるものは、無限の底から内面的に私を限定する無限の過去としての汝、即ち過ぎ去つた汝といふ如きものでなければならぬ」(6, 419) という意味において、「私と汝とは唯歴史に於て相逢ふのである。而してそれは逆に私と汝と相逢ふことによつて、歴史が成立することを意味して居るのである」[20](同)。

以上のような考察に基づくなら、客観的知識と哲学的思惟との根拠づけも、これまでの「場所の論理」においてと西田が主題化してきたように、意識と対象との関係においてのみ論じられるべきではなく、いまや歴史的で社会的な人格的存在の関係においても論じられるべきものである。知識の成立は、自由な行為主体としての我々の自己と客観的世界との関係から考えられねばならないのであり、すなわち「人格的社会の自己限定」から考えられねばならないのである (6, 49–50)。そしてそれは絶対の否定を媒介とした「永遠の今の自己限定」として成立するゆえに、一面から見れば、その都度の現在が、すべての過去と未来とにノエシス的に結合している限りにおいて、普遍的妥当性を有する知識と思惟とが現在において成立すると共に、他面からみれば、こうした普遍的妥当性はまた否定的に媒介されていく現在のそれに他ならず、その意味で知識と思惟は永遠不動の完成態ではあり得ず、その都度の歴史的制約性・限定性を持ちつつ生成していくものと言われるべきである(ただし次節で考察するように、『無の自覚的限定』ではこの構造の論理化は不十分なものにとどまる)。

六　戸坂潤の西田哲学批判への応答——中期西田哲学からの転回(二)

それでは次に、戸坂による西田哲学批判とそれに対する西田の応答を考察してみよう。[21] 戸坂潤による西田哲学批判のその最初のものは、前節に見たような『無の自覚的限定』の西田の論理に対してなされたものである。そしてこの批判は、その内容の重要性においてのみならず、その後の西田の思索に大きな影響を与えたという点においても、その意義を注意深く検討すべきものである。西田は戸坂に対し、昭和七年十月四日付の書簡で次のように書き送っている。「『経済往来』の君の批評を一読した　理解のある大変よい批評だと思ふ　教えられる所多いことを感謝する　私のこれまで書いたものが解釈学的だと考へられるのも無理もなかろう　私はまだプラクシスを中心とした私の考を書いて居らぬ……併し私は行為の問題を論ずる前に十分にいろいろのものの本質を明にして置かねばならぬと思ふ　物質とか感覚とか自己とか意識とか社会とか歴史とか行動といふことその事すらも」(SNZ 1676)。また西田は同じ書簡で、戸坂がマルクスの唯物論の立場に立っていることを念頭に置いた上で、「マルキスト」は一面的で不徹底であると思われるが「取るべきところは取りたい」と記し、また多くのマルキストが「厭味と罵倒のみ」であるのに対して、戸坂の立場を高く評価し、「あゝいふ批評はどしどしやつてもらひたい」とも記した(同)。それでは、西田が高く評価した、戸坂による西田哲学批判とはいかなるものであろうか。

戸坂は、そもそも西田哲学においては「事物は事物そのものとしてではなく事物の意味としてしか取り扱われない」とみなした上で、それは「事物の意味の解釈と意味解釈された範疇の超歴史的体系、とのための努力」

（TJZ3, 173）でしかないと評価する。まず戸坂によれば、西田哲学の方法とは「事物の根柢をノエシスの側に於て見出そうとする」ものであり、そこでは、「弁証法というものの意味が成立する場所と弁証法そのものが存在する場所とは別」であるにもかかわらず「事物の根柢に横たわる弁証法も亦、ただノエシスの側に於てのみ、自覚に於てのみ、一概に言えば広義の意識に於てのみ、成立するわけになる」（TJZ3, 174）。西田の「無の自覚」を原理とする論理は、ノエシス的な意識の構造において、歴史的な媒介と限定のありようを根拠づけるものであり、歴史の運動に媒介されて意識が成立するのではなく、歴史的な限定性と制約性とを超えた意識を原理とするものである。「歴史自身は歴史に於てしか成立しない。そういうことが歴史の、非形而上学的・唯物論的・な原理なのである。西田哲学は歴史を産み歴史を包む立場に立つことによって、この歴史的原理を否定する」（同）。したがって、西田の言う弁証法的論理は、歴史的現実の運動を明らかにする真の弁証法ではなく、むしろ超歴史的な意識における意味解釈に現実性を見出し、その成立形式を明らかにするような「解釈主義的・超歴史主義的・形式主義的」（TJZ3, 173）な、したがって非弁証法的なものなのである。

戸坂はさらに、こうした論理が「実践」に対していかなる態度をとることになるかと問うた上で、それは「没実践的・個人主義的」（TJZ3, 174）な哲学に帰結すると述べる。超歴史的な意識を原理とする西田の論理は、実際には元来、歴史的現実においてしか成立しえない意識を、歴史的現実の外部に置こうとするものに過ぎないのであり、そうした仕方で意識を我々の自己の基体的・実体的な根拠とすることで、我々の自己が他とは無媒介に自己自身で存在し、働きうるとみなす主観主義・個人主義に立つものなのである。したがって戸坂は次のように批評する。「実践は常に個人人格的な倫理性格を脱することが出来ず」、「西田哲学にとっては、実践とは高々、単に社会倫理学的な行為にしか過ぎない。それは生産とか政治とかいう社会の物質的固有物と、関係があろうとなかろうと構わない」（TJZ3, 173–174）。そこでは「凡ゆる事物が結局に於て個人人格的な根柢を有つから、この立場からは一切のものが実践的であり、従って実践的であるかないかは事物に何の区別を与えるものでもなくなる。従ってこの立場自身は没実践的なものとして結果するのである」(TJZ3, 174)。そしてこの立場からなお歴史的現実のすべてを論理化しようとする西田哲学の立場は、もはや「神秘主義」(同)に帰着する。したがって戸坂によれば、西田哲学とは、超歴史的な意識から没実践的・個人主義的に、ひいては神秘主義的に、歴史的現実を解釈する方法によるものであり、その論理とはまさに「解釈主義的・超歴史的・形式主義的」であるような主観主義的な論理にすぎないのである。

それでは以上のような戸坂の批判の妥当性については、どのように評価すべきであろうか。上述したように西田によれば、絶対無の自覚(自己限定)とは、いかなる基体・実体もなく無基底的に成立するのであり、それは戸坂が理解したように、歴史的限定を超越した意識における自覚なのではなく、むしろ現在と過去とが自らの基体性・実体性への否定に媒介されることで歴史的に成立するものであり、それも具体的には、個人的にではなく、他者を媒介とした我々の自己の行為において実現するものであった。したがって、戸坂の批判は適切な理解に基づいてなされたものとは言いがたく、その意味で妥当性を欠くものと言わざるを得ないであろう。しかし、西田が『無の自覚的限定』において「私と汝とは唯歴史に於て相逢ふのである。而してそれは逆に私と汝と相逢ふことによつて、歴史が成立することを意味して居るのである」と述べていたことを省みるとき、西田の論理が結局は「個人主義的」な論理に堕しているのではないかとの危惧が生じることも事実である。

たしかにこの記述における西田の真意は、私と汝とが、各々の個人主義(主観主義)的な自己基体化・実体化の否定において、かえってその固有性と主体性とを実現するという事態を明示することにあろう。しかし、前節までに考察してきたことからも明らかなように、自己の基体化・実体化への否定は、私においても汝においても、そのいかなる手立ても見出し得ない仕方で生じるのであり、したがって歴史(的世界)は私と汝との相互否定的な協働として実現するものではありえない。この否定的協働に基づく論理こそ、相互応答それ自身の連続的な自己形成性・自己同一性を前提にすることで、否定性・他性を解消する無媒介な基体・実体を、我々の自己の根底に置く、肥大的な主観主義・自己中心主義に他ならないものであった。しかし「私と汝と相逢ふことによつて、歴史が成立する」といった先の表現は、私と汝との相互否定的協働・応答それ自身が否定されるという構造を十分に明示していたとは言えず、むしろ相互否定的協働の自己形成性を根源的なものとみなす主観主義的な論理と、西田自身の論理とを峻別しうる論理が未だに構築されていなかったことを示すものであろう。実際、後に西田自身が、自らの立場を「個人主義的」な論理であると断じた戸坂の批判を明らかに念頭に置きつつ、『無の自覚的限定』の立場について、「尚個人的自己の立場から世界を見るといふ立場を脱していない……歴史の底には個人を否定するものがなければならない」（7, 210）と述べるのである。『無の自覚的限定』における西田の論理は、私と汝との相互否定的協働が神（絶対者）の創造において成立するといった構造をも提示しようとはするものの、結局は自らの論理と、戸坂が批判したような「没実践的・個人主義的」な超歴史的立場に立つ主観主義の論理とが、いかなる仕方で区別されるものか、そのことを厳密に証示し得なかったと言わねばならない。

今やこうした見地から戸坂の批判を改めて考察するなら、戸坂が西田の論理を「解釈主義的・超歴史的」と評価したこともまた妥当性を有してこよう。西田の論理が、上述したように、自らの提起する「絶対無の自覚」の事態の根底に、もはや無媒介な基体・実体がいかなる意味でも置かれていないことを適切に示しえたとは必ずしも言えない。そうである以上、それは自覚を無媒介・無限定にして「超歴史的」・没歴史的な事態とみなすことを、したがって戸坂の言う「意識主義」「個人主義」ひいては「神秘主義」に立つことを排斥し得たものとは言えない。西田哲学の論理は、「永遠の今の自己限定」に基づく方法論的な根拠づけの試みにもかかわらず、歴史的現実に媒介されない意識主義的・個人主義的な神秘主義の立場からの恣意的な「意味解釈」の論理に陥る危険を十分に払拭できてはいないのである。したがって戸坂の批判に応えようとするならば、絶対無の自覚が意識主義的・個人主義（主観主義）的な基体化・実体化への否定によって歴史的現実に媒介されていることを、そしてあくまでもこのことを明らかにする哲学の論理が恣意的で主観的な意味解釈の論理ではなく、歴史的現実の運動それ自身の弁証法であり、したがって、歴史的限定性を有しつつも確かに現実において客観的・必然的な妥当性を有する論理であることを、明らかにしてゆかねばならないのである。

西田がこうした課題に正面から取り組んだのが、『無の自覚的限定』の次の著作『哲学の根本問題』である。西田は自らの意識主義的・主観主義的な側面を超克すべく、真の歴史的世界は、単に我々に対立するものであってはならず、むしろ「我々を限定し尽すもの、否我々の底から我々を限定するものが、真の実在と考へることができる。かゝる立場からは、主客の対立といふ如きものは、実在そのものの中から求められねばならない」（7, 7）と問題を提起し、さらには「我々の人格的行動を包み、我々がそれに於て人格的に行動する世界が、真の実在界といふべきものでなければならぬ」（同）と述べる。西田からすれば、「従来の哲学がその根柢に於て何処までも主知主義的立場を脱して居ないと考へられると共に、我々の自己といふものの考へ方が何処までも個人主義的であつた」（7, 174）のであり、個人主義的な論理であるとの戸坂の西田哲学評価に自らの論理が抗するためにも、「我々が行為的自己の立場に立つ時、この世界は単なる主観界でもなければ単なる客観界でもない、単なる物の世界でもなければ単なる意識の世界でもない、我々がそこから生まれそこに死に行く人格的生命の世界でなければならない」ことが主題化されねばならない（7, 176）。そしてこうした考察の中で西田は、第一論文「形而上学序論」第五節などにおいて、学問的な論理として客観的・必然的妥当性を有する哲学は、いかなる方法によって可能となるかについて論じていく。

しかし実際には、「此世界といふのは我々が働くといふことから有ると考へられるのである。個物と個物との相互限定から実在界といふものが考へられるのである。而して個物と個物との相互限定といふことは、……永遠の今の自己限定として考へられる。私はかゝる意味に於て自己自身を限定するものを真の世界と考へるのである」（7, 89–90）といった叙述からも窺われるように、この著作においても、私と汝の相互否定的協働・応答そのものへの否定について十分に考察されているとは言いがたい。むしろ「ノエマ的には私は何処までも汝といふものを見ることができないと共に、ノエシス的には何処までも私は汝を見るといふ意味を有つてゐなければならない」（7, 193）などと述べられるように、私と汝との断絶性・否定的対立性の根拠となる両者の内的な結合性・連続性がむしろ強調される。したがって自覚において「ノエシス的限定の底に見らるべきものをノエマ的に見る」（7, 129）ことにおいて成立しているような論理（による思惟）も、自覚を無限定で超歴史的なものとして実体化した上で構築される、恣意的で主観的な意味解釈の論理に堕する傾向を有する。西田自身、『哲学の根本問題』の第二論文「私と世界」を後に評して「前書〔『哲学の根本問題』〕の「私と世界」に於ては尚自己から世界を見るといふ立場が主となつてゐたと思ふ。従つて客観的限定といふものを明にするのが不十分であつた」（7, 203）と述べるのである[22]。西田哲学が超歴史的な「意識」の意味解釈の方法によって展開される、「没実践的・個人主義的」な「神秘主義」の論理であるとの戸坂の方法論的な批判に対する西田からの十分な回答は、課題として残されたのである。しかも翻って考えてみれば、独断的な「哲学の宗教化」によって展開される、主観主義的な「静観諦観」の論理であるとの田邊からの批判もまた、戸坂からの非難と同様、絶対無の自覚の歴史性と、それを明らかにする哲学の論理の方法論的根拠づけについて、整合的な回答を迫るものなのであり、したがって実際には、田邊からの方法論的な批判への十分な回答もまた依然として課題として残されたのである。

実際には『哲学の根本問題』の次の著作『哲学の根本問題　続編』と『哲学論文集第一』で目指されたのは、まさしくこうした課題を果たすことであった。それはさしあたり「序」における上述したような「前書〔『哲学の根本問題』）の「私と世界」に於ては尚自己から世界を見るといふ立場が主となつてゐたと思ふ。従つて客観的限定といふものを明にするのが不十分であつた」といった記述や、この著作に収められた論文「現実の世界の論理的構造」のその題名、さらには、「主観と客観を包む真の現実の世界を論ずるには、私は論理から出立せなければならないと思ふのである」（7, 218）との記述などからも窺い知ることができよう。

すでに本書で考察されてきたように、『哲学の根本問題　続編』と『哲学論文集第一』では、「永遠の今の自己限定」としての歴史的世界の自己形成が、その形成的要素としての我々の自己に即して、〈形作られて形作ること〉ないし〈働きつつ見ること〉としての行為的直観として明らかにされたが、そこでとりわけ主題化されたのは、行為的直観それ自身への全き否定性であった。すなわち我々の自己は、自己（ないし自己と他との相互協働）の連続的な自己形成・自己同一を絶対に否定し超越する歴史の客観的な現実性に媒介され、限定されることで存在し、行為するのである。そしてこうした否定性とは、いかなる基体的な自己同一性をも否定し超越するという意味において、まさしく「絶対無」としての無基底性のことに他ならない。ゆえに、我々の自己はこうした否定性に真に媒介され開かれることで、いかなる〈もの＝基体・実体〉もない〈形作られて形作ること〉の自己創造それ自身を主体的に生きるのであり、個人主義的・主観主義的に観念化されたものではない、本来の具体的な歴史的現実において、その唯一固有の創造的な要素としてこの自己を自覚することができるのである。

したがって「行為的直観」としての自覚は、たしかに絶対無の場所（的媒介者）の自己限定としての自覚であるが、しかし連続的な基体性・実体性への否定を媒介するゆえに、それは否定性・他性を有しない無媒介的な〈もの＝基体・実体〉ではありえない。西田の「絶対弁証法」の論理は、「自覚」が、戸坂の難じるような主観主義的・意識主義的なものではありえないことを示すものであり、さらには「主観と客観を包む真の現実の世界を論ずるには、私は論理から出立せなければならないと思ふのである」、「論理とは実在そのものの根本的構造を明にするものである……論理的ならざる実在はない」（8, 216）という記述からも窺われるように、無媒介な意識体験に基づく「神秘主義」からの恣意的な「意味解釈」の論理であるとの戸坂からの論難に、正面から応えようとするものなのである。次節においてこうした観点から、西田哲学の論理と方法を改めて具体的に検討していくこととしよう。

七　哲学の立場の妥当性

それでは、西田は「絶対弁証法」の論理において、行為的直観としての自覚が歴史的現実による限定に媒介された自覚であることを、いかにして示していくのであろうか。そしてこの「絶対弁証法」としての哲学の論理それ自身が歴史的限定性を有しつつも、なお歴史的世界において確かに客観的・必然的な妥当性を有することを、いかにして根拠づけていくのであろうか。

歴史的現実の世界が〈形作られて形作ること〉として成立するということは、すでに四節でも考察したように、歴史的現実の世界が無基底的な〈表現されて表現すること〉として成立するということ、したがって、そうした世界の自己表現においてまた「実在のロゴス的表現の形式」ないし「実在のロゴス的構造」としての「論理」が成立するということである。こうした見地に立って西田は、『哲学論文集第一』の第二論文「行為的直観の立場」の最終節において、哲学の論理と方法を主題化していくのであるが、そこでは「論理的ならざる実在はない」（8, 217）と述べられる。歴史的世界の無基底的な自己表現の運動は、それが無基底的であり、〈限定するもののなくして限定すること〉とも言うべき自己表現であるがゆえに、一面から見ればその根底に限定しうるいかなる〈もの＝基体・実体〉も存在せず、したがって、それ自体としてはロゴス的表現を超越すると言わねばならない。しかし同時にこうした世界の自己表現の運動は、世界が表現する〈こと〉としてのみ実在し、この〈こと〉に先立って存在するような、ロゴス的に表現されざるいかなる〈もの＝基体・実体〉も存在しない。すなわち、およそ歴史的現実の世界において、概念的な限定を媒介しない実在などありえないのであり、実在とはすべて概念的に限定されうる内容を必然的に内包しつつ成立している。そうである以上、歴史的現実の論理を限定し表現する哲学の立場そのものの必然的妥当性も、歴史的世界の自己形成・自己表現から根拠づけられるはずである。それではこうした根拠づけは具体的にはいかなる仕方で展開しうるのであろうか。

戸坂が批判したように、西田の言う「行為的直観」としての自覚が意識主義的・個人主義的なそれであるならば、そうした自覚は、歴史的な制約性・限定性を有しない無媒介なものであることともなろう。しかし、西田からすれば、基体性・実体性への否定を媒介とする行為的直観は、あくまでも歴史的現実による限定を媒介する自覚である。以下では、具体的に「意識」や「個人（個）」と行為的直観としての「自覚」との関係を主題化しつつ考察していくことから始めよう。「絶対弁証法」の論理によれば、歴史的現実の世界は「非連続の連続」としての自己同一・自己統一を有するのであり、すでに二節でも引用したように「その一般的限定の方向に一般的統一を考へることもできなければ、その個物的限定の方向に個物的統一を考へられるものでもない。その底に何等の意味に於ても統一とか連続とかいふものを考へることはできない」ものであった。そして西田によれば、こうした個物的限定の方向においてその極限に「意識の世界」が成立し、一般的限定の方向においてその極限に「物質の世界」が成立する（8, 221）。具体的に見ていけば、まず「個物的限定」とは一々の現在が、他によらずにそれ自身で絶えず新たに自らを「形作る」ということであり、その方向に「非連続の連続」としての歴史的世界における、世界の「連続的」で不可分的な進行、すなわち「直線的限定」を見いだすことができる。これが歴史の

「時間性」であるのに対して、「一般的限定」とは、すでに「形作られた」先行条件（状態）としての、いわば広義の環境による必然的な因果的限定によって、個々の現在が成立するということである。その方向には、一々の現在が、それらを包括する普遍性・一般性によって相互に関係づけられ結びつけられるという「円環的」限定が見いだしうるが、これが世界全体をどこまでも「非連続的」に分離し並列・並存させて見ることもできるという歴史の「空間性」である[23]。そしてまず「物質」の世界とは、こうした空間性において成立するような、普遍的・必然的な因果法則によって限定されている世界のことである[24]。

ただし「唯物論者は往々物質界が或る形成状態に達した時、生物現象が生ずる如く考へるが、物質界が如何なる形成状態を取らうが、それは何処までも物質界の形成状態に過ぎない。それから生命といふものの出て来やうはない」（8, 28）。生命の運動とは個体の死を自らの本質的な要素として含むものであるが、普遍的・必然的な因果法則によってその運動が限定され導出されうる物質には、（個体の）死そのものが存在しえない。物質の世界と異なり、生命の世界に見いだされるのは、生活環境が個体を限定して個体を適応せしめ、逆に個体は環境を限定して適切な環境へと改変させるという、環境と個体とが両者の均衡に向けて合目的的に媒介しあう運動であり（8, 356–357）、生物種とはこうした運動の形式に他ならない（8, 377–378）。しかし西田によれば、こうした生物種の世界は合目的的な法則に限定されており、その意味においては「形作られたもの」を否定して新たなものを「形作る」という、現在における個体の創造性は存在していない世界である。したがってこの世界は、個体があくまでも種の本能的・衝動的な欲求に限定される「生物的生命の世界」とも呼ばれるべき世界である。この生物的生命の世界は、物質の世界が一般的限定の内的連続によって成立する世界であったのに比しては個物的限定の意義を有するとは言え、未だ一般的限定の内的連続に即して、一般的限定と個物的限定との連続的相互限定の過程として成立している世界であり、一般的限定（と個物的限定）が自らの内的連続性・基体性への否定を媒介するような〈形作られて形作ること〉としての「永遠の今の自己限定」の世界の、その真相を実現しているとは言えない。むしろ「永遠の今の自己限定」の世界とは、本来、内的連続性・基体性への否定を媒介とし、したがって、唯一固有のこの個の誕生と死とを媒介とするような世界であるがゆえに、それは我々の自己がそこにおいて生まれ、働き、死にゆく歴史的現実としての「歴史的生命の世界」と呼ばれるべきものである。

この「歴史的生命の世界」とは、我々の自己を歴史的に包括し、ゆえに一面から見れば自己を外的・一般的に限定する世界であるが、しかしこうして一般的に限定する世界、すなわち「一般者としての世界」は、あくまでも内的連続性の否定（矛盾）を媒介とし、その意味において「個物的限定即一般的限定、一般的限定即個物的限定」であるような無基底的な一般者・媒介者である。それゆえ西田はまた単に連続的に自らを限定し形成する基体的一般者としての生物的な「環境」とは区別して、歴史的生命の世界を「弁証法的一般者としての世界」とも呼ぶ。ここではまた「永遠の今の自己限定」が、「形作られたもの」からの一般的限定によっても、「形作るもの」からの個物的限定によっても導出されるものでないと共に、しかし単にこの両者は同一なのではなく、互いに否定を隔てて一つの〈こと〉の両面をなしていることが顧慮されねばならない。したがって「歴史的生命の世界」の自己形成の運動は、「形作られたもの」からの限定内容を、正確には「形作られたもの」と「形作るもの」との限定された仕方での関係性の内容を、必然的に内包しているものである。「永遠の今の自己限定」とは、いかなる〈もの＝基体・実体〉もない、したがって媒介者がいかなる基体・実体でもない自己形成のことであり、それゆえに、限定された特定の媒介と個とが基体的・実体的に対立するのではなしに、特定の媒介が媒介として働くその現場を個が直接に生きていくことに他ならない。したがって「歴史的生命」の世界は、あくまでも歴史的に形成され限定された一般者・媒介者（媒体）を媒介にして自らを形成するのであり、そうした観点からは、歴史的生命の世界はまさしく「弁証法的一般者としての世界」であり、またそうした仕方で無基底的な「永遠の今の自己限定」としての「歴史的生命」の世界が、一般者の根本としての「一般者」であることが、強調されなければならないのである。

こうして「歴史的生命の世界」において、個物的限定はその固有の意義を有することとなるが、西田によればまさしくそのことにおいて、一般的で意味的・概念的な認識の世界としての「意識の世界」がまた成立する[25]。すなわち、いまや一般的限定においても個物的限定においてもその基体性・実体性が否定されるゆえに、一般的限定は現在における個物限定において自らの本来を明らかにし、またその限りにおいて自己統一を持つ。ゆえに、現在における個物的限定ないし個の自己限定の働きと、それが一般的限定を受け取り見ることとが否定を媒介して一つの〈こと〉をなす。それゆえに、こうした〈働きつつ見ること〉ないし〈形作られて形作ること〉としての行為的直観における、この現在の個物的限定によって、自らからは導出できない一般的関係性についての限定や概念的な認識が可能となるのである[26]。

もちろん西田によれば、物質的世界も生物的生命の世界も、そして〈歴史的生命の世界における〉意識の世界も、それ自身で単独に自立して成立しているものではなく、あくまでも「永遠の今の自己限定」としての「歴史的生命の世界」のその必然的契機として成立する世界に他ならない。したがって物質的世界が根本となってそこから生物的生命の世界、歴史的生命の世界（における意識の世界）が順次発生するのではなく、むしろこの現実が根本的に歴史的生命の世界として成立しているからこそ、あくまでもその一面として物質的世界と生物的生命の世界とが成立しえているのである。それゆえにこそ逆に「歴史的生命の世界」は、個物的限定が有する本来の意義が現実化していない物質的世界が、生物的世界を介して自らの個物的限定の本来を現実化する、その発展的延長にあるとも言いうる。この観点からすれば〈形作られて形作ること〉である行為的直観としての自覚は、それが〈形作られたものが形作ること〉としての一般的限定を媒介している限りにおいて因果的必然性を有するのであり、それをもって行為的直観が物質的世界を媒介としていると言えようし、同様に一般的限定に偏した個物的限定を媒介している限りにおいて行為的直観は合目的性を有し、それゆえ生物的生命の世界を媒介にしているとも言いうる。したがって行為的直観としての自覚とは、意識的であるというよりも、働くもの（作るもの）であると共に働かれるもの（作られたもの）として、むしろ「身体」的である（8, 206）。換言すれば「身体」とは、意識性と物質性（生物性）とが否定を介して一つである、その媒介形式に他ならない[27]。行為的直観とは、意識性と物質性とを自らにおいて成立せしめる、基体性・実体性への否定を媒介とした身体的創造・形成なのである[28]。

したがって、こうした行為的直観において成立する意識の世界は、あくまでも歴史的生命の運動において歴史的に限定され、制約されて成立するものである。そのありようについてさらに具体的に考察してゆくなら、西田によれば、生物的生命の世界において個体は種の形成における個的要素であるが、この種にあたるものは、歴史的生命の世界においては、個の主体的創造を媒介とする「社会的共同体」である。まず社会の原初態の例として「原始民は共同団体的に物を見、物を聞き、物を欲する」（7, 408）と述べられる。原始民の共同体は未だ一般的限定に偏ったものであり、各々の個が主体的に自由な創造を行うには必ずしも至っていないが、しかしこの共同体は単なる生物的種としての血縁的共同体ではなく、何らかの価値観・世界観による統一性・限定性を有する団体であり、一種の「ゲマインシャフト」＝「社会的有機体」である。それは「歴史的世界の種」とでも言うべきものであり、「歴史的世界がゲマインシャフトから始まるとも考へられる」（8, 182）。この共同体は明瞭ではないにせよ、世界を統一的に意義づけつつ、それに基づいて世界を把握し、日々を生きているのであり、その意味ではある種の概念的認識を、少なくともその萌芽を有している。したがってこうした共同体とは、生物的種としてのそれではなく、現在において現実が統一的に限定され「意識」化されることを潜在的に契機となし、個物的限定が一般限定を否定する意義を有している共同体である。ここで西田によれば、個物的限定がその固有の意義をさらに深めていくことによって、すなわち〈形作られて形作ること〉がその否定的な媒介性を徹底していくことによって、その共同体に固有の仕方で限定された価値観・世界観の充実が生じる。そのことで共同体はより「文化的」となり、いわば真の意味での「社会的共同体」となるのである。ここで文化とは、ある社会の自己形成・自己限定の内容であり、その社会を社会として限定する統一的な価値体系の内容のことであるが、西田からすれば、ある社会に固有のこうした文化とは、単にその社会の内部において他の社会から独立に作られるものではなく、むしろ「種々なる文化は、その時代精神の表現として、同様のスティールを有つ」(8, 196)。すなわち、ある社会の文化は他の文化に対する限りのそれであり、元来、ある社会の文化はそれがすでに作られた他の文化(ないしは自らの文化も含めた諸文化の間のすでに作られた関係)と〈形作られて形作ること〉における、唯一固有の創造的な要素として成立する。

ここでは、社会それ自身がそれぞれ一つの個物的限定の意義を有すると共に、それと否定を隔てた一般的限定において、諸々の社会の個物的限定・形成を制約する統一的な価値観ないし世界観が、すなわち西田の言う世界(弁証法的一般者としての世界)の「歴史的傾向」としての、ある限定された「世代」ないし「時代」が成立する。そして個物的限定としての各々の文化の自己形成と一般的限定としての世界の時代傾向とは、各々の内的連続性への絶対否定を媒介として元来一つの〈こと〉をなしているがゆえに、「一つの世代が自己自身を限定する時、そこに種々なる文化といふものが成立する。逆に種々なる文化が成立する時、そこに一つの世代が自己自身を限定する」(同)。西田にとって歴史的生命の世界とは、いかなる意味でも単に連続的に進展・発展する世界ではなく、他に還元されない固有の統一性を有した「時代」の非連続(滅亡消滅)を媒介とする世界である。「歴史は時代から時代へ移り行く」(8, 193)。

しかもここで注視されるべきは、歴史的世界のこの「時代」性こそがまた、哲学の立場の根拠づけにおいて重要な意義を担うということである。[29] 時代とは、因果的必然性によるのでも合目的性によるのでもない、無基底的な歴史的生命の「非連続の連続」としての運動の形式であり、逆に言えば歴史的生命の世界は、ある限定された時代としての一般者において自らを形成し限定する。「歴史に於ける一つの時代といふのが『世界』といふものである。それは永遠の今そのものの限定として、……そこに永遠なるものの内容、即ちイデヤ的なるものを見るのである」(8, 193)。歴史的生命の世界は「永遠の今の自己限定」の世界であり、各々の時代が相対的な意義しか持たない単なる非連続的な交代の世界ではなく、今この時代において「形作ること」と「形作られること」〈働くことと見ること〉とが基体性・実体性への否定を媒介として「同時存在的」な世界である。それゆえに引用において示されているように、「イデヤ的なるもの」ないし「永遠なるもの」を我々の自己が現在において〈働きつつ見ること〉が成立する。もちろんこのことは、〈働きつつ見ること〉ないし〈形作られて形作ること〉としての行為的直観が何らの歴史的限定性も持たないことを意味するのではない。むしろそれは、「形作られたもの」からの一般的限定と「形作るもの」からの個物的限定との関係性に、すなわちある特定の時代的傾向に限定された仕方でのみ成立している。ただしこの際には、この時代的傾向そのものがまた、すでに消え去った過去の時代的傾向との関係性を表現しており、したがってある一つの時代的傾向の内にはその時代と他の時代との普遍的・絶対的な関係性が働いている。歴史的現実の世界は、絶対的な一つの普遍的時代において限定されうる仕方で成立しているのであり、したがって歴史的世界は、無媒介・無限定なものでも相対的なものでもなく、一つの普遍的・絶対的な「時代」とも言うべき普遍的・絶対的な原理的構造〈西田の用語では「原始構造」〉を有するのである。

したがってこの観点からすれば、現在における〈形作られて形作ること〉においては、この現在が一つの時代として絶対的・普遍的な原理によって一般的に限定されることと、こうした原理の構造を現在において個物的に限定し形成することとが、否定を媒介して一つの〈こと〉をなしていると言うことができよう。それゆえに歴史的現在においては「過去現在未来を一つの現在と見る方向、世界を一世代と見る方向」が含まれる（8, 97）。この現在における〈形作られて形作ること〉において、世界の歴史的形成のそのイデヤ的・普遍的な構造を概念的に限定することが可能となると共に、この概念的な限定内容は、それが歴史的生命の運動それ自身の内包するものである限りにおいて、確かに普遍的・必然的な妥当性を有するのである。そしてまさしくここに成立する立場こそが、上述したような概念的・一般的認識界としての「意識」の立場なのである。

したがって個としての我々の自己から見れば、〈形作られて形作ること〉としての行為的直観が、特定の社会の自己同一性・自己統一性を基体・実体として前提とするそれに留まらず、諸々の社会がそこにおいてある「時代」としての世界に媒介される時、「意識」の世界が現実化すると言うことができよう。それは別言すれば、我々の自己の主観主義的な自己基体化・実体化への否定が徹底されることであり、自己が本来のこの唯一の個として生き、自覚するような「行為的直観」が徹底されることにもまた他ならない。「個性は個人のものでなくして時代のものである」（8, 91）からこそ、我々の自己は自らの基体性・実体性への否定を介して、時代的な歴史形成のその創造的な要素として、自らの唯一の個性を生き、自覚することができるのである。

以上の考察から明らかになったように、西田の論理は、もはや戸坂がかつて批判したような意識主義的・個人主義的な方法に拠るものではない。西田は基体性・実体性への否定を媒介とする「絶対弁証法」の論理を企図することによって、行為的直観としての自覚が、意識によって可能となるものではなく、個物的限定としての連続性・内的統一性からも一般的限定としての非連続性・外的統一性からも根拠づけることができず、したがってその意味で意識性（と物質性）を超越するような、(30)しかもそれゆえにかえって意識性と物質性とを自らの必然的契機となすような、そうした「歴史的生命の世界」の自己形成において成立することを示したと言えよう。上述してきたように、行為的直観としての自覚とは、そもそも意識性と物質性との媒介形式である身体をかたどりつつ成立する創造行為なのである。そしてここで西田の思索に沿ってさらに正確に述べれば、歴史的生命の世界が社会と時代とを媒介として自らを形成する以上、身体とは時代的で社会的な文化を内在化する型・形であり、「我々の身体といふのは、歴史的世界の行為的習慣として限定せられたものである」(8, 208) とも述べられる。すなわち行為的直観としての自覚とは、「表現的身体」的な創造行為であり、歴史的世界の「習慣的構成作用」に他ならない[31]。

以上のように、行為的直観において概念的・一般的認識界としての「意識の立場」が成立するが、この「意識の立場」の「時代」的な現実化のその徹底において、歴史的世界の「知的イデヤの表現」として、「真実在のロゴス的表現」(8, 244) を遂行する立場が成立する。それが「世界のロゴス的限定の形式」ないし「世界のロゴス的構造」としての「具体的論理」を明らかにする「哲学の立場」である。西田によれば、この「哲学の立場」は、ある時代において歴史的に限定された仕方で成立すると共に、「知的イデヤの表現」として普遍的・必然的妥当性を有する。西田は以下のように述べる。「如何なる知識も世代に即して成立し、世代と共に消え行かなければならない、永遠不変の知識といふものはない。併し斯く云ふも、私は知識といふものが、単にその時代時代のものにして、何等永遠の意義を寓せないと云ふのではない、知識を単に実用的と考へるのではない。知識はそれぞれの時代のものなると共に、之を越えて次の時代を構成する意義を有し、且つ種々なる時代の知識が同時存在的体系として永遠なるものの内容を映す意義を有するのである」(8, 98)。「永遠の今の自己限定」の世界とは、永遠なる〈もの＝基体・実体〉が一般的に自らを限定する世界ではなく、あくまでも無基底的な〈形作られて形作ること〉として、一般的限定と個物的限定とが自らを定め、自らの内容を明らかにする世界である。したがって現在の「ロゴス的表現」は「永遠なるもの」「イデヤ的なるもの」の表現である共に、しかしまた現在が他に還の自らの本質を定められる。現在における行為的直観としてのロゴス的表現、とりわけ哲学的なそれは、一方でそれ自身が「イデヤ的なるもの」の表現であると共に、他方で自らがロゴス的に限定した内容において、それ自身が内包し表現していたその真義を、自らが消え去り新たな時代的傾向が生まれることにおいて、限定し充実しゆくのである。

したがって、哲学的思惟におけるロゴス的表現の内容は「世代に即して成立し、世代と共に消え行かなければならない」のであり、その意味で永遠不変ではないと共に、それは「それぞれの時代のものなると共に、……永遠なるものの内容を映す」。ある時代における歴史的世界の「イデヤ的表現」としての哲学的思惟の内容が時代と共に消えゆくとは、いわば次の時代において、より包括的な体系の中でその妥当性の意義や妥当領域が位置づけ直されていくことであり、それはまた、より包括的な哲学的思惟の内容を次の時代において構成せしめるということである。したがって現在における行為的直観としての哲学の立場は、歴史的な相対性しか持ち得ないのではなく、むしろそれ自身において、歴史を貫く必然的・客観的な妥当性を有する仕方で成立しているのである。

ただし「行為的直観といふのは、必ずしも弁証法的論理とはかぎらない」(8, 213)。歴史的現実の世界があくまでも無基底的に成立しており、〈表現するものなくして表現すること〉それ自身として成立するものである以上、すでに述べてきたように、この歴史的世界はそれ自体としてはロゴス的表現・限定を超えるものである。「真の具体的論理は弁証法でなければならない。併し弁証法は単に論理だけではない」(8, 262)、「芸術的創作作用も弁証法的である、道徳的行為も弁証法的である」(8, 213)。西田によれば、「永遠の今の自己限定」における「社会」的限定内容としての「文化」において、その個物的限定の側面に芸術の世界が成立し、その一般的限定の側面に「客観的精神」としての制度・法律・道徳に基づく当為の世界が成立する (7, 416)。換言すれば、前者は文化の唯一固有化の側面をなすのであり、後者は文化の一般化、すなわち時代化ないし世界化の側面をなすとされる。ただしそれらは、哲学がロゴス的な普遍性・一般性の立場であるのに比すれば、この現在において歴史的世界が唯一固有の仕方で自らを新たに創造していく立場であり、まさに〈表現するものなくして表現すること〉ないし〈形作られて形作ること〉それ自身を直接的に遂行していく立場である。したがってそれらは哲学のように世界を一般化してロゴス的に表現するのとは異なって、もはやそれ自身をロゴス的に表現することはできないものであり、西田によれば、たとえば芸術的創作作用においては「ロゴス的に摑まれないものが芸術的に摑まれ、芸術的に摑まれないものがロゴス的に摑まれるのである」(8, 263)。ただしまた、歴史的世界の自己形成において表現されざる〈もの＝基体・実体〉はなく、「論理的ならざる実在はない」のであってみれば、哲学・芸術・道徳は「弁証法的世界の自己限定の種々なる契機に従つて、その性質を異にする」(8, 264)、すなわち無基底的な〈表現されて表現すること〉の異なる側面にすぎないのであり、これらは共に「同じイデヤの顕現」にも他ならない(同)。したがって哲学の立場におけるロゴス的限定・表現の内容は、たしかに歴史的現実の世界において必然的妥当性を有するものなのである。

もちろん、すでに触れたように、哲学の論理とは「具体的論理」であり、以上のような哲学の立場は、単に理論上・思弁上の立場を意味するものではない。我々の自己は、哲学の論理において、普遍性を媒介として歴史的世界を自覚し表現することで、自己や自己を媒介する社会・時代を絶対的な基準にして、主観主義的に歴史的過程を統一しようとすることを否定されて、歴史的世界の創造的要素となる。それゆえに哲学は、基体性・実体性への全き否定に徹底的に媒介される根底的な行為的直観としての宗教的立場に媒介されることをまた必要とするが、しかし歴史的世界の自己形成、ないしそれを生きる行為的直観はまた、哲学の立場をその必然的契機として持つ。哲学の立場とは、歴史的世界が自らの一般化・普遍化を介して自らを「再生」していく立場であるとも述べられる（8, 262）。哲学の立場は個人的意識の恣意的なる営為ではありえず、「行為的人間」すなわち「社会的歴史的人間」の「ロゴス的表現」に他ならない（8, 245）。哲学とは、まさしく否定を媒介とした歴史的生命の自己創造の運動のその必然的契機なのであり、そこに哲学に固有の必然的妥当性が根拠づけられるのである。

註

（1）こうした主題化は、後に考察するように、田邊元と戸坂潤からの方法論的な批判を受けてなされたものである。本章五節以降を参照。

（2）ゆえに歴史的現実の世界は、それ自身としてはいかなる限定・表現からも超越しつつ、かえって自らを無限に表現し限定していく世界である。これについては四節以降で主題的に考察する。

（3）なお参照箇所の叙述は、そもそもは世界の一般的限定と個物的限定との関係を論じる文脈において展開されたものである。そこでは我々の自己が限定され否定されるという側面が世界の一般的限定の側面であり、我々の自己が限定し肯定するという側面が世界の個物的限定の側面であるとされる。世界の一般的限定と個物的限定については後述する。

（4）同じことを存在論的に言えば、世界が個物的統一によって成り立つと考えることは、個々の事実が他に無関係に各々独立に存在し、それが結びついて一般的・全体的な世界を形成するということであり、世界が一般的統一によって成り立つと考えることは、一般的・全体的なる世界から個々の事実が形成され、そのありようが定められるとみなすことである。

（5）西田自身の人生における宗教的体験と哲学的思索との関係については、以下を参照。門脇佳吉「西田哲学と宗教体験（Ⅰ－Ⅳ）」、『春秋』第一八三－一八六号、一九七七年。

（6）西田哲学における「悪」の問題を論じた文献として以下のものに示唆を受けた。長谷正當「西田哲学と浄土教」、大峯顯編『西田哲学を学ぶ人のために』、世界思想社、一九九六年、二三五－二六〇頁。田口茂「西田幾多郎の自由意志論」、『西田哲学年報』第三号、二〇〇六年、八七－一〇二頁。

（7）　行為的直観がそれとして成立している限り、そこではなんらかの仕方でこうした否定性が媒介として機能している。先に挙げた包丁を研ぐ行為であっても、そもそもはうまく研ごうという欲や差配が、あるいは従来からの惰性で処理しようとする片手間が捨て去られることにおいてのみ、すなわち自分の案配によって事態を統御できるとする態度への否定を媒介としてのみ成り立つ出来事である。

（8）　したがって真の絶対とは、我々の自己と絶対との対立そのものを超えて、かえってその対立を自らにおいて成立せしめているものに他ならない。西田はこの後の思索においては、絶対者はいかなる意味でも個と相即的ではありえず、ただそれ自身において端的に一であることをさらに強調するようになっていく。第三章六節を参照。

（9）　この「ロゴス的」という概念は、田邊元の論文「社会存在の論理」における西田哲学への方法論的な批判を念頭において導入された概念と思われる。田邊の批判については第二章一節を参照。

（10）「言葉／言表／意味＝ロゴス」とは、そもそも他の「言葉／言表／意味＝ロゴス」との媒介関係を分節し表現する限りにおいて成立しているものであり、したがって常に「論理＝ロゴス（のロゴス）」を表現している限りにおいて成立している。その意味において「論理」とはまさに「言葉／言表／意味＝ロゴス」的に明らかにされるものに他ならない。

（11）　西田の弁証法とヘーゲルの弁証法との比較を主題とする以下の文献を参照した。小坂国継『西田哲学の研究』、ミネルヴァ書房、一九九一年、三八二－三九六頁。藤田正勝「西田幾多郎とヘーゲル」、上田閑照編『西田哲学』、創文社、一九九四年、一六一－一八二頁。中岡成文「西田哲学と弁証法」、前掲大峯顯編『西田哲学を学ぶ人のために』、一二八－一四一頁。Bernard Stevens, *Invitation à la philosophie japonaise*, CNRS EDITIONS, 2005.

（12）　西田の論理が弁証法であるか、あるいはいかなる意味で弁証法と言いうるかについて論じたものとして、以下の文献を参照した。中村雄二郎『西田幾多郎』、『中村雄二郎著作集』第Ⅶ巻、岩波書店、一九九三年。Jacynthe Tremblay, *Nishida Kitarô*, CNRS EDITIONS, 2000. ただし筆者（板橋）はこの問題を、弁証法に対する西田の態度変化をふまえて考察しなければならないと考える。すなわち筆者は本書において、西田が『哲学論文集第五』以降、実際には自らの「矛盾的自己同一の論理」を基本的に「弁証法的論理」とはみなしていないことを明らかにしつつ考察する。詳細については第三章とりわけ三節以降を参照。

（13）　実在のロゴス的表現としての哲学的な思惟は、行為的直観の自己形成性への根本的な否定を媒介とする宗教的事実を根底にして成立するとも述べられる（8, 245–246）。ただし西田がこの構造を整合的に明らかにしえたとは言い難い。第二章一節を参照。

（14）『善の研究』から『働くものから見るものへ』『一般者の自覚的体系』における「徹底的批評主義」の確立に至る、西田哲学の論理と方法の生成過程の詳細については、拙著『西田哲学の論理と方法――徹底的批評主義とは何か』、法政大学出版局、二〇〇四年、を参照願いたい。また「徹底的批評主義」の確立に至る途上で西田が直面した高橋里美、左右田喜一郎、田邊元からの批判、あるいは西田が参照したフィヒテ、コーヘン、リッケルト、ラスクの思想とそれに対する西田の態度についても、同書を参照願いたい。

（15）ここで自覚は、さしあたり自己意識の事実として捉えられているが、しかし自覚は本来、後述するような「見るものなくして見る」「自ら無にして自己の中に自己の影を映す」ことにおいて成立しているものである。

（16）田邊元による西田哲学への方法論的な批判とそれに対する西田の応答について考察する際には、以下の文献を参照した。西谷啓治『西田哲学と田邊哲学』、『西谷啓治著作集』第九巻、創文社、一九八七年。小坂国継『西田幾多郎をめぐる哲学者群像』、ミネルヴァ書房、一九九七年。大橋良介『悲の現象論序説』、創文社、一九九八年。中沢新一『フィロソフィア・ヤポニカ』、集英社、二〇〇一年。上田閑照「死の哲学と絶対無」、『上田閑照集』第十一巻、岩波書店、二〇〇二年、一〇七–一六三頁。花岡永子『絶対無の哲学――西田哲学入門』、世界思想社、二〇〇二年。杉本耕一「田辺元の『種の論理』と西田哲学」、『日本の哲学』第三号、二〇〇二年、一一〇–一二六頁。永井均『西田幾多郎』、ＮＨＫ出版、二〇〇六年。James W. Heisig, *Philosophers of Nothingness*, University of Hawaii Press, 2001.

（17）田邊によれば、哲学的反省の動的な立場は単に相対的なそれではなく、その根底に静的な全体を予想するが、ただしそれは動的な過程において「微分的」に含まれている「イデー」としてである。

（18）ただし西田が弁証法的論理を自らの論理として積極的に表明するに至ったのは、直接には田邊による批判へのこうした応答の意味を持つが、しかし同時にマルクス主義の弁証法を念頭に置いてのことでもあったと思われる。以下を参照。高坂正顕「西田幾多郎先生の生涯と思想」（一九四七年）、『高坂正顕著作集』第八巻、理想社、一九六五年、一三六–一四四頁。服部健二『西田哲学と左派の人たち』、こぶし書房、二〇〇〇年、二七–三三頁。

（19）こうした知見を展開するにあたり、西田は弁証法神学を参照していく。西田哲学とキリスト教神学、とりわけ弁証法神学との関係については以下を参照。浅見洋『西田幾多郎とキリスト教の対話』、朝文社、二〇〇〇年。小野寺功『絶対無と神』、春風社、二〇〇二年。小川圭治『神をめぐる対話』、新教出版社、二〇〇六年。

(20)『無の自覚的限定』所収の「私と汝」論文におけるこうした議論の内実と、それが持つ積極的な可能性については、以下の論攷を参照。坂部恵「西田哲学と他者の問題」、上田閑照編『西田哲学』、創文社、一九九四年、五一－七三頁。白井雅人「私と汝の諸相」、『西田哲学会年報』創刊号、二〇〇四年、一〇三－一一七頁。熊谷征一郎「西田他者論における転回」、『西田哲学会年報』第二号、二〇〇五年、一二八頁－一四二頁。

(21) 本書において戸坂潤による西田哲学への方法論的な批判とそれに対する西田の応答について考察する際には、以下の文献を参照した。宮川透『西田・三木・戸坂の哲学』、講談社、一九六七年。岩崎允胤『日本マルクス主義哲学史序説』、未來社、一九七一年。竹内良知『西田幾多郎と現代』、第三文明社、一九七八年。服部健二『西田哲学と左派の人たち』、こぶし書房、二〇〇〇年。芝田進午『実践的唯物論への道』、青木書店、二〇〇一年。守津隆「戸坂潤の西田哲学理解」、『西田哲学会年報』第四号、二〇〇七年、一〇九－一二三頁。

(22) 周知のように、西田は『哲学の根本問題』においてはノエシス・ノエマの用語を頻繁に使用するが、それ以降の著作ではほとんど使用しなくなる。

(23) もちろん実際には、連続性・直線性はそれが新たな創造である限り、旧き過去との関係性すなわち円環性なしには成立し得ないし、非連続性・円環性は、相異なるものの並列である限りにおいて、個々の現在の唯一無二の固有性なしには成立し得ない。逆に言えば、我々がかりそめにも過去や現在についての何らかの知を持つことができる以上、西田によれば、それは歴史的現実が否定を媒介とした「非連続即連続、連続即非連続」としての〈形作られて形作ること〉として成立しているからである。

(24) ただし西田がしばしば述べるところによれば、物質的世界、生物的生命の世界、歴史的生命の世界のその各々の境界は概念上設定しうるだけで、具体的にはかならずしもその境界は明確でない。

(25)「意識」とは、西田によれば「映すもの」と「映されたもの」との「相反するものの同一」「非連続の連続」としての自己同一のことに他ならない。

(26) 個物的限定に意識面を、一般的限定に対象界を対応させる記述がある (8, 243-244)。なお西田は一般的限定の極限に「無限なる周辺」としての「表現の世界」が成立するとみなす。それゆえにまた一般的限定の方向への現実からの遊離・抽象としての「ドクサ」や「夢」も、その成立に必然性を有している。
(27) 身体についての考察は『哲学論文集第二』において本格的に主題化されることとなる。第二章三節を参照。
(28) それゆえに西田は、しばしば我々の自己の行為的直観が成り立つ世界を、単なる意識的・精神的な世界ではない「人格的世界」であるとみなす。
(29) 西田は、歴史を個性的な「時代・世代」の非連続的な進行と捉える知見や、またこうした「時代・世代」において我々の自己が「イデア的なるもの」を見るとする知見を述べるにあたり、しばしばランケを参照する。特に以下を参照。Leopold von Ranke, *Über die Epochen der neueren Geshichte*, 8. Auf., München, 1921, S. 17–18.
(30) 西田によれば、物質性を原理として歴史的現実を明らかにしようとすることもまた、物質的世界が連続的世界である以上、内的連続性を原理とする意識主義的な見地から世界を把握することに他ならない。
(31) 西田はここでメーヌ・ド・ビランの習慣論を参照している。西田の「行為的直観」概念とビランの「習慣」概念との関係については以下を参照。山形頼洋「西田の行為的直観とビランならびにラヴェッソンの習慣概念」、『同志社哲学年報』第三十号、二〇〇七年、一–二二頁。

第二章　生命の自証と生命の論理
――『哲学論文集第二』

一　田邊元による方法論的な再批判

西田は『哲学の根本問題　続編』と『哲学論文集第一』において、自らの哲学の論理を「具体的論理」としての「絶対弁証法の論理」として提示した。しかし田邊元と戸坂潤による新たな批判に直面したことなどにより(1)、西田は「論理と生命」をはじめとした『哲学論文集第二』に収載される諸論文において、哲学の論理とはいかなるものかについて改めて根本的に考察し直していく。それでは、西田哲学の論理に改めて向けられた田邊と戸坂による批判とはいかなるものであったのだろうか。そして西田は前章で考察したような自らの論理のいかなる点において、改めて根本的な検討を加える必要を覚えたのであろうか。田邊と戸坂による批判を順次検討していくことで考察を進めていきたい。

まず本節では、田邊元による批判について考察していくこととする。田邊は、彼の独創的な論理である「種の論理」を初めて明確に提示した論文「社会存在の論理」、ならびに「種の論理と世界図式」において、名前こそ具体的にあげてはいないものの、明らかに西田の「絶対弁証法の論理」に対する批判と思われる叙述を繰り返しつつ自らの論理を展開していく。このうち「社会存在の論理」は、昭和九年十一月から同十年一月にかけて『哲学研究』誌上に発表されたものであり、すでに『哲学論文集第一』所収の「行為的直観の立場」や「図式的説明」にはこの「社会存在の論理」における田邊の批判を意識したと思われる西田の叙述がある。しかし「社会存在の論理」においては、未だ西田哲学批判は素描に留まっているきらいがあり、他方で西田も『哲学論文集第一』において、これに対する本格的な応答を試みたとは言いがたい。むしろ田邊からの批判として重要な論点は「種の論理」による本格的な西田哲学批判が展開された「種の論理と世界図式」論文において整備されたと言いうるのであり、またこの論文に対して西田は「論理と生命」論文において具体的に田邊の名をあげつつ批判的応答を試みている。西田はこの「種の論理」への応答を通して「論理と生命」論文以降も、『哲学論文集第二』に収載された諸論文の考察を展開していくのである。[2]

それでは田邊は、上記二論文とりわけ「種の論理と世界図式」において、いかなる批判を展開したのであろうか。以下では、本書の方法論的な問題意識に基づいて田邊の批判の要点を理解していくことに主眼を置いて考察をすすめ、またそれに必要な限りにおいて、批判の背景にある田邊の「種の論理」にも触れていくこととする。[3]

田邊は、西田の論理における個の存在の位置づけに着目しつつ、その要点を「個は自己否定的存在であるから、それの於てある場所は有の場所でなくして無の場所でなければならないといはれるのである。個物の存在は無の一般的限定に由る。それはまた限定するものなき限定であるから、個物が個物自身を限定するともいはれる」(THZ 6, 201) とまとめる。たしかに西田によれば、代替不可能な唯一無二のこの個が存在し、それとして働くことは、個が限定された〈もの＝実体・基体・有〉としての一般者において包括されるのではなく、むしろいかなる意味での限定をも超越した絶対的な無（絶対否定）としての「場所」ないし（弁証法的）一般者において包括され、限定される存在であることを意味する。すなわち〈限定するものなくして限定すること〉ないし「無の自己限定」として成立するような、歴史的現実の世界の自己形成における、その唯一無二の創造的な要素として、個は個として存在する。

ここで田邊によれば、歴史的形成の創造的な要素としての個が、無の場所において成立するという西田のこうした主張は、そもそも個としての我々の自己が、現実には特定の歴史的伝統を有する限定された有としての社会共同体すなわち「種」において、それも「種」の統一力・拘束力と対立関係にある仕方で存在しているのに反して、個が「種」の限定・制約(との対立関係)を超越して存在すると主張するものに他ならない。それは「そこでは如何なる種も其の限定を失ふ」ような「無の場所」を原理とする論理であり、すなわち不当にも「種を無視する個の立場」(THZ 6, 202)に立つものと言わねばならない。たとえ「それが歴史の問題を論ずるに当り、時代の傾向を特殊なるものの特殊なるものへ推移する無の限定とし、此特殊なる傾向性を個体の限定に媒介として介入せしむる」としても、「媒介たる特殊も媒介せらるゝ個も何れも無の自己限定として、媒介は媒介を限定し、個は個を限定しながら、両者無に於て相即するに止まるならば、何処に否定的対立は存するか。斯かる無の媒介は実は無媒介に過ぎない」(同)。田邊によれば、限定された一般者としての時代や民族における歴史的形成の否定的媒介性についていくら主張されても、そもそも西田の論理において、個が根本的には無の場所において個であるとされることが、個が実質的には歴史的に限定された諸々の一般者の制約・否定的媒介を超越した無媒介な存在とされていることを意味しており、むしろ限定された一般者と個との否定的対立そのものが無化されるところで個の個としての成立が観て取られていることを意味している。そこでは、実質的にはいかなる対立者にも否定的に媒介されることのないような、したがって歴史的現実の否定的媒介から離れた現在における、個のその無媒介な自己形成が歴史的形成の原理として説かれている。「単なる無の一般と個とだけでは媒介者が無い。……

有としての種なくして個も一般も媒介せられる筈がない」（THZ 6, 203）。西田の論理は、歴史的現実の否定的制約を受けずに決断し実践する「自由なる人格的存在」として個を捉えることで、結局は歴史的現実の外部に我々の自己を置く、独断的で主観主義的な立場に他ならない。

田邊からすれば、そもそも個体の生命は、常にそれが属する種の生命の連続的恒存において成立しうるのであり、人間においては歴史的伝統を有した民族的な社会共同体を意味するこの「種」についての論理を欠く西田の論理は、「抽象的歴史観」に陥らざるを得ない。それゆえ田邊は自らが理解する西田の論理に対決する仕方で、過去からの「伝統の支持者」（THZ 6, 202）としての連続的「基体」の論理である「種」の論理を提起する（後に触れるように田邊と西田では「基体」に込める意味が異なっている）。個は、伝統を有して統一的に連続している「種」としての民族的な共同体の中で生まれ、あくまでもそのありように拘束されつつ消えゆく。それゆえに「種」とは、個と個とを統一する媒介者であり、それも個がそこから発生する根源としての原初的・直接的なそれである。しかし逆にこの「種」もまた分立・独立した個によって維持される限りにおいて種としての共同体である。「両者は対立して相互に反対の方向から限定し合ひながら、而も互いに相予想して始めて成立する」（THZ 6, 128）のであり、すなわち元来、個と種とは互いに否定的に媒介しあうことで成立する。加えて一つの種は常に他の種を予想して成立する以上、本来種と種も互いに否定的に媒介しあいつつ成立している。(4)

ただしこの際、個も種も互いに他を予想しつつ、互いに他に還元されないゆえに、歴史的現実の世界とは、種の自己中心的統制性と個の自己中心的我性との否定的な対立抗争が生じる世界である（THZ 6, 195）。(5) 特定の種はそこから発生する個を統一性へと限定して拘束・強制し、さらに自らのそうした自己絶対化によって他の種をもまた強制しようとするのに対し、個は自らの主体的な独立・離脱による自己絶対化によって種を独占しようとする。しかし個が自らの我性への否定に媒介されると共に、主体としての個の否定的媒介によって種的基体が転換されることで、個と種とが否定的に媒介しあいつつ種が種であり個が個であるその本来のありようが実現する。換言すれば、「主体即基体、基体即主体、としての弁証法的統一」(THZ 6, 264) が実現する。それはまた種と種とが否定的な相互媒介によってその本来を実現し、それによって同一の種に内属する個と個はもちろん、異なる種に属する個と個のすべてが否定的に媒介しあって唯一無二の本来の個を実現することにも他ならない。それはすなわち「種と個、個と個、種と種、の凡ての対立が凡て否定的に統一せられ、完全なる媒介に入る」(THZ 6, 218) とも言われるような、絶対的全体としての「類」の実現、換言すれば「人類的立場」の実現を意味する。

ただしこうした人類的立場の実現は、個の属する各々の民族的共同体としての種を常に媒介としてのみ実現するものであり、その媒介を無視した個と個との否定的媒介によってこれを構想することは誤りである。したがって「民族の種的基体を維持して之を発達せしめ、其歴史的伝統を国家の不可欠なる媒介となし、而も斯かる媒介の否定即肯定に於て、相対的特殊性を維持しながら人類の立場まで高められ、国際的協和に入ることを、国家の本質とする」(THZ 6, 233) という意味において、「国家は正に類の実現であり具体化」(THZ 6, 132) となるべき存在である。すなわち、個が自らの属する種的基体を否定的に媒介せずに絶対化したり(それが一般に言う国家権力の絶対化である)、また普遍的な種を構想したり(これも実は特定の種の絶対化である)するのではなく、「種と個、個と個、種と種、の凡ての対立が凡て否定的に統一せられ、完全なる媒介に入る」ことが国家において、すなわち種的基体の否定的転換態において実現されるのである。

田邊はこうした「主体即基体、基体即主体、としての弁証法的統一」の論理を「媒介の中心として種的基体を重んじる立場」としての「種の論理」「基体の論理」、ないしそれに相応する「社会存在の存在論」「社会存在論」と呼ぶ(THZ 6, 264)。田邊にとって、歴史的現実における〈個—種—類〉の否定的統一の媒介者は、あくまでも種であって、種が否定的に転換された「類」の実現に際しても、「類も存在としては種を媒介とし、基体とするのであつて、種の外に類を求めることは出来ず、存在するものは単なる類でなくして種に実現せられた類、或は類化せられた種に他ならぬ」（THZ 6, 133）。類の実現も、あくまでも個と種との、あるいは種と種との相互否定的な媒介それ自身に、換言すれば、相互否定的に相即・媒介する仕方での各々の種の自己否定的な自己媒介それ自身による。その意味では、あくまでも各々の種それ自身がまた類的全体の媒介者なのであり、各々の種を超えるさらなる媒介者など存在しない。「歴史は種を基体としてのみ成立する……歴史の持つ媒介性は種の媒介性に由来する」（THZ 6, 203）。すなわち田邊からすれば、種の否定的媒介にこそ現実の歴史的運動の本質が存するのである。現実の歴史的な運動とは、種の否定的媒介のありようとして、正確には種の個による否定的媒介としての種の類化のありようとして、成立するものなのである。

なるほど、すでに考察してきたことからも明らかなように、たしかに個と種との相互否定的運動（としての類の自己否定的自己実現の運動）は、先立って存在する何らかの静的存在の事後的な自己否定によって生み出されるようなものではなく、その相互否定的媒介それ自身を原理とする絶対的に動的な自己生成の運動である。それゆえ、こうした運動そのものはいわば無基底的なそれである。しかしこのことはまた、種を否定的に媒介しないいかなる存在も成立しえないということであってみれば、むしろこの相互否定的な媒介の運動それ自身は、限定された有としての媒介者である種の媒介内容に応じて成立している。田邊は「如何なる直接態をも固定することが無い」（THZ 6, 131）という、無媒介で静的な実体存立への絶対的な否定を「絶対無即ち空の統一」（THZ 6, 131）と呼んだ上で、西田の論理が絶対無の論理を企図しつつ、実際には無媒介で静的な実体としての直接態を原理とするものであるとして、田邊自身は、限定された有を「基体」にしてそこにおいて自らを否定的に媒介し具現化する、無基底的な「空の統一」の運動の論理を提起するのである。換言すれば、無媒介な実体への絶対的な否定としての「絶対否定的無」を媒介とする「有即無」の弁証法の論理から、限定された媒介者を必然的に媒介するものとして、正確には種としての限定された媒介者の自己否定的媒介運動として、歴史的現実を明らかにするものが、田邊の言う「種的基体の論理」に他ならないのである。

したがって、現実の歴史的形成において、個体と否定的に対立しつつ連続的に恒在する「種的基体」の媒介者を適正に位置づけることのない西田の論理は、歴史的現実の成立媒体である「種」（の限定性・制約性）を無化してしまう非歴史的な論理に他ならない。それは個と種や個と個、種と種の否定的な対立・抗争を種の否定的転換によって克服するという、歴史的現実の実践的な課題を無化するような、「無の場所」としての無媒介な直接態に立つ論理なのである。

もちろん西田からすれば、自らの論理は無媒介な直接態に立つ論理などではなく、また「無」と個との他に、有としての媒介者を認めないような論理でもない。むしろそれは、否定性に媒介されない、いかなる無媒介な実体・基体も認めない「絶対弁証法」によって、個が唯一無二の存在でありながら、また常に特定の限定された一般者を媒介することで個たりうることを示す論理であり、ゆえに個がそこにおいて生き、働き、死すこの「歴史的現実」を明らかにする論理である。しかし田邊は、西田哲学がいかなる方法によるものであるか、そして西田哲学において論理とはいかなる身分を有しているのかについて検討するなら、西田の論理が無媒介な「場所の直接態」に立つ論理であり、実は「論理であつて論理でない」ことが明らかになるとみなす。

その際に田邊は、まず「論理」とはいかなるものであるべきかを示すことから始める。田邊によれば「論理という概念の最も一般的なる意味は推論的といふことでなければならぬ」（THZ 6, 171）のであり、この「推論」とは「概念に由る判断の媒介」（THZ 6, 172）を意味する。ここで田邊の念頭にあるのは、「論理的」と「解釈的」との峻別である。「論理的」とは、一般的にみなされているように、さしあたりは概念の媒介による判断の必然的な展開を示すものとするなら、それはそうした必然性を示すことのないような、ある言語表現からの「解釈的」な展開といったものとはあくまでも区別されるべきなのであり、その意味において「論理」とは「解釈的」ではなく「推論的」である。したがって、それ自身は概念に媒介されずに成立し、ゆえにそこからの概念による媒介ないし展開のその必然性を示すことができないような「無媒介なるものを斥け一切の直接態を否定する」（THZ 6, 173）のが「論理」である。換言すれば論理とは、「一を立するに他を媒介とせざることなきを謂ふ」ような、したがって「如何なる肯定も否定を媒介とすることなくして行はれざるを意味する」（THZ 6, 59）。

改めてここでは、論理が「推論的」であるとされたことの意義が、字義通りの厳密な意味において確認される必要があろう。無媒介な直接態を否定して、あくまでも媒介の立場に立つと標榜する哲学であっても、その媒介における媒介者が無媒介で直接的なるものであってみれば、結局それは「論理」ではなく、むしろ媒介の必然性を示すことのない「解釈論」に他ならない。「自ら解釈論的を標榜せざる哲学にも、其主たる傾向が解釈論哲学に外ならざるものが少なくない。斯かる哲学は却て表面上解釈論的方法を斥け自ら論理的と称する場合に於ても、実はその所謂論理なるものが単に表現の解釈を意味するに止まり、推論的という本質を認めず、之を以て論理的なる哲学の欠くべからざる契機と自覚することなき限り、其立場は解釈論的であつて論理的ではないのである」（THZ 6, 171）。したがって論理とは、まさしく「其自身媒介せられたものたる概念の媒介に由る絶対媒介でなければならぬ」（THZ 6, 172）のであり、すなわち推論における概念的な限定の方法による論理のみが、真に「論理的」なのである。

それゆえ田邊からすれば、西田の「絶対弁証法としての無の論理」は、実際には「論理」の名に値しないものである。たしかに西田の論理においては、哲学的思惟の立場における行為的直観は、概念的な思惟が否定されることによって実現されるものである。哲学的思惟としての行為的直観それ自身は、概念的限定を超えたものであり、概念的な思惟によっては達せざる事態であった。したがって田邊からすれば、西田の論理は推論における概念的限定の方法を哲学の論理の方法とみなしていないのであり、その限りではこの論理も、媒介としての概念にではなく無媒介な直接態に立つものであることは明らかである。それは実際には論理的ならざる「解釈」的な方法に基づくものに他ならないのである（THZ 6, 224, 234）。田邊は論理に「推論的」という本質を認めない立場を批判した叙述に続いて、そうした立場は種々の存在を無媒介な絶対的なるものの表現の段階として解釈する立場なのであり（THZ 6, 171）、「『言語的』の意味に於て『ロゴス的』ではあつても、『論理的』の意味に於て『ロゴス的』であるとはいはれない」（THZ 6, 171–172）と述べるのである。

とはいえ田邊は、実在のすべてが概念的限定による推論によって論理的に演繹されると主張するわけではない。「一切の定立を否定の媒介に於て肯定する論理は自己自身の定立をも否定の媒介に於てするのでなければならぬ」（THZ 6, 174）。論理が無媒介な直接態を否定する絶対媒介である以上、論理それ自身もまた概念による論理的限定を否定する、限定されざる非合理的な直観の直接態に媒介されている。もちろんこのことは、すでに排斥されたように、論理と無関係にして独立別個に、無媒介な非合理的事実が成立していることを意味していない。論理と否定的に対立する直観の直接態を「生」と呼ぶなら、「生が非合理的であるといふことも、単に非合理的なる生の立場ではいはれない。既に斯かる自覚をもつ生そのものが、生と論理との媒介としての論理と相即するのである、生と論理と離れ存するのでなく、両者の相即のみが具体的に存するのであつて、之を直接性の面から生といひ、媒介性の面から論理といふに過ぎない。生を離れて論理の不可能なる如く、論理を離れて、哲学的に自覚せられる生もあり得ない」（THZ 6, 180）。論理と論理ならざる直接態とがまず独立自存して、それが事後的に互いに否定的に媒介しあうのではなく、両者が互いに否定的に他に還元されない仕方で媒介しあいつつ、表裏相即して一つの事態をなすという、このこと自身がはじめから成立しているのであり、このあり方自身が、まさに絶対媒介としての「論理」であり、概念的限定による推論的媒介なのである。

こうして絶対媒介としての「論理」とは、論理と生との否定的統一としてのそれであり、この論理においてこそ、我々の生、それも単なる非合理的な生ではなく、むしろ「非合理即合理として媒介する」ような「絶対生命」（THZ 6, 87）が存する。換言すれば、「推論的」な「論理」とは、理論と実践との否定的統一の実践としての「生命」それ自身に他ならない。上述したように、それは具体的には個の主体的実践によって種を類的全体としての国家へと否定的に媒介する「種の論理」の実践を意味する。そしてこの実践は概念的な思惟によってその実現を演繹できるものではないが、しかし他方でそれは、あくまでも概念的限定による推論を媒介として「論理的」にのみ実現されるものに他ならない[6]。もちろんこうした「種の論理」の実践それ自身は、無基底的な「空の統一」による絶対的な活動そのものであり、それ自身は限定されない事態である。しかしこうした実践があくまでもまた「論理的」にのみ実現する以上、たしかに判断ないし推論における概念的限定は、絶対的な活動のその相互否定的な動性の構造を必然的な妥当性をもって表現していることとなろう。だがそれでは、実際にこの動性の構造が論理において概念的に限定されることはいかにして可能となるのであろうか。

「論理はその絶対媒介たる本質に由つて、先づ媒介の中間者たる種の論理たることを必要とする」（THZ 6, 71）とも言われるように、概念による推論の媒介としての「論理」とは、言うまでもなく「媒介の中間者」としての「媒語」である種の否定的媒介を指すのであり、それは結論の判断における「繫辞」の媒介を意味する。すなわち、田邊がそうするように判断の範例を「個別は普遍である」に取るなら、「普遍」という述語における主語「個別」を内包するような概念内容こそが、「種の類化」すなわち個（主語）による種（述語）の否定的媒介・転換のありかたを示すものである[7]。したがって「論理」としての「繫辞」的な否定的媒介性とは、まさに主語すなわち個を否定的に媒介した種のありようとして、判断における概念において集約的に言表されると言いうる。ゆえに推論における概念の必然的媒介とは、あたかも個・種・類の否定的媒介の実践が無基底的な絶対的な活動そのものであって、それ自身は限定されない事態であったように、個・種・類のどれかが無媒介な静的実体としてまずあって、そこから事後的に成立するのではないような、無基底的な活動それ自身によって成立していると共に、しかしそれは、まさに判断における述語に示される種の類化としての「概念」として実際に限定され、言表されているのであり、ゆえにその内容こそ、概念の必然的媒介としての「絶対媒介」の論理を現わしているのである。したがって、理論と実践の統一としての「種の論理」の実践それ自身も、推論ないし判断における述語の概念内容として限定されるのであり、そして、とりもなおさず種の否定的媒介としての概念において限定していくというまさにそのことこそが、逆に「絶対否定的無」を媒介する「空の統一」としての歴史的現実の運動がそこにおいて具現し自覚される「基体」である、限定された有としての「種」が明らかになることなのである。

もちろん、理論と実践との絶対媒介としての歴史的現実の運動そのものは、無基底的な絶対的活動そのものであり、単なる概念による演繹的導出の所作によって、すなわち「自ら媒介せられることなく直接的に固定された媒語が、直線的なる推論式を形造る」「演繹的推論」(THZ 6, 177)によって構成されるものではありえない。しかし、そうした仕方で歴史的現実の運動が、無基底的な限定されざる活動として、概念的限定による媒介の論理を否定するものであるからこそ、かえってこの無基底的な活動の存在内容それ自体は、無媒介・無対立な直接態それ自身においてではなく、否定的対立の統一としての絶対媒介である「論理」によってこそ成立しうる。「論理の否定は論理の外に論理と無関係にこれと対立して存するものではない。論理の否定は論理に由つて論理の否定として自覚せられるのである、論理に対立するものは論理に於て論理の対立者と認められるのである。否定的対立そのものが論理の媒介なのである」(THZ 6, 174)。

田邊によれば、媒介としての論理が成立することそれ自身が、すでに否定的対立(の統一)ないし否定(即肯定)を必要要件としている以上、判断の述語における概念的限定の必然的媒介が実現されたことそれ自身が、論理に還元されざる直接的なものがそれとして論理を否定しえたこと、別言すれば、論理を超えた限定されざる無基底的な活動が、自らに対して必然的に妥当する概念的限定を有する限りにおいてのみ成立していることの証左ともなっているのである。したがって「論理の無力を主張すること自身が論理無力の証験でなければならぬ」(THZ 6, 87)。概念的限定が挫折するような体験ですら、実際には概念的限定による必然的媒介において、その否定的契機・過程として体現されているものであり、そもそも推論の概念的限定の方法以外による、何らかの直接的なるものとの邂逅などといったものは存在しない。概念を媒介として推論において判断することは、逆説的ではあるが、そもそも概念的に導出できない、歴史的現実の無基底的な活動それ自身を生き、自覚することの実践と相即しており、またそうした自覚なくして、概念を媒介として判断することも成立しえないのである。この意味において「論理の否定」もまた「論理に由つて」「自覚」される。すなわち、論理としての概念的限定内容において、論理を超えた無基底的な絶対的活動が成立し、自覚されるのである。

言うなればここで田邊は、「論理」を絶対媒介とみなすことで、非合理性か合理性かという二者択一に与することなく、むしろあくまでも「論理」を両者の媒介それ自体としての「現実の論理」「非合理的なるものの論理」(THZ 6, 178)として提起しているのであり、それと共に、述語における概念的限定内容の妥当しない非合理的なるものをいかなる意味でも認めない点において、自らのこうした論理を「絶対的なる合理主義」(同)の論理と呼ぶのである。そしてこの論理こそ、哲学の立場としての論理それ自身もまた非合理的なる現実に否定的に媒介されるような「絶対媒介」としての「肯定即否定、否定即肯定」の論理、すなわち真の「絶対弁証法の論理」なのである。

すでに見たように、田邊からすれば、西田の論理は否定的媒介性を有しない無媒介な直接態としての「無の場所」を原理とし、その自己限定から歴史を解明する「解釈的」な方法によるものであった。したがって田邊にとって西田の論理は、これを田邊自身の「現実の論理」としての「絶対弁証法」に比するなら、哲学の立場それ自身が、自らに還元できない現実の現実性に否定的に媒介されるという契機を持たないものであり、それゆえ歴史的現実から、それもとりわけ個に対する種の否定的媒介の現実性から離れて、いわば「現実を厭離して我の安心を求める宗教的要求」（THZ 6, 224）とでも言うべきものを基にしているものである。加えて、そもそも「無の場所」は、その無媒介性ゆえに、実際は否定的媒介・統一による弁証法的運動を超越しており、それ自身は実質的に全くの静的同一性に止まるものと評価されねばならない。したがって「無の場所」の所在としての「永遠の今」も「神秘的直観の静的内容」（THZ 6, 236）に他ならないものであってみれば、「現実を厭離して我の安心を求める」西田の論理は、「非弁証法的なる同一律の論理を以て体系を構成し、自ら動かずして其内に休らふことの出来る絶対者の哲学を立てんとする努力」としての「寂静主義」（THZ 6, 221）を意味する。絶対者との無差別的・静的合一としての「神秘主義的同一哲学の論理を強ひて弁証法的たらしめんとしたもの、即ち所謂無の論理に外ならない」（THZ 6, 208）。それは「無の限定の立場から歴史を眺める宗教的観想」（THZ 6, 202）の立場であり、歴史的現実において種に否定的に媒介される実践的契機を持たないまま、恣意的・独断的な安心に向けて展開される抽象的な「思想的所有物」に過ぎない。西田の論理は、すでに述べたように、我々の自己を歴史的現実と無媒介にその外部に存在し働くものとみなす、独断的で主観主義的な自由主義に立つのである。

しかしそもそも田邊からすれば、絶対的全体が活動性を有しない全くの静であるであるなら、すなわち独断的な主観主義に基づく「寂静主義」のそれであるなら、それはかえって活動に対立する相対に過ぎないものである。西田の「絶対無の場所」のような無媒介なる静的場所は、かえって相対的な有に過ぎないのであり、むしろ絶対的全体とは、相対的な活動を否定的に媒介する限りにおける絶対に静的な体系的全体である。こうした「進行即帰還」ともいうべき「動即静の全体」こそ、無媒介な実体を静的にも動的にも措定することなく、すべての存在を否定的に媒介する「絶対無即ち空の統一」とも呼びうるものである。種が個の否定的媒介によって類的全体（国家）を実現するという歴史的運動が、それとしてそれ自身で不断に自らを更新し運動し続けていくこと、別言すれば、この運動それ自身が自らから動かずに不動であること、それが「動即静の全体」「絶対無即ち空の統一」に他ならない。

したがって宗教的な「信」も、その意味するところは「自ら動くのと反対にそれに於て休らひ得る場所を与へる信仰や体験ではない。たゞ自己のはたらきに於ける絶対否定の実現、実践的なる否定的媒介の絶対統一性の保証、の直接なる自証に外ならない」（THZ 6, 222–223）。個が種の否定的媒介によって類的全体（国家）の実現に向けて主体的な実践を行うその活動に、個がどこまでも徹し、この活動自身が「動即静の全体」であるがゆえに有するその「運動の安定」「方向の必然」（THZ 6, 142）とを実証・自証していくところに、自己の苦悩・不安からの救済としての「宗教の静安」「平和」が生じるのであり、そこにこそ宗教的な「信」が存する。

しかもこうした事態は、「対立者に依存するという自己の有限性の自覚」（THZ 6, 130）が、我々の自己は基体としての種の否定的媒介に対して離反し、自己を実体化するものであるという自己中心的な「我性」の自覚へと、ひいてはこの「我性」を自らによっては克服しえないという己の無力さへの自覚へと窮まることによって「主体の行為は客体的なる歴史的基体に於て自己を否定することに於て自己を見出し、却て同時に客体を主体化し基体を表現に化する」（THZ 6, 222）ことを意味する。すなわちそれは自らによっては不可能な否定、自己実体化への絶対的な否定が、自己の主体的な肯定と否定的に媒介しあう事態、いわば「絶対自力即他力」「自己の死即生」としての転換を意味する。

田邊によれば、こうして「宗教の静安」は、人類的国家の実現へと向かう我々の自己の主体的な実践活動としての「道徳の努力、失敗、悔悟と離れず」（THZ 6, 166）、むしろそれらの直中にあり、我々の自己の不断の実践活動の裏づけとなっているものに他ならない。それゆえに、宗教的信仰・体験とは、結局のところ「絶対否定の肯定性に対する信頼」である。すなわち我性の根源悪ゆえに我々の自己の行為がいかに「蹉跌・大過」を有し、またいかに「無力」なものであっても、「悪を媒介とする善の無限なる超克が、我の行為を媒介として成就すべく約束せられているという信」に生きる「絶対善の信仰」を意味するのである[8]（THZ 6, 223）。類的全体の実現への不断の実践というそのこと自身の「運動の安定」と「方向の必然」に我々の自己が徹すること、それも正確には「絶対自力即他力」「自己の死即生」としての否定的転換によって徹すること、このことこそ、今ここに類の実現がすでに約束され成就されており、すでに向かうべき類（における個と種との否定的媒介）の本来が実現されているという「絶対善」を確証する。その都度の今ここの一々の実践の成果が、その有限性と罪悪性ゆえに類の本来の真の実現に対して絶望的に隔たっているにもかかわらず、あたかも「途中にあつて家舎を離れず」（THZ 6, 239）とも言いうる事態が開かれる。したがって、こうして不断の実践を求めていく代わりに、「現実を厭離して我の安心を求める」ような西田の「寂静主義」は、田邊からすれば、哲学の方法としては、歴史的運動をその外部から眺める主観主義的な「観想」の方法に他ならない。それに対してそもそも哲学の論理の方法を問い、哲学の立場の妥当性を、とりわけそれが有する歴史的相対性と全体性・普遍性との関係を問うことを「哲学の哲学」の営みと呼ぶなら、「諸々の哲学の性格は実に此の哲学の哲学に於て最も顕著に特徴附けられる」（THZ 6, 219）とも言いうる。むしろ「哲学の体系は成ると共に動き、発展することに於て存在する」（THZ 6, 220）のであり、「動即静の全体」の「絶対無即ち空の統一」を、その「運動の安定」と「方向の必然」において否定的に媒介するという仕方で、自らの全体的・普遍的な体系内容を不断に発展させていく。すなわち「絶対善の信仰」は「絶対合理主義」と相表裏するのである（THZ 6, 223）。

以上で考察してきたように、田邊からすれば西田の「絶対弁証法」の論理は、歴史的現実を逃避して主観主義的・個人主義的な安心を求める「寂静主義」によるものに他ならない。換言すれば、この論理は、我々の自己が主観主義・個人自由主義の立場に立って歴史的現実を包括しようとするそれであり、したがって、実体化された生ないし体験の無媒介なる直接態を原理とする、非論理的で恣意的・独断的な解釈によって構築されるものに他ならない。ゆえに西田哲学の論理を展開し、それに従って歴史的現実の世界を生きようとする限り、我々の自己は、歴史的現実において種に否定的に媒介される実践的契機を持たないままに、抽象化された主観主義的な現実を、自らの生き、働き、死にゆく場となさざるを得ないのである。そして田邊によれば、こうした事実は、歴史的現実の世界の論理を標榜する西田哲学の方法が、実際には歴史的現実に否定的に媒介されることのない方法によって、超歴史的な立場から構築されるものに他ならないことを意味する。そしてこのことは「哲学の哲学」の営みによって、すなわち、およそ哲学の方法が概念的限定を媒介とする推論の不断の発展としてのそれであるのか、それとも西田哲学のように概念的限定を否定し超越するもの、したがって、無媒介な直接態を原理とする寂静的な観想としてのそれであるのかを検討することによって明らかになるものである。もちろん哲学の方法とは、単に理論的な思弁のそれに留まるものではなく、むしろ歴史的現実において我々の自己が自覚し行為するその方法のことに他ならない。とはいえ田邊からすれば、こうした我々の自己の現実の行為が、あくまでも推論における概念的限定を媒介とし、そのことによって深まるような行為であるのかどうかが、哲学の方法が歴史的現実に否定的に媒介される真の方法であるかどうかの証左となるのである。したがって田邊は、西田哲学の「絶対弁証法」の論理に対して、むしろ「絶対媒介」に基づく自らの論理を、真の「絶対弁証法の論理」として提示するのであり、それを具体的には歴史的現実の論理である「種的基体の論理」として提示したのである(9)。

それでは田邊からの以上のような批判は、西田哲学の論理にとっていかなる意義と妥当性とを有するものであろうか。すでに指摘したように、西田からすれば、自らの「絶対弁証法」の論理は無媒介なる直接態を原理とする論理ではなく、むしろそうした無媒介な基体的・実体的自己同一への全き否定を媒介とする論理である。それは我々の唯一無二のこの自己が生まれ、働き、死にゆくことが、歴史的現実の世界の自己形成の創造的な要素として、種や時代に媒介されて可能となることを明らかにする論理であり、したがって、主観主義的・個人主義的に現実を観想する「寂静主義」をむしろ否定する論理に他ならない。ゆえにこうした観点からすれば、田邊の批判は的外れなものに他ならないであろう。しかし後述するように、西田は『哲学論文集第二』に収められることとなる諸論文において、田邊からの以上のような批判に正面から応答する仕方で、自らの論理についての根本的な考察を新たに試みる。それでは一体、田邊からの批判の何が西田をして新たな考察に向かわせたのであろうか。ここで、田邊が強調したように、哲学の立場とそれがよって立つ方法の妥当性を問うという「哲学の哲学」の見地から西田哲学を検討するならば、田邊の批判が有する重大な意義が現れることとなろう。

前節で考察したように、まず西田によれば、「絶対弁証法」としての哲学の方法は「真実在のロゴス的自己表現」によるものである。それはある限定された立場において成立するのではない、「立場なき立場」としての「行為的直観」であり、そこにおいて「実在そのものの根本構造」としての「実在のロゴス的構造」を自覚し、明らかにするものに他ならない。しかし一方で、すでに考察されたように「行為的直観といふのは必ずしも弁証法的論理とはかぎらない」（8, 213）のであり、「真の具体的論理は弁証法でなければならない。併し弁証法は単に論理だけではない」（8, 262）。たとえば「芸術的創作作用も弁証法的である、道徳的行為も弁証法的である」（8, 213）。それらは行為的直観においてその個性的創造の方向を直接的に遂行していく立場であり、したがって「ロゴス的に摑まれないもの」を摑む立場であるとされる（8, 263）。なるほどたしかに、歴史的現実の世界が基体性・実体性への否定を媒介として無基底的に成立している以上、歴史的現実の世界と、そこにおける行為的直観とはまた、それ自体としてはロゴス的な表現を超えたものである。しかし、これも前節で考察されたように、西田にとって哲学の立場とは、基体性・実体性への否定の媒介による自己同一という歴史的現実の世界の根本的な形式・構造によって、世界のありようを統一的・体系的に自覚する立場であった。ゆえに、上述したような仕方でロゴス的な学問とりわけ哲学の立場と、ロゴス的ならざる道徳・芸術の立場との関係性を統一的に明らかにするものが、まさに哲学の論理におけるロゴス的表現に他ならないはずである。だとすれば、西田が、哲学・芸術・道徳は「弁証法的世界の自己限定の種々なる契機に従つて、その性質を異にする」(8, 264) と述べるのは、適切さを欠いていると言わねばならないであろう。なるほど芸術や道徳そして哲学以外の学問の立場は、世界の弁証法的な自己形成・自己表現の一契機・一側面として成立し、それ自身において自らの立場と他の立場とを統一的に連関づけたり根拠づけたりする立場ではない。しかし哲学の立場は、芸術や道徳などと並ぶある限定された一つの立場であると共に、歴史的現実の世界そのものをその統一的・体系的形式において自覚し表現する「行為的直観」に他ならない。しかも哲学は、このことにおいて根底的な行為的直観としての「宗教」の立場の成立形式・構造をも実在の構造において位置づけるものである。したがって、一方で行為的直観がロゴス的表現としてのそれとは限らないということと、他方で行為的直観それ自体の統一的で普遍的・必然的な形式・構造のロゴス的表現が、哲学の立場においてロゴス的に表現される「弁証法的論理」であり、ゆえにそれはすべての行為的直観を媒介し、すべての行為的直観に必然的に妥当すべきことと、この両者が同時に証されねばならない。それゆえに西田は「論理的ならざる実在はない」(8, 217) と述べると共にまた「真の具体的論理は弁証法でなければならない。併し弁証法は単に論理だけではない」(8, 262)、「芸術的創作作用も弁証法的である、道徳的行為も弁証法的である」(8, 213) と述べたのである。しかし西田は、哲学の立場の身分と妥当性について、これ以上の詳しい考察は特に行っていない。ゆえに、西田は哲学の弁証法的論理のロゴス的表現と、歴史的現実における、限定された一つの相対的な立場におけるロゴス的表現との区別を明確にしていないと言わざるをえない。ここでは歴史的現実の世界そのものはロゴス的表現を超えているという側面に注意が向けられるあまり、哲学のロゴス的表現が有する必然的妥当性への根拠づけが十分に主題化されていない。事実、こうした課題を田邊の方法論的な批判を通じて自覚した西田は、『哲学論文集第一』に続く著作『哲学論文集第二』の「序」の冒頭に以下のように述べる。「我々の生きて居ると云ふことが思惟によつて我々に知られるのでなく、我々が生きて居るから思惟するのである。生命といふのは単に非合理的とか直接にして無媒介的とか云ふべきでなく、我々の生活には合理的媒介といふものが（思惟が）含まれてゐなければならない。何等かの意味に於て合理的媒介を含まない人間的生命といふものはないのである」（8, 269）。

西田は、田邊が彼の西田哲学批判の中で、論理的な思惟の推論においてのみ、論理とそれを否定する非合理的なる生の直接態が媒介しあうと主張することを念頭に置き、引用箇所の前半において、我々の自己の生がそこにおいて成立する行為的直観は、論理によって根拠づけられるべきものではないことを主張すると共に、後半においては論理的な思惟が、すべての行為的直観を媒介し、すべての行為的直観に必然的に妥当すべきものであることを主題化する。さらには西田は、哲学を「行為的直観による世界観」（8, 365）、「社会に即した全歴史的生命の行為的直観」によるものと述べつつ、哲学の立場の身分と妥当性への考察をもこの著作において主題化していく。したがって、西田自身の考察のこうした展開からも看取されるように、『哲学論文集第一』においては、歴史的現実の統一的・体系的な根本形式の自覚が、哲学などのロゴス的表現の立場においていかにして与えられるのかが未だ明らかになってはいない。ゆえに、歴史的実在の論理がまた、ロゴス的表現を媒介とせずに把握されるべきものではないこと、また哲学の方法もこの超ロゴス的な把握それ自身と必然的な関係を有することなしに、ただこの把握内容を事後的にロゴス的表現へともたらすものではないことの、確かな証示も存しない。だとすれば、西田の絶対弁証法の論理は、ロゴス的表現・限定を契機として有することなき〈もの〉の事後的な自己否定によって表現される論理、基体的・実体的な自己同一・自己完結を有する〈もの〉を原理とした超歴史的で主観主義的な論理といかに区別されるのであろうか。むしろ当時の西田は、自らの論理が田邊の言うような「寂静主義」による主観主義的な論理に陥っていないことを明確に証示しうるには至っていないと言えよう。

こうしてみれば、田邊がまた哲学の論理の方法とは直接的な直観ではなく、概念的限定による判断の必然的な媒介たる「推論」でなければならないとしたことの重大な意味が、正当に評価されねばならない。西田にとって哲学の方法としての行為的直観とは、ある限定された立場に立つ思惟ではなく、実在そのもののロゴス的な自己表現の立場に立つような思惟のことに他ならない。とはいえ、歴史的現実の世界そのものは、ロゴス的な表現ないし限定を超えている以上、この哲学的な思惟の立場の成立それ自身は、ロゴス的表現である思惟の立場から演繹したり導出したりする仕方で根拠づけることのできないものに他ならない。ゆえにこの意味において、哲学的な思惟の立場は、かえって思惟によるロゴス的表現・限定を超越した仕方で成立するものではある。しかし、あらためてこうした哲学的な思惟としての行為的直観における判断・思惟のロゴス的表現・限定の必然的な機能の仕方を問うことこそ、哲学の方法を判断の必然的媒介としての推論に求める田邊の方法論からまずもって提起される問いに他ならない。しかし上述したように、当時の西田は、哲学の立場の身分と妥当性について十分な主題化を行っていない。いまや哲学の方法としての行為的直観において、思惟の否定が事後的にではなく、直ちに思惟の必然的展開の深まりであり、思惟の媒介の徹底と直接に一つの〈こと〉をなすことが示された上で、そうした方法こそがまさに哲学の方法であることが明らかにされなければならない。

しかもここではまた、哲学の方法と哲学以外の知識体系としての学問の方法との区別も考慮されなければならない。後者は、対象論理に基づく概念的思惟としてのロゴス的表現の方法であり、特定の限定された立場において成立するものである。それに対して哲学の方法は、実在そのものの自己表現の立場に立ち、すなわち実在の根本構造を統一的・体系的に明らかにするロゴス的表現の立場に立つ。この立場は「立場なき立場」として、概念的思惟（の対象論理）をその必然的要素とするも、しかしそれとは明確に区別されるべき立場であり、「絶対弁証法の論理」をその成立形式とするものである。したがって、哲学の方法としての行為的直観における判断・思惟の必然的な媒介とその展開の仕方を解明するという、上述の課題を厳密に果たそうとするなら、判断・思惟のこの必然的な媒介が、概念的な判断・思惟の必然的な展開（としての推論）との連関が明らかになる仕方で、探究されなければならないことになろう。事実、ここに西田は、哲学の方法を推論とする、田邊の方法論が投げかける重大な問いを看取する。西田は『哲学論文集第二』の第一論文「論理と生命」において、田邊からの批判への応答として、哲学の方法を、概念的思惟としての推論の必然的な展開という側面から明らかにすることを試みるのである。

なるほど、およそ思惟は、あくまでも行為的直観としての行為のその実地の具体的な遂行の一契機・一様相にすぎない。しかし思惟の中でもとりわけ哲学的な思惟は、そのロゴス的表現性において歴史的現実の世界そのものの普遍的形式を自覚し解明する、根底的・包括的な「立場なき立場」に他ならず、したがって、世界において成立する諸々の道徳・芸術・学問の立場の固有の身分と役割とを位置づけつつ、世界をそれ全体として統一的・体系的な形式構造において自覚する立場に他ならない。ゆえに、歴史的現実において我々の自己が個として生きるありようである行為的直観はまた、何らかの仕方で、哲学的思惟における世界のこうした統一的・体系的な把握・自覚を必然的に媒介していると言わねばならない。こうした哲学の必然的な機能を看過することは、歴史的現実の世界の一部を恣意的に抽象化して生きるような主観主義的な観想をもたらすことになる。ゆえに哲学の方法としての行為的直観における、ロゴス的表現としての思惟の機能の仕方を問うことが、それもその必然的要素である概念的思惟の機能の仕方を問うことが、歴史的現実における我々の自己の具体的な実地の行為において、歴史的現実の統一的・体系的な自覚がいかにして機能しているのかを問う際に不可欠なことである。すなわちこの問いは、我々の自己が、歴史的現実にいかにして媒介されているのか、したがって我々の自己が歴史的現実においていかなる仕方で生まれ、働き、死にゆくのかについて問うことにもまた他ならないのである。

これに加えて、西田が概念的判断・思惟（による推論）の立場について、「伝統は又我々を限定する。知的には、それは概念的に限定せられた一つの世界である。我々はそれから種々に推論することができる」（8, 212）と述べていたように、哲学の方法としての行為的直観におけるロゴス的表現（としての思惟）ならびに、その必然的な要素としての概念的思惟の機能を問うという課題はまた、哲学の方法としての行為的直観が有する歴史的な限定性・制約性を問うことを意味するものに他ならない。そして本節で考察してきたように、他ならぬ田邊はまた、推論の方法こそ、歴史的伝統としての「種」の基体に相対的に制約されつつ、それを否定的に媒介して発展する哲学の方法であり、すなわちこの方法こそ、世界の歴史的形成の過程を静的に超越する寂静主義・観想主義を否定し、歴史的形成の過程において動的に生成発展する哲学の方法たりうるとみなしたのである。しかし、こうした観点から西田の「絶対弁証法」の論理を改めて検討すれば、この論理は、「種」の位置づけを十分に主題化したものではないとも言わざるをえない。西田の「絶対弁証法」の論理においては、一々の歴史的形成は、それが永遠の今の自己限定・自己表現として成立するゆえに、イデヤ的ないし普遍的な妥当性を持ちうるとされる。しかし、それと共に、そうした歴史的形成がまたすでに「形作られたもの」として、自らによっては導出したり構成したりすることができないような、「形作るもの」の新たな創造的形成によって否定的に媒介される、相対的なものに過ぎないともされる。とはいえ一つの歴史的形成が、歴史を貫く原理をそれ自身において表現するものであると共に、他方で自らからは原理的に導出できない仕方で否定的に媒介されていくものであるとは、具体的にはいかなる仕方で成立しているのであろうか。この課題についても、哲学的な思惟の成立・形成の形式に即して、また、歴史的現実の世界それ自身の成立・形成の形式に即して、十分に主題化されているとは言い難い。すなわち「永遠の今の自己限定」として成立する歴史的世界の自己形成は、いかなる意味において絶対性・普遍性と相対的限定性・制約性とを有するのかについて、上述したような歴史的現実における種の制約と媒介とにかかわる事柄を含めて、改めて問い直される必要が存するのである。

事実、西田は「論理」の「地位と役目」を問い、「歴史的生命」における「思惟」のありようを主題化する「論理と生命」論文や、歴史的現実における「種」の機能を明らかにする「種の生成発展の問題」論文などの収められた著作『哲学論文集第二』において、田邊からの批判と問題提起とに正面から応答する仕方で自らの論理を新たに展開させていく。西田は、哲学の方法としての行為的直観において、ロゴス的表現（としての思惟）と、その必然的な要素としての概念的思惟とが持つ機能を明らかにすること、また、哲学の論理の立場が有する絶対性と相対性とを、種を媒介とする歴史的現実の世界の自己形成のありようから明らかにしていくことを、田邊の批判が、自らの論理に対して提起する課題として受け止めるのである。

二　戸坂潤による方法論的な再批判

戸坂潤は、はじめ昭和八年四月の『唯物論研究』第六号に発表し、後に『日本イデオロギー論』の中の一章として昭和十年七月に公刊した「無の論理は論理であるか――西田哲学の方法について」論文において、再び西田哲学批判を試みた。この論文は『唯物論研究』掲載時の副題「西田幾多郎博士『無の自覚的限定について』」からも明らかなように、執筆時点において公刊されていた『無の自覚的限定』を主に扱ったものであり、それが

『日本イデオロギー論』に収められるにあたっても、西田の論文「形而上学序論」（後に『哲学の根本問題』に収録）への言及が多少加えられはしたものの、大きな修正は施されていない。したがって、さしあたりこの批判は、『哲学の根本問題』以降に公刊された『哲学の根本問題　続編』と『哲学論文集第一』における「絶対弁証法の論理」に直接は当てはまらないものであると言いうる。しかし西田は、戸坂から『日本イデオロギー論』を贈られた後、戸坂に対して以下のように書き送っている。「ご著書をお送り下さいまして難有御座いました　明晰透徹の議論に啓発されるところもあると思ひます　私の考も大分了解せられた所もあるが君が断定せられるだけのものでもないと自分では思つて居る　『無の自覚的限定』に一段落と云つてもあれは前書から考へ起したものの一段落といふのに過ぎない　私と汝といふ如き関係だけで社会や歴史が考へられると思つて居るのではない　唯私にはさういう方面の知識も乏しいので私の考を具体化して実際問題にまで到るのは中々容易の仕事でない　併し先づ歴史的現実といふものを深く考へ抜いてその論理的構造といふものを明にせねば何といふも唯水掛け論といふ様になつてしまふと思ふ……併し私は決して私を弁解しようといふのではない　君には君の見る所に任す」（SNZ 2154）。

この書面には昭和十年七月二十日付とあり、これは『哲学論文集第一』の最終論文「行為的直観の立場」を脱稿したその直後の時期にあたる。またこの文面と、現在までに公刊されている諸資料には、西田がこれ以前に「無の論理は論理であるか」論文について何らかの返答を行った形跡はない。したがって西田は『哲学論文集第一』の内容について基本的には考察を終えていたこの時期に、「無の論理は論理であるか」論文における戸坂からの批判とその意義とにおそらくはじめて（少なくとも改めて）相対したとみなすのが妥当であろう。実際、西田は、すでに昭和四年九月十七日の時点で「夜ふけまて又マルクスを論じたりマルクスゆゑにいねかてにする」（12, 443）と詠んでいたにもかかわらず、『哲学論文集第二』に収められる「論理と生命」や「実践と対象認識」

などの論文において、戸坂が依拠したマルクス・エンゲルスの思想を、これまでにない仕方で積極的に参照していく(10)。そして以下で考察していくように、戸坂のここでの批判のその射程そのものは、実質的には「絶対弁証法の論理」にも依然として十分に及びうるものであり、西田はこの批判の重大な意義を理解し、それに応えうる仕方での新たな思索を試みていくのである。

それでは、この「無の論理は論理であるか」において、戸坂はいかなる点で西田の論理を批判したのであろうか。それを理解するのに必要な、戸坂の同時期の他の論考も参照しつつ考察をすすめていこう。戸坂によれば、そもそも「方法にこそ哲学の実際的な代表性格が出る」(TJZ 2, 342) のであり、この「方法」とは「それが使われる認識目的」から特徴づけられるべきものである (TJZ 2, 343)。そしてこの論文の副題が「西田哲学の方法について」とされることに端的に示されるように、戸坂はまさしく「西田哲学の方法」をその認識目的から明らかにすることで、西田哲学の論理がいかなる論理であるのか、この論理を論理として機能させるものはいかなるものなのかについて検討する。そして戸坂は、「西田哲学の方法にとって第一のそして終局の問題は、如何にして存在なるものを考え得るかである」(TJZ 2, 344) と結論づける。それはいかなることを意味するのであろうか。

すでに触れたように、戸坂はこの論文において主として『無の自覚的限定』における西田の論理を対象に考察を加える。まず戸坂は、西田哲学の論理として、ノエシス・ノエマといった用語を使用しつつ展開された「一般者の自己限定」の階梯の論理を概括しつつ、この論理はその階梯の最後の底に「無にして限定する、無の自己限定」を考えるものとする。そして「無にして限定するということが実は自覚ということの、意識ということの、意義である」がゆえに、西田哲学の論理では「一切の存在諸範疇は、『無の自覚的限定』として、組織づけられ体系づけられねばならぬことになる」(TJZ 2, 345)。すなわち、西田哲学の論理は「無の場所」の論理であると共に、「無」は神秘主義的なそれではなく、「吾々の自覚・意識の事実に於て、その直接な拠り処と出所とを有っている。無の論理は他でもない『自覚的論理』だったのである」(同)。西田哲学はこの「無の自己限定」の運動を真の弁証法的運動とみなすものであるから、この論理は「無の論理によってしか弁証法は考えられない」、すなわち「弁証法は自覚に依ってしか考えられない」とみなす「自覚の弁証法」の論理である(TJZ 2, 346)。

しかしこうした「自覚の弁証法」は、結局のところ「弁証法の自覚・意識でしかなくて、弁証法それ自身ではない」(同)。戸坂によれば、本来「弁証法を先ず第一に存在の根本法則と考えねばならぬ」のであり、「存在と存在の意識とを」ないし「弁証法そのものと弁証法の意識(自覚)とを」区別することが必要である(同)。これに対して西田哲学が問題にするのは「弁証法なるものは如何にして意識され得るか――考え得られるか――という弁証法の意味」に過ぎない。しかし「弁証法というものの意味が成立する場所はなる程意識・自覚――それは要するに無によって裏づけられる――だろう、だがそのことは弁証法そのものの成立する場所が意識や自覚だということにはならない」(同)。したがって、こうした西田哲学の論理は「結局のところ事物そのものを処理する代りに、事物のもつ意味を処理する」ものであり、そこでは社会や歴史や自然が実際にどうあるかではなくして「どういう『意味』を持ったものがその事物の名に値いするか」のみが問題となる(TJZ 2, 347)。

ゆえに西田哲学の論理は、「弁証法というものの意味が如何にして考えられるかを解釈する処の論理」(TJZ 2, 346)、すなわち現実の事物を処理することなく、ただ意識にとっての事物の意味のみを問う論理であり、この論理においては、意識による解釈という方法によって現実の事物が定義されるのである。換言すれば、何が現実の事物の名に値し、弁証法の名に値するかが、実際の事物のありようとは独立に恣意的・主観主義的に裁定されるのである。しかし戸坂によれば、そもそも「存在そのものを考える」ものが論理であるとするなら、それは弁証法を存在そのものの「根本法則」と考える「唯物弁証法的論理」でなければならない(その内容については後述する)。それに対して西田哲学の論理は、「如何にして存在なるものを考え得るか」を認識目的とする「解釈」の論理にすぎず、実際にはむしろ「無の論理は論理ではない」と言わねばならない。それは結局のところ論理ならざるものに依拠する「超弁証法的な一種の神秘的な方法によっている」（同）のである。

戸坂はこうした「一種の神秘的」な「解釈」的方法の特色を、最後に以下のように結論づける。「西田哲学は決して封建的なゴチック的な方法によるものではない。寧ろ近代的な浪漫的な本質のものだ。……現代人の近代資本主義的教養は、この哲学の内に、自分の文化的自由意識の代弁者を見出す。そこで之は文化的自由主義（経済的・政治的・自由主義に対す）の哲学の代表者となるわけである」（TJZ 2, 348）。そもそも上述してきたような戸坂の見解からすれば、西田哲学の方法は、本質的に歴史的現実の事物・存在に媒介されることも制約されることもない、自由意識・主体に基づく抽象的自由主義のそれである。ゆえにこの方法は、それがまさに「自由主義」に基づくものであることによって、封建主義に基づくものとは異なるものであり、むしろ意識の自由の覚醒とその抽象的な特権化ないし実体化によって歴史的現実を観想するという、近代資本主義社会のブルジョアジーに特有の浪漫的な方法なのである。

戸坂は『日本イデオロギー論』の他の章において、「自由主義」とは「経済的自由主義」から発生して「政治上の自由主義」となったことが歴史上の事実であり（TJZ 2, 366）、したがって自由主義とは何にもまして「個人主義」であり、「事物を個人を中心として考える」立場であるとする。また西田哲学も、非現実化され、実体化されたものである自由意識・主体の立場から、なお意識・主体もそこにおいて媒介されるはずの歴史的現実とその制約のリアリティーを最大限明らかにしようとすれば、それは個人を単位として、個人と個人との結合とその様式とから（すなわち「私」と「汝」の関係から）歴史的現実を解釈するような「自由主義」に帰結する。この意味で西田哲学は、経済的ないし政治的な自由主義とは異なり、自由の抽象的な一般化と歴史的現実の非現実化・無媒介化とが進められた「文化的」ないし「文学（主義）的」な「自由主義」に立つと言われるべきである

(TJZ 2, 397)。こうした文化的・文学的自由主義は、人間をあくまでもその自由な個性から個別的に判断する「人間学」的で「超党派的」な立場であることにその特徴を持つ。しかし「彼等は超党派的であるが故に、却ってセクト的なのである。なぜなら、彼等相互の間を連ねるものは主観的な、内部的（彼等に言わせれば）なもの以外にはあってならないのだから」(TJZ 2, 369)。「客観的標準」と「首尾一貫性」とを欠くこの立場は、否定を媒介せずに恣意的に自己を実体化する主観主義的な観想の立場としての浪漫主義に陥らざるを得ない。それは歴史的現実の客観性に直面することへの忌避と嫌悪とによって、実際には、かえって真の歴史的現実における我々の自己の主体的な行為の本来を抑圧し隠蔽する、反動的なものとして機能するのである。

以上で考察したように、戸坂からすれば、西田哲学の方法とは現実の意味を単に主観主義的に解釈するための方法なのであり、すなわち反動的な文化的・文学的自由主義のそれに他ならないことになる。もちろんこうした批判は、主として『無の自覚的限定』における論理を対象としたものであり、むしろ「絶対弁証法の論理」とは、まさしく西田が、今回の批判に先んじて昭和七年になされた、戸坂による最初の批判を顧慮しつつ、『無の自覚的限定』の論理における意識主義・主観主義的な要素を払拭した立場に他ならないと言うことができよう。すでに前章で考察したように、西田は「絶対弁証法」の論理によって、現実の歴史的生命の世界の自己形成を、そこにおいて意識性と物質性とが互いに否定的に媒介される弁証法的運動として明らかにした。我々の自己とは、行為的直観という仕方で、あくまでも歴史的現実の弁証法的自己形成における、その創造的で代替不可能な唯一無二の要素として自らを自覚し、生まれ、働き、死にゆく存在に他ならない。したがって「絶対弁証法」の論理の方法は、まさしくこの「行為的直観」としての自覚であり、とりわけ哲学的思惟としてのそれであるが、それは自らの自己形成性、すなわち自立的・基体的な自己同一性そのものが否定されることによって、かえって無基底的にそれ自身で自己を形成するという仕方で成立する。すなわち自覚は、自らの成立根拠を自らの内に有しないのであり、むしろまさに自覚の自己依拠的な基体性・実体性への全き否定を媒介とすることによって、自覚はそれ自身で自らを実現するのである。西田にとって自覚は「非連続の連続」として、あくまでも「絶対否定」を媒介として成立する。ゆえに、こうした西田の「絶対弁証法」の論理は、意識内在主義ないし自覚内在主義のそれではあり得ない。自覚によって弁証法が成立するのではなく、歴史的現実が弁証法的に自らを形成するその仕方・方法が自覚に他ならないのである。

しかしとはいえ、同時期の『現代唯物論講話』『現代哲学講話』などの戸坂の著作を参照するなら、上述の戸坂の批判の射程は西田の「絶対弁証法の論理」にまで及ぶものと理解しなければならないであろう。戸坂はまず、「弁証法というものは或る人々によると単なる客観と考えられるような存在=存在者だけに就いては考えられないもので、存在とその認識との間とか、又は主客相関的なものとしての存在の主観面と客観面との間とか、にしか見いだせないものだと云う」(TJZ 3, 230)。しかし「存在を保証するものは、或いはより正確に云えば、存在に就いての意識を保証するものは、なる程明白性かも知れない。だが存在自身を保証するもの、或いはもっと正しく云えば存在それ自身の性格をなすものは、その事実性でなければならない」(TJZ 3, 71)。したがって戸坂によれば、主観(面)と客観(面)との「相関」ないし相対的な「対立」の間にしか弁証法を認めないような「存在理論」は、実質的には「いつも存在者を何かの意味に於ける主観に求める。従って又存在とはいつも何かの意味に於て主観的にあるということでなければならぬと考える」(TJZ 3, 274)ような「主観優位説」に他ならないものとされる。

なるほど、意識主観ないし認識主体(の側面)と客観的な現実の事物・存在(の側面)との相関関係の間にしか弁証法を認めないような論理は、意識主観ないし認識主体が現実の存在の事実性によって否定的に媒介されることを強調することで、表面的には意識内在主義が克服されているように思われる。しかし弁証法が意識の媒介なしには成立しえないとされる以上、意識に還元されない現実の存在の事実性は、それが意識における意味を持ちうることでのみ、したがって、意識主観もしくは認識主体においてのみ、それとして構成されるのであって、したがって、存在は原理的に自己限定性を有せず、存在に意識が否定的に媒介されたか否かは、結局は意識の自己認定・自己解釈に委ねられてしまうのである。ゆえにこの弁証法は、現実の事物・存在を「何かの意味に於て主観的にある」ものとみなし、事物・存在の事実性を、結局は主観・主体の意味付与によって定義してしまう。したがって戸坂からすれば、主客の相関関係においてのみ弁証法が可能とみなすような論理とは、恣意的な意味解釈によって現実を構築し定義する方法による「自由主義」の論理、正確には、〈論理ならざるもの〉に他ならないことになるのである。

したがって、以上のような仕方で戸坂の批判の射程を見定めるなら、それは西田の「絶対弁証法」の論理にも及ぶものと受け止めなければならないであろう。西田の「絶対弁証法」の論理においては、意識性と物質性との、あるいは「形作られたもの」としての客観と「形作るもの」としての主観との、その両者の相互否定的媒介を有しないような弁証法的運動はあり得ない。たとえば物質的世界の運動であっても、それはさしあたり意識を伴わないにしても、物質性それ自身のみによって成立するのではなく、むしろ基体性・実体性への否定を媒介とした〈働きつつ見ること〉ないし〈形作られて形作ること〉としての歴史的現実の運動の一環ないし一契機として、物質性と、生命性ひいては意識性とを、共に媒介して成立するものに他ならない。たしかに、ここでの否定の媒介とは、物質性と生命性との相互否定的協働それ自身をも否定する仕方での「絶対否定」の媒介を意味した以上、西田の「絶対弁証法」を単なる主客相関関係の弁証法と直ちに同一視することはできない。しかし「絶対否定」を媒介とする「絶対弁証法」としての歴史的現実の自己形成そのものはまた常に自覚的であり、したがって意識性の媒介なしには成立しえないともされる。事実、西田は、歴史的現実の世界をまた「主観的・客観的なる世界」と捉えていた。戸坂の立場からすれば、この「絶対弁証法」は主客相関関係の弁証法として、「何かの意味に於て主観的にある」その限りにおいて歴史的現実の存在を認めるような論理に他ならない。したがって、それは現実の恣意的な意味解釈を方法とする主観主義的な「自由主義」の論理に依然として該当する。実際に戸坂は「論理乃至論理学」論文における「種の論理」の項目において、田邊哲学を批判しつつも、前節で見たような、「種の論理と世界図式」における田邊の西田哲学批判に「全面的に賛同する」。そして田邊の批判対象が、自らが批判した『無の自覚的限定』の論理でなく、「絶対弁証法の論理」であることを意識しつつ、「無の論理は世界の解釈のための論理であって、少しも世界を実際的に処理するための論理ではないから、無の論理は云わば論理の無であると今でも考えているのである」と述べるのである（TJZ 3, 299）。

ただし上述したところからも明らかなように、戸坂は西田哲学の弁証法を批判するに際して、本来あるべき「存在の根本法則」としての弁証法、すなわち「弁証法そのものと弁証法の意識（自覚）とを」明確に区別して、「単なる客観と考えられるような存在＝存在者だけに就いて」も考えられるような弁証法を常に念頭に置きながら批判を提示している。したがって、西田哲学の方法への批判の真義を理解し、また戸坂の批判に対する西田の応答の妥当性を検討するという目的のもとで、以下では必要な限りにおいて、戸坂自身が主張する弁証法の論理の方法を理解しておくこととしよう。

戸坂は、存在の根本性格について以下のように述べる。「存在とは、主観——意識・自由意志・等々——から独立に、客観的に、運動する処のものである。存在のこういう最も根本的な一般的な規定を捉えて、物質と呼ぶ。茲で物質というのは、物理学的乃至生理学的唯物論に於てのような一定の科学的範疇によって制限された物理学的物質や、同じく又夫に帰着する処の、単純に自然である処のものとしての物質ではない。物質とは存在自身を云い表わす哲学的範疇である。存在ということ、又は存在するということが、物質ということなのである」（TJZ

3, 361)。存在が意識主観・認識主体に還元されないような「事実性」を有するとは、戸坂からすれば、存在が意識や自由意志から独立して客観的に運動するということである。さもなければ、上述したような何らかの主客相関関係においてのみ、存在の成立を認めることとなり、すなわち存在の事実性も喪失されるとみなすのである。ここで戸坂は、意識的・観念的契機から独立して客観的に運動する存在がそれとして在ることを、「物質」が在ることとみなす。「物質とは客観的に、即ち終局に於ては主観から独立に、即ち意識されると否とに関係なく、又観念主体の自由意志のままには決してならないように、存在することそのことであり」(TJZ 3, 277)、すなわち、機械的に運動する物理学的・生理学的物質を想定して、それを存在の根本性格となすのではなく、存在の客観的事実性それ自身を物質性という名で呼ぶのである。「物質というものがあると云うより先に、あるということが取りも直さず物質ということだと云うべきなのである」(TJZ 3, 271)。

こうしてみれば、まさしく「物質性自身が物質の原理」なのであり、それゆえに物質とは自己を展開し発展させる自己運動である。しかもそれは、他の存在によらずしてあくまでも物質自身の活動性・運動性そのものを原理とするゆえに、この運動は、それに先行する原理としての存在がないこと(非存在)がまた運動の存在性をなすという、絶えざる「存在と非存在との総合統一」(TJZ 3, 229)としての運動に他ならない。したがって物質の自己運動とは、その都度の段階における非存在と存在との矛盾を媒介として無限に運動するものであり、その意味で「弁証法的」である。しかも存在者の事実的内容は、意識における意味(形式・形相)との相関関係から生み出されるものではありえない以上、物質のこの「弁証法的」な自己運動とは、内容(質料)が自らに形式を与えるそれである。したがって物質性とは、内容性・現実性のことにもまた他ならない。ゆえに、存在の客観的事実性すなわち物質性とは「弁証法性(展開性・活動性)と現実性(内容性)」とを有するのであり、それゆえに存在とはまさしく意識主観・認識主体から導出もできず、したがってそれが抗うことのできないような仕方で自己を実証するものとして、「物質」的なものに他ならない。

それでは、こうした物質としての存在と意識主観・認識主体とはどのような関係にあるのだろうか。戸坂によれば、すでに明らかなように、意識を原理として現実の存在を導くことは不可能であり、また主客相関関係を原理としても同断であるとするなら、現実の存在すなわち物質から、その質的に変化した一形態として意識もまた発生するとみなさねばならないはずである。もちろんこうした立場に対しては、物質の機械的な運動から自己意識や自由が導出されることは不可能であるとの反論が生じよう。「だが、何も吾々がそれを導来して見せなくとも、自然的存在物それ自身が宇宙史を通じて、意識の自覚性や自由を導き出している。吾々はそれを nach-prüfen すればよい。自然的存在物それ自身の自然史的運動が基準であるから、観念から自然的存在物を導き出す場合のように、結局勝手な思い付きに過ぎないようなものは、そこにはあり得ない」（TJZ 3, 276）。したがって戸坂は、機械的な唯物論の立場を取るわけではない。むしろ意識は物質と質的に異なって自覚を有し、自由を有するような存在であることを認めた上で、しかし、自然物が現に事実上意識に先立って存在していた以上、主観と客観とが同時的・相関的に成立するとみなすことは許されないと主張する。すなわち、そもそも物質の運動が、無機物のそれとしての段階から質的な飛躍を介して、意識の自覚と自由とを自らの一形態として発生させるような運動に他ならないことが、換言すれば、物質の運動とは、それ特有の「必然的飛躍」をもった「物質の歴史的発展」の運動に他ならないことが（TJZ 3, 362）、まさしくその客観的物質性ゆえに、抗うことのできない現実性・事実性をもって実証されるのである。

だがそれでは、意識の自覚と自由とがそこにおいて成立するような、さらに言えば、我々の自己が具体的にそこにおいて生きるような歴史的存在・物質の世界（社会）とはいかなるものであろうか。戸坂によれば、それは「歴史の、人間社会の歴史の、唯物論的（唯物弁証法的）把握）」としての「唯物史観（史的唯物論）」（TJZ 3, 365）

によって明らかになるものである。以下ではその詳しい内容には立ち入らず、ただ西田哲学への戸坂の方法論的な批判の主旨を理解するために、主として方法論的な側面から、戸坂の「唯物史観」のその哲学的方法を概括していくこととする。

戸坂によれば、唯物史観の問題は、人間が社会的存在であり、社会の各々の時代に与えられた一定の物質的生活条件の下に、したがって個々の人間の意志の自由からは独立な与件としての物質的生産力の条件の下に、行為し生活しているという事実と共に始まる（TJZ 3, 365）。もちろんこうした事実は、すでに述べたことからも明らかなように、無機物的段階から有機的生命の段階を経て、人間の社会生活を発生させるに至る、物質の弁証法的な自己運動が可能にしているものである。人間の物質的生活条件としての物的生産力は一定の生産様式と内的に結合し、また物質的生産諸関係をそれに対応させるが、ここでこの生産諸関係が経済的機構の本質であり、社会関係の物質的基盤としての下部構造をなすとされる（TJZ 3, 366）。したがって歴史的現実においては、すでに述べてきたような、意識主観・認識主体から独立した物質的存在の客観的現実性は、下部構造の客観的現実性とその段階的な必然的発展性において実証される。

さらに戸坂によれば、「法律乃至政治制度は、社会の物質的基盤・下部構造・である経済関係としての生産諸関係の、必然的な結論」であり、「物質的な下部構造によって制約された限りの意識形態・観念形態」として、社会の上部構造である（TJZ 3, 366–367）。そして唯物史観とは、「社会の歴史的発展の全体を、この生産力の客観的――物質的・自然的・成長――と生産関係との矛盾から、説明する」（TJZ 3, 370）ものであり、そこに「社会の物質的な下部構造の方が、社会の精神的な上部構造の方を、決定・規定する」、「人間の意識が社会の存在を決定するのではなくて、社会の客観的存在が人間の意識を決定する」（TJZ 3, 368）ことを実証するものである。なるほど物質と意識・精神との関係は、「個々の現象に就いては交互決定があろう、統一的な現象形態に就いては、もはや一方的な――唯物論的な――決定関係しか残されない」（TJZ 3, 369）。すなわち意識・意味・精神と物質的存在との、換言すれば、個々の人間の自覚や自由と物質的存在とのその相互運動の関係そのものは、物質的下部構造の段階的な必然的発展において決定されるのであり、そうした把握によって、はじめて歴史的世界の運動を統一的に分析できるのである。したがって歴史的現実の世界とは、生産力と生産諸関係からなる物質的下部構造における、各個人の自由からは独立した客観的な運動を原理とする世界に他ならない。

戸坂にとって唯物史観とは、こうした方法によって具体的に資本主義社会を分析しつつ、その内部的矛盾の止揚による新しい社会組織の成立を分析し、その理論を実証するものである。この新しい社会において、抑圧階級からの解放によって個々の人間がその本来のありようを実現するような「人間の真の歴史が、自由の王国が、必然的に到着する」（TJZ 3, 375）。したがって唯物史観とはまた、個々人の自由や意識・自覚に左右されないような、歴史的現実の客観的・必然的な運動の帰結として、個々の人間のその本来の自由が実現することを示す論理である。そしてこの運動とは、まさしく物質的存在の客観的な歴史的発展の運動であるがゆえに、唯物史観の論理の内容は、物質的基盤・下部構造としての生産諸関係と、それに基づく上部構造の社会制度とを変革する政治的実践を通じて、実地に実験され、検証・実証されるべきものである。したがって唯物史観の根本特色は、それが「理論と実践との、飽くことのない・積極的な・統一」としての「弁証法的な統一」（TJZ 3, 358）の方法に基づくような「実践的論理」であるという点に存する。そしてこの方法は、それが意識主観・認識主体から独立した客観的事実＝物質としての現実存在をそのありのままに「再現し反映し模写する」ことを目的とするゆえにまた「実践的模写」とも呼ばれる。

ここで言われる「模写」とは、戸坂によれば、認識が「直接だから、そのまま写すという意味を持って来る」（TJZ 3, 235）ことである。そもそも歴史的現実の世界は、物質的下部構造の段階的な必然的発展の運動として成立するものである以上、「認識それ自身が実践の一部分なのだ」（TJZ 3, 446）とも言われるように、模写としての認識もまた、そうした発展の運動を実践し、実現・実証することを目的とする。しかしこのことを、認識は物質的生産（へと関わる諸々の社会的行為）の実践において自らを貫徹し実証しているという観点より見れば、逆に「実践的模写における実践は、現実そのものに身を置いて現実を処理する唯一の認識方法なのだ」（同）とも言いうる。すなわち、生産力の歴史的発展の運動としての物質的生産を現に実践し実現し得ていることとそのこと自身が、直接に認識の成立・実現であると言いうる。実践において認識がこうした直接性を有するゆえに、またそのことの根拠が認識の自律的構成や認識と存在との相関関係などの内にはなく、あくまでも存在・物質の客観的な歴史的発展の運動の内にあるがゆえに、戸坂は、そもそも認識全般が「直接だから、そのまま写すという意味を持って来る」という意味の「模写」に他ならず、すなわち「実践的模写」に他ならないとみなすのである。

上述のことからも明らかになるように、たとえば我々の感性的認識ですら、すでに物質的生産の客観的な歴史的発展の「実践的模写」なのであり、したがって「実践的模写」とは、感性的経験を原初にして、さらに理論の検証・実証としての実験や、産業（生産）技術、さらにはその上部構造としての政治的実践へと至るものに他ならない。「模写」とは、しばしば誤解されるように、素朴な二元論を養護するためにではなく、「範疇組織」（TJZ 3, 206）すなわち概念の連関形式である論理と、それに基づく概念的な認識・思惟が、実践の物質性すなわち客観的事実性・現実性において検証的・実証的に成立することを指すために選ばれた概念なのである。「論理を存在の論理たらしめるもの、論理をして真に論理機能を果させるもの、夫が実践なのである。人間の認識の真理標準は、もはやその明白感や素朴的模写性や普遍的必然性にあるものではない、正にその実践性になければならないのである。凡そ論理は実践的論理でなければならない」（TJZ 3, 94）。

それでは、以上のような戸坂による批判は、西田哲学の論理に対していかなる意義と妥当性とを有するのであろうか。戸坂によれば、『無の自覚的限定』を対象としてではあれ、西田の弁証法の論理は、それが意識的・観念的契機から独立して客観的に運動する「物質」的存在の弁証法を認めないものである。ゆえに、この論理は結果として、存在の客観的事実性を自覚的意識における「意味」に一元的に還元する論理である。したがって戸坂は、たとえ西田の言う「自覚」が単なる自己意識でないにせよ、結局のところ西田の弁証法は「自覚の弁証法」ないし「弁証法の自覚」であり、それは現実の恣意的な意味解釈を方法とする主観主義的な「自由主義」ないし「個人主義」の論理に他ならないと結論づけたのである。実際、前節で検討したように、西田の絶対弁証法の論理は、哲学のロゴス的表現が有する必然的妥当性への根拠づけを十分に主題化してはいなかった。それゆえに、哲学の方法は、ロゴス的表現を媒介とせずに把握される歴史的現実の内容が、事後的にロゴス的な表現にもたらされることなどによるのではないことが十分に示されていない。ここでは歴史的現実の世界が、ロゴス的表現・限定を媒介とせず、それに先立って存在する〈もの〉とみなして、我々の自己を無媒介な自己同一的基体・実体の内に根拠づけようとする主観主義と、自らの絶対弁証法とを必ずしも首尾よく区別できていない。絶対弁証法の論理が、恣意的・個人的な自覚と意味解釈とによって独断的に構成される「自由主義」「個人主義」の論理に堕す危険について十分に主題化されていないのである。したがってこうした観点をふまえつつ、西田の絶対弁証法の論理が、歴史的現実の自己形成において、主観主義的な自己基体化への否定を媒介として成立する論理であることが、改めて示される必要があろう。そしてそれはまずもって、哲学の方法が、ロゴス的表現を超越した無媒介な基体・実体を事後的に表現する方法などではないことを示し、哲学の方法における思惟の必然的な機能を明らかにすることによって可能となるのである。

これに対して戸坂自身が自らの哲学の方法として提示する「実践的模写」とは、歴史的現実の客観的＝物質的な（下部構造の）発展過程に媒介される方法である。戸坂によれば、歴史的現実の弁証法的運動とは、客観的で必然的な発展の運動とみなされなければならない。概念的な思惟・理論とその論理とをそれとして機能せしめ、真理として根拠づけているものはまさしくそうした運動の客観的事実性であり、換言すれば、そうした運動の物質的な実証性・実践性である。したがって、たとえば理論に基づいて仮説を立てて実験・実践を行い、この理論を検証・実証するといった、思惟・理論・論理と実践との統一の過程において論理が把握され、また実証される。しかも思惟・論理と実践との統一の過程それ自身は、常に一定の物質的条件（下部構造）の下に歴史的に実現するのであり、したがって、この過程それ自身は、意識や自由意志からは独立した客観的＝物質的な（下部構造の）必然的発展過程に他ならない。ゆえにこの意味において、概念的な思惟ないし論理の実証のされ方、正確には思惟・論理と実践との統一のあり方それ自身は物質的な発展過程において必然的に定められており、思惟・論理はまさにそれを反映・模写することに自らの機能と役割とを有するものである。たしかに、戸坂は哲学の方法を歴史的現実の物質的な発展過程における実践・実証（とその自覚）に求めるが、しかしもちろんそれは、単に思惟ないし論理が否定され超越される仕方で実現するものではない。こうした実証・検証とは、概念的思惟をその必然的な契機として媒介することで実現するものであり、ゆえにそれはむしろ歴史的現実の模写・反映としての概念的思惟の深化徹底に他ならない。すなわち戸坂は、その方法論において、概念的思惟を、物質の必然的発展の過程における実践的な模写とみなすことで、概念的思惟が哲学の方法において有する必然的機能を位置づけようとしたと言えよう。

これに加えて戸坂の方法論は、哲学の方法（における思惟の機能）が歴史的過程において形成されること、すなわち、哲学の方法が、段階的な制約性・限定性と発展性とを有することを、強調するものでもあった。別言すれば、歴史の必然的発展過程の一段階として、したがって、現実の世界の物質的条件が許す限りにおいて、思惟や論理と実践の統一としての、我々の自己の現実の行為や自覚が実現するとみなすものであった。ゆえに戸坂の方法論は、歴史の必然的発展の運動を示しつつ、歴史的に生成し発展する哲学の立場における、概念的な思惟の客観的妥当性（と相対性・被制約性）を根拠づけるという課題に取り組んだものと評価することができよう。事実、他ならぬ西田はこのように評価しつつ、この課題こそ、自らがまた取り組むべきものであると任じていくのである。

したがって、西田に対して現れた課題とは、「永遠の今の自己限定」として成立する歴史的世界の自己形成における、その都度の現在の絶対性と相対性・被制約性について明らかにし、哲学の立場の身分と妥当性とを、哲学の方法における思惟の機能を根拠づける仕方で解明するという方法論的な課題である。それに取り組んだのが、論理の「生成」から論理の「地位と役目」を論じた「論理と生命」論文や、社会（種）の機能を主題化した論文「種の生成発展の問題」、さらには「実践」による「模写」の方法を批判しながら、マルクスの「フォイエルバッハに関するテーゼ」をも参照しつつ、歴史的現実における認識ないし思惟の方法を究明した論文「実践と対象認識」などが収められた著作『哲学論文集第二』である。そして本章のこれまでの考察から明らかになるように、西田が取り組んだこうした方法論的な課題とは、実際には西田が田邊の批判から看て取った課題とも同趣旨のものに他ならないのであり、正当にも西田が実際に取り組んだ、田邊と戸坂とが提起するこの方法論的な課題を果たすことこそ、まさしく西田の「歴史的現実の論理」とその方法が、主観主義的な論理と方法から峻別されるために求められるべきことに他ならないのである。それでは次節以降、この取り組みが行われた著作『哲学論文集第二』を取り上げて、西田哲学の論理とその方法を考察していこう。

三　身体と生命

西田は『哲学論文集第二』の冒頭に収められた論文「論理と生命」のその書き起こしの部分において、以下のように問題を提起する。「私は論理とは如何なるものなるかを、その既に出来上がつた形式から考へないで、その生成から考へて見るべきではないかと思ふ。論理といふものも、歴史的世界において生成したものであり、一種の形成作用といふべきものであると云ふことができる。それは歴史的世界に於て如何にして生成し、歴史的実在の世界に於て如何なる地位と役目とを有するものであらうか。しかし斯く云ふも、論理の生成を心理学的に考へるとか社会学的に考へるとか云ふのではない。これらの科学は既に論理的に構成せられたものなのである」(8, 273)。すなわち西田は、歴史的現実の世界において論理がいかなる「地位と役目」とを有して生成するものなのかを問い、歴史的現実の論理を展開し表現する哲学の方法の身分と妥当性について、歴史的現実の自己形成の構造に基づいて明らかにしようとする。

そして以上のような課題は、すでに前節において考察したように、田邊と戸坂から提起された課題に正面から応答しようとするものに他ならない。それではこの著作においてこうした課題が果たされていくなかで、西田哲学の論理である歴史的現実の世界の論理とはいかなる論理となり、それが基づく方法はいかなるものとなったのであろうか。

西田は『哲学論文集第二』の刊行時に付した「図式的説明」において「此論文集に於て展開した思想は、前の論文集〔『哲学論文集第一』〕のものとその根柢に於て変ずる所はない」(8, 572) と述べる。しかしそれと共に注視されなければならないのは、この著作の「序」における以下のような記述であろう。「我々の自己は身体的なるが故に歴史的なのであり、歴史的実在の弁証法性を、我々に最も直接と考えられる身体といふものの分析から摑み得ると思ふのである」(8, 271)。ここでは従来にない仕方で身体の分析の重要性が提起されている。だがそれでは、それは一体いかなる理由によるのであろうか。以下ではまずこの点から検討していこう。[11]

本書で今までに考察してきたように、西田哲学の論理が明らかにしようとするものは、歴史的現実の世界の構造形式であり、またその現実の世界において生まれ、働き、死にゆくような個としての我々の自己の存在構造である。そして西田によれば、我々の自己が歴史的現実の世界において生まれ、働き、死にゆくということはまた、先の引用に「我々の自己は身体的なるが故に歴史的なのであり……」とも言われていたように、我々の自己が身体を持って生まれるということ、したがって、特定の仕方で身体的に形作られるという限定・制約を受けつつ、かつそれを基にして新たなものを形作る存在であることを意味する。すなわち西田は、我々の自己が身体的存在であることを示すことで、歴史的現実の世界が、主観主義的・意識主義的な仕方で導出されることのできない現実性を、別言すれば、我々の自己の基体的・実体的な自己同一性を否定するような意味での現実性を有することについて、明らかにしようとするのである。そしてこのことは、まさに第一章で考察したように、西田哲学の方法を観想的な「寂静主義」(田邊)や、意識主義的な「個人主義」(戸坂)による方法であるとみなし、したがってこの方法を、我々の自己の自己基体化・実体化を基に歴史的現実を把握する主観主義的な方法にすぎないとみなすような、田邊や戸坂からの批判に抗する意味を持つ。だがそれでは、我々の自己がこうして「身体」的に生命を持つ存在であるとは、いかなる事態を意味するのであろうか、またこの考察は歴史的現実の世界の構造を、いかなる仕方で明るみに出すのであろうか。

西田は、従来も「生命」と「身体」をめぐる考察を展開しつつ、歴史的現実の世界の具体相を「生物的生命の世界」とは異なる「歴史的生命の世界」として提示していた（第一章七節参照）。その主旨を繰り返す仕方で、西田は再び以下のように述べる。「生命の生起には外界的条件といふものがなければならない」（8, 469）、「生命の生れ出る世界は、生命と環境とが弁証法的に一つの世界でなければならない」（8, 284）。西田は生命のこうした成立構造を、しばしば「環境が主体を限定し、主体が環境を限定する」こととも定式化してきた[12]。すなわち個体は、「形作られたもの」としての環境に形作られ、限定されると共に、自らが生命主体として環境を形作り、限定するのであり、そこでは個体が環境に適応すると共に、そのことで環境もまた変容する。西田によれば、生命の環境とは、まずもって生理的本能の対象としての「食物的なるもの」「性欲的なるもの」の世界としての「生物的自然」である（8, 285）。したがって個体としての生命による環境への適応とは、生命が環境から食物を摂取して「消費」すること、すなわち〈吸収―消化―排泄〉の活動を行うことで、自己の生命活動（のエネルギー）を「生産」することであり、それはまたこの活動に基づいて、外的環境そのものをも、自己の〈消費―生産〉の生命活動に沿うように「生産」することである。しかもこの生命活動を通して、生命は生殖活動を営み、子を「生産」し養育しつつ、自らを「消費」し死滅させることで世代を交代させ、種としての生命活動を「生産」していく[13]。そして西田は、このことはおよそ生命が生命であるための根本的条件であり、「真の生命は……消費と生産との矛盾的自己同一にある」（8, 508）と捉える。ここで「矛盾的自己同一」とは、この時期の西田の思索においては、基本的に前章において考察したような、「矛盾の統一」ないし「弁証法的統一」としての「非連続の連続」のことを指すものである。すなわち「矛盾的自己同一」とは、自らから連続的に導出したり統一したりすることのできない仕方で成立する自己統一・自己同一を指す語である。すなわち、他に媒介されるに先立ってそれ自身で内的連続性を有して存在し、それ自身において自己同一の根拠を持つことに対する否定・矛盾を媒介とする、すなわち基体的・実体的な連続性・自己同一性の否定・矛盾を媒介とする、非連続的な連続性・自己同一性を指す語である。それが特に「矛盾的」自己同一と呼ばれるのは、弁証法的自己同一が媒介する否定・矛盾（異他性）を強調するためである。したがって、こうした西田の用語法をふまえるなら、ここで西田は「環境が主体を限定し、主体が環境を限定する」ような活動そのものを、それも環境にも主体にも基体・実体が存しないような活動そのものを、「生命」と捉えていると言いうるのである。

しかしとはいえ、以上に考察されたような生理的な衝動・本能の活動は、根本的には、すでに「形作られたもの」としての生物的自然の有する必然性に基づいて営まれているものに他ならない。前章で検討されたように、西田によれば、すでに形作られた環境と、新たに形作る主体としての生命（の個体）とが、合目的的な法則に従って媒介しあうという仕方で成立するものが、本能的な生物的生命である。したがって生物的生命においては、個体による環境の「生産」も既存の環境への適応の範囲に留まるものでしかない。逆に言えば、むしろこうしたありようを持つ生命のことを、西田は本能的な「生物的生命」と呼んだのである。(14) 個体は生理的な本能・衝動に規定された身体構造を持ち、またそうした生理的な「生物的身体」が生物的生命における主体である。ゆえに生物的生命の世界は、あくまでも過去からの一般的限定によって成立している世界であり、「形作られたもの」としての環境（の一般的限定）と「形作るもの」としての個体（の現在における個物的限定）とは、単に基体的な連続性において媒介されているのみであって、本質的には両者の間に否定性・非連続性は成立していない。

ゆえに西田は、すでに前章でも考察したように、我々の自己が唯一なる個としてそこに生まれ、働き、死にゆくような現実の世界は、こうした生物的生命の本能的な環境としてのそれではなく、基体的・実体的な自己同一性への否定を媒介とした〈形作られて形作ること〉として成立する「歴史的生命の世界」であるとする。そして西田によれば、我々の自己がこうして「歴史的生命の世界」において生命を持つということは、「我々は身体を道具として有つとともに、我々は何処までも身体的存在である」(8, 325) ということに他ならない。まずもって我々の自己の「身体」とは、我々の自己が生き、行為するための機能であり、道具であると考えられる。我々の自己は何らかの行為をするにあたり、たとえば手や脚を道具として使用するのであり、すなわち手や脚は、そうした仕方ですでに「形作られたもの」として自己に与えられる客体である。しかし同時にまた、それらが我々の自己によって直接に生きられているものであるからこそ、およそ我々の日常において、この手や脚が単なる客体や道具とは異なり、我々の自己の「身体」として見出されるのである。したがって西田によれば、すでに「形作られたもの」であり、かつ「形作られたもの」としての基体的連続性を否定して、それ自身から新たな形成を行う主体であるものが、我々の自己の「身体」に他ならないのである。もちろん我々の自己は、生理的な「生物的身体」なしにはいかなる意味においても存在することは不可能であり、したがって歴史的生命の世界はまた、生物的な自然を不可欠にして必然的なる契機として自らに含むものである。「生物に対しては、外界は食物的であり、性欲的である。而して今日の我々の生命といふものも、か丶る生命から発展し来つたものである」(8, 476)。しかし西田は、「生物的生命に対し環境的なるものは、食物的であつたが、人間的生命に対するものは、食物的たるとともに道具的である」(8, 307)、「道具を以て物を作るといふ所から、人間といふものがある」(8, 298) とも述べる。したがって西田によれば、「我々の自己が道具を以て物を作る」存在であることの分析によって、我々の自己が「歴史的生命の世界」における「身体的存在」であることの内実が詳らかになる。

西田によれば、〈形作られて形作ること〉として成立する歴史的生命の世界は、そこにおいて生まれ、働き、死にゆく、我々の自己のありように即せば、すでに前章で考察してきたように、〈働きつつ見ること〉としての行為的直観と呼ばれるべきである。そしてこの行為的直観とは、具体的には「我が物となり、物が我とな」る (8, 321) ような「技術」の具体的な実現・実証のことであったが、それに関して西田は今や以下のことを強調する。「我々が物を道具として使用し、それによつて又物を作ることが技術である」(同)、「我々が物を道具として有つと云ふ時、我々の身体をも道具として有つ」(8, 322)。たとえば包丁を研ぐ技術とは、私が道具としての砥石を使用することで、包丁を、適切な刃を有するそれへと形作る技術である。そしてこの包丁を研ぐ技術とは、すでに前章で考察したように、私の動きと包丁の動きが、全く一つの動きとして実現されること、したがって詳細に言い直せば、私の身体の働き、砥石の働き、そして包丁の働きと、その各々が互いに他に従い、他からの否定を媒介としつつ直接に一つの働きとして実現されることに他ならない。事実、実際にリアルに経験される事柄に即せば、たとえば私の視覚や触覚はまさしく包丁の刃先に、その内側・裏側にまで通じており、もはや目や指は私の身体のある部分に付いているのではなく、むしろいわば包丁と砥石とが、私の目や指となっていると言うべきであろう。しかもそれは、いわゆる手の内に入るということよりも、むしろ腹にまで、ないし腰にまで動きが入ってくること(腹に含め、腰をためること)、そしてリズムや間合いが、ないし呼吸が合ってくることであろう(これはまた差配への私の意志が否定し去られる、その実地のありようでもある)。しかもこうして呼吸が合い、整ってくることではじめて、私の身体の運動構造とその捌き方とがあらわになってくるのである(もちろんナイフを研磨するのでも身体の捌き方は異なっても同様の成立構造を持つ)。したがって、私の身体の働き、そこにおいて働いている私の意志、さらには砥石の働き、包丁の働きなどは、まず独立に存在して事後的に関係しあうような〈もの=基体・実体〉ではなく、それぞれ包丁を研ぐ〈こと〉が実現するその直中において、はじめて自らの本来を明らかにするのであり、そこに元来、自らの自己同一を持つのである。これらの各々は、その基体的・実体的自己同一を否定された仕方で自己同一を持っているのであり、包丁を研ぐ〈こと〉の実現におけるその唯一固有の創造的要素・契機として成立しているのである。

もちろん包丁を研ぐといった例に限らず、料理を作る、音楽を協奏する、人と対話するなど、そもそも物事を動かし、作り出す技術が実現している時、そこでは、まさにそれが実現しているその〈こと〉自身において、道具となるすでに「形作られていたもの」の働きと、新たに「形作るもの」としての私の身体の働きとが、基体性・実体性への否定を介して自らの本来を持ち、両者は、形作られて形作る〈こと〉に、働きつつ見る〈こと〉における、その必然的な要素・契機をなす仕方で元来成立する。「我々は道具を以て物を作るとともに、物を見て行く、行為によつて直観して行く」(8, 348)、「道具といふのは我々の身体を離れたものである……併し道具を認めることから我々の身体を知るのである」(8, 280)。ここで道具が「我々の身体を離れたものである」とされるのは、そもそも道具とは、その機能において他の代用や交換が可能なものに他ならず、それゆえに一般的なもの、ないし一般的に規定・限定されたものだからである。したがって道具は、個々の現在において新たに「形作るもの」としての我々の自己(の個物的限定)にとって、あくまでも異他的で非連続的なものである。「動物は尚、真に道具といふものを有たない……道具といふものは、既に客観化せられたものでなければならない、我々の身体を離れたものでなければならない、他を以て代用することのできるものでなければならない」(8, 278–279)。そしてまさしく、こうした「形作られたもの」としての道具の一般的限定と、「形作るもの」としての我々の自己の個物的限定とが、異他性・非連続性を解消することなく、互いに形作られて形作る〈こと〉の直中において自らを持つという事態こそが、技術的な行為としての行為的直観に他ならないのである。

ゆえに西田によれば、こうした仕方で〈形作られて形作ること〉としての行為的直観が成立するということはまた、そもそも我々の自己が、まず身体に能動的に働きかけてその後に身体を受動的に見るのでもなく、また身体を受動的に見てからその後に身体を働かせるのでもなく、「身体は運動の主体と考えられる。然るにまた逆に運動によつて身体が見られる」(8, 280)ことを示すものである。すなわち、我々の自己の身体それ自身が道具として見られていくことがまた、身体それ自身が働く主体となることであるという、逆説的なありようを示すものである。道具を使用しつつ、すでに与えられ、「形作られたもの」としてのこの自己の身体を動かし、働かせることと、道具を媒介として身体の運動機能を認め、見ていくこととは、共に〈形作られて形作ること〉〈働きつつ見ていくこと〉という仕方で、その直中において成立し実現するものなのである。そしてまさにこうした〈形作られて形作ること〉こそ、「形作られたもの」としての過去からの一般的限定も、「形作るもの」としての現在における個物的限定も、また両者の相互協働的自己形成も、その基体性・実体性への否定を媒介として本来を持つような「永遠の今の自己限定」として、前章までに明らかにされてきた事態に他ならない。またこの「永遠の今の自己限定」において成立する世界こそ、個体が基体的・実体的連続性への否定を媒介として自己同一を持つような「歴史的生命の世界」に他ならない。逆にこうした「歴史的生命の世界」を、そこにおいて実現する「行為的直観」としての我々の自己の行為に即して捉えれば、それはしばしば西田が述べるように、「世界が自己の身体となる」仕方で開かれる世界なのである。

以上のような考察から、西田にとって、我々の自己が「身体的」であるとはいかなることであるのかもまた明らかになる。西田によれば、上述してきたように、我々の自己の身体は〈働きつつ見ること〉ないし〈形作られて形作ること〉における創造的要素・契機として成立するものであり、その意味において「我々の身体というものも作られたものであると共に作るものである」(8, 547)、「我々の身体は働くものたると共に見るものである。働くものが見るものであるといふことが、私が身体を有つといふことであり、又身体といふものがあると云ふことである」(8, 403)。すなわち、我々の自己が現実に「作られたものであると共に作るもの」「働くものたると共に見るもの」であることが、我々の自己が「身体的」であるということであり、別言すれば、我々の自己が〈働きつつ見ること〉〈形作られて形作ること〉において自らの本来を持つその最も現実的で根本的なありようが、西田によって「身体的」と呼ばれるのである。

したがって我々の自己が「身体的存在」であると言われる時、その「身体」とは、単に「形作られたもの」であって真に「形作るもの」ではないような生理的な「生物的身体」を指すのではない。「普通には生物的身体が身体であると考へられて居るが、道具を有たない生物は尚身体を有たないのである」(8, 411)。むしろ「身体」とは、現実に我々の自己が「作られたものであると共に作るものである」ないし「働くものたると共に見るもの」である、そうした我々の自己の丸ごとの具体的なありようを指していると言いうる。換言すれば、そもそも「身体」とは〈形作られて形作ること〉ないし〈働きつつ見ること〉としての行為的直観という仕方で、基体性・実体性への否定を媒介として、技術的に自己同一を持ち、自らの本来をあらわにするのであり、この意味において「身体」とは、すでに「形作られたもの」としての道具やその背景にある自然環境や文化的・社会的伝統などに形作られつつ新たなものを「形作る」という仕方で、しかもそこにおいて「形作られたもの」も「形作るもの」もその本来を実現するという仕方で歴史的に成立する、「歴史的身体」に他ならないのである。逆に言えば、〈形作られて形作ること〉としての行為的直観とは、我々の自己が身体の束縛から自由になることではなく、むしろ現実の今この身体の本来のありようの実現として、我々の自己が「身体の底に徹底すること」(8, 325)なのであり、生物的身体性はその必然的一契機として自らの本来を持つのである。たとえば、延長的な物質と非延長的な意識とが関係することによって身体が成立するのではなく、元来が〈形作られて形作ること〉において技術的に自己同一を持つ「歴史的身体」において、その「形作る」ないし「働く」という契機において「意識」性が見出され、また「形作られる」ないし「見られる」という契機において「生物的身体」性ひいては「物質」性が見出されるのである(これについては後述する)。

以上の考察から明らかになったように、歴史的現実の世界の自己形成が〈形作られて形作ること〉としての「永遠の今の自己限定」において成立しているがゆえに、その創造的な要素として、「働くものたると共に見るもの」「作られたものであると共に作るもの」である、「歴史的身体」としての我々の自己の存在が成立している。

「我々が身体的存在であると共に身体を道具として有つといふことは、我々が行為的直観的に、身体的に、物を見るに由るのである。弁証法的自己同一として、見るといふことと働くといふこととが一なるが故である。我々の自己が創造的世界の要素なるが故である」(8, 446)。したがって西田は、以下のように述べる。「我々は内から自己の身体を見ることはできない」(8, 466)、「働くことによつて見る、見ることによつて働く。そこに我々の身体といふものがあるのである。故に我々の身体は外から知られるのである」(8, 463)。我々の自己の「身体」は、歴史的現実の世界に開かれて、換言すれば「永遠の今の自己限定」としての世界の自己形成において、その要素として、はじめて自己同一を有しているのであり、すなわち、他と無媒介に自己自身に存在根拠を持つという基体的・実体的な自己同一性の全き否定を媒介として成立しているのである。逆に西田が「我々の自己は身体的なるが故に歴史的なのであり……」と述べていたように、「歴史的世界は我々の身体によつて自己を形成するのである」(8, 325)、すなわち歴史的現実の世界は、身体の現実のありようを媒介とし、身体のありようを通して自らを形成し創造するのである。したがって「我々の身体といふものは歴史的に作られたものである、何処までも決定せられたものである。併し又作るものである。作られたものと作るものとの矛盾的自己同一である。そこに我々の自己といふものがある」(8, 559)とも述べられるように、歴史的現実の世界のその現実性とは、「形作られたもの」の一般的限定からも「形作るもの」の個物的限定からも導出することができず、しかもかえって両者を両者として成立せしめるような「歴史的身体」の有する現実性である。すなわち我々の自己の基体的・実体的な自己同一性と、それに基づく恣意的な差配や創作を否定するような現実性なのである。

ここで西田は、こうした歴史的身体の現実性を、さらに「表現的」な現実性と呼び、個としての我々の自己が歴史的現実の世界において〈形作られつつ形作ること〉を、「表現的」な事実として明らかにする。[15] 別言すれば西田は、基体的・実体的自己同一性への全き否定を媒介として自らの実在性を有するような、個物的限定と一般的限定との関係を「表現的」な関係と呼ぶ。そもそも西田からすれば、「表現的」な関係とは、単なる外在的・非連続的な関係を指すのでもなく、また単に連続的・内在的な関係、すなわち何らかの基体・実体を根拠とするような関係を指すのでもない（後者は同一物の変化・移行であって「表現的」ではありえない）。むしろあるものが「表現的」であるとは、自らの内に内在化しえず、その意味で自らに異他的・超越的であるものにおいて、そのものが自らを持ち、実現することを指す。したがってまた西田は、「表現的」な関係とは「超越即内在、内在即超越」の関係であり、それは基体的・実体的同一性への否定を媒介とした自己同一の関係、すなわち、無基底的な「非連続の連続」の関係として成り立つものとみなす。「我々に対するものは限定するものなきものの限定として何処までも表現的である」（8, 433）。そもそも一般に、我々が内的・主観的なものと外的・客観的なものとの統一（たとえば芸術作品）であるとか、個物的・特殊的なるものと一般的・普遍的なるものとの統一（たとえば言語的陳述）といったものに表現的関係を見出すのも、それらの関係が何らかの意味で「非連続の連続」的であることによるのである。

こうした視座から見れば、形作られた道具とはまさに「表現的」に我々を限定するものである。そもそも道具とは、その物質的形状や組成（ないしそれを成り立たせている物質的環境）はもちろん、それに基づく従来の一定の用途・使用方法とその背景にある社会的・文化的な行為形式・習慣・型の伝統によって、我々の自己を制約する仕方で自己に与えられる。しかもすでに考察したように、道具とは、それ自身において基体的・実体的に自己同一性を持つものではなく、したがってそれは、すでに「形作られたもの」として我々の自己を制約し限定すると共に、また我々の自己の新たな創造を呼び起こすものであり、そうした仕方で我々の自己に限定されるその限りにおいて、自らの自己同一を持つものである。すなわち、道具と我々の自己とは、否定を媒介として両者が技術的に〈形作られて形作ること〉それ自身において、無基底的に成立するものである。ゆえに、「我々に対するものは限定するものなきものの限定として何処までも表現的」であり、我々の自己もそれに対するものも、基体性・実体性への否定を媒介として、互いに他の本来を呼び起こしあいつつ、自らを自らとして持つ「表現的」な存在である。したがって、「形作られたもの」と「形作るもの」との〈形作られて形作ること〉として、基体性・実体性への全き否定を媒介として成立する歴史的現実の世界とは、無基底的な〈表現されて表現すること〉ないし〈表現するものなくして表現すること〉として、自らを形成する世界と言われるべきである。西田からすれば、この意味において歴史的現実とは「表現的世界」に他ならない。「形作られたもの」も「形作るもの」も、この「表現的世界」の固有なる表現的要素として、否定を媒介として互いに他を呼び起こしあう仕方で、その実在性・現実性を有する。両者の〈形作られて形作ること〉としての行為的直観とは、別言すれば、まさしく〈表現されて表現すること〉に他ならないのである。

西田によれば、歴史的現実のこうした表現的構造は、具体的には身体が表現的に限定され媒介されるものであり、また社会的に限定されるものであることを示す。歴史的現実の世界が、すでに前章でも考察されたように、一般的限定を否定するような「形作るもの」からの個物的限定をも自らの必然的契機となす仕方で、自らを表現的に形成する時、単なる生物種とは異なる共同態である「社会」が成立し[16]、そこにおいて、形作る主体が世界を統一的に限定する意識が生成する。歴史的現実において我々の自己が〈形作られて形作ること〉ないし〈表現されて表現すること〉の、その形作られ表現されるという一般的限定の方向において、我々の自己は機械的因果性の世界すなわち物質的世界の一要素として存在し、形作り表現するという個物的限定の方向において、我々の自己は、社会的世界ひいては意識的世界における「意識我」(8, 305) ないし意識主体として存在するのである。「歴史的実在の一面に機械的世界が考へられ、他面に意識の世界が考へられる」(同)、「行為的直観の世界、歴史的実在の世界において身体が物となつた時、我が消え失せた時、世界が道具的となる。世界が徹底的に道具的と考へられた時、それが機械的世界である。……之に反し物を我々の身体となすといふ方向に於ては、物といふものが失はれて行く。その極、それは意識の世界となる」(同)。

したがって生物(動物)的生命とは異なり、「我々に対する物は、食物的なるものであり、性欲的なるものであるのみならず、何処までも表現的なものでなければならぬ」(8, 285–286)。一般的限定と個物的限定とを表現的に媒介する否定性、すなわち基体的・実体的自己同一性への否定性が、そもそも本質的に存在していない環境からは、そうした否定性も表現的世界も生まれ得ない。「自然科学者は物質の無限なる運動の結果、その或形成状態に於て生物的生命といふものができ、更に幾千万年かの生物発展の後、人間が出て来たと云ふであらう。私はその事実を認めないのではない、併し……機械的物質の世界といふのも、歴史的実在の世界の一段階でなければならない」(8, 470)、「物質的世界の無限なる進展の結果、或時期に於て生物が発生したと考へられる。併しそれは生命といふものが機械的に出来るといふことではない」(8, 476)。すなわち、人間的生命は、生物的生命における環境と主体との合目的的形成が複雑に発展したものではなく、まして機械的な因果法則によって限定されている物質的環境から機械的に成立したものでもない。したがって、我々の自己の身体は、生物的身体における食物的・性欲的な本能がより高度化し社会化して成立したものではない。むしろ世界の歴史的自己形成は、はじめから基体性への否定を媒介として表現的であり、その抽象的・一面的な実現の段階から表現的世界の人間的生命に至る発展過程の中で、その創造的な要素として「歴史的身体」が成立すると考えねばならないのである。

しかし人間的生命が表現的世界において成立するというこのことは、とりわけ戸坂が批判したように、歴史的現実の世界が意識を媒介することで自らの現実性・実在性を得るということを意味するのではない。このことを示し、戸坂の批判にも抗するために、西田は生命の生命性それ自身へと考察を進めていく。西田は以下の点を強調する。「真の健康は病気を含み、真の生命は死を含むものでなければならない。死は生命に本質的なものである」(8, 281–282)。本来、生命とは、死と対立するものに留まらず、むしろ死を媒介とすることで生命である。そのものが生きているということは、それが死にゆくものであることによってはじめて言いうる。しかし生物的生命においては、物質の機械的運動・変化とは異なって、個体の生と死ないし消滅が存在するものの、実際にはこの個体の生と死とは、合目的的な生命の連鎖の一契機にすぎず、正確には環境の一般的限定を原理とする限りでの環境と生命との合目的的で有機的な相互形成の一契機にすぎない。そこでは一つの生命現象から他の生命現象への変化・変換が存するのみであると言えよう。

したがって生物的生命においては、連続的な基体における変化の過程が存在するのみであって、そもそも厳密には他に還元されないような生命現象(からなる個体)が存在せず、生命活動とその衰退や消滅・終焉も存在しない。「普通には有機的統一を生命と考へて居る。併し真の生命は死を含んだものでなければならない」(8, 528)、「生命は病気を、否死を含んでゐなければならない。斯くしてそれが現実的生命であるのである。併し生物的生命に於ては、個が尚自立的ではない。それは真に個を媒介するとは云はれない。故に生物は真に生きたものではない。人間的生命に於て、個が真に自立的である」(8, 530)。生きているものとは、他に代替されたり変換されたりすることのない、唯一無二の個性を有した仕方でその活動を終え、その存在が失われ、消滅してゆくものであると言わねばならない[17]。

この意味において個体の「死」とは、個としての自らの創造的主体性が否定され、失われることに他ならない。したがって、単なる生物的・生理的な本能ないし機能の終焉・消滅それ自身には、厳密には死はなく、一種の形態変容があるのみである。実際、個体の「死」とは、その具体的・現実的なありようとしては、むしろ個体の個としての唯一無二の創造的活動の否定であり、個としての意図・期待による行為への否定のことに他ならない。むしろその一契機をなすものとして、個の身体の生物的・生理的な機能の否定・終焉も存在するのであり、またそれゆえに、生理的な機能の終焉がその個体の「死」を意味しうるのである。身体の生物的・生理的な機能の終焉が個体の「死」と見なされる時、それは具体的には、生物的・生理的な機能の終焉のみが見て取られてのことではなく、むしろ個の生命の創造的活動そのものへの否定としての唯一無二の「死」（における生理的機能の終焉）がすでに見て取られてのことなのである。この意味において個の生命は、その「死」を条件として成立するというのみならず、むしろその直中において、そのものとしての「死」を媒介しつつ成立すると言うべきであり、逆に「死」を媒介とするとは、個の生命が現に今この現在において唯一無二の生命となるという、生命において本質的で具体的な事実のことなのである(18)。

こうしてそもそも生命とは、死を媒介として新たに自らを形作るものであるとするなら、さらに「真の生命といふものは、内に絶対の無を含んだものでなければならない、絶対否定を含んだものでなければならない」（8, 341）。形作られた環境からの一般的限定においても、新たに形作る主体からの個物的限定においても、連続的基体（＝有）を有しないような、基体性・実体性の全き否定としての「絶対無」ないし「絶対否定」を媒介とした歴史的現実である「表現的世界」こそが、生命が本来の生命として成立している「歴史的生命の世界」であると言わねばならない。現在の我々の自己における、未来を差配し、未来へと何らかの連続的自己保持・自己実現をはかろうとするありようと、その根底にある主観主義的な自己基体化・実体化とが否定されることによって、我々の自己は歴史的世界の自己形成に開かれ、そこにおいて自己の生を生きうる。すなわち現在の自己が唯一度的なものとして否定され死することによって、我々の自己は形作られた環境と形作る主体とが〈形作られて形作ること〉において、個としての自己として新たに唯一無二の仕方で「形作るもの」となり、自らの生命活動の本来を営みうる。

ゆえに「生命は病気を、否死を含んでゐなければならない」とも言われるように、我々の自己の生命は、それが自らの基体的・実体的な連続性・統一性への否定を媒介とし、したがって本質的に病気（ないし怪我）を媒介とし、死にゆくものであるからこそ、真に創造的な生命たりうるのである。逆に言えば、「真の健康は病気を含み、真の生命は死を含むものでなければならない」とも言われるように、病気（怪我）を媒介すること、ひいては死にゆくことにおいて、我々の自己の生命は、創造的で充実した、その個としての本来のありようを持つのである（それゆえに病気とは除去されるべきものではなく経過されるべきものである）。したがって我々の自己とは、本来、主観主義的な差配や意図に対する否定を媒介として、すなわち、「形作られたもの」からの一般的限定と「形作るもの」からの個物的限定との〈形作られて形作ること〉たる歴史的生命の、その創造的要素として、自らの生命を得るのである。歴史的生命の世界は、単なる生物的環境とは異なる世界として、前章で言われたような「個物的限定即一般的限定、一般的限定即個物的限定」たる「弁証法的一般者の世界」としての構造を有する世界に他ならないのである。

こうして西田にとって「生命」とは、基体性・実体性への全き否定を媒介して実現する、「形作られたもの」と「形作るもの」との〈形作られて形作ること〉それ自身のことに他ならない。したがってこのことをふまえれば、さらに以下で考察するように、西田の論理が、歴史的現実としての「歴史的生命の世界」の成立原理を意識（性）に求めるような主観主義的・意識主義的な論理ではありえないこともまた明らかになろう。「生物に対しては、外界は食物的であり、性欲的である。而して今日の我々の生命といふものも、かゝる生命から発展し来つたものである。我々の生活が如何に文化的と云つても此立場を離れることはできない。之を離るれば、我々の生命は非現実的である。併し是故に人間的生命が単に生物的生命の派生だと云ふのではない。環境が主体を作り主体が環境を作るといふ絶対弁証法的世界の自己同一の立場に於て、主体的なるものが人間なのである」（8, 476–477）。すでに考察したように、西田にとっては、食物的・性欲的な生理的本能・機能は、生命が生命として成立するその必然的条件であり、ゆえに生命においては、消費が生産であり、生産が消費であり、生産と消費とが、「弁証法的に一」であるとも言われる。したがって、食物的・性欲的な生理的本能は、否定することのできない客観的な現実性をもって人間的生命に与えられ、人間的生命を形作る。しかしとはいえ、単なる生物的生命においては、それが環境の連続的限定において成立し、真に否定性を媒介としていないゆえに、「生産」も「消費」も厳密には成立していない。そこでは、生産と消費とはその本来のありようを現実化しておらず、食物的・性欲的という仕方で方向づけられ、制約されてのみ現実化している。真の生命は「消費と生産の矛盾的自己同一にある」(8, 508)。むしろ生産と消費のその本来のありようは、否定を媒介とし、「死」を媒介とした、「形作られたもの」と「形作るもの」との〈形作られて形作ること〉として成立する、人間的生命の表現的世界すなわち「歴史的生命の世界」において現実化する。ゆえに生物的な生理的本能は、人間的生命が改変することのできない客観的現実性を有するものであると共に、しかしそれは本来合目的的な仕方において自らを実現するものとしてあるのではない。むしろそれは、基体性・実体性への否定を媒介とした表現的な〈形作られて形作ること〉において歴史的現実が唯一無二の出来事を形成する、その一契機となることにおいて自らのありようを実現するのである。「それ〔表現的なもの〕は我々の死の底から我々を限定するものでなければならない。而して翻つて考へれば、生物に対して物が食物的であり、性欲的であるといふことも、実はそれが既に表現的であつたのでなければならない」(8, 286)。

したがって、先に述べたような、生命の活動の根本条件としての、食物的な生産と消化、生殖的な生産と世代の交代は、実際には食物的・生殖的な活動そのものに自らの目的と実在性とを有するのではなく、むしろそれは技術的に身体を媒介して形成することにおいて、自らの目的と実在性とを有すると言わねばならない。換言すれば、食物的・性欲的な生命の活動とは、過去に形作られた環境と、現在において未来へと新たに形作る主体とが、相互に自らを表現し限定しあう〈こと〉としての「永遠の今の自己限定」に開かれ、その創造的契機となることにおいて、自らの目的と実在性とを有するのである。

もちろん上述した引用箇所からも明らかなように、生物的生命の合目的性から人間的生命の表現性が派生するわけではない。むしろ人間的生命への歴史的発展は、そもそも世界が「永遠の今の自己限定」として成立しており、それが人間的生命においてその本来のありようをあらわにするからに他ならない。ゆえに人間的生命の成立は、生物的生命における本能・機能はそのままに、その上に新たな機能・契機が付加されることでもない。人間においで食欲は、単に栄養摂取を目的として働くものにとどまらず、性欲は単に生殖活動のためだけに働くものではないように、人間的生命においては、食物的・性欲的な生理本能・機能とは、表現的世界における表現的限定の一つのありようとして成立するのであり、生物的生命のそれのごとくにそれ自身として実在してはいない。すなわち食物的・性欲的本能は、あくまでも形作られた環境と形作る主体との否定を媒介とした〈形作られて形作ること〉としての世界、「永遠の今の自己限定」としての世界の、その一様相・一契機をなす限りにおいて現実性・実在性を有する。したがって生理的な食物的・性欲的な活動は、その成立の原初からして字義通りの食物的・性欲的な活動それ自体に自らの目的と実在性とを持つのではない。食物的・性欲的な本能・機能がその本来を適切に実現しているかどうかは、ただ食物的・性欲的な活動それ自体として定まるものではなく、かえって歴史的現実の世界の自己形成そのものが、個としての我々の自己に現に唯一無二の仕方で生きられて実現されているかどうか、そして食物的・性欲的活動がその媒介となり、その創造的な力ないし契機となっているかによってその都度定まるのである。[19] 日常具体の現実において我々が感じる、身体（の生理的な活動）の「健康」状態とは、生命が生命として自らを主体的に形成しているか否か、我々の自己がその唯一固有の個性を実現しているか否かによって定まるものと言うべきなのである。

以上で考察されたように、人間的生命に至る歴史的過程とは、基体性・実体性への否定を媒介として唯一無二の仕方で自己を形成していくという、生命の本来のありようへと充実する過程に他ならない。「生産とは歴史的形成の意義でなければならない」(8, 447)、「社会とは歴史的生産様式である」(8, 502) とも言われるように、この過程はまた、生物的生命の生産と消費とが、ひいては生と死とが、その本能的なありようから本来のありようへと発展し充実する「歴史的生産」の発展の過程に他ならない。生理的本能は、はじめからこうした仕方で充実し、必然的に発展するものとして、生物的生命において成立しているものである。人間的生命は、かえって自らを超えた客観的な現実性を有する生命の歴史的発展の過程において成立するものと言わねばならない。というよりもむしろ、生命の歴史的発展の過程そのものが、生命それ自身が自由に創作していくことのできない客観的な現実性を有するものに他ならない。それはまた、生命があくまでも物質的運動の充実から成立したものであることを意味する。「物質的世界の無限なる進展の結果、或時期に於て生物が発生したと考へられる。併しそれは生命といふものが機械的に出来るといふことではない。或物質的結合の状態が生物的生命の誕生に必要条件となつたと云ふことである。……然らばと云つて或物質的条件と生命との関係が偶然だと云ふのではない。その間に必然的関係がなければならない。環境が主体を作り、主体が環境を作るのである」(8, 476)。環境の機械的な限定としての物質的運動が生命を産出するのではなく、基体性・実体性への否定を媒介とする生命の自己形成の過程へと自らを超えて充実し、必然的に発展するものとして、はじめから物質の機械的運動が成立しているのである。その意味においては、むしろ物質的運動は、生命の自己形成、すなわち、作られた環境と作る主体との否定を媒介とした「永遠の今の自己限定」のその一段階・一契機に他ならない。そしてこうした仕方で、生命の自己形成がまさに物質的運動の充実であるということは、とりもなおさず、生命の自己形成が、新たに形作る主体による連続的・基体的なそれではなく、環境からの一般的限定に媒介されるそれであるということを意味する。すなわち、すでに繰り返し考察したように、生命の自己形成とは「形作られたもの」としての環境と「形作るもの」としての主体とにおける、否定を媒介とした無基底的な〈形作られて形作ること〉それ自身であり、したがって、さらに言えば「永遠の今の自己限定」としての歴史的現実の自己形成それ自身である。それは主体の個物的限定からも環境の一般的限定からも導出しえない客観的な現実性を有する仕方で、物質から生物的生命を経て人間的生命に至る「歴史的生産」の発展過程として成立する。生命の自己形成の過程とは、まさしく否定を媒介とした「歴史的生命」の自己発展・自己形成の過程なのであり、それこそがまた「永遠の今の自己限定」の具体相・現実相に他ならないのである。

したがって、人間的生命の個物的限定の契機、とりわけその意識性の契機によって、表現的世界の実在性・現実性が成立するのではない。むしろ生命の「歴史的生産」の活動におけるその客観的現実性を有した発展が、表現的世界の実在性・現実性をなしていると言わねばならない。すなわち、基体性・実体性への否定を媒介とする生命の歴史的な自己形成性・自己生産性ゆえに、個物的限定の契機の固有性が充実し、生命から意識が必然的に発生すると言いうるのである。したがって「形作られて形作る身体の外に生命といふものがあるのではない。生命の本質といふものが他にあるのではない」(8, 471)、「我々の行為の方向といふものは身体的に定まつて来なければならない」(8, 559)とも述べられる。生命の生命としての活動が、環境と主体との〈形作られて形作ること〉として連続的自己形成への否定を媒介とするということは、すなわち「真の健康は病気を含み、真の生命は死を含むものでなければならない」ということは、まさに身体の事実・現実として受け取られねばならない。我々の自己が生き、行為することは、まさしく身体を媒介にして技術的に成立しているような、意識によって恣意的に創作できない退っ引きならない客観的現実性を有して開かれる。我々の自己が唯一度生まれ、働き、死にゆくこの自己としての存在となりうるか、それとも我を失い、自らのなすべきことに迷うか、それは、形作られた環境からの一般的限定と、形作る主体からの個物的限定とが〈形作られて形作ること〉における、今この身体の創造性の機能・能力において、つまるところは身体の「健康」において、ないしは身体の苦・楽、不自由・自由において、決して逃げることのできない生命の事実として、否応なしに現実に突きつけられるのである。

したがって〈形作られて形作ること〉ないし〈表現されて表現すること〉としての行為的直観とは、たとえば戸坂が難じたような「意識内在的」な自覚ではありえない。「我々の制作は自由であるとか主観的であるとか云つても、それは先づ身体的でなければならない。而して成るか否かは、意識の能くする所ではない。制作といふには、固より意識的でなければならないが、その意識的意図そのものが亦歴史的世界から起るものでなければならない。歴史的生命の要求として生起するものでなければならない」(8, 459)。行為的直観とは、むしろ意識(の意図や意志)を否定し超越した仕方で、生命の歴史的な自己生産(制作)の過程において成立するものであり、ゆえにそれは、現在の我々の自己の差配や、それが基づく自己実体化を凌駕する客観的現実性によって否応なしに証されている事態なのである(こうした証示がいかなる一般的・普遍的妥当性を有するかについては後述する)。

前章で考察してきたように、西田は前著『哲学論文集第一』において身体を、個物的限定(意識性)と一般的限定(物質性)とが基体性・実体性への「絶対否定」によって媒介される、その形式ないし型と捉えていた。しかしそこでは、こうした「絶対否定」のありようは、直接に身体のありようと関係づけられて明らかにされることはなかった。しかし前節で考察されたような批判を念頭に置きつつ、西田は今や身体への分析、とりわけ身体が「形作られたもの」として有する道具性や生物性・生理性の契機への分析を介して、「絶対否定」の媒介のありようを、我々の自己の主観主義的な自己基体化・実体化を絶対に否定するような生命の具体的な現実・事実に即して主題化したと言いうる。たしかに前著までの論理においても、歴史的現実(における身体の成立)が我々の自己の主観主義的な自己基体化・実体化への否定において開かれることが主題化されてはいた。しかしこうした現実も、結局のところは主観化された現実に他ならないのではないかという、田邊や戸坂などからの論難に対しては、前著までの論理は積極的に応えうるものではなかった。しかし今や西田は、「形作られて形作るもの」であり、「絶対否定」を媒介として生きているような「歴史的身体」を分析することで、歴史的世界が自らを形成するその実在性を、我々の自己がそこにおいて生きる「生命」すなわち「歴史的生命」の客観的現実性として主題化したのである。逆に言えば、我々の自己の身体が「歴史的身体」と呼ばれるのは、とりもなおさず、我々の自己が、客観的現実性を有した「歴史的生命」におけるその創造的な要素だからである。「歴史的世界は我々の身体によつて自己を形成する」とも言われていたように、環境と生命とが形成しあう歴史的生命の自己形成・自己生産の発展過程は、「歴史的身体」の自己形成・自己生産の発展過程とも言うべきものなのである。

以上で考察されたように、西田はこうした「歴史的身体」の分析において、個としての我々の自己の生命そのものがそこにおいて可能となる、歴史的生命の世界の客観的な現実性を明らかにしたと言いうる。「永遠の今の自己限定」としての歴史的現実の世界の自己形成は、我々の自己の主観主義的な「自由主義」や「寂静主義」を否定するような客観的な現実性を持つ仕方で成立する過程である。こうしてみれば、西田はしばしば人間的生命の「表現的世界」を「動揺的」な世界であると位置づけるものの、それはしかし「形作るもの」の個物的限定が世界から独立して自由になることが、すなわち意識が成立することが、世界を動揺的なものにするとの主張を意味しない。むしろ我々の自己の差配と統括とを否定する歴史的生命の客観的現実性が、歴史的現実を動揺的なものとして成立せしめるのである。歴史的現実においては、我々の自己が唯一度生まれ、働き、死にゆく、その個としての生命を有するか、それとも自らの生命のこうした自己形成・自己創造が抑圧され剝奪されるか、という危機が、我々の個人的で恣意的な解釈を凌駕して、その都度の現在において必然的に横たわる。そして我々の自己の身体を媒介とし、また身体において表現され証示されるような、「形作るもの」としての我々の自己と「形作られたもの」との〈形作られて形作ること〉ないし〈表現されて表現すること〉としての行為的直観こそ、我々の自己が、歴史的現実の世界のその客観的な現実性に媒介されることに他ならない。それは行為的直観において、我々の自己が、歴史的現実の世界の自己形成におけるその創造的な要素として、個としての自己の生命を有することに他ならないのである。

四　歴史的自然と歴史的種

西田は、身体の分析を通じて生命への考察を深めることで、歴史的世界が有する客観的な現実性を明らかにし、そのことで我々の自己の生命における主体的な自己形成を可能にする、歴史的生命の世界の自己形成の構造を改めて提示した。そして西田は、今やこの歴史的世界の自己形成の過程を歴史的な必然としての「歴史的自然」の過程として明らかにすることで、田邊と戸坂からの批判に対して果たすべき課題として残されていた、歴史的現実の絶対性と相対性の解明へと取り組む。

まず西田にとって、歴史的な必然とはいかなることを意味するのであろうか。その考察にあたっては、まず以下のような叙述を検討する必要がある。「世界がいつも自己自身を否定すると共に肯定するものであり、それは自己矛盾なるが故に、自己矛盾的に必然的方向を有つ」(8, 440)。「自己矛盾的」とは、それが「弁証法的」ともしばしば言い換えられるように、否定を媒介とするという意味であり、とりわけ「永遠の今の自己限定」において、過去に「形作られたもの」としての環境と、未来へと新たに「形作るもの」としての主体とが、自らの基体性への全き否定を媒介として「同時存在」することを意味する(8, 375)。すなわち「自由にして必然なるものが、真に自己矛盾的存在である」、そして、弁証法的な真の歴史的実在の世界は、自己矛盾的存在として在ると言われる（8, 440）。通常、必然と自由とは相反する事態であるとも考えられる。しかし我々の自己の自由とは、単に無軌道で偶然的な行為によって、いわば我を失うようなことを指すのではなく、自己が自己として真に欲するものを実現すること、自己が本来のあるべき自己を実現することに他ならない。ゆえにそれは、実際には自己がこの自己であることとの必然性を、すなわち自己を一度的で代替不可能な唯一固有のこの自己にしている必然性を、実践することに他ならない。そしてまさしくこの必然性は、すでに過去に定まっていたこととして、あくまでもいま現在に自己が行為することの内ではじめて現れる。自己が絶対に唯一の自己としてあるべき本来のありようは、それが実現してはじめて摑まれる。こうして、自由に働くことと、必然を受け取り、見ることとが直接に一つの〈こと〉として実現されることが「行為的直観」であり、この〈こと〉においていわば底が無いということが、「永遠の今の自己限定」として「自由にして必然」であることの内実である。

ただしここで言う、自由にして必然であることとは、歴史的な限定や制約とはさしあたり無関係に、行為的直観の本質的なありようがそうであるという意味ではない。西田からすれば、必然性とは、現実に現れてくるものはすべて過去にその方向が定まっていたものであるということを意味しており、換言すれば「現実は何処までも決定せられたものでなければならない。〔過去と未来との〕矛盾的自己同一としての現実は唯一の方向を有つ」（8, 491）。（未来への）自由にして（過去からの）必然である現実の世界のこの「唯一の方向」ないし「必然的方向」（8, 440）とは、「時代の方向」ないし「歴史の傾向」とも言われる、歴史的世界の段階的な進展順序の必然性に他ならない。「歴史は作られたものから作るものへ段階的に動いて行く。時代は方向を有つ。そこに歴史の客観性がある」（8, 518）。「作られたものは作るものを作るべく作られたのであり」（8, 548）、歴史の形成過程とは「作られたものが基となつて、作るものを作つて行く」（8, 487）、端的に言えば「作られたものから作るものへ」

の形成に他ならない。それゆえ、すでに「形作られたもの」は、いわば現在において解かれるべき「課題」「問題」として与えられる。あたかも怪我したことが身体の生命力を呼び起こし、整えるように、あるいは病が内魔の良薬となるように、今この自己をそれとして制約する過去の歴史的過程が、その快も苦も、如意も不如意も、悲劇も、現在に自己が自己を実現するに際しての必要不可欠の「課題」「問題」として我々の自己に与えられているのであり、それがまたそのように自覚され転換されることにおいて、この現在が本来の自己の一度的にして唯一無二の実践となる。換言すれば、自己の差配できない必然的な過程が、それとしてそのままにあらわになることそれ自身が、自己が本来の自己を実践することに他ならず、またそこにおいては、過去の一々の過程において、本来、つねにすでに自己が自由（にして必然）であり、まさにその一々において本来の唯一無二の自己を一度的に実現していたことが証示されるのである。「作られたものが基となつて作るものを作つて行く」のか否か、すなわち、歴史的現実の「必然的方向」に我々の自己の（基体的連続性への）差配が絶対に否定されて、自己が「自由にして必然なる」本来の自己として行為しうるか否か、それを問うものとして、過去の歴史的過程が我々の自己の前に屹立するのである。

こうして今この現在が、我々の自己が〈働きつつ見ること〉ないし〈形作られて形作ること〉としての行為的直観として実現されることで、歴史の一々の出来事のその全過程が、互いに否定的に媒介しあいつつ、本来のあるべき一度的にして唯一なる仕方で一つに連関づき、「同時存在」する。すなわち現在において、歴史の一々の出来事が、すべて他に還元・回収されない異他的なる唯一・一度の個性的なものとして、自らの本来のあるべきありようを自らで自由（にして必然的）に実現する。それは西田によれば、歴史のすべての過程が〈形作られて形作ること〉において「同時存在」し、現在が、先行するいかなる〈もの＝基体・実体〉も有することなしに、絶対的に現在それ自身で無基底的に自らを形成し創造する「永遠の今の自己限定」として成立することに他ならない。「現在が永遠の今の自己限定と考へられる所、そこに現実から現実へ動き行く現実の方向があるのである……そこを中心として、すべてのものが生かされ、創造的となるのである」(8, 448)。

したがって自由と必然の一致とは、歴史的過程の段階における特定の限定・制約を有してのことであり、西田の言う現在の絶対性・永遠性は、こうした歴史的過程の方向性から切り離され、それと別の原理によって成立しているものではありえない。本来、我々の自己は、過去の過去から未来永劫に、すなわち永遠に、必然にして自由である自らの本来のありようを実現し、歩みつつあると共に、しかもそのことは、今この唯一・一度の行為において、歴史の必然的な過程と方向を〈働きつつ見ること〉においてのみ、歴史的に実現され、証示されるのである。それはこうした真理が、我々の実践に先立って無媒介に存在する〈もの〉であることを意味しないのはもちろん、歴史的過程を機械的なものとみなしたり、あるいは歴史的過程の方向が合目的的に収束する一元的な目的を設定することなどを意味しない。歴史の必然的な過程とは、あくまでも未知の未来に向けた我々の自己の〈働きつつ見ること〉ないし〈形作られて形作ること〉の現実・現場において、歴史の必然的方向が、まさしく過程的・段階的に一歩一歩否定を媒介としてあらわになる〈こと〉以外ではありえない。我々の自己がそこにおいて自由にして必然なるものとして働くような、またそれゆえに、それ自身は我々の自己の差配を超越し、我々の自己の自己基体化・実体化を絶対的に否定するような、こうした歴史の本来的にあるべき必然の過程において、この過程の生成し実現していく〈こと〉に先立つような真理や歴史の目的など存在しないのである。

それゆえに歴史の本来的必然の過程とは、すなわち「歴史的現在は何処までも決定せられたものでありながら、自己自身の中に自己否定を含み、自己自身を越えて現在から現在に行く」(8, 512) ような過程であり、その意味においてまさに「作られたものから作るものへ」の過程である。「現実は何処までも自ら動くものであり、又不安であり、苦悩でもある」(8, 564-565) とも言われるように、機械的必然にせよ合目的的必然にせよ、およそあらゆる安定的終結・団円が、そして歴史的過程のあらゆる先取りが、否定されることによって、歴史的現実は絶えず「動揺的」なのであり、しかもこうした動揺を媒介とすることではじめて、歴史的現実はその必然的で唯一的な進展方向を証示すると言えよう。「現実は……いつも世界の始と終とに接して居るのである」(8, 439) とも言われるように、歴史的現実は、世界の無限なる存続進展を約束するようなものではなく、むしろそこでは一瞬先のありようすら保証されていない。我々の自己が本来の唯一的な自己として自らをあらわにすることは、動揺的な歴史的現実の形成過程において、我々の自己の連続的で安定的な自己同一性が徹底的に否定されることによってのみ、したがって、差配の不可能性と未来の先取不可能性による不安と苦悩とを媒介にして、相対的で有限なままに可能となるのである[20]。

以上で考察されたように、歴史的現実の世界の自己形成・自己創造の過程とは、基体的自己同一性への否定を媒介として「作られたものから作るものへ」と進展するとも言われるべき、「自由にして必然なる」本来的な必然の過程であり、それこそが「永遠の今の自己限定」に他ならない。そして前節で考察されたように、歴史的現実の世界の自己形成とは、具体的には、物質的世界から生物的生命の世界を経て人間的生命の表現的世界に至る、そして今この現在における個としての我々の自己の行為を成立させる、歴史的生命の自己形成・自己生産の発展的過程のことに他ならない。すなわち、歴史的生命の自己形成とは、物質の自己運動を基にしつつ、本能的な生物的生命から、「死」すなわち基体的自己同一性への否定を媒介として唯一無二の出来事を形成する歴史的生命へと、必然的に充実し発展する過程に他ならなかった。ゆえに西田自身が「宇宙歴史的に、我々は人間的世界の前に、生物的世界を、生物的世界の前に、物質的世界を考へる。即ち作られたものから作るものへと段階的に動いていくと考へるのである」(8, 518) と述べるように、歴史的生命の自己形成の過程とは、まさしく「自由にして必然なる」歴史的現実の必然として成立するものなのであり、歴史的生命の客観的現実性を形作るものは、この「自由にして必然なる」本来的必然性に他ならない。また逆に言えば、「自由にして必然なるもの」としての本来的な歴史的必然は、人間的生命の世界におけるそれに留まるものではもちろんありえず、むしろ生命が生まれ、生命として発展していく歴史的必然であり、いわば「歴史的自然」に他ならないのである。

以上の考察をふまえることで、いまや歴史的現実の世界の自己形成における絶対性・普遍性と相対性・限定性が明らかになる。歴史的現実の自己形成とは「歴史的自然」としての本来的な必然の過程であり、「何処までも決定せられたもの」でありつつ、しかも「自己自身の中に自己否定を含み、自己自身を越えて現在から現在に行く」ような「作られたものから作るものへ」の過程に他ならない。本来的必然の過程としての「現在から現在へ」ないし「作られたものから作るものへ」の過程において、現在とは、歴史の全過程のその一々の出来事が、否定を媒介として本来のあるべき唯一・一度的なありようにおいて必然的に連関し「同時存在」するという仕方で成立するのである。それはまさしく「世界の始と終とに接して居る」と言うべき、現在の現実の絶対的な自己形成・自己創造としての「永遠の今の自己限定」に他ならない。まずもって「何処までも決定されたもの」としての現在の自己形成は、過去の歴史的過程によって徹頭徹尾すでに限定され、固定されたそれであり、したがって、先取不可能な新たな現在によって否定され、超えられて消えゆくそれである。自らの実在性・創造性へのこうした限定・制約の枠内に留まるものこそが、我々の歴史的生命の現実に他ならず、この限定・制約を超えた立場に立つことは、いかなる仕方にせよ我々の自己には不可能なことである。しかし他方で現在の自己形成とはまた、まさに「歴史的自然」の過程におけるそれに他ならないゆえに、現在が相対的で有限な現在としてあるままに、そこにおいて歴史的過程のその本来のありようそのものがあらわになるのである。

したがって言うまでもなく、こうして歴史的現実の世界の自己形成の本来的な真理が現れるのは、戸坂による批判に見られたように、我々の意識においてなのではない。西田にとって、歴史的現実の世界の真理としての

「歴史的自然」とは、我々の自己の人間的生命（の行為や意識）を超越した仕方で、歴史的生命の自己形成・自己生産のその具体的な現実性・事実性において、実効的・実証的に証示される必然に他ならない。「歴史的自然」は、物質的ならびに生物的・生理的な運動・生産の実効性を、必ずや自らの本来的必然の表現と証示の場となすのであって、我々の自己の意識や行為は、生命の自己形成・自己生産の「歴史的自然」の過程において、その一要素として与えられるものにすぎない。歴史的生命の形成過程とは、我々の自己の主観主義的な差配や統御を否定し凌駕する過程であり、その本来的な自己形成・自己創造の根拠が、あくまでも現在のこの歴史的現実それ自身において見出され、また証される過程のことに他ならない。したがって、我々の自己が自らを自覚し、自らとして生きるありようとしての「行為的直観」とは、我々の自己が歴史的生命の現実における自己証示を生き、この自己証示の創造的要素となることで、「歴史的自然」において自らの本来を得ることに他ならない。「行為的直観といふことは、作用が対象の中に入ることである。それは世界を主観的に考へることではない。我々の作用が実在の補足的一面となることである」（8, 454）。それは、まさしく従来から西田が主張していたように、「真の客観的世界とは、我々に対立するものではなくして、我々を包むものでなければならない」（8, 406）ことを意味するのである。

以上で考察されたように、西田は「永遠の今の自己限定」の絶対性と相対性とを、「歴史的自然」の過程におけるそれとして明らかにすることを目指す。そして、この解明をより具体的に進めていくために、西田は、『哲学論文集第一』の時点ですでに展開していたような、歴史的世界における「民族」「種」「時代」などが有する意義や実在性の解明に、新たな仕方で着手する。そしてこの作業は「種の生成発展の問題」論文などにおいて「種とは歴史的世界に於て如何なる役目を演ずるものであるか」（8, 500）を論じることで、田邊の「種の論理」に対する自らの立場を明らかにする仕方で進められていく。

西田は、田邊の「種の論理」を明らかに念頭に置きつつ、「歴史の進行は種の連続ではなくして、個性的進行でなければならない」(8, 509) と述べる。ここで歴史の進行が「個性的」と言われるのは、まずもって歴史の過程が本来的な「歴史的自然」としての「作られたものから作るものへ」の過程であり、したがって、唯一固有の現在から唯一固有の現在へと自らを形成していくものに他ならなかったからである。この点について西田は、また以下のように述べる。「既に成つたもの、過去の方向に基体を置くならば、既に有つたものが現れると云ふに過ぎない。その逆の方向に基体を置くならば、既に成つたものが基となるとは云はれない。その何れにしても歴史的生成といふものは考へられない。過去は既に過ぎ去つたものであり、未来は未だ来らざるものである。そこは絶対の断絶である、無である。而も矛盾的自己同一として成つたものが成るものの基となる所に、歴史的生成といふものがあり、個性がある」(8, 512)。

西田にとって世界の歴史的形成は、いかなる基体的連続性も有しない、絶対否定を媒介とする〈形作られて形作ること〉それ自身によるものであった。それは歴史の全過程が基体的連続性への全き否定を媒介として「非連続(断絶)の連続」的に「同時存在」すること、すなわち「永遠の今の自己限定」のことであり、換言すれば、現在が本来のあるべき代替不可能な唯一固有のこの「個性的」な現在として、絶対的に自らを創造することであった。したがって、田邊が種を歴史的形成過程の「基体」であるとみなしたことに対して、西田は、いかなる基体・基底・基点も有することのない、唯一固有の「現在から現在へ」と本来的に進行していく過程こそ、「作られたものから作るものへ」の歴史的過程であるとみなす。「作られたものが作るものを作つて行くと云ふことは、世界が個性的に動き行くといふことである」(8, 502)。これに加えて、この唯一固有なる現在の進行を他ならぬ「個性的」という語によって呼ぶ、その背景には、「個(個物)」の生命の現実を解明しようとする西田の意図が存する。西田は以下で考察するように、「作られたものから作るものへ、個性的に自己自身を形成し行く世界の進展に於て、個が生まれると考へられる」（8, 532）とも述べ、歴史的現実を「種的基体」から把握するのではなく、種を否定する個の創造性を際立たせて把握しようとするのである。「創造作用といふのはすべての個が個となることでなければならぬ」（8, 453）。

それでは、これらの点を以下に詳しく検討していこう。西田は歴史的現実の「個性的進行」における「種」の意義について次のように述べる。「歴史的世界に於ては、単に主体が環境を限定するのではない、逆に環境が又主体を限定するのである……か丶る相互限定に於て、種が主体的に環境を限定すると考へられる所には問題はない。併し環境が主体を変ずる、種が世界から生れると云ふのは、深く究明せられなければならない。それによつて歴史的種といふものの本質も明にせられ、歴史的世界に於ての我々の行動と種との関係も明になるのである」（8, 500–501）。すでに考察したように、西田にとって歴史的生命の自己形成とは、形作られたものとしての環境と、形作る主体との、基体性・実体性への否定を媒介した相互形成に他ならない。したがって田邊が主張するように、種が基体として自己否定的に個を産みつつ、歴史的形成を成立させるのではない。種自身もまた環境から限定されて、自らの基体的な自立的自己同一を否定されることで成立するもの、正確には「弁証法的一般者」としての「歴史的世界」それ自身の本来的必然の過程において、基体性・実体性への否定に媒介されて成立するものに他ならない。

西田からすれば、そもそも生命とは、歴史的生命の発展段階において、生物的生命としてまず成立するものであり、生物的生命は環境の一般的限定を原理とする限りでの、環境と生命との合目的的な相互形成として成立している。すなわちそれは、物質の機械的変化とは異なり、種の個体の生と死とを有するものの、しかしそれはあくまでも合目的的な運動の一契機にすぎない。それゆえに生物的生命においては、個体の主体性は本質的に成立しておらず、生命は生物種として主体性を有している。すなわち「個は種の奴隷である」（8, 450）。そしてこの生物種の主体性も、それが本質的には環境への合目的的な適応に留まるものであってみれば、あくまでも環境から限定され、固定された形態と機能としての「形」に従って働き、「生産」と「消費」をなすものとされる。

しかし生命は元来、死を媒介とし、すなわち基体的・連続的自己同一性への否定を媒介とするゆえに、生命である。したがって生命とは、唯一固有の現在から唯一固有の現在へと、本来的な必然性において自らを形成し、生産と消費とをなしていく運動のことであり、またそうした運動へと発展するものとして成立している。「現実はいつも自己自身の中から自己自身を越え行く所に現実であり、生命は矛盾の自己同一として形成的であり、いつも種として固定せる形を有しながら、形を破り行く可能性を有つ所に、生命があるのである」(8, 451)。種が現実の基体・基底として、それ自身において自らの存在根拠を持つことが、すなわち種自身の基体的・連続的な自己同一性が、環境から、正確には「弁証法的一般者」としての歴史的現実の世界それ自身から否定されることを媒介として、種は、かえって唯一固有のこの現在の現実を形成する種となるのであり、そこに本来的な必然性において決定された種自身のあるべき「形」が実現される。「種は現実に於てあるものとして、自己自身の否定を含む限り、それは生きた種であるのである。然らざれば、死せる形に過ぎない。種が現実であるのではない。種とは弁証法的自己同一として自己自身を限定する現実の形成作用である」(8, 451)。そして種が働くのは、具体的には種における各々の個を媒介としてのことに他ならない以上、種のこうした自己形成はまた、西田によれば、個が種の基体的な自己同一性を否定することであり、すなわち、個が唯一固有の個として現実を形成し創造するということである。それは個としての我々の自己が、自らを本来の代替不可能な唯一固有の自己として実現することを意味する。

あるいはここでは、人間的生命に生物的な「種」の概念を適用することは、西田の意に反して、人間的生命においても「個は種の奴隷である」との見解を帰結しかねないのではないかとの危惧も生じよう。しかし、そもそも個は他の個に対して、すなわち、何らかの一般者において限定されたものである限りにおいて個であり、孤立的・単独的に働くものではありえない。それゆえに個は、現在においてあくまでも共同的に歴史的世界を形成するるのであり、すでに「形作られたもの」としての環境（としての一般者）に媒介されると共に、共同的に「形作るもの」としての種（の一般者）に媒介されると言うべきである。西田によれば、前者は客体的な「外的媒介」であるのに対して、後者は主体的な「内的媒介」とでも呼ぶべきものであり、この点においては、人間的生命においても個の「内的媒介」ないし「内的環境」として「種は形である、パラデーグマである」（8, 455）ことが認められねばならない。しかし個にとって種の「形」が「パラデーグマ」であるのは、「我々は種から生まれるが、我々は又種を形成し行くもの」（8, 450）である限りにおいてに他ならない。すなわち種とは、個を媒介しない「生物種」としてではなく、個の唯一固有の創造性を媒介する「社会的共同体」としての「歴史的種」として、自らの本来を実現し、自らを形成するのである。そしてこのことは他面から見れば、種の自己形成によって、正確には「弁証法的一般者」としての歴史的世界（における種）の自己形成によって、個の基体的な自己同一性が否定されることであり、また環境の基体的な自己同一性が否定されることに他ならないのである。

以上の考察から明らかになったように、歴史的世界の自己形成とは具体的には、環境と主体的生命（としての種とその個）とが、自らの基体的連続性への否定を媒介として自らを実現し形成する、その本来的な必然の過程に他ならない。それは、唯一固有の現在の現実から、唯一固有の現在の現実へと進行する過程であり、またそこにおいてすべての個が代替不可能な唯一・一度的な個として働くような過程であるがゆえに、まさに歴史的世界の「個性的」な自己形成の過程に他ならない。ゆえに、西田が歴史的世界の自己形成を「個性的」なそれとみなすのは、「歴史を決定し行くものは、個といふものでもなければ、種といふものでもない」（8, 452）ということ、それゆえ、歴史的形成の原理や基体・基底を個や種に求めるのでなく、かえって歴史の本来的必然の過程によって種が種として、個が個としてその固有の創造性を有して生まれ、働き、死にゆくことを明らかにするために他ならない。したがって、種が歴史的形成の基体であるとの田邊の主張は正当なものではない[21]。「作られたものが作るものを作つていく歴史的現実の自己限定の方向、即ち時代的方向を担ふかぎり、生きた種となるのである」(8, 515)。ここで「時代的方向」とは、引用からも明らかなように、さしあたり、今この現在の歴史的現実を限定する方向であり、すなわち歴史的現実の本来的な「必然的方向」「唯一の方向」を意味している。西田によれば、歴史的現実の本来的な必然の方向は、「個性的」な自己形成が時に大きな画期をなすことで、具体的にはその「時代」に特有の方向ないし傾向として段階的に機能するものである。ゆえに上記の引用は、種もまた、歴史的現実の本来的な「個性的」自己形成の過程を担う契機となる限りにおいて、種の種としての本来を得るということを主張するものである。

したがって、個が種の形に従って働くことで、歴史的現実の世界の「個性的」な自己形成が実現するのではなく、むしろ世界が「個性的」な自己形成を実現し、そこにおいて個が自らの本来的必然を実現する時、その自己形成の形が種を種として成立させ、定義すると言うべきである。すなわち種とは、まさに歴史的生命の形なのであり、歴史的生命の自己形成・自己生産において、その実在性・現実性を証されるのである。ゆえにまた歴史的現実の自己形成とは、種の伝統や制度を規範として、それに個が主体的に従うことから可能になるのではない。そうした種は、個の基体的自己同一性を前提にして主観主義的に基体化・実体化された種に他ならない。個と種とは、基体的・実体的な連続性・自己同一性に対する全き否定を媒介にして、すなわち、互いに自らによっては絶対に実現し得ない仕方で無基底的に〈形作られて形作ること〉をなすその限りにおいて、個と種でありうる。種の下で個が自らを実現し、他の個と交わりうるとみなすような、個（ないし個と種との相互協働）の基体化・実体化が徹底的に否定されることではじめて、個は種を媒介として個となる。それゆえにまた、そこにおいて媒介される種とは、既存の実定的な「歴史的種」を意味するのではなく、その逆に、むしろそうした種の形が個に破られて新たに形成される限りにおける種なのである。

こうした西田の論理は、既存の何らかの実定的な共同体を、中でもとりわけ民族的（とアイデンティファイされる）共同体を、そのまま「歴史的種」の本来的なありようとみなすものではなく、むしろそうした仕方で個の「形」ないし「パラデーグマ」を恣意的・主観主義的に措定するような論理をどこまでも排斥するものである。「生物種即ち単なる民族は、直に歴史的種即ち社会ではない。社会とは歴史的生産様式である。……社会といふのは、その成立の根底に於て、既に弁証法的でなければならない。単なる民族的発展ではない。社会は単に家族の広げられたものではない。そこには歴史的形成作用が働かねばならない」（8, 502）。この引用箇所で西田は、田邊が「種の論理」において民族を、血縁共同体である氏族・種族に基づく「種」とみなし、さらにこれを社会共同体の「種的基体」とすることを念頭に置きつつ、それに反対する仕方で自らの論理を展開している。したがってこの記述は、「民族」を、あくまでも血縁共同体としての「家族の広げられたもの」の意において使用した上で、「歴史的種即ち社会」は、そうした民族的共同体ではないことが述べられていると理解しうる。[22] 西田にとって「生物種」とは、食物の吸収・消化・排泄、新個体の生産・養育・死滅といった食物的・性欲的（生殖的）な生産と消費の「形」であった。そして「生物種即ち単なる民族」とも呼ばれるように、人間的生命におけるこうした「形」とは、血縁に基づく家族・氏族の拡大としての民族的・種族的な共同体に相応する。しかし「歴史的形成作用」とは、基体的・実体的自己同一性それ自身への否定を媒介とした〈形作られて形作ること〉の個性的な自己形成に他ならない。それゆえに一面では、「歴史的種」としての社会は、たしかに食物的・性欲的である生物種の本能的な「形」から形作られ決定されるものと言いうる。しかし他方で、あくまでもそれは〈形作られて形作ること〉において決定されるものであり、それゆえに食物的・性欲的な本能のその本来の「形」は、唯一固有の個性的な現在においてはじめて定まるものとも言わねばならない。したがって「社会といふのは……単なる民族的発展ではない。社会は単に家族の広げられたものではない」とも述べられていたように、家族的・民族的な共同体が社会的共同体の生成根拠ないし基体なのではない。むしろ基体的自己同一性への否定を媒介とした〈形作られて形作ること〉において、唯一固有の現在の現実が形成されることで、社会の形が定まり、また家族的・民族的な共同体も含め、社会における諸々の共同体・共同性の形や役割が定義されるのである。たとえば、経済的な生計や、受胎・出産と養育・扶養の様式、さらには広義の生活様式など、そうした生産と消費の形が、社会共同体の中で、現在に唯一固有の個性的現実を形作るものとなっている時、その形が、家族もしくは民族に相応するものである。ゆえに正確に言えば、そうした形は、もはや家族（氏族）ないし民族と呼ばれることは妥当ではない。自らの正統なる起源・原因や、自らに固有の性状・使命・目的が定められており、それが今ここに現前し把握されうるような共同体である「家族（氏族）」や「民族」といったものは、たとえそれが血縁性にではなく、たとえば文化的・風土的同一性に基づく共同体であるとみなされるにせよ、それは歴史的・社会的現実において、あたかもそれ自身によって自らの本質（正統）を連続的に保持するかのような自己同一的なるものが抽出され、本来に反して歴史的現実の基体として想定されたものに他ならない。[23]「特殊者の立場からは、歴史は民族の生成発展であり、世界とは種なる民族と民族との関係とも考へられるであらう。併し歴史的種は生物的種の連続ではない。生物的種からは、絶対否定的に媒介せられたものでなければならない」(8, 510)。

なるほど「永遠の今の自己限定」としての歴史的世界の自己形成は、「作られたものから作るものへ」と進展する本来的必然、すなわち「歴史的自然」の過程ではある。しかしこうした必然性・自然性とは〈形作られて形作ること〉のその〈こと〉以外ではありえない。すでに考察されたように、歴史的過程は、いかなる基体も有さずに絶えず「動揺的」なのであり、しかも基体性・実体性へのこうした否定を媒介として個性的に進展することではじめて、本来的に定められてある歴史的世界の必然的で唯一的な進展方向を証示する（そこにパラデーグマも証示される）。「永遠の今の自己限定」としての〈形作られて形作ること〉において、新たに形作る主体とは、自らの連続的基体性それ自身を否定される仕方で自己同一を得るものであり、逆に、こうした〈形作られて形作ること〉それ自身が、主体の本来を定め、証示するのである。主体は自らの自己同一的根拠を自己充足的・自己完結的に有することなく、動揺的な仕方で自己同一を獲得し、自らの形を得る。この「形」が「（歴史的）種」と呼ばれるのは、それと〈家族〉や〈民族〉との連続性を指示するためではなく、むしろそれが生命的な現実そのものであるがゆえのことである。すなわち（歴史的）生命とは、〈家族性〉や〈民族性〉といった基体的自己同一性に基づき、おさめられるものではなく、かえってそうした基体的自己同一性に対して異他的・自己矛盾的なものを自らに有するものであり、そうした生命の「形」こそが、西田にとって「種」の意味するところなのである。[24] したがって〈形作られて形作ること〉において、新たな「個性的」な社会的共同体が創造されていくことは、形の基体化・実体化への否定を媒介として、自己同一的な基体性を原理としないような共同体を形成していくことであり、それはまた種的基体の下に我々の自己と他の個との協働可能性を先取りすることが絶対に否定されることにも他ならないのである。[25]

そして西田によれば、すでに従来から主張されてきたように、こうした否定の媒介は、根底的には我々の自己の主観主義的な自己基体化・実体化が、絶対者に面して否定し尽くされる宗教的事実において実現する。すなわち、こうした否定の媒介は、我々の自己を絶対に超越した仕方で成立しているものである。すなわち前章において考察された内容と同様に、『哲学論文集第二』においても「我々から神に行く途はない」(8, 588) ことが強調される。そして同時に以下のように述べられる。「我々は絶対に神を見ざるところに神に対して居るのである。我々は創造物として、作られたものとして、内からも外からも神に連ることはできない。外に於て神に対するのでもなければ、自己の底に神に対するのでもない。我々は唯行為的自己として、否製作的自己として、神に対するのである」(8, 586–587)。我々の自己が唯一固有のこの自己として行為し、形作る(制作する)ことは、いかなる意味での基体性・実体性も否定し尽すような、無基底的な媒介者(絶対無の場所)としての「絶対(者)」「神」によってのみ可能となる。すでに繰り返し考察されてきたように、我々の自己は自己の内に自己の存在根拠を持たず、その意味で自己による自己同一を否定された仕方で自己を持ち、自己として生きる存在である。換言すれば、無基底的な〈形作られて形作ること〉としての行為的直観における、「行為的自己」「制作的自己」としての存在である。しかもそれは「外に於て神に対するのでもなければ、自己の底に神に対するのでもない」ことを意味し、すなわち、この「行為的直観」の内的で連続的な自己形成性(それ自身もまた基体的・実体的自己同一性である)が絶対に否定し去られることを意味する。この構造をまた西田は、しばしば「絶対に触れ得ないものに触れ行く」とも言う。これは単なる修辞的な表現などではなく、「絶対無」の媒介者としての「絶対者」の自己限定と、行為的直観のそれ自身による自己形成とが、絶対の否定を隔てつつ直接に一つの〈こと〉をなすことを意味する。すなわち前章で考察されたように、行為的直観の無基底性とは、この〈形作られて形作ること〉の自己形成という事態がまた、自己形成(自己同一・統一)の根拠を自らの内に持たず、ゆえに、いかなる根底・根拠にも触れ得ない底無しの不可思議性を有する事態であり、本来実現不可能であるはずのものが実現する事態であることを意味するのである。

したがってここには、我々の自己に不可避な「自己の存在の事実」としての、あるいは歴史的現実の世界がそれである限りにおいて有している「根本事実」「生命の事実」としての、「絶対矛盾」が横たわっている。歴史的現実の世界においては、「形作られたもの」からの一般的限定も「形作るもの」からの個物的限定も、また両者の相互協働としての行為的直観の自己限定も、自らの存在根拠を自らの内に有しておらず、いずれも自らによって自らを実現することはない。換言すれば、一般的限定も個物的限定も、両者がそこにおいて成立する行為的直観を、それ自身から実現することはできない。しかもこうした矛盾は、解消されることのありえない、まさに絶対的な「矛盾」である。しかしそれは、現実の抱えるその都度の問題と矛盾とを乗り越えていく歴史の段階的な進展の過程が存在しないことを意味するのではない。すなわち「絶対矛盾」とは、別言すれば、「形作られたもの」からの一般的限定においても「形作るもの」からの個物的限定においても、両者の形作られて形作る〈こと〉に先立って自己同一的に存在するような基体・実体が存しないということに他ならない。したがってまた、このことは、一般的限定も個物限定も、歴史の全過程の一々の出来事が、各々の本来あるべき唯一固有の個性的なありようへと互いに他を呼び起こし合い、連関づくことその〈こと〉において、自己同一を持つということに他ならない。そして他ならぬそうした形成こそ、前節において考察されてきたような「自由即必然」としての、歴史の本来的なあるべき必然の「個性的」な形成過程に他ならず、より具体的に言えば、歴史的生命の「歴史的自然」の過程に他ならないのである。

したがって今や、宗教的事実とも言うべき根底的な行為的直観も、我々の自己があくまでも「形作られたもの」の制約を課題として引き受けつつ、歴史的自然としての本来的必然の過程を徹底して実践することに他ならない。すなわち、歴史的現実において、すでに「形作られたもの」は、我々に本来的必然の実現に向けた「課題」ないし「問題」として与えられるものであった。そして今やそうした「課題」とは、絶対者が開き、実現している無基底的な〈形作られて形作ること〉を呼び起こし「表現」するものとして、すなわち、絶対者の自らによる表現として、我々の自己に与えられるものであることが明らかになる。換言すれば、「形作られたもの」と「形作るもの」（としての自己）とは、無基底的な絶対者のこうした自己表現において、すなわち〈表現するものなくして表現すること〉それ自身において、互いに他を呼び起こし、自らの唯一固有の実在性を得るのである。

すでに述べたように、〈形作られて形作ること〉としての行為的直観がまた〈表現されて表現すること〉にも他ならないということは、正確には以上のような構造において言いうることなのである。したがって西田によって、歴史的現実の世界が無基底的な「永遠の今の自己限定」であり、「絶対無の自己限定」「限定するものなき限定」であると言われても、それは歴史的に限定された媒介者ないし一般者がなくなることではなく、また田邊が批判したように、否定的対立や絶対的な矛盾が無化されてしまうことなどではない。むしろそれは、歴史的に「形作られたもの」としての限定された一般者による表現的な限定と、「形作るもの」としての個物からの表現的限定とが〈形作られて形作ること〉を指す。「無の媒介といふのは、歴史的客観的表現の媒介である」(8, 589)。歴史的現実の世界とは、我々の自己をその本来へと表現的に限定する世界に他ならない。歴史的実在としての我々の自己が、自らの歴史的制約性・限定性から脱するのではなく、自己の差配への否定を介してこの限定性に徹底することによって、すでに考察したように、歴史の本来的必然の過程において、現在の現実が「永遠の今の自己限定」として、歴史の絶対的な創始かつ終焉となるのであり、そこに個が唯一無二の個となり、我々の自己が本来の自己を得る。それも、「神から遠ざかると云ふことは、裏面に於て神に近づくことである」(8, 585-586)、「絶対に神を見ざる所に神に対して居る」(8, 586) と言われるように、我々の自己が神に近づきうる存在ではありえないこと、自らによっては自らの本来を実現しえず、したがって、神を否定し、神に背こうとすることしかできない「根本悪」を有する存在であることに、自己が徹底する時に、「それ〔歴史的実在〕も神の創造として実在的なのである、絶対に創造的な神の自己否定として実在的なのである」(8, 586) とも言われるように、我々の自己は唯一固有の本来の自己の実在を得るのである。

五　歴史的生命の自証と哲学の方法

それでは、本章で見てきたような『哲学論文集第二』における思索によって、歴史的現実の世界の論理とはいかなるものとされるに至ったのであろうか。とりわけ西田が向き合わねばならない課題、すなわち、歴史的現実の世界の論理を把握し展開する哲学の立場とそれがよって立つ方法とが、いかなる仕方で歴史的に成立し形成されるのかを明らかにすること、そして哲学の方法における思惟、とりわけ概念的思惟の機能を根拠づけることで、哲学の立場の絶対性と相対性とを明らかにすることは、いかにして果たされるのであろうか。

本章において前節までに考察してきたように、西田にとって歴史的現実の世界とは「歴史的自然」の世界に他ならない。歴史的現実の自己形成の過程とは、歴史的生命が「作られたものから作るものへ」、基体性・実体性への否定を媒介として「個性的」に自らを形成し創造していく過程である。そして我々の自己は、その創造的要素として生まれ、働き、死にゆく存在なのであり、すなわち自己は〈形作られて形作ること〉ないし〈表現されて表現すること〉としての「行為的直観」という仕方で自らを生き、自覚する存在である。この際、歴史的現実の世界とはまた、とりわけその媒介者・媒介性に着目するなら〈表現するものなくして表現すること〉として、表現的に自己を限定し創造する世界に他ならなかった。したがって「客観的知識」ないし「客観的思惟」とは「表現的に自己自身を限定する歴史的生命の世界の符号的表現の内容」であるとも言われる（8, 240）。哲学的思惟も含め、およそ諸々の思惟とは、歴史的世界が自らを表現し限定することによって、それも言語を含めた広義の符号・記号形式における一般的・普遍的な限定によって、生成するものである。「知る我々も亦世界の中に居るものでなければならない。我々が知るといふことも、世界に於ての出来事でなければならない。その意味に於て、知るといふことも、一種の実践でなければならない」(8, 398)。また「意識するといふことも……この世界そのものの変化でなければならない。世界の外から世界を映すのではない。意識するといふこと自身が、この世界に於てでなければならない」(8, 399)とも言われるように、思惟すること、ないし意識・認識することとは、我々の自己が対象的に世界を把握することによるのではなく、我々の自己が〈働きつつ見ること〉ないし〈表現されて表現すること〉としての行為的直観において、世界の表現的自己形成それ自身を、その創造的要素として生きることを意味する。

こうした知見において西田は、戸坂の実践的模写の方法を批判する。「実践の立場といつても、実践によつて映すなどと考へるのでは、意識の立場を脱して居るのではない。それはやはり自己を世界の外に置いて居るのである。自己が世界の中にゐて、実践そのことが世界の出来事でありながら、単に世界を映すといふ如き模写説は考へられない」(8, 400)。なるほど、感覚や知覚などの認識は、全く受動的に対象を映すようにも考えられるが、しかし実際にはこうした認識でさえも「行為的直観」的なそれとして見られなければならないのであり、「『フォイエルバッハに関するテーゼ』に於て、対象、現実、感性を唯、客体又は直観の形式の下に捉へないで、感性的・人間的活動、実践として捉へなければならぬといふ真の意味は、此になければならない」(8, 404)。すなわち、単に対象・客体をそのままに模写するということはありえず、客体を受け取って映すこと、すなわち見ることは、直ちに主体が主体として働きかける活動であり、むしろ正確には〈働きつつ見ること〉ないし〈表現されて表現すること〉である行為的直観それ自体として生起するものに他ならない。したがって思惟ないし知識の真理性はまた、こうした行為的直観としての活動・行為において、我々の自己が歴史的世界の表現的自己形成を現に直接に生きることその〈こと〉自身によって証されるものと言わねばならない。ゆえに西田は、「客観的知識とは歴史的行為の自証でなければならない」（8, 270）と述べるのである。

ただし、ここで思惟ないし知識が「行為的直観」の実践において自証されるということは、思惟ないし知識の真理性・妥当性の根拠が主体の、とりわけその意識の確実性・必然性の内にあることを意味しない。この自証性について西田は、行為的直観の実践において我々の自己は「生命の自証を有つ」（8, 298）と述べ、また「生命の自証といふことは、単に意識的に自覚するといふことではない」（8, 297）とも述べる。すでに考察してきたように、西田は、我々の自己の意識や主体的行為を超越し、主観主義的な自己基体化・実体化を否定するような歴史的生命の本来的必然の過程を明らかにすることに力を向けた。今やこうした歴史的生命の発展過程において、思惟ないし知識の真理性・妥当性が根拠づけられることとなる。西田によれば、人間的生命とは「死」ないし基体的・実体的自己同一性への否定を媒介とした形作られて形作るもの」としての「歴史的身体」の活動である。そして「道具といふのは我々の身体を離れたものである……併し道具を認めることから我々の身体を知るのである」（8, 280）、「我々は道具を以て物を作ると共に、物を見て行く、行為によつて直観して行く」（8, 348）とも言われているように、「歴史的身体」の活動とは、客観化された代用可能なものである道具（とその背景にある物質的にして社会的な環境）と我々の自己の身体との、技術的な〈形作られて形作ること〉それ自身であり、すなわち〈表現されて表現すること〉とも言いうる「行為的直観」それ自身を意味する。それはまた、歴史的世界それ自身の自己形成・自己表現に媒介されて我々の自己が生きることを意味するが、この際には「道具は符号ではないが、それが既に対象化せられたものであり、代用可能なものとして、名を有つものであり、言表せられるものでなければならない」（8, 308）。道具とは、代用可能なものとして一般化されたものであり、「ロゴス（＝言葉／言表／意味）」的に述定され表現されうるものである。すなわち、我々の自己の行為的直観とは、道具を使用し媒介する技術を実践することであり、それはまた、ロゴス的表現によって、この行為をその一般化された構造・

形式において把握することである。したがって、我々の自己が行為的直観においてその創造的要素として働くような、歴史的現実の無基底的な自己表現・自己限定とは、ロゴス的な自己表現・限定の契機を自らの内に必然的に含むものであり、またそこにおいて自らの一般的な成立構造・形式を明らかにするものに他ならない。そして西田によれば、こうした歴史的現実のロゴス的な自己表現・自己限定が有するその一般的形式・構造が、ゆえに「実在のロゴス的自己限定の形式」(8, 390)が、「論理」であり、その意味においてまた「実在の表現的自己限定の形式」(8, 497)が「論理」に他ならないのである。すなわち、歴史的現実の無基底的な自己表現・自己限定における、自らの形式についてのロゴス的な表現のその形式が、いわば〈ロゴスのロゴス〉が、「論理＝ロゴス」に他ならないのである。[26]

もちろん〈形作られて形作ること〉ないし〈表現されて表現すること〉としての行為的直観それ自身は、無基底的な〈こと〉として成立するのであり、それそのものとしてはロゴス的限定・表現を超越したものである。しかしこの事態は、「名を有つもの」として、自らのありようを「ロゴス(＝言表／意味／論理)」的に限定しうる仕方で成立しているのであり、またそうした限定が妥当する内容を自らの内に包含する仕方で成立している。具体的には「歴史的身体」の活動である行為的直観とは、ロゴス的限定を超えつつ、しかもロゴス的限定を包含しているような、根底的なロゴスを媒介にして成立していると言うことができよう。したがって、我々の自己の「歴史的身体」とは、本質的にロゴス的であり、いわば「話す身体」(8, 309)に他ならない。そして「話す身体の世界」(同)のその徹底において、「物の名の世界」が成立し、それそのものとしてロゴス的に限定されうる世界が成立する。それはロゴスの最も一般化された位相において、すなわち、意味ないし論理を表現する符号・記号としてのロゴスにおいて、限定される世界に他ならない。西田によれば、ここに思惟とその対象界が成立する。「物を名として行為的に直観する所に、思惟的自己といふものがある」(8, 360)、「ロゴス的身体は思惟を要求するのである」(8, 335)。それは、歴史的身体の世界からそのロゴス的側面を抽象化することによって成立する世界であり、この意味では、歴史的現実における我々の自己の歴史的身体から抽象的に遊離することであると共に、しかし、それが歴史的身体の必然的契機としてのロゴス的側面の充実発展であるという観点から見れば、「思惟といふことは自己の身体を離れることではない、自己の身体に徹することである」(8, 329)。

すでに述べたように、思惟ないし知識の真理性は、歴史的世界の表現的自己形成に媒介される、行為的直観としての我々の自己の行為が自証するものであった。そしてこうした自証とは、まさに「歴史的身体」の自己形成の充実におけるそれであり、すなわち、客観的現実性を有した歴史的生命の自己形成・自己生産の過程の自証、換言すれば、「作られたものから作るものへ」と「個性的」に自己を創造する「歴史的自然」の過程の自証に他ならない。「知識は何処までも行為的直観の現実即ちいわゆる経験の地盤を離れることはできない。真理の標準は、かゝる行為的直観の現実を地盤として個性的構成の正否如何にあるのである。……理論的真理といふのも、かゝる意味に於て歴史的制作的でなければならない。理論的要求そのものが、歴史的生命の個性的要求から起るのである」(8, 563)。思惟の真理性ないし客観的必然性は、個性的なこの現在の現実に固有の本来的な必然性の実現に根拠づけられているものに他ならない。すでに考察されたように、歴史的過程は本来のあるべき必然的な進展であり、その進展はつねにすでに永遠なる真理の内にあるものであった。したがって現在の歴史的現実において生成する思惟は、それ自身が歴史的世界の必然的な真理を表現するものに他ならない。思惟の表現するこうした内容は、歴史的に制約されたものとして、あくまでも否定的に乗り越えられてゆくべきものでありながら、それは自らの必然的妥当性を喪失することなく、むしろ自らのあるべき妥当性を、まさに歴史的世界の本来的必然の過程の中で現在においてあらわにするのである。「現実はいつも実在自身の自己表現として絶対的である」(8, 560)。

以上に考察してきたように、判断や思惟の必然的・普遍的妥当性は、歴史的生命の「個性的」なロゴス的自己表現・自己形成が自証するものである。この際、歴史的生命の個性的要求にしたがって、諸々の限定された領域における統一的・体系的思惟が成立し、すなわち諸々の学問の立場が成立する。だが哲学的な思惟は、ある限定された立場からではなく、行為的直観において歴史的生命の自己表現・自己形成そのものを直接に生きることで「歴史的生命の全体的な行為的直観」(8, 368) の立場に立つ。したがって哲学は、歴史的現実において成立する諸々の立場の、その身分と役割とを統一的・体系的に連関づけて把握し、表現する。すなわち哲学は、この意味において、まさしく歴史的現実の世界のロゴス的な統一的形式・構造としての「論理」を自覚し表現するものである。そして我々の自己が歴史的現実における社会的存在であり、すでに形作られた行為形式・型の統一的形式・構造である社会的・文化的環境からの一般的限定を媒介として存在する以上、我々の自己の生命はまた、何らかの仕方で、哲学的思惟における統一的・体系的自覚としてのロゴス的な「世界観」を必然的に媒介していると言わねばならない。「如何なる人も生きるかぎり、一種の世界観を有つて居るのである、如何なる人も哲学者である」(8, 365)。

したがって哲学的思惟の立場とは、歴史的生命のロゴス的自己表現という仕方で、我々の自己が歴史的必然の過程を実現し証示するような、そうした根底的な行為的直観の立場に他ならない。哲学の立場とは、歴史的生命の過程それ自身の構造を、普遍的必然性を有して自覚し表現する立場であり、そのことで、我々の自己や社会（時代）が基体化・実体化され、主観主義的に歴史的過程が差配されることの徹底的な否定を実現する立場である。「哲学の立場といふのは、社会に即しながらも、全歴史的生命の行為的直観の立場である」(同)。それゆえに哲学は、根底的な行為的直観としての宗教的立場に媒介されることをまた必要とするが、しかし同時に世界観のロゴス的な自己表現として、すべての行為的直観の必然的契機をなす。哲学の立場は、それが単なる個人的意識の営為ではないことはもちろん、ある社会や時代の恣意的なる営為でもありえず、あくまでも「全歴史的生命の行為的直観」として、真に「歴史的生命の個性的要求」の下に立つものに他ならない。哲学とは、まさしく基体性・実体性への否定を媒介とした歴史的生命の「個性的」な自己創造のその必然的契機であり、またそこに哲学に固有の必然的妥当性が根拠づけられる。ある社会・時代の哲学の論理が有する必然性・真理性の意味や妥当領域が、新たな社会・時代において形作られる哲学の中で、より包括的に位置づけ直されていく。ある社会・時代の哲学の体系とその論理は、その制約・限界を乗り越えられていくべき相対的なものでありつつも、かつそれが、より包括的な哲学的思惟の体系的内容とその論理を新たに呼び起こし、形作ることで、他ではありえないそれ固有の必然性・真理性を、歴史的生命の本来的な必然の過程において表現し、あらわにしていくのである。今この現在に時代的・社会的制約・限定を媒介しつつ表現される哲学的思惟の内容とその論理は、それが歴史的生命の過程において代替不可能な唯一無二の創造性を発揮し続けるという意味において、いわば絶対的で永遠なる妥当性を持つのである。

哲学的思惟の絶対性と相対性についての西田の基本的な見解は、以上のように明らかになった。それでは田邊や戸坂などによって提起された課題のうち、今度は哲学の方法としての行為的直観における哲学的思惟の機能を、概念的思惟との関連を明らかにしつつ根拠づけるという課題については、いかなる回答が提出されるのであろうか。西田は「論理と生命」論文を『思想』誌上に公表した際に、その最終部を田邊からの問題提起を念頭に置きつつ、以下のように書き始めている。「『絶対媒介の論理』に於て論理の否定的媒介として直接と考へられて居るものも、論理から求められたものであつて、行為的直観の現実ではない、真の生命の直接態ではない。推論式の媒語的に考へられる特殊といふものは、真の現実ではない。それは何処までも一般の特殊として可能といふ意義を脱することはできない。さういふ意味に於て考へられた特殊といふものは、絶対否定の媒介となることはできない。現実は歩々絶対に触れるといふ所に〔創造的なる所に〕、なければならない[27]」。さらには引用した記述における「絶対媒介の論理」の語には以下のような註が付されていた。「田邊博士の『種の論理』は近来稀に見る明晰透徹なる好論文である。併し私は博士と立場を異にするものである。此論文の執筆中は尚その論文を読むを得なかつたので、終に少しく私の考を述べることとする。但、私は未だ十分その論理を理解せないものであるから、当を得ない所があるかも知れない[28]」。当該論文が『哲学論文集第二』に収められる際には、引用文中の「絶対媒介の論理」の語は「判断的論理」の語へと改められ、また註は削除されることによって、田邊の種の論理に対する直接的応答であるとの体裁は改められたが、しかし西田の見解は、若干の字句の訂正のみでそのまま収載されている。そして従来は顧慮されることはなかったものの、この箇所においてなされる、西田の田邊に対する応答の内容は、まさしく哲学の方法における哲学的思惟と概念的思惟の機能をめぐる田邊の問題提起を引き受けて展開されるものに他ならない。

本章第一節で考察したように、田邊によれば、哲学の方法は「概念による判断の必然的媒介」としての推論である。推論は、具体的には媒語による否定的媒介によって展開される。そして田邊にとって論理とはまさに「推論」的なものに他ならない。歴史的現実の現実性を形作るのは「種」的基体の否定的媒介であり、そこにはいかなる意味でも無媒介なる直接態は存在しない。しかもこうした歴史的現実は、「種」すなわち「媒語」の否定的媒介という「推論的」な構造を有しているのであり、そこに歴史的現実の論理的構造が見出される。そしてこの論理は、無媒介な直接態の存立を認めない絶対媒介の論理である以上、論理も、論理の否定としての論理ならざる無媒介な直接態も、共にあくまでも論理の推論的媒介において成立するものとみなされる。

こうした田邊の論理に対して、西田は上述の引用箇所において、まず「絶対媒介の論理〔判断的論理〕に於て論理の否定的媒介として直接と考へられて居る〔考へられる〕ものも、論理から求められたものであつて、行為的直観の現実ではない」（『哲学論文集第二』収載時に〔 〕内に修正）と述べていた。田邊によれば、ただ「概念による判断の必然的媒介」という推論的論理の概念的限定の方法によってのみ、歴史的現実の構造が、したがって、論理の概念的限定に対する否定としての直接態のありようも明らかになり、それ以外の方法による何らかの直接的な認識は、あくまでも排斥されるべきものである。しかし西田からすれば、こうした方法論は、概念的に限定しうる限りのもの、ないし概念的に限定された限りのものを歴史的現実とみなすものであり、したがって、歴史的現実の現実性の根拠（自己同一性）を概念的一般化としての一般的限定・統一において見出すものに他ならない。しかしこの見解に従うなら、歴史的形成も、概念的限定によって必然的に導出されるもの、すなわち一般的限定の連続的な自己展開において成立するものとなり、一般的限定が個物的限定に否定的に媒介され、歴史的現在において個の新たな創造が生成することは不可能となる。それゆえに、先に引用した箇所においてはこう述べられている。「推論式の媒語的に考へられる特殊といふものは、真の現実ではない。それは何処までも一般の特殊として可能といふ意義を脱することはできない。さういふ意味に於て考へられた特殊といふものは、絶対否定の媒介となることはできない。現実は歩々絶対に触れるといふ所に（創造的なる所に）なければならない」。

　西田からすれば、田邊の論理は、歴史的形成の一般的限定の方向に、否定を媒介することなしに自己同一的・自己統一的に自らを限定し、展開する〈もの＝基体・実体〉を置く論理に他ならない。すなわちそれは、歴史的現実に否定的に媒介されない連続的基体を我々の自己の成立根拠として置き、現実をその外から対象化して把握する主観主義的な論理に他ならない。したがって「行為的直観」論文で「対象認識の立場から考へられる如き概念的連続は否定せられなければならない」（8, 566）とも述べられるように、むしろ概念的・一般的な連続的・基体的自己同一性への「絶対否定の媒介」によってはじめて、我々の自己によって主観化された現実の論理ではない、我々の自己の生命がそこにおいて成立する歴史的生命の客観的な現実の論理が明らかになる。そしてこの論理こそ、「論理が生命の媒介となる時、それが弁証法的である」(8, 383) とも言われるように、真の否定、すなわち「絶対否定」を媒介とする「絶対弁証法的論理」である。すなわち「非連続の連続」としての「弁証法的自己同一」ないし「矛盾的自己同一」による論理である。すでに考察されてきたように、連続的・基体的自己同一性への「絶対否定」を媒介とする、「個性的」な現在の無基底的な自己形成こそが、我々の自己がそこにおいて生きる歴史的生命の現実のその成立形式に他ならない。それは〈限定するものなくして限定すること〉〈表現するものなくして表現すること〉とも言うべき自己形成であり、したがって、推論的論理において概念的に限定し根拠づけることのできないものであると共に、しかもそれは無媒介な直接態ではなく、あくまでもロゴス的な限定を、ひいては推論における概念的な限定を、その必然的契機とするものである。すなわち「生命は単に論理ではない」と共に、それが意味するところは、生命は「論理的に無媒介的なのであつて、生命が無媒介的といふことにはならない」(8, 384) ということである。西田はまた、「論理とは行為的直観のロゴス的媒介に外ならない」(8, 392) とも述べるように、論理とは、歴史的生命の自己形成に媒介される我々の自己の行為的直観の遂行が、その客観的現実性において自証するものなのである。

以上のような構造は、西田によってまた、以下のようにも述べられる。「生命は論理によつて弁証法的となるのではない……生命は行為的直観的に自己自身を媒介するのである。そして私は逆に生命の弁証法によつて論理の弁証法が成立すると考へるのである。限定するものなき限定とか、無の限定とかいふのは、反省論理を越えるといふことであつて、唯、非合理とか無差別とかいふのではない。真に具体的なる生命は推論式的媒介を越え、逆に之を成立せしめるものでなければならない」(8, 383-384)。したがってこうした西田の知見は、田邊が難じたような、無媒介な直接態の存立を認め、そこに歴史的現実の原理を置くものではありえない。むしろ西田からすれば、田邊が設定したような、概念的限定態と無媒介な直接態という対立図式こそ、主観主義的に基体的根拠を求める図式に他ならない。西田はこうした見解のもとで以下のように述べる。「抽象論理の立場の上に立つ人は、具体的なるものを対立的概念に分析し、斯くして考へられたものを独立の実在であるかに考へ、両者の相互関係によつて具体的なものを再生しようとする。故に具体的なものは、唯、思惟的過程の結果として考へられるのであつて、その出立点となるのではない」(8, 475–476)。「対象論理的矛盾を媒介として具体的論理即ち弁証法的論理に入るのでなく、そこには立場の転換がなければならない。相対立するものの相互媒介を循環的に考へても、論理そのものの性質は変らない。それから絶対媒介といふものは出て来ない」(8, 497)。田邊の言う、概念による「推論的」な媒介の論理とは、すなわち「対象論理」であり、判断・反省における一般的限定を原理として現実性を導出しようとする「抽象論理」に他ならない。むしろ、こうした主観主義的な論理とその「推論」の方法に対する否定を媒介することが哲学の方法となることではじめて、歴史的現実の「論理」がそれとしてロゴス的に限定され、明らかになるのである。「私は論理を媒介的とする反省的論理の立場から、弁証法的論理へ行かうといふのは不可能と思ふ。推論式的論理の立場から、如何に論理を否定すると云つても、それは何処までも反省論理の立場を脱することはできない。反省論理の立場から弁証法的論理の立場へ行くには、立場の転換がなければならない」(8, 393–394)。

以上の考察から明らかになるように、哲学的思惟の立場とは、我々の自己の主観主義的な自己基体化の否定を媒介とすることで、したがって、とりもなおさず概念を媒介とする推論が、自らから、自らによって、現実の生命を限定し統一しようとすることへの否定を媒介とすることで、歴史的生命の自己形成それ自身がその妥当性・真理性を自証するような、ロゴス的限定の立場に他ならない。しかもこうした哲学的思惟の立場は、ある限定された立場に立つのではなく、「歴史的生命の全体的な行為的直観」(8, 368) としての立場に立つ。それゆえに、哲学の立場はまた、根底的な行為的直観としての宗教的立場に媒介されることを必要とする。そして宗教的立場もまた〈表現するものなくして表現すること〉としての歴史的現実を徹底して生きる行為的直観それ以外のことではありえない。およそ行為的直観とは、歴史的生命の自己形成としての「歴史的身体」の活動であり、何らかの意味で道具をロゴス的に媒介した技術的行為として成立するものである。そして宗教的立場は、それについて「我々は創造物として、作られたものとして、内からも外からも神に連ることはできない」、「我々は……製作的自己として、神に対するのである。神は表現的に我々を動かす」(8, 586) とも言われるように、無底的な歴史的生命の自己形成・自己表現そのものを根底的に生きる行為的直観であり、すなわちそれは、すでに考察されたように、「課題」として与えられる、すでに「形作られたもの」を「絶対者」すなわち「神」の表現とすることで、歴史の本来的な必然を生き、唯一的なる本来の自己を生きることである。ゆえに、この宗教的立場に立つとは、道具をロゴス的に媒介した技術的な行為が、我々の自己が自己自身で行為し、存在しうるものとみなす自己基体化・実体化の否定し尽くされたところから、真に無基底的な〈形作られて形作ること〉ないし〈表現するものなくして表現すること〉の自己形成において成立することを意味する。したがってこの立場は、それ自体はロゴス的な限定・表現を絶対に否定し超越する事態であると共に、しかしそれはまた、ロゴス的限定を必然的契機となし、ロゴス的限定が妥当する内容を包含する仕方で成立しているのである。それゆえにまさに「無の媒介といふのは、歴史的客観的表現の媒介である」(8, 589) とも言いうるのである。

上述してきたことから明らかなように、哲学的思惟の立場は、限定された媒介者を基体・実体として成立する立場なのではなく、宗教的立場としてのこうした根底的な行為的直観に媒介されて無基底的に成立する立場である。哲学の立場とは、宗教的立場において生きられ、体現されている歴史的生命の自己形成・自己表現のその否定性、永遠性の側面を主題化し、またそれとしてロゴス的に自覚する思惟の立場に他ならないのである。換言すればそれは、歴史的生命の統一的・普遍的な成立構造・形式について、表現するものなくして表現する〈こと〉

を遂行する立場であり、またそうした仕方で、自らの真理性・必然的妥当性が、歴史的生命の自己表現の自証において、根拠づけられる立場に他ならないのである。「判断はいつも推論式的である」(8, 496) とも述べられるように、哲学的な思惟の立場は判断を媒介とし、概念的思惟の推論を媒介する。しかしこの立場はまた、媒介的な論理において「論理的に無媒介」であるような「歴史的生命」の、その「全内容の知識」の立場とされたのであってみれば、それは単なる概念的思惟とは異なり、推論の展開過程による概念的思惟の自己限定・自己媒介それ自身への否定を媒介とすることで成立する「具体的思惟」の立場である。「具体的思惟は歴史的生命の立場からの思惟でなければならない」(8, 270)、「具体的真理は具体的生命の立場から考へられるものでなければならない。そこに哲学といふものがある」(8, 269)。

しかしとはいえ、以上のような見解を有するのみでは、未だ哲学の立場の根拠づけが十分になされていないことが見過ごされてはならない。本節で今までに述べてきたような見解によるのみでは、哲学の立場がよって立つ方法とは、まずもってロゴス的な限定(における概念的思惟の推論)を否定し超越する仕方で生起する宗教的立場の内容を、事後的にロゴス的に限定し、ひいては推論において概念的に限定するという方法にすぎないのではないかとの懸念も生じざるを得ない。もちろん宗教的立場は、ロゴス的限定を媒介し、自らの内にロゴス的限定内容を内包する仕方で成立するものであり、そのことに、哲学的な思惟が、宗教的立場の成立するその元来の必然的な契機であることの証左を見て取ることが可能なようにも思われる。しかしまた宗教的立場は、いかなるロゴス的限定をも否定し超越する仕方で生起するものともされている以上は、宗教的立場がロゴス的限定を媒介しているか否か、また哲学的な思惟が概念的に限定した内容が、宗教的立場に対して真理性・必然性的妥当性を有しているか否か、それらの基準・根拠については、あくまでもロゴス的な限定ないしは概念的な限定を超越した仕方で与えられるものになるのではないかとの危惧も生じよう。もしもそうした危惧が正しいなら、哲学の方法も、こうした超ロゴス的な立場の成立それ自身とは直接に必然的関係を有することはなく、ただ宗教的立場について事後的にロゴス的限定をもたらすものとならざるを得ない。すなわち、哲学の方法とは、ロゴス的限定を超越した〈もの＝実体・基体〉の事後的な自己展開としての方法であり、そこで表現される論理も結局はまた、基体的・実体的な自己同一を原理とした主観主義的な論理に他ならないこととなろう。

しかし、従来は十分に注意されることがなかったものの、実際にはまた以下のような叙述が正確に検討されることではじめて、西田哲学の論理が明らかになろう。「単なる自己同一と自己分裂の統一としての推論式といふものも、反省論理の立場からは考へられないことであつて、我々の生命によつて自証せられるものでなければならない」[29]（8, 391）。すなわち西田によれば、推論それ自体からして、反省的論理の立場によって、すなわち概念的な推論による自己限定・自己導出によって、成立しているものである。むしろ推論は、生命に「自証せられるもの」であり、換言すればそれは、いかなる基体性をも否定するような、無基底的な〈形作られて形作ること〉ないし〈表現するものなくして表現すること〉それ自身において成立する。したがって、ロゴス的限定を超越し、概念を超越した〈もの〉として、歴史的生命が、ないしはそれに媒介される行為的直観がまず成立し、それが事後的に概念的な推論を産むのではない。概念的な推論が、必然的に自らに基づいて自らを展開し、限定していくということと、推論のこうした自己限定性が否定され、推論があくまでも〈表現されて表現すること〉において成立することと、この両者は絶対に相反しつつ、しかし直接に一つの〈こと〉に他ならない。概念的媒介の必然性とは、〈表現するものなくして表現すること〉としての「歴史的生命の世界」の自己形成の、その本来的必然の表現なのである。概念的思惟の推論を必然的に媒介する「具体的思惟」としての哲学的思惟は、概念的思惟の推論を超えた〈もの〉の事後的な自己限定などではありえず、むしろ、自らの基体性・実体性への全き否定を媒介とする〈こと〉が、直ちに概念的思惟の推論それ自身が自らを徹底し貫徹する〈こと〉に他ならない。概念的思惟の自己限定・自己導出を原理とする抽象的思惟によってではなく、基体的自己同一性への否定を媒介とした仕方で成立する概念的思惟としての具体的思惟によってこそ、概念による必然的媒介が、まさに必然的・整合的に展開されるのである。

ゆえに、たしかに、歴史的生命の自己形成それ自身は、推論の概念的思惟によって演繹されたり導出されたりするものではありえず、ロゴスを超越した仕方で成立する。ゆえにそれは、「反省論理」からは表現が不可能であり、あくまでも論理的には「無媒介」である。しかしそれと共にまた、それは、事後的にではなく直ちに、生命が推論式的に成立することとそのこと自身に他ならない。したがって、根底的な行為的直観として、ロゴスを超越した仕方で成立する宗教的立場はまた、超ロゴス的な〈もの〉ではありえず、むしろロゴス的限定を媒介し、ひいては哲学的思惟の立場を、自らの必然的契機として成立させる立場に他ならない。他ならぬ哲学の方法とは、「ロゴス的身体の行為的直観」として、まさに宗教的立場が内包するロゴスを、その最も一般化された位相において主題化し、意味ないし論理としてのロゴスにおいて、概念的に限定する立場に他ならない。哲学の論理はそこに必然的妥当性を有するのであり、その意味において、「現実はどこまでも論理的」(8, 496) であると言われるべきである。そしてこうした必然的妥当性を有する哲学の立場こそ、すでに考察されたように、まさしく歴史的生命の「個性的」な自己形成のその必然的契機をなし、生命の自証を持つ立場に他ならないのである。

註

(1) 昭和十一年一月に「特輯西田哲学」として『思想』一六四号が発行されている。すでに田邊によってなされた方法論的な批判が周知のものとなっていたこともあり、掲載された論文のうちの多くのものが、西田哲学における「論理」の位置づけについて考察し、疑問や批判を提起する論文であったことは、『哲学論文集第二』の背景にある方法論的な問題意識を理解する上で重要である。それらの論文は以下の通りである。高橋里美「西田哲学について」、務台理作「表現的世界の論理」、三木清「西田哲学の性格について」、高坂正顕「働くものと見るものと知るもの」、西谷啓治「西田哲学をめぐる論点」、高山岩男「西田哲学に於ける知識の問題」。なおこれらのうち、高橋論文、務台論文、三木論文、西谷論文は、田邊による西田哲学への方法論的な批判の重要性を指摘する内容を含んでいる。また西谷論文、高山論文では、西田哲学の方法論的な根拠づけが十分でない点が指摘されている。西谷論文では以下のような指摘が見られる。「少くとも現在の西田哲学においては、『論理は実在そのものの根本構造を明かにするもの』、『実在のロゴス的構造』であり、実在はすべて論理的である、と考へられ乍ら、その弁証法の、論理としての機構、及び実在のロゴス的構造と考へられる時の『実在的』と『論理的』との関係、従つて全体系のうちに於ける『哲学』そのものの位置、等についてなほ開明を待つべき所を残してゐる」(一二二頁)。また高山論文では以下のように指摘される。「弁証法的世界に於て認識は如何なる意義と地位とを有するのであるか。特に哲学的認識はこの弁証法的世界に如何なる関連を有するのであるか。然るにこの問題は西田哲学に於て最も不明な問題であり、又最も論ぜられること少き問題なのである」(二〇七－二〇八頁)。

(2) この「種の論理と世界図式」論文は、『哲学研究』二三五、二三六、二三七号に昭和十年十月から十二月にかけて発表されている。西田は『思想』誌上に連載した「論理と生命」論文のその初回原稿分を昭和十一年六月九日に岩波書店に送付したと思われる。そして同論文における、おそらく同年七月に執筆したその最終部分において以下のように記している。「田邊博士の『種の論理』は近来稀に見る明晰透徹なる好論文である。併し私は博士と立場を異にするものである。此論文の執筆中は尚その論文を読むを得なかつたので、終に少しく私の考を述べることとする」(『思想』一七二号、一九三六年(昭和十一年)、二八六頁)。したがって、まずはこの箇所の西田の記述内容が、田邊からの批判への直接的な応答と考えられる。ただし「論理と生命」論文執筆に先立つ昭和十一年一月に刊行された前述の『思想』一六四号において、すでに複数の論者が「種の論理と世界図式」論文の内容とその西田哲学批判についての概括と所見を記しており、西田もまたそれらを読んでいたと思われる。加えて西田は自らの弟子たちとの日常の議論からも田邊の批判について知識を得ていたと思われる。実際、「論理と生命」論文の内容に鑑みて、同論文末尾における「種の論理」への直接の応答のその主旨は、それに先立つ同論文の叙述においてもすでに十分に念頭に置かれていると思われる。

(3) なお田邊は、第一章五節で考察した昭和五年時点での西田哲学批判においては、「絶対無の自己限定」は「極限点」として「微分的」に求められるべきものとして、「絶対無」という用語を、哲学の論理には不適切なものとして忌避する立場に立っていた。しかし以下で考察するような「種の論理」においては、動即静としての絶対的全体として、「絶対無」という用語を田邊独自の用法において、西田とは異なる仕方で積極的に使用する立場へと変化している。

(4) もっとも論文「論理の社会存在論的構造」(昭和十一年)においては、諸々の種の相互関係は否定的対立におけるそれではなく、相違的なそれであると述べられる (THZ 6, 319)。しかし論文「種の論理の意味を明にす」(昭和十二年)においては、種の相互関係は否定的対立関係として捉え直される (THZ 6, 481)。

(5) 正確には、個と種の各々の自己中心性とは、本節で後述する「絶対的全体」としての「類」への背反性によって定義される。田邊によれば、歴史的運動の原理は「種」ではなく、あくまでも「類」である。

(6) たとえば推論における判断は、「存在と思惟、実体と概念、の実践に於ける否定的対立の統一」(THZ 6, 178) を意味するのであり、換言すれば、存在・実体・主語と、思惟・概念・述語とは、判断の遂行の実践における、両者の「否定的対立の統一」が実現されるそのただ中において、自らの内容を明らかにするのであり、この観点からすれば、これら両者(あるいはその片方)は、いかなる意味においても判断に先立ってそれ自身において理解されうるものではない。したがって、概念の媒介による判断、ひいては推論は、それ自身が、実際にはすでに論理と論理ならざる存在の直接態との相互媒介によって成立しているのである。

(7) ここでは田邊が昭和十年に発表した「論理の社会存在論的構造」論文における「推論」の考察も参照した。

(8) ただし田邊によれば、「絶対善の信仰」とは「善悪の相剋が最後に於て善の勝利、悪の根絶に終る、と信じる如きことを意味するのではない」(THZ 6, 223)。むしろそれは「悪の相対的否定性と善の絶対否定性との構造上、後者の前者に対し優越なることを具体的自由なる行為に於て実証するといふ意味を有することを謂ふのである」(同)。

(9) 田邊の「種の論理」について、歴史現実を、その不透明性を主題化しつつ明らかにする論理であると評価するものとして、以下の文献を参照。中沢新一『フィロソフィア・ヤポニカ』、集英社、二〇〇一年。

(10) 西田がマルクス・エンゲルスの思想を摂取していく際の具体的な事情については、以下の文献に詳しい。服部健二『西田哲学と左派の人たち』、こぶし書房、二〇〇〇年。

(11) 西田の「身体」概念について考察したものとして以下の文献を参照。中村雄二郎『西田幾多郎』、『中村雄二郎著作集』第Ⅶ巻、岩波書店、一九九三年。野家啓一「歴史の中の身体」、上田閑照編『西田哲学』、創文社、一九九四年、七五−一〇〇頁。松丸壽雄「場所的身体」、藤田正勝・松丸壽雄編『欲望・身体・生命』、昭和堂、一九九八年、九九−一二三頁。拙稿「待つ身体、経過していく身体」、拙編著『知の軌跡』(共編)、北樹出版、二〇〇四年、七三−九六頁。小浜善信「プロティノスと西田幾多郎における身心論」、『新プラトン主義研究』六号、二〇〇六年、一七−三二頁。藤田正勝『西田幾多郎』、岩波書店、二〇〇七年、一二四−一三九頁。

(12) 西田はこうした生命論を展開する際に、ホールデーンの生物学・生命論をしばしば参照する。J. S. Haldane, *The Philosophical Basis of Biology*, Dublin, 1931 を参照。なお西田の生命論に対するホールデーンの生命論の意義については、以下の文献を参照。野家啓一「主体と環境の生命論」、『日本の哲学』第三号、二〇〇二年、二九−五一頁。佐々木慎吾「西田幾多郎における種の概念の問題性」、『西田哲学会年報』第二号、二〇〇五年、一四三−一五七頁。ニールス・ギュルベルク「西田とホルデーン」、『西田幾多郎全集』月報十四(第十一巻)、二〇〇五年。

(13) 正確には、空間性(一般的限定)の方向において食物的環境に対し、時間性(個物的限定)の方向において生殖性に対すると言われる(8, 344)。

(14) ただし以下のように述べられる。「生物的生命と人間的生命とは概念的には区別すべきであるが、具体的には単なる分解線を引くことはできない」(8, 302)。これは物質的世界と生物的生命の世界との関係においても同様であろう。

(15) 西田の「表現」概念について考察したものとして以下の文献を参照。森哲郎「西田哲学と禅仏教」、大峯顯編『西田哲学を学ぶ人のために』、世界思想社、一九九六年、二一六−二三四頁。岡田勝明『フィヒテと西田哲学』、世界思想社、二〇〇〇年。

(16) 環境が主体を形成するのみならず、主体が環境を新たに形成すると共に、そこで形作られた環境がまた主体を形成するところに社会が成立する。したがって社会が歴史的生産の主体であるとも述べられる(8, 433)。

(17) まさにこの意味において、「真の生命は環境との否定的相互限定にあるのである、消費と生産との矛盾的自己同一にあるのである」(8, 508)、ないし「生産とは歴史的形成の意義でなければならない」(8, 447)と述べられているのである。

(18) 西田は宗教的経験において、個としての我々の自己のその最も具体的な「死」のありようを見て取る。これについては第三章四節以降において考察する。なお我々の自己の生命が「死」を媒介するという事態をめぐって、以下の文献から多くの示唆を受けた。上田閑照『自己の現象学』、『上田閑照集』第十巻、岩波書店、二〇〇二年。

(19) したがって、本能性の上に社会性が加わるのでも、社会性によって本能性が改変され統御されるのでもない。むしろ社会性において本能性の本来があらわれるとも言うべきである。

(20) 歴史的現実の世界の本来的な必然が、本質的に「動揺的」であるところに、たとえば種が個の主体性を抑圧するものとなるなどによって、諸々の争い、収奪、殺戮などが生じる所以がある。これについては第三章四節以降において主題的に考察する。

(21) ただし田邊の言う「種的基体」とは、絶対媒介において成立するものであり、西田が批判するような、否定的媒介に先立って自己同一的に成立する実体としての基体を、さしあたりは意味しない。しかし以下で考察するように、田邊の「種的基体」が、結局は「家族」や「民族」の実体化を根拠づける概念として想定されているのではないかとの西田の批判を鑑みるなら、西田の先の批判は十分な有効性を持つものである。この批判に対して田邊がいかにして応答しうるかについて、その詳細は、「種の論理」以降の田邊哲学の進展も跡づけながら、別途考察されなければならない。

(22) 西田にとって歴史的種とは、田邊のように「民族」を指すとは限らないものであり、むしろなんらかの共同性・媒介性を広く意味する概念である。

(23) なお西田が日本の民族・文化をいかなるものとして捉えたのかについては、別途詳しく検討する必要がある。そうした考察の一例として以下を参照。Takahiro Nakajima, *The Chinese Turn in Philosophy*, Tokyo, 2007, pp. 121–140. また西田の論理における「文化」概念の可能性を論じたものとしては、以下を参照。Rolf Elberfeld, *Kitaro Nishida*, Amsterdam, 1999.

(24) 西田の生命論の内容と可能性について詳しく論じたものとしては、以下を参照。檜垣立哉『西田幾多郎の生命哲学』、講談社、二〇〇五年。

(25) 西田は『哲学論文集第三』以降、こうした共同体が、具体的にいかなる形において成立可能であるのかについて、共同体による個の主体性の抑圧が生じる所以を明らかにしながら、さらに考察を進めていく。これについては、第三章とりわけ第五節以降において考察する。
(26) 論理のロゴス的性格については、前章四節を参照。
(27) 前掲『思想』一七二号、二八六頁。
(28) 同上、二八六－二八七頁。
(29) 西田は次のようにも述べている。「現実は何処までも歴史的に媒介せられたものでなければならない。媒介せられたものであるかぎり、それは推論式的といふことができる。」(8, 391)

第三章　自覚的直観と矛盾的自己同一の論理

——『哲学論文集第三』以降

一　田邊元の方法論的な批判への再評価

『哲学論文集第二』における西田哲学の論理と方法は、前章でも考察されたように、田邊や戸坂による方法論的な批判を直接の機縁として新たに展開されたものであった。それでは、新たに展開された西田哲学の論理と方法は、こうした方法論的な批判に対していかなる応答をなしえたのであろうか。田邊と戸坂の批判に対する西田の応答の妥当性を順次検討していくことで、西田哲学の論理と方法の特性と妥当性についてさらに考察していきたい。

田邊による批判が西田哲学に提起した課題とは、哲学の方法としての行為的直観において、ロゴス的表現（としての思惟）と、その必然的な要素としての概念的思惟の機能を明らかにすること、そして哲学の立場の絶対性と相対性とを、歴史的現実の世界の自己形成のありようから明らかにしていくことであった。そうした問題提起の背景を確認するために、田邊自身の論理を振り返ってみよう。田邊によれば、現実の歴史的運動は、特定の民族共同体である「種的基体」と個との相互否定的媒介によって、類的統一・全体としての人類国家が実現される運動である。そして個・種・類は、いずれも否定的に対立し、相互に媒介しあうことによってのみ存在するものであり、それは固定されたいかなる「直接態」でもありえない。それゆえに、歴史的現実の運動は、「絶対媒介」の運動であり、すなわち固定された〈もの〉をその根底に有しない、限定されざる無基底的な「絶対無即ち空の統一」としての運動である。しかし同時に田邊は、常に歴史的現実の運動は、限定され媒介された特定の有としての「種」の媒介によること、すなわち、媒介者としての「種」の「基体」を有することを強調し、「空の統一」による運動も、種の否定的媒介としての「種の類化」のありように対応し、それに証示されることを強調する。そしてこうした歴史的現実の運動のありようを明らかにする論理とは、媒介されざる直接態を排斥する「絶対媒介」の論理であり、その方法は、田邊によれば、「概念」による判断の必然的媒介としての「推論」としての方法に他ならない。換言すれば、論理の論理性とは、種＝繋辞＝媒語の否定的媒介性のありようにおいて表現されるものである。

ただしこのことは、歴史的運動を、概念的限定による「演繹的推論性」において論理的に導出されるものとみなすことではなく、「論理は自己自身の定立をも否定の媒介に於てする」ことを意味する。「生と論理と離れ存するるのでなく、両者の相即のみが具体的に存するのであつて、之を直接性の面から生といひ、媒介性の面から論理といふに過ぎない。生を離れて論理の不可能なる如く、論理を離れて、哲学的に自覚せられる生もあり得ない」(THZ 6, 180)。したがって推論の方法とは、種の否定的媒介としての現実の歴史的運動それ自身において自らを貫徹するのであり、その立場は理論と実践の否定的統一としての「絶対生命」とも言われる。しかしこの「絶対生命」の立場は、推論による概念的限定の方法以外による、直接的なるものとの何らかの邂逅を媒介とする立場ではない。むしろそうした立場こそ、固定された無媒介な直接態を措定する立場として、「絶対媒介」の論理があくまでも排斥するものである。逆に言えば、「論理の無力を主張すること自身が論理無力の証験でなければならぬ」(THZ 6, 87)のであり、概念的限定が挫折するような体験ですら、実際には概念的限定による必然的媒介において、その否定的契機・過程として体現されている。「論理の否定は論理に由つて論理の否定として自覚せられるのである、論理に対立するものは論理に於て論理の対立者と認められるのである。否定的対立そのものが論理の媒介なのである」(THZ 6, 174)。種の類化としての概念的限定内容を推論において判断することは、そのことにおいて、概念的に導出できない、歴史的現実の無基底的な活動それ自身を生き、自覚することなのである。

田邊はこの立場を、論理の方法としては「絶対的合理主義」と呼び、それはまた、我々の現実の生が「絶対善の信仰」に立つことであるとも述べる。「宗教の静安」とは、人類的国家の実現へと向かう我々の自己の主体的な実践活動としての「道徳の努力、失敗、悔悟と離れず」(THZ 6, 166)、むしろそれらの直中にあって、我々の自己の不断の実践活動の裏づけとなるものに他ならない。宗教の立場とは、我々の自己が、自らの「我性」を自らによっては克服しえないという己の無力さへの自覚にまで窮まり、「悪を媒介とする善の無限なる超克が、我の行為を媒介として成就すべく約束せられているという信」によって、類的全体の実現への不断の実践の「運動の安定」と「方向の必然」に徹することに他ならないのである。

以上のような論理と方法に基づいて、すでに前章で見たように、田邊は、西田哲学を主観主義的な「宗教的観想」としての「寂静主義」による論理であると批判した。西田の絶対弁証法は、個と種との否定的対立を解消するような無媒介な直接態としての「絶対無の場所」を、「現実を厭離して我の安心を求める宗教的要求」を基にして主観主義的に観想するものである。絶対無の場所は、その無媒介性ゆえに、否定的媒介・統一による弁証法的運動を超越しており、それ自身は実質的に非弁証法的な全くの静的同一性の内に止まる。そして西田哲学の論理のこうした性格は、この論理の方法が、概念的な思惟による推論の不断の進展としてのそれではなく、無媒介な直接態としての無の場所を原理として、その自己限定から歴史を解明する、恣意的な「解釈的」方法によるものであることによって明らかになる。それは西田哲学の方法が、実際には歴史的現実に否定的に媒介されることのない主観主義的なものであることを示すのである。

西田哲学へのこうした方法論的な批判が、本節冒頭に見たような課題を西田哲学に提起するものであったことは、すでに前章で考察した。それではこの課題がいかなる仕方で果たされたのか、上述してきた田邊哲学の論理と方法を顧慮しながら検討していこう。西田は、歴史的現実の世界を、「形作られたもの」の過去にも、「形作るもの」の現在にも、また「形作るもの」が向かう未来にも、それ自身において自らの存在根拠を持つもの、それ自身によって自己同一的に現前するものを持たない世界として、すなわち、基体的・実体的な連続的自己形成・自己同一への絶対否定（絶対無）を媒介として成立する、無基底的な自己形成の世界として、明らかにした。それは、現在の現実において、すべての歴史的過程が基体的自己同一性への否定を媒介として「同時存在」するという意味において、「永遠の今の自己限定」の世界であり、また無基底的に「非連続の連続」の自己同一を持つ世界として、「表現的」に実在性を有する世界である。そしてすでに考察されたように、歴史的現実がこうした無基底的な「永遠の今の自己限定」の世界であるということは、現実の世界の歴史的な形成過程が、「自由にして必然なるもの」としての本来的なあるべき必然性による過程であることを意味する。それゆえに、現在が歴史の全過程のその本来のありようそのものを実現する、無基底的で絶対的な現在であるということと、現在が歴史の本来のその必然的な実現過程の一契機・一要素であり、基体的自己同一の否定に媒介されて、無基底的に「現在から現在へ」と否定的に乗り越えられていく、そうした相対的なものであるということと、この両者が相反しつつ一つのことをなす。すなわち歴史的現実は、「現在から現在へ」と唯一無二の仕方で自らを形成していく「個性的」な自己形成において成立する世界に他ならないのである。

したがって、ここで言われる「歴史的現実」が、個と種との否定的対立を無化するようなものではありえないことは明らかであろう。歴史的現実が「絶対無（の場所）」としての「絶対者」において成立すると述べられる時、この「絶対無」とは基体的自己同一性を絶対に否定する媒介のことに他ならないのであり、ゆえに、こうした叙述によって西田は、歴史的現実を無媒介な直接態によって根拠づけようとする「観想」的な「寂静主義」に立つのではなく、むしろ歴史的現実においてはその根底にいかなる基体・実体もないこと、したがって、媒介されずにそれ自身で固定された〈もの＝基体・実体〉は、いかなる意味でも実在しないことを明らかにしているのである。西田によれば、そもそも歴史的現実は、具体的には環境と主体とが否定を媒介として形成しあう「歴史的生命」の現実である。すなわち、歴史的現実の世界の「個性的」な自己形成の過程は、歴史的生命の自己形成・自己生産の本来的発展の過程、「歴史的自然」の過程なのであり、そうした自己形成・自己生産における、主体の自己同一的な「形」が「種」である。ゆえに歴史的現実の「個性的」な自己形成は、あくまでも「歴史的種」としての特定の社会的共同体を媒介として成り立つものであり、しかもそれは「形」の基体化・実体化への否定を媒介として、自己同一的な基体性を原理としないような共同体を形成していくこと、それゆえに既存の共同体を否定的に乗り越えつつ、〈家族〉や〈民族〉といった基体的に固定された共同体からは決して導出されないような共同体を新たに「個性的」に形成していくことに他ならないのである。

したがって、西田哲学の論理とその方法は、田邊が批判したような方法、すなわち無媒介な直接態としての無の場所を原理とするような恣意的な「解釈的」方法によるものではありえない。上述したように、西田によれば、歴史的現実の世界は表現的に実在し、自己を形成する世界であり、思惟とはまた、そうした表現的自己形成のそのロゴス的位相において必然的に成立するものである。したがって西田は、こうした自己表現・自己限定に先立って無媒介に存在するような直接態を排斥しつつ、思惟を歴史的現実が成立するその必然的契機として根拠づける。すなわち思惟は、我々の自己が、自らの恣意的な解釈を否定されて、歴史的現実のロゴス的自己表現・自己限定を現に直接に生きる「行為的直観」において自らの真理性を証されるのである。そして、こうしたロゴス的自己限定の形式としての「実在の表現的自己限定の形式」が、「非連続の連続」による弁証法的な「論理」であり、哲学の立場は、歴史的現実の世界のこの論理的構造そのものを根底的に明らかにし、現実の歴史的過程を統一的・体系的に把握する立場に他ならず、いわば我々の自己が生きる上で必要となる根底的な「世界観」を構築する立場である。それはまた西田によれば、我々の自己が、ある限定された立場に立つことによるのではなく、歴史の本来的必然において自己の本来そのものを実現し証示するような、そうした根底的な「行為的直観」の立場に立つことによって可能となる。この根底的な行為的直観は、我々の自己の主観主義的な自己基体化・実体化が絶対に否定し去られた宗教的立場としてまずは生起する。この立場はそれ自体としてはロゴス的限定を超えていると共に、またそれ自身の内に、ロゴス的に限定される内容を必然的に内包する。そしてこのロゴス的内容を主題化し、その最も統一的・体系的な位相において（ロゴス的に）表現し、限定していく立場が哲学の立場である。したがって哲学的な思惟とは、我々の自己が、自己や、自己を媒介する社会（時代）を主観主義的に実体化・基体化することへの全き否定を媒介として、歴史の全過程のその本来的な構造を統一的・普遍的に把握する立場である。それゆえに哲学の立場は、歴史的生命が自らを「個性的」に実現する本来的必然の過程の、その必然的契機をなすのであり、またそうした身分と役目を持つものとして、歴史的生命が哲学の必然的妥当性を自証し、根拠づけるのである。

以上の考察から明らかなように、哲学的な思惟とは、ロゴス的限定を超越した無媒介な〈もの〉の恣意的な解釈などによるものではありえない。もちろん哲学の立場は、「歴史的種」としての特定の社会（時代）を媒介として成立するものであり、田邊においてそうであったように、哲学の論理も、元来不断に展開されてゆくべきものである。しかしそれは前章で述べたように、無基底的な歴史的必然の過程において成立するものであり、それゆえに、現在（の社会・時代）の哲学は、歴史の全過程の本来を表現すると共に、その基体化・実体化が否定されることで、否定的に乗り越えられてゆくべきものでもある。そこでは、すでに形作られたものとしてある哲学の論理の真理性・必然的妥当性の意味や妥当領域が、新たに形作られる哲学の中で、より包括的に位置づけ直されていくのであり、逆に言えば、現在の哲学の論理は、次なる未来の哲学の論理を新たに形作ることで、自らの本来的な必然的妥当性を実現していくのである。したがって、今度は西田からすれば、哲学の立場とは、田邊の言うような概念的な思惟の推論の方法によるものではありえない。というのも、そもそも歴史的現実としての「歴史的生命の世界」は、「概念的連続性」すなわち一般的限定の基体的自己同一・自己統一によって捉えられるものではありえないからである。もちろん哲学の立場は、それが論理的である限り、ロゴス的限定・表現の方法によるものであるが、しかし「生命は論理によつて弁証法的となるのではない……逆に生命の弁証法によつて論理の弁証法が成立する」のであり、「生命は単に論理ではない」と共に、生命は「論理的に無媒介的なのであつて、生命が無媒介的といふことにはならない」（8, 383–384）。哲学の方法とは、概念的思惟の推論の自己限定・自己統一における、「反省的論理」への否定を媒介とする、ロゴス的表現の方法、すなわち「具体的思惟」の方法なのであり、この方法による論理こそ、歴史的生命が媒介し自証する「具体的論理即ち弁証法的論理」なのである。ゆえに「真に具体的なる生命は推論式的媒介を越え、逆に之を成立せしめる」（8, 384）とも言われるように、概念的な推論の必然的な自己限定・自己展開そのものが、実はそもそも単なる概念的連続性によるのではなく、そうした連続性の否定を媒介として、歴史的生命の自己表現を直接に生き、歴史的生命の自証を持つことによって成立しているのである。

したがって、以上のような西田哲学の論理と方法からすれば、西田哲学を方法論的に批判した田邊の論理とその方法こそ、むしろ主観主義的なものに他ならない。西田からすれば、田邊が哲学の方法とみなす、概念的な思惟による「推論」の方法は、概念的に限定される限りのものを歴史的実在とみなす方法であり、ゆえに、田邊の論理は、歴史現実の世界の一般的限定の方向に、否定性を媒介しない無媒介な〈もの＝基体・実体〉を置く論理に他ならない。すなわちこの論理は、独立自存する概念的限定態と無媒介な直接態という基体的な対立図式に立つような「対象論理」「反省論理」に他ならない。こうして西田からすれば、田邊の論理は、我々の自己が、歴史的現実を主体的に創造し形成するその根拠を、一般的限定の内に基体的・実体的に求めるものであり、したがって結局は、我々の自己の自己基体化・実体化に他ならないような、主観主義的な「抽象論理」に立っている。田邊は「論理に対立するものは論理に於て論理の対立者と認められる」と述べ、そうした観点から「絶対生命」において生と論理とが相即するとみなすが、むしろ歴史的現実に真に媒介される「具体的論理」に立てば、先に触れたように、「生命は単に論理ではない」、「生命は論理によつて弁証法的となるのではない……逆に生命の弁証法によつて論理の弁証法が成立する」と言わねばならないのである。

こうした哲学の方法論の問題は、具体的にはまさに田邊の「種的基体の論理」に現れている。すでに考察されたように、西田からすれば、我々の自己は歴史的現実において種に媒介されると共に、しかしこの種としての社会共同体は「個性的」に成立するものであり、したがって、それは「単なる民族的発展ではない。社会は単に家族の広げられたものではない」。というのも、種としての社会的共同体は、田邊が言うような、ある特有の〈民族〉的な伝統を有する共同体などといったものではありえないのであり、すなわち自らの〈民族〉の、その正統の起源・原因や、自らに固有の性状・使命・目的が定められているような、そうした基体的自己同一性を有する共同体ではありえない。こうした種の基体化・実体化は、我々の自己の自己基体化・実体化に基づいて、主観主義的に共同体（一般者）を措定し、それを自らの主体性の基体的根拠とみなすものであり、それはまた、田邊の哲学的な方法が、一般的限定を基体化・実体化するような主観主義的な方法であることに基づいている。したがって田邊が、我々の自己の救いとして提起する宗教的信仰、すなわち「悪を媒介とする善の無限なる超克が、我の行為を媒介として成就すべく約束せられているという信」としての「絶対善の信仰」も、実質的にはこうした基体的・実体的な自己同一性について、それを約束づけられたものとして措定することの表明以外ではありえない。西田からすれば、そうした立場は、我々の自己の差配や意図が、したがって救いの成就と約束への信すらもが、絶対者の前に否定し去られる、本来の宗教的立場ではありえないこととなろう。

ただし、以上のような西田からの批判が、また実際には必ずしも田邊の論理と方法を適切に理解して行われたものではなく、多分に一面的になされたものであるという事実について、従来はそれほど顧慮されてこなかったように思われる。しかしこの点を検討するなら、田邊による西田哲学批判の意義が改めて評価されるべきであることも明らかになると思われる。というのも、田邊が「論理に対立するものは論理に於て論理の対立者と認められるのである」と言う時、それは西田が理解したように、推論における「概念的連続性」に基づいた論理的な限定によって、現実が導出されると主張するものではないからである。むしろ田邊は、論理と論理ならざる直接態としての生とは、まずもって否定的に媒介しあいつつ、互いに表裏相即して一つの運動をなすものとみなし、それを「絶対生命」とも呼んでいる。西田は、田邊の哲学的方法としての「推論」を念頭に置きつつ、しばしばそれを「推論式」と呼ぶが、しかしそこで西田が念頭に置いているような概念的連続性による媒介の方法について、前章で考察したように、田邊自身はそれを「演繹的推論性」と呼んで、自らの哲学の方法としての「推論」とは区別するのである。田邊からすれば、まさにこうした演繹的推論が、自らからは導出できない生に否定的に媒介されることによってのみ、哲学の方法としての推論が成立しうるのである。正確に言えば、いかなる固定された直接態（実体）もなく、論理と生とが、はじめから否定的に媒介しあいつつ成立している無基底的な事態こそが、推論の必然的展開において生じていることに他ならない。田邊は、推論における概念的限定において限定され表現される仕方で、歴史的現実の無基底的な自己形成が成立するとみなしているのである。

したがって「種的基体」の論理についても、たしかにともすれば種を伝統的な民族的共同体と、同一視するきらいは否めないものの、しかし元来、歴史的運動は、固定された無媒介な直接態を否定する絶対媒介によるもの、すなわち「絶対無即ち空の統一」として無基底的に成立するものであり、その意味において、種はいかなる固定された直接態（実体）でもなく、個の行為を否定的に媒介して自らを新たに形成していく、その限りにおいて、種である。種が「基体」とされるのは、特定の種的共同体のありようが歴史的現実を規定し限定すること、したがって、「絶対無即ち空の統一」による歴史的運動は、種の形成によって、正確には、個の否定的転換による種の類化の形成によって限定されるからに他ならないのである。

こうしてみれば、田邊による西田哲学への方法論的な批判とは、歴史的現実の運動が、まずもっていかなる基体・実体も有せず、それゆえに、それ自身は、概念の媒介による論理的な限定を超えている無基底的な運動であることを田邊自身が認めた上で、この運動が論理的に限定され、また特定の限定された種的共同体を媒介として成立することは、いかにして可能となるのかを問うものである。実際、田邊は『哲学論文集第二』の西田の立場に対して、さらに論文「種の論理の意味を明にす」において批判を向けるが、しかしその際に主題化されるのは、歴史的現実（の存在）と論理（すなわち推論における概念的限定）との関係、そして、その論理が明らかにする歴史的運動の媒介性に他ならない。また田邊はこの論文と平行して、高橋里美と務台理作からの「種の論理」批判に応える論文「種の論理に対する批評に答ふ」も執筆しているが、この論文において、田邊が務台の論理を批判するその主旨は、以下に考察するように、西田哲学への批判としても理解しうるものである(1)。以下では、さらに上記二論文を取り上げて、田邊が西田哲学に対していかなる問いを提起するのかについて考察していくこととしよう。

田邊によれば、務台による田邊の論理への批判は、田邊の哲学的方法においては、論理から現実の存在が導き出されていると断ずる、不当な見解に基づいている。そもそも務台は、現実の存在の成立構造が、その論理的性格を決定するとの立場に立つが、これに対して田邊は以下のように応じる。「存在と論理とは否定的に対立しながら相互に媒介する。これが弁証法の否定的媒介の行為的なる所以である。此意味に於て論理と存在とは表裏相即するのであつて、其間に先後はない。一方を他方から導き出すといふことは、何れの方向からも考へられぬことである」（THZ 6, 438）。すでに本節でも見てきたように、田邊は、現実の存在ないし生を、論理から導出しうるとみなすわけではない。推論における概念の媒介としての論理に否定的に対立する、現実の存在ないし生は、無媒介で非合理的なものであるが、しかし田邊は、引用箇所に見られるように、こうした存在と論理とは「表裏相即」して「其間に先後はない」、一方から他方を導出することはできないとする。存在から論理を導出するにしても、論理から存在を導出するにしても、それは存在と論理との否定的媒介に先立つような、まずはそれ自身で固定的に存立する無媒介な直接態を実体的に措定することに他ならない。そうした方法は、現実の歴史的運動を、不当にも非歴史的・超歴史的な静的同一性によって根拠づけようとする方法であろう。むしろすでに考察してきたように、田邊にとって歴史的運動は、「絶対無即ち空の統一」による、ないし「絶対否定の作用」（THZ 6, 468）による、無基底的な運動に他ならないのである。

ゆえに、たとえば務台のように「存在は論理を超える、論理が存在の構造原理たるのでなく存在が論理の基底たるのである、といふならば、その意味する論理は弁証法の論理であることは出来ぬ」（THZ 6, 510）と言わねばならない。逆に言えば、田邊によれば、存在と論理が「表裏相即」し、その間に「先後はない」ということは、「論理」が「存在の構造原理」であることを意味する。先後のない仕方で存在が存在となり、論理が論理となるそのこと自身は、相互否定的な媒介において、したがって存在の無媒介な同一においてではなく、論理的な「媒介」において成立する。真の意味での論理とは、存在と否定的に対立するそれのことではなく、存在と論理との相互否定的媒介性のことであり、この媒介性において論理を論理として、存在ないし生命をそれとして、開いているものに他ならない（ゆえにそれは、「絶対生命」とも呼ばれる）。その意味において「論理の存在に対するプリウス」（THZ 6, 519）がある。論理が自らから導出できない「存在」を否定的に媒介して論理として成立するということそれ自身が「論理」なのであり、逆に言えば論理が論理として生成すること、すなわち、概念の媒介により、推論が必然的に生成していることそれ自身が、その論理が存在・生命（「絶対生命」）の媒介であり、歴史的現実の無基底的な運動に妥当するものとなりえていることの証左なのである。

以上のような田邊による哲学の方法論はまた、従来は注目されてこなかったものの、今や西田哲学の論理と方法に対して重大な問題を提起するものとして受け取られるべきであろう。西田哲学において、論理とは「実在の表現的自己限定の形式」（8, 497）、「実在のロゴス的自己限定の形式」（8, 390）であり、歴史的現実の世界とは、いかなる限定も超越しつつ、かえって自らを表現的に限定し形成することにおいて、すなわち、限定するものなくして限定する〈こと〉、表現するものなくして表現する〈こと〉それ自身として実在する世界であった。したがって、この現実の世界の実在・存在は、ロゴス的限定から導出されたり構成されたりしうるものではありえないと共に、またこの世界は、ロゴス的自己限定を必然的に媒介して成立する。「生命は論理によつて弁証法的となるのではない……逆に生命の弁証法によつて論理の弁証法が成立する」とも述べられたように、たしかに西田哲学の方法は、歴史的現実の存在（実在）ないし生命の成立する、その形式・構造において、論理が成立するとみなすものである。しかし、ここで言われる歴史的現実の存在ないし生命とは、田邊が言うような、単なる無媒介な生を意味するのではなく、むしろロゴスの自己限定（自己産出）か、無媒介な生の自己限定（自己産出）か、という対立を否定し、超越した仕方で成立し、それゆえに、かえってロゴス的限定を内包するような生命のことに他ならない。田邊が、存在と論理との間に「先後はない」と述べる時、それは、無媒介な存在ないし生から論理を導出することを排斥する立場に立つことを意味する。しかし西田哲学の方法も、まさにそうした立場に立つものであり、この点において田邊は、西田哲学の論理と方法を正確に理解しないままに批判を繰り返していると言えよう。前章で考察されたように、西田は、哲学の「具体的思惟」が、ロゴス的限定の否定を媒介とする、歴史的生命のロゴス的な自己限定・自己表現として成立するものとみなす一方で、この「具体的思惟」は、概念の媒介による推論的思惟としてのロゴス的限定の、その自己展開・自己貫徹と直ちに一つのことをなすとみなす。したがって、西田哲学の方法においても、思惟のロゴス的で概念的な限定に先立って存在し、そうした思惟のロゴスを根拠づけるような意味での存在は、いかなる意味でも排斥されるのである。

しかし従来は注目されてこなかったものの、後述するように、他ならぬ西田自身は、田邊のこうした批判に重大な意義を見出してその問題提起を受け止めつつ、自らの歴史的現実の論理を新たに展開し直していく。特に『哲学論文集第五』以降、田邊が問うた、存在ないし生命と論理との相互否定的媒介について、それもとりわけ論理による存在・生命の否定的媒介について主題化しながら、引用してきた「生命の弁証法によつて論理の弁証法が成立する」という記述とは対照的に、「歴史的生命は論理的であり、論理が我々の歴史的生命を規定する」(10, 476)と述べて、自らの論理を「絶対論理」(10, 475)の立場に立つ「絶対的論理主義」(10, 510)によるものと捉え直す。そこではもはや、『哲学論文集第二』におけるように、歴史的現実の論理を「歴史的生命の論理」や「絶対弁証法的論理」と特徴づけるような主張も基本的に見られなくなるのである。しかしそれにしても、上述してきたように、さしあたり西田の論理と方法を正当に理解していないように思われる田邊の批判に、西田はなぜこうして自らの論理と方法を新たに提起し直してまで、応答せざるを得なかったのであろうか。

前章で考察したように、そもそも西田は『哲学論文集第二』における、歴史的身体の考察を通じて、我々の生命のありようである「行為的直観」が、身体を媒介して技術的に成立することを明らかにした。そのことで西田は、行為的直観が、ロゴス的限定を媒介し内包する仕方で成立すると共に、行為的直観における生命の「自証」として、ロゴス的限定・表現の真理性が証示されることを主題化した。しかしその際には、ロゴス的限定からは導出し得ない仕方で直接的に実現される技術的な行為によってロゴス的限定・表現が成立することが、とりわけ主題化され、したがって、「生命の弁証法によつて論理の弁証法が成立する」、生命は「論理的に無媒介的なのであつて、生命が無媒介的といふことにはならない」といった叙述に示されるように、ロゴス的な限定内容の真理性を証示する「生命の自証」が、ロゴス的限定を否定し超越する直接性を有することが、とりわけ強調されたと言えよう。しかし、こうしてロゴス的限定内容のその真理性・妥当性が、ロゴス的限定を超越した直接的な行為の立場において証示されることが強調されるのに比して、ロゴス的限定内容がまさにロゴス的に有する真理性・必然的妥当性については、それほど多くの叙述が見られなかった。この事実は、西田の意に反して、本来なされるべき適切な考察が必ずしも十分に遂行されていなかったことを示すものではないであろうか。

もちろん西田からすれば、ロゴス的限定・表現は歴史的生命の自己表現として成立するものであり、前者を後者から独立に主題化することは、ロゴス的限定の基体化・実体化として忌避されるべきものである。また、西田にとって生命の自証を持つ「具体的思惟」としての哲学的思惟の方法は、概念的思惟の推論を超えた〈もの〉の事後的な自己限定などではありえず、むしろ前章末尾でも考察したように、それは概念的思惟の推論それ自身の徹底・貫徹そのことに他ならなかった。しかし、上述の引用中に見られるような表現において、生命（の自証）がロゴス的限定を否定し、超越した仕方で成立することが、とりわけ強調されていることに比して、逆に、ロゴス的限定を超越した「生命の自証」それ自身が、事後的にではなく、そのものとしてただちにロゴス的限定を必然的に媒介するという構造について、別言すれば、「生命の自証」とは、推論的思惟が、概念的媒介の必然性において自らを展開していく事態であることについて、積極的かつ主題的な叙述がそれほど見られなかったこともまた事実である。

したがって「生命の弁証法によつて論理の弁証法が成立する」といった表現において、「論理の弁証法」が「生命の弁証法」によるとは、いかなる事態を指すのか、それは後者による前者の事後的な導出とはいかにして区別されうるのか、また生命は「論理的に無媒介的なのであつて、生命が無媒介的といふことにはならない」という、生命の論理的な「無媒介」性とは、いかなることを意味するのかについて、そもそもこれらの叙述表現が妥当なものであるかどうかも含め、未だ不明瞭な点が残されていると言わざるを得ない。すなわち、西田の考察においては、生命と論理との関係や、論理的な媒介性ないし限定性と「無媒介」性との関係などについて、換言すれば、生命の自己形成において、「論理」による媒介の持つ身分と妥当性とがいかなるものであるのかについて、未だ根本的には明らかにされていないと言いうる。したがって、歴史的生命が論理の弁証法を超越しつつ、かつそれを自らの必然的な契機とするという構造を、それ自身が歴史的生命の自証として成立する哲学的な思惟において、ロゴス的に思惟し表現することの方法論的な根拠は、十分に明らかにされずにとどまっていよう。そうだとすれば、『哲学論文集第一』における「弁証法は単に論理だけではない」(8, 262) とみなす立場が方法論的な難点を抱えるものであったのと同様の事態が、この時期の西田の見解に関しても生じるであろう。すなわち、西田哲学の方法は、ロゴス的限定を超越しつつそれを内に含む生命の必然的契機としてのそれではなく、むしろ田邊が批判したように、単に無媒介なものとしてロゴス的限定を否定する〈もの＝実体・基体〉の事後的な自己展開としての方法なのではないか、したがって、そこで表現される論理もまた、「種」や「時代」の限定を媒介としない超歴史的な立場に立って、基体的・実体的な自己同一を原理とする、主観主義的な論理に堕しているのではないかとの危惧を払拭するのに、必ずしも適切な回答をなしていないと言わねばならないのである。

実際に田邊は、論文「種の論理の意味を明にす」において、西田哲学の名をあげつつ、以上のような観点からの方法論的な批判を展開する。田邊は、西田哲学の論理について、「絶対無が直接に体系の根柢として、所謂無の場所として、定立せられる限り、最早それは有であつて無ではない」（THZ 6, 467）とみなす。すなわち田邊によれば「絶対無」とは、否定を媒介せずに「非弁証法的に直接に肯定せられ」（THZ 6, 468）た無媒介な「絶対有」に他ならず、したがって西田哲学の論理とは、「絶対有」の自己限定としての「発出論」（THZ 6, 476）、すなわち無媒介な絶対有の事後的な自己限定によるものに他ならない。そして田邊からすれば、「歴史の行為的形成の媒介性を徹底的に自覚組織化する方向」が「論理」であり、したがって我々が、西田哲学のような、無媒介なる有を原理として論理を展開する立場に立つなら、それは、我々が歴史的現実においてその本来を見失ったありようをなしていることを表現している。すなわち「発出論」に立つ西田哲学の論理は、歴史的現実の世界と、そこにおける我々の行為とを、とりわけ種を否定的に転換して類的統一（人類国家）を形成する政治的実践を、無媒介で無限定な有の「表現解釈」から理解し、根拠づけようとする方法によるものである。したがって西田哲学の方法は、「論理的関係を不明晰にして直観の秘義に訴へ」、「絶対無の観想に委ねる」ような方法であり、「観想それ自身が実践なるかの如くに謬想する」ことで、実践を「不必要化」するような「非実践的なる現状諦念」の方法に他ならない（THZ 6, 472）。田邊は、真の宗教的な「信」は、観想によるものではなく、我々の自己が絶対者に対する「往相還相の転換相即」を自覚し、行ずることであるとする（THZ 6, 494）。すなわち、真の宗教的立場とは、我々の自己の行為が、絶対者によって否定されるという「向上往相」と、絶対者が我々の自己の主体的な行為を媒介として働くという「降下還相」との相即を、我々の自己が行ずることとみなすのである。

もちろんすでに考察されたように、絶対無を、否定を媒介としない無媒介な「絶対有」と理解するような、従来から展開される田邊の批判は、西田哲学を正当に理解した上でのものではない。しかし、以上のような田邊の批判が提起する、西田が向きあうべき方法論的な課題もまた、上述したことから明らかであろう。すなわち、西田がなすべきは、哲学的な思惟のロゴス的で概念的な自己限定が、基体的自己同一性への否定を媒介として、自らの内に自らの根拠を持たない仕方で成立するものであるとともに、かつこの思惟はまた、自らの根拠を自ら以外のなにものかの事後的な自己限定として持つものではなく、ゆえに、他のなにものにも還元されることなしに、自らを必然的に展開するものであるという、この逆説的で矛盾した構造を根拠づけることに他ならない。そしてこの課題こそ、実際には、行為的直観が、基体的自己同一性を否定し超越した歴史的生命の自己形成の直接的な「自証」を持つことを示し、哲学の方法としては、推論的思惟の自己形成が、直接的な行為的直観としての具体的思惟において成立する必然性を示すという、まさしく『哲学論文集第二』における方法論が果たそうとした課題に他ならなかったのである。今やこの「自証」の構造が、さらに正確に問い究められてゆかねばならない。

西田からすれば、歴史的生命の表現的な成立が、必然的に論理を媒介すると言いうると共に、歴史的生命の無基底的な自己表現は、論理が自ら以外のいかなる原理にも定位することなしに、自己自身で自己をロゴス的に、ひいては概念的に、展開し表現することと直接に一つのことをなし、一つの「自証」的な真理性をなすものとみなされるべきである。この構造を明らかにするためには、既述のように、単純に歴史的生命（の弁証法）から論理（の弁証法）が導出されるとの見解が叙述されるのみでは適切さを欠くのであり、論理が、歴史的生命の事後的な自己限定・自己表現によって成立するのではないこと、したがってこの意味においては、存在と論理との間に〈先後はない〉ことへの探究がなされなければならない。ここに、田邊の方法論が提起する重大な問題を認めねばならない。そして西田こそは、後述するように、哲学の方法を「世界の概念的自覚」（10, 471）であるとみなし、また哲学の論理の形式は「推論式」それ自身であるとする（11, 175）など、思惟の媒介としての「概念」

そのものについて本格的に主題化する。そこで西田は、生命によって論理が成立するという、従来の「歴史的生命の論理」の立場の不適切さを自覚し、すでに述べたような「絶対的論理主義」の方法による「絶対論理」の立場に立つことによって、田邊の問題提起に呼応する仕方で、田邊の言う、生命と論理とは、その間に〈先後はない〉こと、〈一方を他方から導き出すといふことは、何れの方向からも考えられない〉ことを明らかにするという課題に取り組む。ただし西田はまた、「論理の存在に対するプリウス」を認める田邊の立場それ自身については、概念的限定態と生の直接態との基体的・実体的対立図式に立つ主観主義的な立場として、それをあくまでも排斥していく。だがそれでは、存在と論理との間に〈先後はない〉ということが、田邊の主張するように、「論理の存在に対するプリウス」を認めるといったことにはならないとするなら、この〈先後はない〉ということは、いかなる意味において理解されるべきなのであろうか。田邊の哲学的な方法論とその問題提起に対して、いかなる論理と方法をもって応えうるかが、西田哲学の論理と方法を明らかにする上で、まさしく探究されてゆかねばならない。

二　戸坂潤の方法論的な批判への再評価

前節においては、田邊の批判と、それに対する西田の応答について検討してきた。そして前章で考察したように、戸坂による方法論的な批判が西田哲学に提起した課題も、田邊が提起したものと基本的には同主旨のものであった。すなわち、哲学の方法としての行為的直観における、思惟ひいては概念的思惟の機能を明らかにしつつ、哲学の立場の絶対性と相対性とを、歴史的現実の世界の自己形成のありようから明らかにしていくという課題であった。以下では、戸坂の批判を主題化し、それに対する西田の応答の妥当性を検討していくこととする。

前章で考察したように、戸坂による西田哲学批判の主旨は、西田哲学の方法が、恣意的な意味解釈によって現実を定義し構成するような、主観主義的で超歴史的な「自由主義」ないし「個人主義」の方法であり、それは、我々の自己を抑圧する反動的な「浪漫主義」のものであるという点にある。戸坂によれば、西田の弁証法は、主観と客観との相関と対立の間にのみ、弁証法を認めるような立場であり、それは「自覚の弁証法」ないし「弁証法の自覚」の立場に他ならない。というのも戸坂からすれば、主観の意識に還元されない存在の客観的事実性、すなわち「物質」性とは、存在が意識や自由意志から独立して客観的に運動し、自身を実証することを意味しなければならない。それは単なる機械的運動によるのではなく、具体的には宇宙史において、無機物から有機的生命へ、そしてそれらと質的に異なって自覚を有し、自由を有する意識を伴う人間的生命への発展によるものであり、いわば質的飛躍を伴い、否定・矛盾を媒介とする弁証法的な必然性における発展によるものであり、人間社会においては、物的生産力と生産諸関係からなる「下部構造」による社会の客観的で必然的な発展を意味するものである。したがって弁証法とは、こうした存在の客観的な運動そのものの根本法則である。それに対して西田の弁証法は、この法則を明らかにしようとしないままに、ただ主観の意識とそれに対する限りでの客観の運動を明らかにするもの、したがって、主観の意識の運動を自覚するものにとどまっており、すなわち「自覚の弁証法」ないし「弁証法の自覚」の立場に立つものに他ならない。

こうした西田の立場は、物的生産力と生産諸関係に基づく社会の物的発展の必然性と、それに基づいて現在の歴史的現実が有する段階的制約性とを明らかにすることなく、むしろ「自由主義」ないし「個人主義」的に、現実を独断的に構成する方法に基づくのであり、それは哲学としては「一種の神秘主義的方法」であると共に、具体的には、反動的な浪漫主義ないしセクト主義として働く。それに対して戸坂によれば、存在そのものの弁証法、すなわち唯物弁証法の哲学的な方法は「実践的模写」である。戸坂にとって認識とは、「範疇組織」ないし概念連関としての論理を、実地に実験・検証していくことであり、この論理・思惟とその実験・検証・実践との統一こそが、哲学の方法である。そしてこの統一は、主観の意識にも、主観と客観の相関にもよらず、ただ物質的存在の、否定を媒介とした客観的で必然的な発展過程に実証されていくことによって、実現するものである。真の弁証法の方法とは、概念を媒介とする論理ないし思惟が、こうした物質の客観的・必然的な運動そのものの反映・模写となること、すなわちこの運動が実現するその媒介となり、この運動そのものとなることであり、その意味で「実践的模写」と呼ばれるべきものなのである。

こうした戸坂の方法論的批判に対して、西田は、まず歴史的身体と歴史的生命をめぐる考察を通じて、自らの「絶対弁証法」が、主観の意識の意味解釈によって構成される弁証法ではないことを論じた。歴史的現実の世界とは、形作られた環境と形作る主体とが、否定を媒介として〈形作られて形作ること〉として、すなわち「永遠の今の自己限定」として成立する世界である。それは前章で考察したように、物質的世界から生物的生命の世界へ、そして人間的生命の世界へと段階的に進展する世界であり、西田はこうした進展過程を、生命の「歴史的生産」の自己発展の過程として明らかにした。この歴史的生命の自己発展・自己形成の過程は、我々の自己やその意識によって恣意的に改変できない仕方で、客観的・必然的に成立する過程であり、しかもそこにおいて我々の自己が、唯一無二の個としてその本来のありようを実現し、主体的に現実を創造することを可能にする仕方で、世界が歴史的に進展する過程である。すなわちこの過程は、本来的な必然ないし「歴史的自然」における、歴史的生命の否定を媒介とした「個性的」な自己形成の過程に他ならない。

こうした西田の視座からすれば、歴史的現実の世界は、単なる物質の必然的な発展過程において成立するものではありえない。「物質的世界の無限なる進展の結果、或時期に於て生物が発生したと考へられる。併しそれは生命といふものが機械的に出来るといふことではない」(8, 476)。合目的的な生物的生命や、唯一無二の個が生死を持つ人間的生命は、物質の運動から機械的に派生するものではありえないからである。しかし同時にこの世界は、物質的世界から生物的生命の世界を経て人間的生命の世界へと、歴史的生命が本来的なあるべき必然において発展する過程であり、我々の自己の生命は、この過程において唯一度的に産み落とされ、また死にゆくものに他ならない。その意味において、この発展過程それ自体は、我々の自己の意識や自由意志によって改変できない客観的現実性を有している。西田からすれば、むしろこの歴史的生命の運動を明らかにする自らの弁証法こそ、この運動が客観的現実性を有するという意味において、意識や自由意志から独立して、ないし、西田の言い方では、それを「包んで」客観的に運動し、自らを実証するような、「存在」そのものの弁証法に他ならない。

したがって西田哲学の方法とは、我々の自己の自己形成性・自己生産性そのものへの否定を媒介として、我々の自己が、歴史的生命の自己形成の運動そのものを直接に生きることで、この運動の客観的現実性に自らの真理性を証示されるような方法である。この方法が、「形作られたもの」と「形作るもの」とが互いにロゴス的に〈形作られて形作ること〉ないし〈表現されて表現すること〉としての、すなわち、ロゴス的な(ないし「ロゴス的身体」の)「行為的直観」としての「具体的思惟」の方法であることは、すでに考察してきた。西田によれば、この具体的思惟が明らかにするロゴス的で概念的な内容は、歴史的な制約を受けると共に、歴史の全過程の本来的必然を実現し、表現することとして、それ自身において普遍的な妥当性を有するものに他ならない。

西田はこうした自らの哲学的な方法に基づき、戸坂の「実践的模写」の方法については以下のように述べていた。「実践の立場といつても、実践によつて映すなどと考へるのでは、意識の立場を脱して居るのではない。それはやはり自己を世界の外に置いて居るのである。自己が世界の中にゐて、実践そのことが世界の出来事でありながら、単に世界を映すといふ如き模写説は考へられない」(8, 400)。西田からすれば、戸坂の立場は、意識の固有性を解明できないような、物質の機械的運動の弁証法に立つゆえに、そもそも物質の単なる運動・変化と意識・認識の成立との質的区別の発生を説明しえない。したがって戸坂が、認識ないし思惟の方法を説明する際には、意識・認識の機能を、物質的運動の弁証法に対して外的に挿入せざるを得ない。ゆえにこの立場は、かえって歴史的現実に無媒介な基体・実体として、我々の自己の意識・認識を措定する主観主義に基づくものとされるのである。

したがって西田はまた、こうした戸坂の方法論よりも、『フォイエルバッハに関するテーゼ』における「対象、現実、感性を唯、客体又は直観の形式の下に捉へないで、感性的・人間的活動、実践として捉へなければならぬ」というマルクスの主張の方を高く評価していた（8, 404）。すなわち、客体を受け取って「見る」ことは、直ちに主体が主体として「働く」活動なのであり、正確にはそれは「行為的直観」それ自体として生起するものに他ならない。すなわち我々の自己は、歴史的現実の世界に無媒介な基体・実体として外的に歴史的現実を映すのではなく、歴史的生命の表現的自己形成の運動において、その創造的要素として歴史的現実を認識するのである。

しかし、西田による以上のような戸坂への方法論的な批判は、戸坂の論理を適切に理解した上でなされたものとは言えず、したがって、正当なものではないように思われる。西田は、上述の批判において、戸坂の唯物弁証法を、物質の機械的運動から我々の自己の意識を有する主体的な存在の発生を導くものとみなした。しかしすでに考察されたように、戸坂にとって「物質」とは、主観の意識に還元されない客観的な事実性を有する存在のことであり、「物質性」とは、存在が意識や自由意志から独立して客観的に運動し、自己を実証することを意味していた。すなわち戸坂は、意識が物質と異なって自覚を有し、自由を有する存在であることを認めるものの、しかし、この意識の発生・形成それ自身は、意識の自由な創造によるのではなく、客観的な事実性を有した出来事でなければならないゆえに、歴史の運動を、単なる機械的運動から意識を伴う人間的生命への、質的飛躍を伴う

「物質的」な発展の運動とみなしたのである。ゆえに唯物弁証法とは、物質の機械的運動から機械的に人間的生命が発展するとみなすものではなく、物質の機械的運動が、自らとは質的に異なった人間的生命へと弁証法的な必然性において発展すること、またこの過程それ自身が、我々の自己の意識や自由によって改変できない独立の客観的な事実性を有して成立することを示すものである。したがって戸坂は、物質の機械的運動から自己意識や自由がいかにして発生するかとの問いに対して、「だが、何も吾々がそれを導来して見せなくとも、自然的存在物それ自身が宇宙史を通じて、意識の自覚性や自由を導き出している」(TJZ 3, 276) と述べたのである。

これに対して西田の「歴史的生命」の弁証法においては、物質的世界から人間的生命の世界への発展過程を、実在世界の本来的な必然の発展過程として捉え、それを、我々の自己の恣意的な自己形成を否定する、客観的な事実性・現実性をもって発展する過程であるとみなしていた。具体的には「我々の制作は自由であるとか主観的であるとか云つても、それは先づ身体的でなければならない」「而して成るか否かは、意識の能くする所ではない」(8, 459) とも述べられるように、身体的な現実性を有する過程であるとみなしていた。この意味において、西田もやはり歴史的運動を、物質の機械的運動が、自らとは質的に異なった人間的生命へと必然的に発展する運動とみなしている。こうしてみれば、戸坂の唯物論的弁証法における歴史的運動の把握と、西田の「歴史的生命」の弁証法におけるそれとは、両者が断じるほどに異なるものではないと言うこともできよう。

たしかに西田は、戸坂の唯物弁証法において、歴史の運動が、下部構造の必然的な発展によって限定されるものと捉えられることに異を唱え、むしろ下部構造と上部構造（たとえばイデオロギーなど）の相互限定・相互形成こそが、歴史の運動を限定すると繰り返し述べる (8, 412 他)。なるほど戸坂の言う、物質の客観的で必然的な自己発展の運動とは、あくまでも物的生産力と生産諸関係の段階的な必然的発展を原理とする運動である。そして、戸坂にとって最も重要な論点であるこの点において、西田と戸坂との見解が相容れないことは、両者の決定的な相違を意味するように思われる。ただし、戸坂も下部構造（ないし物質）と上部構造（ないし意識・精神）とについて、それらは統一的には「一方的な決定関係」しか存在しないものの、個々の現象については「交互決定」があることを認めていた（TJZ 3, 369）。そして西田にとっても、下部構造（ないし一般的限定）と上部構造（ないし個物的限定）の相互限定・相互形成それ自体は、両者から導出することも根拠づけることもできない仕方で、絶対的な客観的現実性を有して実現されるものである。そして下部構造と上部構造（イデオロギー）との間の一方的限定と、その下での相互限定のありようを、（とりわけ時局にそって）どのように捉えていくべきか、あるいは、そもそも社会構造のどの位相を下部構造とみなし、どの位相を上部構造とみなすべきか、それは戸坂自身も終生考究した課題でもある。もちろん、こうした課題に分け入って、戸坂の唯物論的弁証法そのものを理解し、その妥当性を検討することは本書の目的のうちにはない。ここで必要なことは、下部構造と上部構造とを社会のどの位相に定位させるかによっては、西田の弁証法と戸坂の弁証法との間の、一見決定的とみられる相違も、その相貌を変えることがありうることを確認することであろう。

むしろ、ここで両者の弁証法に関わってぜひとも注視されるべきことは、戸坂の言う「物質」の客観的で必然的な自己発展を、「人間的生命」を基準としたそれに歪曲しないことであると思われる。すなわち、上述したように、戸坂の唯物弁証法と西田の「歴史的生命」の弁証法とを相互に対照させつつ理解する時、客観的存在（物質）の自己発展の運動を、人間的生命の主体的で意識的な働きに向けての発展と捉え、存在の運動の本質を、人間的生命の運動に求めるような理解をしてはならないことが注視されねばならない。たとえば、西田が、歴史の運動を生命の本来的な必然の運動とみなした時、それは一般的限定と個物的限定とが、あるいは環境と主体とが相互否定的に形成する「生産と消費との矛盾的自己同一」の運動、「歴史的生産」の運動が発展するに従い、そこにおいて人間的生命における個の主体的な形成が生まれるということに他ならなかった。したがって歴史的現実の世界は、まさしく「個性的」な自己形成の運動を本質とし、この運動が実現する過程として成立するものである（下部構造と上部構造とはこの形成の相反する契機となる）。ゆえにそれは、人間的生命の運動が、物質の機械的運動から人間的生命の運動へと段階的に発展するという仕方で自らを自覚し、実現していく、といった運動なのではない（戸坂の言う「自覚の弁証法」ではない）。人間的生命とは、あくまでも歴史的現実の「個性的」な自己形成の発展過程において、その「個性的」な契機として生まれ、働き、死にゆくものにすぎない(2)。したがって歴史的生命の自己形成とは、人間的生命の主体的で意識的な形成に本質を持ち、その実現のためにいわば「生命論」的に（ひいてはアニミズム的に）成立するのではない。そうした理解においては、人間的生命の運動が、個としての自己であれ、種としてであれ、物質的世界から発展する「歴史的生産」の運動に媒介され、この過程において生まれ、死にゆく一契機として捉えられておらず、むしろ、歴史的現実に無媒介に、それ自身で自己同一的に存在するものとして、人間的生命が措定された上で、それを基準として歴史的運動が定義されていると言わねばならない。それは、歴史的現実の自己形成の過程に先立って自己同一的に現前する〈もの＝基体・実体〉を目的論的に設定し先取りする立場を意味する。そしてこの立場こそ、我々の自己が歴史的に制約され、異他的なるものに媒介された存在であること、ひいては自己が唯一の個としてその基体性・実体性を否定されて自己を持つ存在であること、これらのことから乖離して自己を基体化・実体化する主観主義に他ならない。むしろこの立場こそ、戸坂がまさしく歴史的運動を、とりわけ社会的存在としての人間の運動を、「物質」の「客観的」な自己発展の運動と名指すことで、注意深く斥けた立場に他ならないのである。

ここで、歴史的現実の運動のこうした「客観的」な発展性という観点について、さらに考察をすすめるならば、戸坂の批判は、なおも西田に対して重大な課題を方法論的に提起するものであることが明らかになろう。西田からすれば、歴史的現実の世界の自己形成の過程は、「形作られたもの」としての環境と「形作るもの」としての主体とが、否定を媒介として〈形作られて形作ること〉ないし〈表現されて表現すること〉として成立する過程であり、すなわち無基底的な「永遠の今の自己限定」の過程である。それは別言すれば、「作られたものから作るものへ」の本来的な必然の過程として、現在の現実が「個性的」に自己を形成する過程であり、我々の自己が、この過程に媒介されてその創造的要素となることが「行為的直観」に他ならない。しかしこうした論理においては、現在における「個性的」な自己形成は、「形作られたもの」が「形作るもの」を限定し、また「形作るもの」が「形作られたもの」を限定することを意味することとなる。したがって「形作るもの」は、どこまでも「形作られたもの」によって決定されたものであると共に、過去に「形作られたもの」の本質はまた、あくまでも未来に向けて新たに「形作るもの」の働きに応じて定められることとなろう。すなわち、すでに「形作られたもの」が課題として表現するものに対して、現在において新たに「形作るもの」が、いかなる仕方で応答するかに応じて、過去の「形作られたもの」のその本来的なありようが定められることとなろう。したがってここでは、まずもって「形作られたもの」の制約や限定を受けずに働く、「形作るもの」からの新たな形成・限定と、「形作られたもの」からの形成・限定とが、否定を媒介として現在の現実を「個性的」に形成するという構造が主張されているように思われる。しかし、歴史的過程が、「作られたものから作るものへ」と進行する過程であり、過去にすでに本来的に定められていたあるべきありようが、今ここに実現するという本来的必然性の過程であるならば、「形作るもの」からの応答の仕方そのものが、すでに歴史的に決定されており、本来的な必然の実現であるとみなされなければならないはずである。しかし上述したような西田の論理は、この本来的な必然性について十分な考察を展開しているとは言い難い。したがって、ここではいかに〈形作られて形作ること〉の無基底性が主張されようとも、結局は、我々の自己が、歴史的現実における「形作られたもの」に媒介されずに、それ自身で自己同一的に存在し働くものとして、主観主義的に基体化・実体化されているのではないかとの懸念もまた生じてこよう。[3]すなわちこの論理は、我々の自己の主観主義的な「自由主義」ないし「個人主義」の方法によるものではないかとの疑念が生じてこよう。

こうした論理によるならば、この歴史的現実において、我々の自己が、いかにして唯一の個として生まれ、働き、死にゆくことができるかという問題も、我々の自己が、歴史的現実において「形作られたもの」にいかに向き合い、いかに応答するかという態度の問題、すなわち、唯一の個として責務を引き受ける決意・決断のありようを問うものへと歪曲されてしまう他ないであろう。だとすればそれは、一種の主観的な心境主義とも言うべきものに他ならず、さらには戸坂が難じたように、観想的で「反動」的な「浪漫主義」に陥るような危険を払拭できない立場であり、それがそのままに再び社会化・現実化すれば、それこそ排外的な「セクト」主義に陥ることもありえよう。西田からすれば本来、歴史的現実の自己形成は、我々の自己のいかなる差配と意図をも否定し、したがって、行為の結果の先取りを絶対に否定する、客観的な現実性を有して成立するものである。したがって「形作るもの」としての我々の自己がなす、「形作られたもの」に対する応答の仕方が、「個性的」な自己形成の実現の正否を定めるわけではない。そもそも歴史的現実の「個性的」な自己形成は、基体性・実体性の否定を媒介とするゆえに、その実現を「形作るもの」から導出し限定することが絶対に不可能であり、さらには「形作るもの」から案配をはかることさえも、すなわち「形作られたもの」と「形作るもの」との相互協同から導出することさえも、不可能である。したがって、先に見た「我々の制作は自由であるとか主観的であるとか云っても、それは先づ身体的でなければならない」「而して成るか否かは、意識の能くする所ではない」との見解も、今や単に意識的に意図し意志することからは新たな出来事を形作り、制作することも実現できないという意味を超えていかなければならない。すなわち、西田の論理は、新たな形成は、我々の自己の存在それ全体の「能くする所ではない」ことを明らかにするような論理に至らねばならないのであり、その意味において、我々がそこにおいて存在する歴史的現実の運動を、我々の自己を超越し、我々の自己に独立するものとして明らかにする論理に至らねばならない。そしてまさしく戸坂の唯物論的弁証法の論理こそ、歴史的運動を、我々の自己の意識や自由意志から「独立」して「客観的」に存在する運動として、すなわち「物質」の弁証法的な自己発展の運動として、提起するものに他ならない。西田は、戸坂のこの提起に対して、上述したような難点を克服する仕方での新たな応答を試みなければならないであろう。

たしかに西田は、戸坂の実践的模写の方法を批判しつつ、マルクスの『フォイエルバッハに関するテーゼ』を高く評価しているが、しかしこのことから、西田は、戸坂の「物質」の客観的な自己発展の弁証法、すなわちいわば「客観的」な「唯物弁証法」の限界を超えて、歴史的現実の弁証法をより適切な仕方で「実践」的な弁証法として展開したのだとみなしては早計であろう。上述してきたことから明らかなように、もしも、この『フォイエルバッハに関するテーゼ』への西田の賛同を、我々の自己の主体的な制作・行為としての実践によってはじめて、客体もまた客体として成立し与えられるとの主張と理解するなら、それは、むしろ西田の弁証法が忌避しつつも未だに抱えてしまっている、上述してきた主観主義的な難点を、西田の弁証法の長所として誤認することともなろう。むしろ、我々の自己の行為とその客体（とが「実践」においてそれらとして成立すること）がそこにおいて可能となる歴史的現実の運動の、その「客観性」を主張する戸坂の論理こそ、その限界が超えられるべきものであるどころか、むしろ主観主義を克服すべき西田の弁証法が、何よりも積極的に参照すべき論理に他ならない。

そもそも戸坂の「実践的模写」の方法とは、西田が理解したように、歴史的現実の世界を外から映すような方法であるとは言えない。戸坂が、認識が直接的であるゆえにそれを「模写」と呼ぶとも述べていたように、「実践的模写」の方法とは、認識が、物質の客観的な自己発展の運動の実現するその媒介となること、すなわち認識がこの運動そのものとなり、運動そのものを写し、反映していることに他ならない。そうした直接的で動的な認識は、もちろん神秘的で非日常的な直観などを意味せず、むしろ論理・思惟は、それが「客観的」な歴史的運動において「実践的」に、実地に検証・立証される中で獲得されるものであるということを意味する。歴史的運動は、論理・思惟から導出したり構成したりすることのできない「客観的」な運動であるがゆえに、論理・思惟の真理性の根拠は、ただ歴史的運動それ自身が自らを実証することであり、その運動において直接にそれを模写することである。

そして西田からしても、哲学の方法とはまた、我々の自己が、歴史的現実の本来的必然の運動の創造的な要素として働く「行為的直観」の、そのロゴス的な位相において成立する「具体的思惟」の方法に他ならないはずである。したがって、たしかに『フォイエルバッハに関するテーゼ』を解釈した上で、西田が、諸々の認識、とりわけ哲学の思惟が、我々の自己が、そこにおいて唯一の個として働く「行為的直観」として成立すべきものであるとみなしたことは正当ではある。しかし、西田が自らの論理と方法とにおいて、その主観主義的な残滓を徹底して排斥していくためには、我々の自己の自由（即必然）の実現（実践）である、〈形作られて形作ること〉としての行為的直観それ自身が、我々の自己の行為を超越した客観的な必然性において生成するという、逆説的で矛盾した構造こそが、今や根拠づけられねばならない。そしてこの課題は、考察してきたように、まさに田邊の批判が西田に提起する課題であった。すなわち行為的直観が、基体的・実体的自己同一性を否定し、超越した歴史的生命の自己形成において「自証」を持つという構造を示すという課題、しかもそれを、推論的思惟の自己形成が行為的直観としての具体的思惟の必然的契機であることを明らかにしつつ示すという課題と同一のものなのである。

三 「形」の世界

西田は『哲学論文集第三』以降の著作において、自らの論理の主観主義的な色彩を徹底的に払拭すべく、改めて歴史的現実の世界の論理を提起し直す。この著作において、歴史的現実の世界のその客観的現実性が主題化される際には、たとえば以下のように言われる。「客観が何等かの意味に於て我々によつて変ぜられることは、それが真の客観でないと云ふことでなければならない。真の客観界は自己に対するものでなくして、自己を包むものでなければならない。我々が於てある世界でなければならない」[4]（9, 239）。そもそもこの著作は、西田によって、「歴史的生命の論理」を考察した「論理と生命」論文から始まる『哲学論文集第二』の「完結」であると述べられるものである（9, 6）。それゆえ、引用箇所の記述は、前章で主題化されたような、歴史的現実の世界の「自由にして必然」なる「歴史的自然」の自己形成の過程が、そこにおいて我々の自己の自由なる行為が媒介される過程であると共に、しかしそうであるままに「何等かの意味に於て我々によつて変ぜられること」もないような、「客観的」な絶対的必然の過程に他ならないという、逆説的な構造を主張するものである。それでは、こうした構造はいかにして成立するものなのであろうか。『哲学論文集第三』以降の著作において展開されている西田の考察を検討していこう。

すでに考察してきたように、「作られたものから作るものへ」と進展する歴史的現実は、西田からすれば、「自由即必然」なる本来的なあるべき必然の実現の過程において成立するものである。この際、こうした本来的必然の過程は、過去においてすでに「形作られたもの」と、未来に向けて現在において新たに「形作るもの」とが、否定を媒介として〈形作られて形作ること〉の過程として把握されていた。しかしそうした把握においては、現在における新たに「形作るもの」、とりわけ現在の個としての我々の自己が、歴史的過程に媒介されないものとして基体的・実体的に把握されているのではないかとの懸念も生じてきた。したがってこの論理は、自らの論理と、「観想」的な「寂静主義」「現状諦念主義」の論理や「解釈」的な「自由主義」「個人主義」の論理との相違を示すのに充分ではなかった。しかし、これも前章で考察したように、「作られたものから作るものへ」の本来的必然の過程において、その「必然」とは、現在の歴史的現実として現れてくるものは、すべてそう現れるべく過去に定められ、決定されたものであるということを、そもそもは意味していたはずである。したがって、この本来的必然の過程とは、「形作られたもの」と「形作るもの」との、すでに定められ決定されている〈形作られて形作ること〉それ自身が必然的に実現する過程である、と言わねばならない。すなわち、我々の自己について言えば、「形作るもの」としての我々の自己は、「形作られたもの」としての他と互いに自由に働きあうことによってではなく、「何等かの意味に於て我々によつて変ぜられること」もない、歴史的世界の「客観的」で必然的な過程に徹頭徹尾包括されることで、自由（にして必然）に生き、本来の唯一無二のこの自己を実現するのである、と言わねばならない。

したがって、歴史的現実の世界において、必然的に「形作られたもの」とは、「形作るもの」に単に否定的に対するものではなく、「形作られたもの」と「形作るもの」との〈形作られて形作ること〉それ自身のことに他ならない。「形作られたもの」とは、「形作るもの」に対して、すでに必然的に定められた〈形作られて形作ること〉のありようを現在において実現するように迫るものであり、その意味において、前章四節において考察したように、「形作られたもの」とは、〈形作られて形作ること〉を呼び起こす表現として、すなわち、我々の自己を超越した「絶対無」ないし「絶対否定」の表現として与えられるものと言わなければならないであろう。

だが、我々の自己がすでに必然的に限定され、決定されているにもかかわらず、我々の自己は、その必然を実現すべく迫られるという、この逆説的な事態は、一体いかなる構造において可能となっているのであろうか。(5) 西田は、この構造を明らかにするために、歴史的現実の世界を「形」の自己形成の世界、すなわち「形から形へ」と進行する世界として把握し直していく。

西田は『哲学論文集第二』において次のように述べていた。「歴史的現在は何処までも決定せられたものでありながら、自己自身の中に自己否定を含み、自己自身を越えて現在から現在に行く」(8, 512)。歴史的現実の世界は、現在の現実を、唯一無二のそれ固有の実在性を持った出来事として「個性的」に形成していく、本来的な必然の過程であり、そしてこの「個性的」な形成とは、「形作られたもの」からも「形作るもの」からも、またその相互協働からも導出し限定することのできない、基本的自己同一性への全き否定を媒介とした形成である。ここで西田はあらためて、歴史的現在が「何処までも決定せられたもの」であることに着目する。西田によれば、唯一無二の「個性的」な出来事とは、それ以前のすでに「形作られたもの」にはありえない、それ自身におけるその固有の実在性を有するものであり、こうした出来事が現れるとは、他ではありえないそれ固有のありようを持つものとして、その出来事が限定され「決定」されることである。しかし同時に、それが唯一無二の出来事であるのはまた、「自己否定を含み、自己自身を越えて」いくその限りにおいてである。すなわち、それが新たな出来事によって消し去られて永遠に現れないという仕方で、絶対に一度的に現れていることによってである。唯一無二の出来事が現実に現れるということは、その出来事が、かつてない固有の「個性」を決定し固定することで、新たに現れ、かつそれゆえに永遠に消え去るという過程そのこと全体においてはじめて成立している。換言すれば、唯一・一度の「個性的」な形成とは、その出来事が新たに現れ、かつ永遠に消え去るという仕方で、自らに固有の「個性」を決定し固定することを意味する。しかも、今この出来事が唯一・一度的に形成されるというこのことは、それが、今この出来事がかつてなかった出来事として現れることを意味する以上、過去の出来事の唯一・一度の「個性」が、他に還元されない仕方で自らを決定しつつ現われることでもある。またそれと共に、今この出来事の唯一・一度的な形成は、それが、今この出来事が永遠に消え去る出来事として現れることである以上、新たな出来事の唯一・一度の「個性」が、他に還元されない仕方で自らを決定しつつ現れることでもある。ゆえに、新たに現れて永遠に消え去る今この出来事の唯一・一度的な「個性」とは、過去から未来までの全過程が、その各々の唯一・一度的なそれ固有の本来的なありようを互いに呼び起こしつつ、一つに連関づくことで、限定され、決定されるありように他ならない。

西田は、ここでこうした唯一・一度の「個性的」な形成を、さらに「形の自己形成」と捉えることで、「個性」の限定性・決定性を主題化する。「形作られたもの」とは、限定され、固定されたものとしての「形を有つもの」であるとしばしば述べられるように、西田にとって「形」とは、およそあるものが、他と異なるそれとして限定され、固定されたそのありようのことであり、内容から切り離された単なる形式ではなく、むしろ内容と形式とを有したそのものそれ全体のありようを指し示す語である。すなわち、上述したような唯一・一度の「個性的」な出来事の形成とは、さしあたり、出来事が、ある限定された「形」を持つことと言い換えられる。したがって、唯一・一度の「個性」とは、その出来事が、かつてない仕方で現れ、かつ永遠に消え去るという仕方で、それ固有の「形」において「個性」を決定し、固定することによるものである。したがって「個性的」な出来事の「形」は、あくまでもなんらかの静的な固定性を有した、特定のある決定された「形」でありながら、しかしそれは、この出来事が自らを限定し決定して新たに現れつつ、かつそれゆえに永遠に消え去るという動的な形成そのもののありようを表す、その限りにおける「形」である。「個性的」な出来事の形成とは、出来事が静的な固定された「形」を有して現れることであり、しかもその「形」が、かつてない創造のありようであり、また自らが消え去って他の「個性」を創造していく仕方を示していることである。正確には、静的で固定されたこの「形」は、過去から未来までの全過程が、各々に唯一・一度的な固有なる「個性的」なありようへと、相互に他を呼び起こしあい、全体として「個性的」に自己限定・自己決定するありようを示している。唯一無二の出来事とは、ある限定された「形」がそれとして形成され、現実に現れることにおいて、基体性への否定を媒介とした無基底的な形成作用の「形」が現れる、いわば〈形作るものなくして形作ること〉であり、その意味において、「形作られたもの」と「形作るもの」とが〈形作られて形作ること〉として、無基底的な「形の自己形成」が生じていることに他ならない。

したがって、逆に西田によれば、およそあるもの（事物）が限定され固定されること、すなわち「形」が現れることは、すでにそれ自身、基体性への否定を媒介とした歴史的現実の「個性的」な自己形成によるものに他ならない。あるものが特定のある仕方で限定されること、すなわち「形（を）作られる」ことは、そのものが、すでに形作られた「形」と、新たに形作られる「形」とに対して限定されること、すなわち「形」の全体的・統一的な連関において限定されることであると共に、しかし、あるものの形が一つの「形」として成立している限り、それは他の「形」の内に解消されることなく、それ固有の仕方で自らを決定しているものである。「形」とは、そもそも一度的に現れて、消えてゆく出来事のありように他ならない。それはすでに考察したように、「非連続」的な唯一・一度の個々の歴史的出来事が〈形作られて形作ること〉をなすという、歴史的現実の「個性的」な自己形成のありように他ならない。ここには、個物的多においても、全体的一においても、いかなる基体・実体も存在しないのであり、したがって「多と一とが矛盾的自己同一的に一となることが、形作ると云ふことである。形とは、多と一とが矛盾的自己同一的に、自己自身を維持するものである」(10, 499)。「形」とは、いかなる基体もなく、それ自身で自己を限定し形作る「底無き事実」「絶対的事実」において成立するものに他ならず、したがって歴史的現実の世界とは「自己自身を限定する、底無き事実の世界として、現在が現在自身を限定する世界、絶対現在の自己限定の世界、或は形が形自身を形成する世界」(10, 382) に他ならない。「現在が矛盾的自己同一として過去未来を包む、現在が形を有つといふ時、そこに私の所謂自己自身を形成する世界がある」(9, 173)。「形の自己形成」とは「世界成立の事実」、「世界創造の事実」として無基底的に成立する「絶対事実」なのであり、それは、歴史の全過程がそこにおいて自己を形成し創造する事実なのである。

したがって、こうした「形の自己形成」の事実において、現在が現在のその固有の「形」を有して現れることは、そのことを介して、過去から未来までの歴史の全過程の進行のありようが今ここに永遠に決定され固定されることに他ならない。「現在は多即一一即多の矛盾的自己同一として、時間即空間として、そこに一つの形が決定せられ、時が止揚せられると考へられねばならない」(9, 150)。しかし他方でまた、この永遠に決定された「形」は、まさにそれ自身が一つの決定された「形」であるゆえに、新たな「形」の生成によって否定されて、永遠に消え去りゆくものでなければならない。西田は以下のように述べる。「絶対否定を媒介として或形が限定せられたと云ふことは、それは否定せられるべく限定せられたと云ふことである。仮相として限定せられたことである、何処までも表現せられた形である。併しそれは他に限定するものがあつて限定されたと云ふのでもない、他の実在の影像と云ふのでもない(現象即実在)。何処までも無基底的でなければならない。潜在から顕現へと云ふことはできない(絶対現在の自己限定)。それ自身がいつも全世界を表現してゐなければならない」(10, 527)。「表現」とは、前章三節で考察したように、他を媒介せずにそれ自身によって成立するという、基体的・実体的自己同一性への否定を媒介とすることである。したがって西田によれば、ある「形」が現在の現実において限定されたということそれ自身が、歴史的現実の世界の自己形成の過程のすべてが、そこに包括され決定されて実在するということであると共に、しかしそれは、世界が「表現的」に、あくまでも否定を媒介として自己を持つという仕方で決定されたことを意味する。「形」それ自身が「形作られたもの」となり、新たな「形」が生まれることは、すでに考察されたような、歴史の全過程の個々の出来事が、各々に固有の唯一・一度的なありようへと互いに他を呼び起こしつつ、歴史的過程が全体として自らを限定し決定することに他ならない。

したがって「形」は、新たな「形」の生成によって消し去られることで、すなわち、自らからは絶対に導出も限定もできない仕方によって、自らの「形」のその本来あるべきありようを表現し、あらわにしていく「形」である。「形」それ自身が「形作られたもの」となって否定し去られることは、その「形」が新たな「形」において位置づけ直されること、逆に言えば、それが新たな「形」の形成的・創造的要素となることを意味する。それは、現在の「形」そのものが廃棄されたり、改変されたりすることを意味するのではなく、かえってその「形」の本来の真義が示されること、すなわち、限定され決定された「形」が、自らをさらに限定し充実させて厳密なものとすることを意味する。「形の自己形成」として、「形から形へ」と進展する過程とは、歴史的現実のすでに決定されたその本来の「形」が、唯一無二の個性的な出来事の形成を媒介として、自らをあらわにし、それとして実現する過程に他ならない。すなわち、歴史の一歩一歩から歴史の全過程の本来的なありようが実現されていくと言いうると共に、その一歩一歩は、歴史のあるべく定められた「形」が自らを実現するその必然的な過程であると言いうる。こうした事情から西田は「形から形へと云ふことは、実は事から事へと云ふことでなければならない」(10, 526)、「事は即形であり、形は即事である」(同)と述べる。ここで「事」とは「歴史の世界は先づ徹底的に事の世界、出来事の世界でなければならない。私は歴史の世界の根柢に実体的なもの、何等かの意味に於ての基体的なものを考へることはできないと思ふ」(10, 369)とも言われるように「世界創造の事実」としての「底無き事実」「絶対的事実」のことであり、すなわち〈限定するものなくして限定すること〉〈形作られて形作ること〉としての〈こと=事〉である。「形から形へ」と進展する「形の自己形成」の世界は、形作られて形

作る〈こと＝事〉それ自身の自己形成として進展していく「事から事へ」の世界なのである。(6)

ただしここで顧慮すべきことは、「形」とは、常に何らかの一般性と個別性とを有したものとして成立するということである。西田はまた、古代ギリシャ哲学の用語を援用しつつ「形相と質料との矛盾的自己同一的に、形が形自身を形成する」(10, 524) とも述べる。西田の文脈で言えば、「形」とは、形相的統一による動的作用を根拠とするものでもなく、また質料を基体として、それが静的に固定され限定されることで顕現するものでもない。むしろ上述してきたように、歴史的現実の「個性的」な自己形成としての「形」の無基底的な自己形成それ自身における、相反する契機として、統一性・一般性と多数性・個別性とが成立するのであり、また同様に、動的作用と静的固定化とは、やはり「形」の無基底的な自己形成における、相反する契機として成立するものに他ならない。したがって、一般性の方向と個別性の方向とに無数の「形」が互いに連関しつつ成立する。また同様に、動的方向にも静的な方向にも、無数の「形」が成立する。西田は「物理的結構」も形であるとみなして、「形」を静的なものにも見出すと共に、また動的な形成作用においても、「最も具体的な歴史的社会形成の法則から、最も抽象的な物理的因果法則と考へられるものに至るまで……自己自身を形成する形と考えられる」(10, 392) と述べて、諸々の動的な形成作用もまた「形」を持つものとする。すなわち、およそ物質的世界から人間的生命の世界に至るまで、実在するものは、すべて「形」として現れているものなのであり、したがって、「形」は無数の仕方で成立し、その諸々の「形」もまた、それが各々他の形から自立して自己同一的に成立する基体・実体ではありえない以上、全体として無基底的な「形の自己形成」を成すのである。(7)

たとえば、物の視覚的な形状は、我々の身体が形作られる限りにおいて現れると、西田がしばしば述べるように、静的で固定的な物の「形」が視覚的に見られることも、西田によれば、すでに無基底的な〈形作られて形作ること〉において成立している。感覚が世界史の労苦・労作であるとの、マルクスを念頭に置いた主張が幾度もなされるように（10, 124 他）、視覚的な物の「形」が見られることも、すでに前章で考察されてきた、環境と主体とが〈形作られて形作ること〉としての「歴史的生命」の運動における、人間的生命の身体の形成によって成立してくる事態に他ならない。むしろ、人間的生命の身体、すなわち「歴史的身体」それ自身が、「形作られたものと共に形作るもの」に他ならず、それは、「歴史的生命」が自己を維持していくありよう、すなわち、自らを生産し消費する「歴史的生産」としての〈形作られて形作ること〉それ自身のありように他ならない。物の「形」を視るとは、そうした仕方で〈形作られて形作ること〉としての歴史的身体が成立することに他ならず、別言すれば、その物の「形」が視覚的に現れることとは、〈形作られて形作ること〉を遂行しつつ、我々の自己が、歴史的生命の働き方、ないしそこにおいて成立する人間の歴史的身体の働き方のそのあるべき「形」を摑むことに他ならない。しかもそれは文字通り不変な仕方で摑むことを意味しない。たとえば、包丁の刃の鋭利さが、訓練によってあるべき仕方で正確に視られるようになることがありうるように、しかも、その刃の「形」が厳密にはその都度の唯一無二のものであるように、ある物の「形」が視覚的に現れることは、〈形作られて形作ること〉としての「形」の無基底的な自己形成において、唯一無二の仕方で、歴史的生命のその本来あるべき必然の「形」があらわになることなのである。(8)

また、動的な「形」、たとえば包丁を研ぐ技術などにしても、それがその「形」を現実に持つのは、唯一・一度の現在の現実においてであり、すでに技術的な行為について考察してきたことから明らかなように、歴史的身体を媒介とした無基底的な〈働きつつ見ること〉ないし〈形作られて形作ること〉として、この私が現実にこの包丁を研ぐ〈こと＝事〉としてである。しかしそれが単に一過性のものであれば、それは〈包丁を研ぐ技術〉としての「形」を持つものではなく、なにか違った種類の技術（ないしは勘）としての「形」を持つものであろう。したがって〈包丁を研ぐ技術〉は、唯一・一度の現在の現実において、歴史的生命（における歴史的身体）のあるべき「形」を摑みつつ働くことであると共に、しかもそれはまた、今後の新たな唯一・一度の現実に際しては自らを捨て去って能く離れつつ、その現実に固有の仕方で働きうる、その「形」を現に摑んで働いていることである。すなわち技術の「形」とは、「形作られたもの」と「形作るもの」との形作られて形作る〈こと＝事〉が、「形から形へ」ないし「事から事へ」と自己を形成する「形」なのであり、そのことで、連続的・基体的に導出・応用できないような仕方で、歴史的生命の本来の「形」を必然的に実現するような「形」なのである。

こうした構造は、物質の科学的法則や人間の社会的組織の規則・法律など、より一般的な「形」においても同様である。それらは、歴史的生命の運動としての唯一無二の「個性的」な出来事を、それとして表現する「形」である。たとえば唯一無二の「個性的」な名演においては、楽曲、道具としての楽器、演奏技法、演奏者（楽団）さらには会場、聴衆、自然環境と自然法則、社会的な慣習・規律・法律と時代的・文化的状況といった無数の「形」が、他にない唯一のありようを成す仕方で、唯一なる個性的な「形」が表現されている。したがって、唯一無二の「個性的」な出来事とは、そもそもそこにおいて無数の「形」が、互いに他を媒介として唯一無二の「形」として成立しうるような、そうした「形」の自己形成のことなのであり、それはまさに、この自己形成に先立ついかなる〈もの＝基体・実体〉もなしに、形作られて形作る〈こと＝事〉それ自身の自己形成である。したがって、唯一無二の「個性的」な出来事においては、その形成要素としての無数の「形」のそのいずれかの「形」が重心ないし焦点となる仕方で、歴史的生命のすべての「形」が統一的に限定され、決定されるのであり、すなわち、そうした焦点において、現実の世界の歴史的形成の過程のすべてが包括され決定されて実在する。そしてこの重心ないし焦点とは、我々の自己の生命においては、人間的生命が成立する「形」、すなわち、「機械的」と「ロゴス的」との相反する両方向に広がる諸々のありようを持つとされた「歴史的身体」の「形」のその重心ないし焦点のありように他ならないのである。「形から形へ」の進展は、詳細に言えば、西田によるなら

「重心から重心へ」の進展であり、歴史的生命の自己形成は、重心をなす特定の「形」の進展でありつつ、そうした重心を有した全歴史的生命そのものの全体的な「形」の、すなわち「形の形」の進展に他ならないのである。

以上で考察されたように、西田は、歴史的生命の自己形成の過程を、「形から形へ」の「形の自己形成」の過程とみなすことで、歴史的現実の「個性的」な、それゆえに「動揺的」とも言いうるような自己形成が、またあるべき客観的な必然の過程であることを明らかにしたと言えよう。「形から形へ」と進展する「形の自己形成」の過程においては、必然的にあるべきものとして限定され、形作られていた歴史的現実の全過程の本来の「形」が、それとしてあらわになり実現されることによって、客観的・必然的に現在の現実が形成される。しかもそのことは、それが「表現的」な限定・決定としての形成であり、したがってすでに形作られた「形」による連続的・基体的な形成・限定を否定して、現在の現実が新たな唯一無二のこの「個性的」な「形」を自らによって限定し、形作ることと、互いに他に解消されることなく直接に一つのことをなす。西田はこうした「形」の論理において、歴史的現実の本来的な必然の過程は、「形作るもの」としての我々の自己が自由に応答する過程ではないと共に、また我々の自己の自由を無化するような〈もの＝基体・実体〉の必然的な自己限定の過程でもないことを明らかにしたのである。

こうして西田は、歴史的現実の世界を「形の自己形成」において「形から形へ」と進展する世界であるとみなすに至った。そして西田からすれば、歴史的現実の世界を「形」の世界と捉えることは、現実の世界を、消え去り、滅びゆくものとして明らかにすることである。歴史的現実の世界の自己形成の過程を「形から形へ」の進展と捉えることは、上述してきたように、現実の主観主義的な抽象化を排斥して、我々の自己を、歴史的現実の本来的必然の過程における、創造的で個性的な要素として捉えることを意味する。そして、それはとりもなおさず、我々の自己が、歴史的現実に絶対的に包括される存在であること、すなわち、特定の限定され決定された「形」

を有つ現在においてのみ存在し、常に新たなる現在の現実の「形」によって消し去られるものであることを意味する。西田はこうした観点から、従来は主として「非連続の連続」と呼んでいた歴史的現実の世界の成立構造・形式を、今や新たに「多と一との絶対矛盾的自己同一の世界」と定式化するに至る(9)。

西田によれば、歴史的現実の世界は、過去に形作られた環境の一般的限定による連続的自己同一からなる世界でもなく、また未来へと新たに形作る主体の個物的限定による連続的自己同一からなる世界でもない。したがってこの世界は、自らの内に自らの存在根拠を持ち、自立的・自己完結的に自己同一を持つ連続的基体・実体が、いかなる意味でも存在しない世界である。それゆえ、従来、西田は、この世界を明らかにする論理は、基体性への〈絶対〉否定を媒介とする世界の動的〈個性的〉な形成の構造を明らかにする「絶対弁証法の論理」であり、すなわちそれは、自立的に自己完結した基体的連続・自己同一を否定し、超越した仕方で成立する、無基底的な自己同一としての、「非連続の連続」〈「弁証法的自己同一」〉による論理であるとした。しかし今や西田は、この〈基体的自己同一を絶対に否定し超越した仕方で〉という否定性・超越性の側面に着目する。すなわち歴史的現実の世界は、「形を有つもの」として徹頭徹尾消し去られるもの、滅びゆくものであるという観点から、世界そのものが自らの内に自らの存在根拠を持たず、自己同一性を持たないということを強調する。西田は以下のように述べる。「絶対矛盾的自己同一の世界に於ては、自己同一は何処までも此世界を越えたものでなければならない。それは絶対に超越的でなければならない」(9, 214)。世界のこうした構造はまた、しばしば「自己自身の中に自己同一を持たない」、「絶対の他において自己同一を有する」とも言われる。すなわち歴史的現実の世界は、自らの内に自らによって自己同一を持たない、ないしは、自らの内に自らによって自己同一を持つような自己同一としては、自らを持たない世界である。ゆえに、今や西田は、歴史的現実の世界が基体的な自己同一性そのものを越え出て超越した仕方で、すなわち、基体的自己同一性そのものの「絶対矛盾」という仕方で、〈個物的な〉

多が多として、(全体的・一般的な)一が一として、したがって世界が世界として、成立するという意味において、この世界を「(多と一との)絶対矛盾的自己同一の世界」と定式化する。ゆえにここで西田が主題化するのは、現在の「形」の自己同一性は絶えず破られて滅び去り、恒久的には成立しえないという構造のことなどではない。むしろ主題化されているのは、自己自身を根拠として自らを明らかにし、実現するという、現実の世界の自己同一的・自己完結的な現前性・現在性それ自身が、徹頭徹尾否定され、破られた仕方で、すなわち、そうした自己同一的な現前性の「絶対の他」である仕方で、現実の世界が成立し、「形」を持つという構造のことに他ならない。西田は、現実の世界をこうした仕方で媒介し成立せしめる、無基底的な「絶対無」としての「絶対(者)」を、それが基体的・実体的な自己同一を絶対に否定し超越した自己同一であることから、「超越的一者」ないし「絶対的一者」と呼ぶ。すなわち「絶対者」とは、個物的多と全体的一との「絶対矛盾的自己同一」におけるその一項としての全体的一などではありえず、むしろそうした「絶対矛盾的自己同一」そのものとしての、絶対的一ないし「絶対的一者」に他ならないのである。(10)

四　世界の自覚と自覚的直観——自覚的自証・根本悪・自然法爾

それでは西田は、「(絶対)矛盾的自己同一」の論理によって、歴史的現実を「形の自己形成」の世界と把握することで、課題として残されていた「行為的直観」の「自証」性の解明をどのように行いうるのであろうか。すなわち、行為的直観が、自らによる自己同一・自己形成を絶対に否定し超越した歴史的生命の自己形成・自己表現において「自証」を持つという構造を、いかなる仕方で明らかにするのであろうか。「我々の自覚的自証を以て世界の自己表現の過程となす」(11, 74)、「我々の自己が世界の自己表現の過程として、自覚的に自証することが、直観である」(11, 73–74)とも述べられるように、西田が、従来は行為的直観の「自証」として捉えていた事態は、今や世界の自己表現の「自覚的自証」の事態、すなわち「行為的直観」とは位相を異にする「自覚的直観」ないし「自覚即直観」の「自証」の事態として把握されることとなる。だが、この事実は一体いかなることを意味するのであろうか。まず西田の言う「自覚」とはいかなる事態であるのかについて考察を進めよう(11)。

すでに考察してきたように、歴史的現実の世界、すなわち具体的には歴史的生命の世界とは、「形から形へ」と無基底的に進行する「形の自己形成」の世界であり、したがって「多と一との絶対矛盾的自己同一の世界」として、いかなる基体・実体もなしに成立する世界である。こうした世界においては、現在の現実において、歴史の全過程の本来的な形があらわになり、そこに歴史的現実のすべてが包括され、決定されて実在する。しかもそのことはまた、いかなる「形」もその連続的・基体的自己同一性を有することなく、唯一・一度的な絶対事実がその都度新たに自らの「形」を「個性的」に決定することにも他ならない。すでに引用した箇所で、西田は以下のように述べていた。「絶対否定を媒介として或形が限定せられたと云ふことは、それは否定せられるべく限定せられたと云ふことである。仮相として限定せられたことである、何処までも表現せられた形である。併しそれは他に限定するものがあつて限定されたと云ふのでもない、他の実在の影像と云ふのでもない(現象即実在)。何処までも無基底的でなければならない。潜在から顕現へと云ふことはできない(絶対現在の自己限定)。それ自身がいつも全世界を表現してゐなければならない」(10, 527)。現在の現実の「形」は、歴史的現実の世界が自らを「表現的」に決定した「形」であり、この「形」は、新たな唯一無二の「形」の自己形成を呼び起こすことにおいて自らを持ち、自らの本来をあらわにする。この「形」は、世界そのものではなく、あくまでも世界が「表現されたもの」すなわち「仮相」「影像」であるが、しかし、他方でこの「形」は、そこにおいて歴史的世界の全過程が包括され決定されている「形」であり、それと独立自存するような、表現する〈もの＝基体・実体〉、限定する〈もの〉は存在しない。表現するものと表現されるものとは絶対に異なりつつ、しかし無基底的な「形の自己形成」において直接に一つの〈こと＝事〉をなしている。したがって西田によれば、歴史的世界は「自己表現に於いて自己を有つ」、すなわち自己を表現する〈こと〉、〈表現するものなくして表現すること〉において、自己を持つ。

西田は、世界のこうした構造を「自覚」的な構造とみなす。「自己表現に於て自己を有つと云ふことは、表現するものが表現せられるものである、映すものが映されるものであると云ふことである。一言に自覚と云ふことである」(11, 60)。「世界は自己自身を映す、自己自身を表現する所に、自己を有ち、自己自身を限定する形として、自己を形成し行く。此に世界は自覚的である」(11, 62)。もちろん世界のこうした自覚的構造とは、すでに明らかなように、世界という〈もの＝基体・実体〉が事後的に自己を限定し表現するという構造を意味しない。世界が個物的多と全体的一との「矛盾的自己同一」において自己を持つということが、「自己表現に於て自己を有つ、自覚的であると云ふこと」であるとも言われる(11, 6)。すなわち、ここで言われる「自覚」とは、歴史的現実の世界それ全体の自己形成・自己表現と、唯一・一度的な絶対事実の個性的な自己形成・自己表現とが、その基体的自己同一性を否定された仕方で、したがって自らによって実現しえない仕方で、直接に一つの〈こと〉をなすということそれ自身を意味すると言えよう。そしてこの事態とは、前節で考察されたように、歴史現実のすでに決定されたその本来の「形」が、唯一無二の個性的な出来事の形成を媒介として、自らをあらわにし、表現することに他ならないであろう[12]。以下では、西田の言う、世界のこうした自覚的構造について、我々の自己の自覚との関係を明らかにしつつ、さらに詳しく検討していこう。

そもそも、個としての我々の自己が、何らかの意味において自己を自覚するということは、自己を把握する自己と自己に把握される自己とが、両者相違しつつもただちに同一であるという事態を意味していよう。そして西田からすれば、こうした事態は、自己が自己を模写的に把握することによってではなく、あくまでも自己が自己を表現することにおいて可能となる。自覚によって把握される自己は、それを把握する自己とは絶対に異なるものであり、したがって、それがありのままに模写されることは原理的に不可能である。自覚によって把握される自己とは、あくまでも、ある仕方で限定される自己、換言すれば、ある観点から表現される自己に他ならない。したがって自覚とは、表現される自己が、表現する自己と両者相異なりつつも、ただちに同一であるという構造を持つと考えられよう。しかも何らかの〈もの＝基体・実体〉が事後的に自己を表現することによる限り、表現するものと表現されるものとは、共に一つの基体の変容ないし様態であり、元来、両者の相互否定的な相違を媒介とする自覚は生起しえない。また両者が、まず基体として成立した上で事後的に関係しあうことによっても、両者が相互否定的でありつつ、ただちに同一であるという自覚の事態は生起しえない。「限定するものなき限定として、無基底的に絶対の事となることが、自覚すること」（10, 495）なのであり、個としての我々の自己の自覚とは、それに先立ついかなる基体・実体もない仕方で、ゆえに、表現されるものと表現するものとが互いに他に先立つことなく成立し、生起するような事実である。それはすでに考察されたような、無基底的な「形の自己形成」としての唯一・一度的な「絶対事実」の「個性的」な自己形成・自己表現のことに他ならない。むしろ、およそ無基底的な〈事〉としての「形の自己形成」とは、それが唯一無二の「形」において、自らを自らとして形成し、表現することに他ならないゆえに、そもそも自覚的な形成に他ならないのである。

ただしここで注視しなければならないのは、西田にとって、「形」のこうした個性的な自己形成・自己表現はまた、歴史的現実の世界全体の「形」の自己形成・自己表現であったこと、ゆえに「自覚」が、世界の成立構造として捉えられるべきものであるということである。たしかに、個としての我々の自己の自覚は、いかなる基体にもよらずに、それ自身で無基底的に成立する絶対事実であり、それゆえに、そうした事実の無基底的な自己形成の実現それ自身が、自らの真実性を証するような事態である。しかしそのことは、事実の無基底的な自己形成が、事実のそうした自己形成それ自身によって成立し形成されるということを意味しない。事実が、無基底的な自己形成として成立するということそれ自身は、まさに事実がそうした絶対事実であることにおいて失うことのできないことであり、この絶対事実それ自身が自由に無化したり改変・創作したりできないようなことでなければならない。我々の自己の自覚が、無基底的な事実として、他のなにものにもよらない自己形成において成立するということは、この〈こと＝事〉それ自身はまた、いかなる意味でもそれ自身からは導出し得ず、改変も創作もできない真実性を有して現れているということをも意味している。もしも、この無基底的に自己を形成する〈こと＝事〉それ自身が、自らの統御の下にあるのであれば、かえってこの事実は、その自己形成性それ自身を失うことになろう。無基底的な事実の自己形成と、この事実が、自らからは実現することも根拠づけることもできないような仕方で超越的に形成され決定されることとが、互いに他に還元されることなしに一つの〈こと＝事〉であることが、自覚が自覚として成立するという事態である。したがって、いかなる仕方であれ、我々の自己が自覚するという事実が成立する際には、それは、すでに単に我々の自己によって実現していることでもなく、単に我々の自己の内において成立していることでもない。「私の事は世界の事である」(10, 439) とも言われるように、我々の自己の自覚とは、唯一・一度の個性的な自己形成・自己表現としての絶対事実でありながら、それがまたこうした絶対事実からは導出することのできないような、歴史的現実の世界の全過程それ全体の、すでに決定された本来のあるべき必然の「形」が、自らを表現する事実であり、その意味で自覚の事実とは、我々の自己の〈もの＝基体・実体〉ではなく、我々の自己を超越した「世界の事」であり「歴史的世界の絶対事実」に他ならない。この意味において、我々の自己を超越した、歴史的現実の世界の自己形成・自己表現の構造において、我々の自己の自覚の成立構造が見出されるのである。

加えて、「世界の事」としての我々の自覚の事実とは、この〈こと＝事〉に先立つ基体としての我々の自己は存在しない以上、我々の自己が自己である限り、それから離れることのできないような、自己の存在成立の事実、疑いえない根本事実であると言わねばならない。むしろ我々の自己の自己形成が、その根拠を自らによって、ないし自らの内に、基体的に持つことへの徹底的な否定を媒介として成立するというこのことこそ、我々の自己の自己形成の底に、それを根拠づけるいかなる基底も存在しないこと、すなわち自覚が、無基底的な事実の自己形成においての成立するということの真義に他ならない。自覚は、まさに無基底的な事実が現前することそれ自身において、疑いえない真実性を証すると共に、そうした直接的な現前とは、この事実（における我々の自己）が自らに根拠を持ち、自己同一的・自己完結的に現前するそれではなく、そうした基体性に基づく自己現前・自己実現を否定し超越する仕方で、その根底にいかなる根拠もなしに現前するそれであることを証示している。自覚が、疑い得ない事実的な現前であるということはまた、この事実が、それ自身から根拠づけることのできない仕方で超越的に、ないしは自らの内に還元しおさめつくすことのできない仕方で異他的・矛盾的に、現前する事実であることを意味する。自覚の事実の疑い得ない直証的な現前には、それが自らに先立ついかなる〈もの＝基体・実体〉も持たず、それ自身で現前する事実であるということの裏面として、その現前・実現の根拠を自らの内において持たないという、不可測性・不可思議性が存しているのであり、逆にこうした事態においてこそ、自覚の直証的な現前がそれとして成立しえているのである。

もちろんこうした自覚の現前とは、超越的なる〈もの＝基体・実体〉が現前することを意味しない。むしろこの事態は、およそ不可視さ自体（というもの）が、何らかの仕方でそれ自身において現前するということを否定する仕方で成立するものである。すなわち、それはあるものが、それ自身において自らの根拠と同一性を持つものであり、自己同一的・自己完結的に現前するというあり方そのものに、「絶対の他」なる仕方で成立する現前であり、その意味においてこの現前は、そうした基体的自己同一に矛盾し、それを超越するような「絶対矛盾的自己同一」ないし「絶対的一者」としての絶対者によって、成立せしめられる事態である。したがって、すでに考察したように、我々の自己の自覚とは、「世界の事」「歴史的世界の絶対事実」としての無基底的な「形」の自己形成・自己表現のことに他ならなかったが、今やそれはまた、「絶対的一者」の自己表現として成立する事態に他ならないことが明らかになるのである。

ただし「絶対的一者」の自己表現として、我々の自己の自覚の事実が成立するということは、「絶対的一者」の自己表現が「絶対否定」ないし「絶対無」を媒介するとも、しばしば述べられるように、自覚の事実が、自らの基体的自己同一性への「絶対否定」に媒介されて成立するということそれ以外ではありえない。換言すれば、それは、歴史的現実の世界全体の本来的な自己形成・自己表現と、唯一・一度的な絶対事実の個性的な自己形成・自己表現とが、絶対否定を媒介として一つの〈こと＝事〉をなすということ、したがって、我々の自己の自覚はまた、それを重心ないし焦点として、歴史的現実の全過程が包括され決定された「形」の表現であることを意味する。ゆえに、絶対的一者の自己表現として我々が自覚するとは、こうした「歴史的世界の絶対事実」それ以外に、歴史的現実を超えて何らかの仕方で「絶対的一者」を見、「絶対的一者」の表現に与ることなどを意味しないのである。

したがって、「絶対者」が「絶対的一者」と呼ばれるのは、その自己表現において、歴史的現実の世界が自己同一性を持つということを明確にするために他ならない[13]。すなわち、歴史的現実の世界の無基底的な自己形成が、単に根拠のない非連続的な過程ではなく、基体性・実体性への否定を媒介として、「事から事へと」本来的に実現すべき自己同一的な「形」を持つことを明確にするために他ならない。「絶対矛盾的自己同一」の世界は、絶対事実の世界でなければならない。云はば、世界が絶対に無基底的に、一度的事実として消え去ると共に、絶対的一者の自己表現として、何処までも自己自身を維持する世界でなければならない」[14]（10, 493）。「絶対的一者」とは、個物的多においても全体的一においても、また両者の相互否定的協働においても、その基体的な自己同一性を絶対に否定し去ることで、「形」の自己形成・自己表現を「事から事へ」と成立せしめる、無基底的な媒介者・創造者のことに他ならない。その意味において絶対的一者は、その自己表現に先立って存在するようないかなる〈もの＝基体・実体〉でもありえない。いわば絶対的一者とは、いかなる基体・実体も否定する仕方で〈表現するものなくして表現すること〉を現に開いている〈こと〉なのであり、換言すれば、我々の自己のあらゆる自己基体化・実体化を絶対に否定することで、無基底的な「形」の自己形成・自己表現としての〈形作られて形作ること〉ないし〈表現されて表現すること〉を現に開いている〈こと〉に他ならない。したがって絶対的一者とは、〈表現されて表現すること〉としての行為的直観が、現にそれとして自己同一を有し、成立している〈こと＝事〉それ自身であり、この〈こと＝事〉の成立に先立って自己同一的に存在し、事後的にそれを成立せしめるような、そうした〈もの＝基体・実体〉ではありえないのである。

以上で考察されたように、自覚とは、疑うことも離れることもできない根本事実であり、疑いえないその真実性を、無基底的な〈こと＝事〉の顕現それ自身において証示するような事態である。すなわち、この自覚の事実の内においてもその外にも、この事実の顕現に先立って存在し、それ自身でこの事実を導出し、限定する〈表現する〉ような〈もの＝基体・実体〉は存せず、ゆえに、我々の自己の自覚の事実がこうした自証を持つことそれ自身が、自覚の事実が、それ自身によって自己同一的に実現する事態ではなく、むしろそれ自身の内に回収することのできない、自らに異他的・矛盾的な仕方で自己同一を持つこと、「矛盾的自己同一」的に現前し、成立する事態であることを証示しているのである。すなわち、我々の自己の自覚が自証を持つことは、我々の自己が基体的・実体的根拠を有することを、内的に（自己において）であれ外的に（世界において）であれ否定し、我々の自己の自己自身による現前・実現を絶対に超越した仕方で現前するような、「絶対者」ないし「絶対的一者」の自己表現において、我々の自己の自覚が成立することを証示しているのである。しかも自覚の事実の自証性が意味する、いわば疑うことも離れることもできない、この必当然的な直証性・明証性とは、この事実が、不可視性・不可測性を有して現前することを把捉しているがゆえに、現前するものである。正確には、自覚が、単に我々の自己の自己形成・自己表現の事実なのではなく、むしろこうした自己形成・自己表現が、我々の把捉を絶対に超越した絶対的一者の自己表現において、基体性への否定を媒介として「矛盾的自己同一」的に成立しているがゆえに、現前しうるものである。自覚の事実の自証とは、自覚の事実のこうした成立構造についての自覚が現に開かれていることを証しているのである。

したがって逆に言えば、絶対者が「絶対的一者」として、基体性・実体性への否定を媒介として、無基底的に自己を表現しつつ存在するという、絶対者のこうした存在構造は、我々の自己からはその必然性を根拠づけえない自覚の事実の自証が、それとして生じているということによって、その真実性を証されるものである。自覚の自証性こそが、絶対者が「絶対否定」ないし「絶対無」の媒介者であり、「絶対的一者」として、自己否定的に自己を表現する存在であることの真実性を証しているものである。西田は次のように述べる。「我々の自己は世界の唯一事実として、一面に何処までも創造的なると共に、一面に何処までも表現的である。而してその個物の個物たる個物の核心に於て、いつも絶対的一者に触れて居る。絶対に触れることのできないものに触れて居る。そこに自覚的である」(10, 529)。我々の自己の自覚の事実とは、自己が触れることの決してできない、絶対に超越的な「絶対的一者」に、我々の自己が、そのいかなる根拠も見出し得ないままに媒介されていることを証示している。したがってそれはまた、我々の自己が、自己の内において自己に回収できず、自己からその出会いを差配することのできない異他的なるものに触れていること、その決して触れ得ない不可視・不可測なる異他性に触れていることを証示している。それも、異他的なる〈もの〉（として自己から同定した〈もの〉）の自己同一的な現前に触れるのとは「絶対の他」である仕方で触れていることを証示している。加えて、すでに考察したように、自覚の事実の自証とはまた、自覚的な自証として成立するものであるがゆえに、以上のような、我々の自己の自覚の事実の成立構造と、それを可能にする絶対者の存在構造についての規定・限定の内容は、絶対的一者の自己表現の内容として、自覚の事実において与えられるものである。もちろん、絶対者そのものは、およそすべての限定と表現とを否定し超越しており、絶対者と、それにおいて成立する歴史的現実の世界のその存在構造についてのいかなる限定・表現も、我々の自己によってその真実性・妥当性を確証することはできない。ただ我々の自己の自覚の事実が自証的に生起するというこのことが、我々の自己の自覚が、いかなる基体・実体でもない「絶対無」「絶対的一者」たる絶対者の自己表現として成立することの証示を意味しているのであり、さらにはそうした構造の自覚が、絶対者の自己表現・自己証示において与えられている内容であり、絶対者（実在）のありようについての真なる表現（現象）となっていることの証示を意味しているのである。「私は絶対的一者と云ふものを……何処までも云はば映像と考へるのである。然らばと云つて、それを単に虚幻と考へるのかと云はるればさうではない。現象即実在である」(10, 531–532)。基体・実体ではなく「絶対無」として、したがって、絶対否定を媒介する「絶対矛盾的自己同一」としての「絶対的一者」として、絶対者を把捉し表現すべきことを、そうした把捉と表現を絶対に超越した絶対者は証示し、我々の自己は、自覚の事実においてそれを自証する。そこに我々の自己は、いかなる表現的把捉をも絶対に超越した「絶対的一者」の自己表現において、我々の自己の自己形成・自己表現が成立することを把握し、表現しうるのである。

以上に考察してきたことを概括すれば、我々の自己の自覚とは、基体的自己同一性への否定を媒介として、自らを唯一無二の「形」において表現する〈こと＝事〉に他ならないのであり、我々の自己とは、そうした無基底的な「形」の自己形成・自己表現において、自覚的に自己を持ち、自己として生きる存在である。そして「形」の自己形成・自己表現としてのこの自覚の事実は、それが無基底的に〈形作るものなくして形作ること〉として自らを形成し創造するという、この〈こと＝事〉の絶対的事実性において、自らの真実性を自証する。しかもその「自証」とは、すでに明らかになったように、我々の自己の自覚が、自らを絶対に超越した「絶対的一者」の自己表現において成立すること、したがって、唯一・一度の事実としての、我々の自己の自己形成が、歴史的現実の本来的に決定された「形」の必然的に実現する過程において成立することを、自覚し、自証することに他ならない。それゆえに、「我々の自覚的自証を以て世界の自己表現の過程となす」(11, 74)、「我々の自己が世界の自己表現の過程として、自覚的に自証することが、直観である」(11, 73–74) と言われたのである。

西田はこうした自覚的な自証としての「直観」を、「世界自覚」としての「自覚的直観」(10, 562) ないし「自覚即直観」(同) と呼ぶ。そして西田によれば、この自覚的な自証は、「行為的直観」の自証とはあくまでも区別されるべきものである。「私は我々の自己は行為的直観的に自覚するに至ると考へるが、行為的直観が自覚と同一であると云ふのではない。……私の行為的直観と云ふのは、我々の自己が、世界を映すことによつて働き、働くことによつて映すと云ふことに外ならない。矛盾的自己同一的世界に於ての自己と世界との関係である。自覚と云ふのは、矛盾的自己同一的世界が自己の内に自己を映すと云ふことである。世界が世界自身に対する関係である。併し此二つの事は、矛盾的自己同一的世界に於て一つの事である」(10, 470)。ここで言われる「世界を映すことによつて働き、働くことによつて映す」ような行為的直観とは、形作られた世界と、新たに形作る主体とが、いかなる基体・実体もなしに〈働きつつ映す(見る)こと〉に他ならない。したがって行為的直観は、その事実的な自己形成・自己実現において、無基底的に自らを直証する。そして行為的直観のこの自証性は、この行為的直観が絶対的一者の自己表現において成立すること、またそのことが自覚的に把握されていることを示している。

しかし、行為的直観の自証性は、そのものとしては、こうした自覚に真に開かれた「自覚的自証」として成立しているとは言えない。我々の自己が現実に生き、行為することは、包丁を研ぐにせよ、楽器を協奏したり、組織を共に運営したりするにせよ、あるいは何らかの事柄について知識を得たり思惟したりするにせよ、必ずある目的や意図に基づき、それを前提にした上でなされるものである。したがって、現実の行為としての行為的直観は、「形作るもの」としての我々の自己が、ある限定された立場に立って世界と関係すること、すなわち西田が引用箇所で述べていたように、「自己と世界との関係」においてなされる。現実の行為としての行為的直観は、まさに具体的な行為として、ある目的や意図の下になされるものであるがゆえに、そこでは、そうした目的や意図を前提する限りにおいて、我々の自己の立場と世界との関係が主題化され、自覚的に表現される。ゆえに、そもそも我々の自己（と世界との関係）が、自らの目的や意図を絶対に超越し否定した、絶対的一者の自己表現において成立することが、直接に自覚的な表現にもたらされることはなく、それゆえに、我々の自己のこうした成立構造についての自覚も見失われる危険が生じよう。行為的直観は、具体的な行為として我々の自己のある目的ないしある立場において成立するもの以外ではありえないゆえに、それは我々の自己の基体化・実体化の契機を必然的に含むと言わねばならない。行為的直観は、それ自身としては、我々の自己が、自らを基体化・実体化し、自らの本来を見失って主観主義的な世界像に基づいた生へと転落する危険を高めることですらあり、またこうした転落を防ぐ手立ては、行為的直観としての行為ないし生それ自身の内には存しない。ただこうした行為的直観の連続的な自己進展それ自身が挫折し、我々の自己の自己基体化が徹底して否定し去られることにおいて、我々の自己は「自覚的自証」のその本来のありように開かれる。すなわち「絶対矛盾的自己同一」としての「絶対的一者」の自己表現として成立するような、歴史的現実と我々の自己のそのありようを、真なる意味で自覚的に表現する。このことこそ、我々の自己が、歴史的現実の世界をそれ自身として映す（見る）こととしての「自覚的直観」に他ならない。むしろこうした「自覚的直観」に裏づけられることで、行為的直観としての我々の自己の生は、自己の自己基体化・実体化に基づくそれとしてではなく、歴史的現実の「個性的」な形成において成立し、したがって、行為的直観のその本来のありようを実現する。「行為的直観」における創造的行為と独立して「自覚的直観」が成立するわけではなく、「自覚的直観」とは、現実において「形作られたもの」と「形作るもの」とが互いに〈働きつつ見る（映す）こと〉ないし〈形作られて形作ること〉が、自らを徹底すること、すなわち行為的直観が、自らのその真の創造性を徹底していくことに他ならない。「自覚的直観」は、その創造性において自らを自覚的に自証するのであり、それゆえに西田は、「自覚的直観」をまた「創造的直観」（10, 563–564）とも呼ぶ。まさしくすでに引用したように、「行為的直観が自覚と同一であると云ふのではない」と共に、「併し此二つの事は、矛盾的自己同一的世界に於て一つの事である」。歴史的現実の世界が「個性的」に自己を形成し表現するその「形」として、我々の自己が成立すること、より正確には、絶対的一者の自己表現として世界が自らの本来的な「形」を形成し表現する、その「一焦点」ないし「一重心」として、我々の自己が成立することが、「自覚的直観」に裏づけられて、それと「一つの事である」ような、本来の「行為的直観」の成立のありように他ならない。

したがって、絶対的一者の自己表現として成立する歴史的現実の世界は、こうした「自覚的直観」（に基づく行為的直観）において、自らのその本来的なありようを必然的に決定し表現すると言うべきなのであり、ゆえにこの自覚的直観とはまた、先に引用箇所で述べられたように、「世界が世界に対する関係」としての「世界の自覚」のことに他ならない。それは、唯一・一度の事実としての我々の自己の「個性的」な自己形成が、歴史的現実の本来的に決定された「形」の必然的に実現する過程において成立することを、自覚的に自証し表現するものに他ならない。行為的直観の自証とは、あくまでもこの自覚的直観の自証においてその真実性を証されるものと言わねばならない。ゆえに西田によれば、我々の自己が自覚的直観において自覚するとは、歴史的現実の世界全体がそれ全体として自己を表現するその「一中心」ないし「一焦点」として自己を表現することであり、すなわち世界がその本来を自覚するその「一立脚点」となることである。「世界が自覚する時、我々の自己が自覚する。我々の自己が自覚する時、世界が自覚する。我々の自覚的自己の一々は、世界の配景的一中心である」(10, 559)。我々の自己の自覚はあくまでも「世界の事」「歴史的世界の絶対事実」であり、我々の自己の自覚の事実が起こるのは、自己の内においてではなく、世界においてである。その意味において、我々の自己の自覚とは、世界が自らを自覚することにおいて成立するものと言うべきである。

とはいえ、こうした見解は、我々の自己の自覚と、歴史的現実の世界の成立との相即性を主張しようとするものではない。むしろ西田からすれば、歴史的世界の成立構造に、とりわけ具体的には、客観的現実性を有した歴史的生命の運動の成立構造に、我々の自己の自覚が成立する所以が存する。すなわち、歴史的現実の世界が「形の自己形成」において「個性的」に自己を形成し表現するゆえに、その本来的な実現の過程において、世界の「個性的」な自己形成の「焦点」として、我々の自己の自覚が成立するのである[15]。我々の自己の自覚のその自覚的自証とは、我々の自己の自覚の内において、超越的な絶対的一者の自己表現を認証するものではなく、我々の自己の自覚の事実そのものが、我々の自己に超越的な仕方で成立し、すなわち、絶対的一者に媒介されて、世界の本来的な必然の運動において成立することを証示し表現しているものなのである。

それでは、こうした「自覚的自証」としての「自覚的直観」とは、具体的にはいかなる事態であり、いかなる仕方で実現されるのであろうか。西田は、この自覚的自証は、根底的には宗教的立場においてはじめて可能となるとみなす。そして西田のこの見解の背景には、歴史的現実の世界と、そこにおいて存在する我々の自己とは、自らを基体化・実体化する契機を必然的に胚胎し、しかもそうした基体化・実体化を自らの内からは否定し克服することができないという洞察がある。

すでに考察されてきたように、歴史的現実の世界の自己形成の過程とは、世界が、すでに本来的に決定された自らの「形」を必然的に表現し形成する過程であり、またその焦点ないし重心として、我々の自己の自覚の事実が成立する。したがって、現在の現実において、我々の自己が唯一無二のこの自己を自覚し、この自己として行為することは、「何等かの意味に於て我々によつて変ぜられること」もない客観性を有して、すでに過去において必然的に決定されていたことに他ならない。我々の自己を自覚し、行為するありようは、自己の自由な創作が能くするものではなく、かえってこの自由な創作に対して超越的に与えられる事実であるがゆえに、我々の自己の行為は、我々の自己の意志や創作からは超越した、歴史の客観的な形成過程の一契機として成立するものに他ならない。しかし他方で、我々の自己の自覚とは、いやしくもそれが自己の自覚である限り、自己が唯一無二の自己として他によらずに自らによって現に実現する事実であり、あくまでも自己の自由によって実現される事実である。すなわち、それ自身で自らを形成する自覚の絶対事実が重心となって、歴史的現実の世界それ全体が形成されるとも言わねばならない。そして「人間は自由と必然との矛盾的存在である……矛盾が現実の生命の事実なるが故に、我々に無限の努力があり、無限の労苦がある」(9, 9–10) とも言われるように、我々の自己が世界において必然的に決定されていることと、我々の自己が自由に自己を実現することとのこの矛盾は、我々の自己が自己である限り、解消されたり克服されたりすることは不可能なものである。したがって、我々の自己が自己である限り、自らが世界において必然的に決定された存在であるということを見失う事態も生じよう。我々の自己においては、自らが自立的に自らの内に存在根拠を持ち、行為しうるものとして自らを基体化・実体化し、それに基づいて世界を差配・統御しようとするという恣意的で我欲的な契機が備わっており、この契機が無くなることはありえない。「各人の独断、各人の我執と云ふものが、此世界に本質的でなければならない」(9, 301)。

しかも我々の自己が、いわば本質的に、主観主義的な自己転倒の契機を有するということは、その所以を単に我々の自己の存在構造の内に有するのみならず、むしろ世界の存在構造それ自身に有するものである。すでに考察してきたように、歴史的現実の世界は、個物的多においても全体的一においても、それ自身で無媒介に存立するような自己同一的基体を持たないような世界である。すなわち個物的多も全体的一も、自らにおいて自らの存在根拠を持たず、さらには、自らにおいて自らと他との協働・統一を可能にする根拠をも持たない。自らの内に自らの存在根拠を持ち、否定的な媒介に先立って自立的に自己完結する連続的基体・実体は、いかなる意味でも存在しない世界である。いかなる〈もの＝基体・実体〉も先行したり媒介者となったりすることなしに、ただ個物的多と全体的一とが互いに〈形作られて形作ること〉その〈こと＝事〉の内で、したがって両者がそうした仕方で異他的である〈こと＝事〉それ自身において、両者は両者として成立し、世界が世界として成立する。歴史的現実の世界は、自己同一的な〈もの＝基体・実体〉の現前を絶対的に否定し、そうした現前とは絶対に他なる仕方で自己同一を持つという意味において「絶対矛盾的自己同一の世界」である。それゆえに歴史的現実の世界において、個物的多と全体的一とは、本質的に徹頭徹尾、異他的・矛盾的であり、両者の関係は、安定した調和へと転換することはありえずに、絶えず「動揺的」である。したがって世界の歴史的運動は、個物的多が全体的一を限定し内在化しようとすること、すなわち、我々の自己が主観主義的に自己を基体化・絶対化して、世界を独断的に差配し統御しようとすることが生じる、その所以を必然的に内包する。また逆に、全体的一が個物的多を限定し内在化しようとすること、世界の本来あるべき個性的な形成が固定化され絶対化されたものとなり、ひいては我々の自己の唯一無二のありようが、抑圧され奪われることもまた、歴史的現実にその所以が本質的に存する。たとえば西田は、歴史的現実における社会と個人との関係を例にして以下のように述べる。「全体的一と個物的多と何処までも相反し相互否定的でありながら、矛盾的自己同一として世界が自己自身を形成し行く所に、我々の実践的行為の目的があるのである。……之に反し、全体的一が、世界的個物的多として世界の形成要素たる個物的多を否定する時、全体的一の不正があり、個物的多が世界的全体的一として世界主体の意義を有する全体的一を否定する時、個物的多の不正があるのである。前者を社会悪と云ひ、後者を個人悪と云ふ」(10, 66)。個物的多と全体的一とは、互いに内在化することができず、異他的であるがゆえに、個物的多が全体的一を内在化しようとすることはまた、何らかの仕方で全体的一がそれを助長し呼び起こす限りにおいてであり、逆もまた真である。それは、「形作られたもの」からの一般的限定と「形作るもの」からの個物的限定との、そのどちらかに偏向することによって、両者が互いに〈形作られて形作ること〉において成立する歴史的現実の世界が、その本来の「個性的」な創造性を失うことに他ならない。

したがって西田からすれば、そもそもこの歴史的現実の世界それ自身が、自らを基体化・実体化し、自らのあるべき本来のありようを歪曲するという運動を本質的に有している。「私の問題は世界の問題である」と言われるように、我々の自己の主観主義的な自己基体化・実体化とは、「形作られたもの」と「形作るもの」とが互いに〈形作られて形作ること〉の連続的固定化・惰性化であり、すなわち、世界それ自身の自己基体化・実体化の一様相に他ならない。しかも世界のこうした自己転倒性・自己歪曲性は、単に社会や個人において、悪や不正が必然的に生起するといったことを意味するものではない。そうした悪や不正は、我々の自己に不可避な事実として、それしかなしえないような悪というよりも、むしろそれに対置して善や正義を想定しうるもの、権利上避けうる、ないし克服しうるものである。しかし、すでに前章までに考察してきたように、西田によれば、我々の自己が自己であり、自由な意志を有することとそれ自身が、我々の自己に不可避な事実としての悪、すなわち「根本悪」である。むしろ世界そのものが、その成立からして、自らの本来のありようの実現を阻害し歪曲する「根本悪」を有して在るものであり、それは我々の自己の根本悪を生むものとして、まさしく「悪魔的」である。そして、世界は、それが世界である以上、「悪魔的」な性格を自らによって克服することが徹頭徹尾不可能なものである。

こうした事情を、西田は、たとえば我々の自己の側から次のように述べる。「行為的直観的に我々の個人的自己に迫り来るものは、単に質料的でもなく、単に否定的でもなく、悪魔的に我々に迫り来るものでなければならない」(9, 205)。我々の自己は、〈働きつつ見ること〉ないし〈形作られて形作ること〉としての行為的直観において、自己として行為する。それはすでに見たように、ある目的や意図に基づく、特定の限定された立場において実現されているものであるが、しかし、本来いかなる行為的直観であろうとも、それは我々の自己からは導出できない仕方で、すなわち、我々の自己からの連続的自己限定・自己同一への否定を媒介とする仕方で、成立している。しかし我々の自己が、自らの行為を行為的直観において実現することは、たとえば技術の熟達と共に惰性化・粗雑化が起こるように、行為の実現を媒介する絶対的な否定性を見失わせ、行為が我々の自己から連続的に限定し差配しうる事態であるかのように錯誤させるものであり、むしろそこでは、かえって自己基体化・実体化の危険が強まることとなる。たとえば、さらなる修練によって、ひとたび惰性化・粗雑化する傾向にあった技術が再び生き生きとしたものに取り戻されるなら、今度は技術の創造性と弾力性とが増しただけに、再び惰性化・粗雑化する際には、より強固なそれに至るまで、そして場合によっては修復が効かないところに至るまで、かえって事態が顕在化しないということも起こる。そしてその技術がその人になくてはならないものであればあるほど、必然的にその人は自らの在処までも見失うに至るであろう。すなわち、「形作られたもの」として我々の自己に与えられるものは、単に我々の行為の障害となったり、我々の行為を否定したりするものだけなのではなく、むしろさらなる差配への欲望を誘うものとして「悪魔的に迫り来るもの」なのであり、それは「我々を生かしながら我々を奴隷化するのである、我々の魂を殺すのである」(9, 201)。ここに自己は、「形作られたもの」において自己を奪われ、見失うことで、世界の抑圧の「奴隷」となり、果てなき苦悩の連鎖に閉じ込められる。[16]しかもそのことは、世界それ自身が自らの本来から転倒し、自らを歪曲化することをもまた意味しよう。

この際、世界と我々の自己とのこうした現実があらわになることで、それを我々の自己の努力によって是正しようとする道徳的行為が生じる。しかし西田によれば、それも、自己によって自己是正を導出し実現しうるという自己確信に基づくものであり、結局は、自己是正・自己克己を自ら差配するものに他ならない。しかし、このことの自覚から、我々の自己はまた、自らと世界とを絶対に超越したものの助けによって事態を改善しようともする。しかしこの立場にしても、絶対者に助けと救いとを求めている点で、やはり自己の差配と統御への意志によっており、我々の自己がそうした救いを求めれば求めるほど、我々の自己の根本悪と世界の根源的悪魔性が徹底的にあらわになる。「形作られたもの」と「形作るもの」が、正確には、両者がそこにおいて成立するような、両者の〈形作られて形作ること〉は、徹頭徹尾、絶対者に背くものでしかありえず、それゆえに救いを願う価値すら有しないものであり、存在することそのものが許されざるものであることが、こうしてあらわになる。ここで、我々の自己と、自己がそこにおいて存在する世界とが、共に自らの本来を阻害することしかできない存在であるという矛盾に直面し、そしてこの矛盾に窮して、我々の自己が自己自身によって絶対的な超越者に従い得る(あるいは背き得る)という自己確信そのものが無に帰す時、我々の自己と世界とにおける、一方が他方を自らに内在化しようとする働きが否定し去られる。すなわち、自己と世界とが、各々自らに存在根拠を持ち、他に無媒介に存在するものとして自らを基体化・実体化することが否定し去られる。

ここにおいて自己と世界とは、自らによっては自らの本来を実現できず、自らにおいて自己同一を持たないという仕方で自己同一を持つという、自らの本来のありようへと転換し徹底する。換言すれば、我々の自己は、いかなる〈もの＝基体・実体〉もない〈形作られて形作ること〉において、互いに他に媒介されることで自己を持つという、無基底的な「形の自己形成」としての「世界創造の絶対事実」を生きる。「我々は自己矛盾の底に深く省みることによつて、自己自身を翻して絶対に結合するのである……之を回心と云ふ。そこには自己自身を否定することによつて、真の自己を見出すのである」(9, 216)。しかもこうした自己否定は、自己からも世界からも可能ではない。「我々が斯く自己自身の根底に於て自己矛盾に撞着すると云ふも、自己自身によるのでなく絶対の呼声でなければならない。自己自身によつて自己否定はできない（ここに宗教家は恩寵といふものを考へる）」(同)。「形作られたもの」と「形作るもの」との〈形作られて形作ること〉は、「形作られたもの」からの一般的限定によっても、「形作るもの」としての自己からの個物的限定によっても、あるいは一般限定と個物的限定の相互否定的協働としての世界からも、その実現を導出することも、その可能性を先取りすることもできない。その意味において、この出来事は、我々の自己と世界とを超越した絶対者によって与えられると言わねばならない。そしてこの超越的な絶対者こそ、前節で考察されたように、「絶対無」ないし「絶対否定」の媒介者・創造者に他ならず、すなわち、世界におけるいかなる基体的（有的）自己同一性をも絶対に否定することで個物的多を多として、全体的一を一として、すなわち、世界を世界として肯定し開く〈こと〉である「絶対的一者」に他ならないのである。

こうして我々の自己は、否定的な回心ないし転換によって救いを得て、自己の本来に徹しつつ、かつそこから離れることなく生きる存在となる。西田はこの出来事を宗教的体験の出来事とみなす。「我々の生命の根底に於て深く生命の自己矛盾を自覚することによつて自己自身の真源に徹し、絶対に自己自身を否定して動いて動かざるものの立場に入る所に、宗教といふものがあるのである。それを懸崖に手を撒して絶後に蘇ると云ひ、又は最早我生くるにあらずキリスト我が内にありて生くるとも云ふ」(9, 145)。したがって、この出来事が宗教的体験の出来事と言われるのは、とりわけ、その転換ないし回心の徹底的な否定性ゆえである。西田はこうした否定的な転換を「我々が死することによつて新なる生命を得ると云ふ絶対者に撞着する」(9, 32) こととみなし、さらにはこの「死」についていては、「宗教的体験の立場といふのは、自己といふものが死にきつて、絶対が出て来ることである」(9, 67) という意味において、我々の自己の「永遠の死」「絶対の死」のことであるとされる。

ここで、我々の自己の自己基体化が否定される転換が、「絶対の死」「永遠の死」であるとされるのは、決して比喩においてではない。前章で考察したように、西田にとって「死」とは、その個体の個性的な形成・創造が否定されること、個性的な創造の力が奪われることである。日常においても個体の消滅を「死」と呼ぶ時、その「死」には、このことが含意されていると思われる。しかし、我々の自己において想い描かれる「死」とは、自らの死の後も、物質的にせよその他の仕方にせよ、世界に何らかの歴史的影響を及ぼすことが暗に想定され、予期されたものである。しかし「宗教家には、生命そのものが、生まれる事が、罪でなければならない」(9, 402) とも述べられるように、我々の自己が絶対者に撞着することは、自らの存在そのものが許されざるものであることに直面することであり、それは単に、有限なこの自己が、はかなく消え去る泡沫的な存在であることが明らかになることではなく、むしろ我々の自己が自己のその一切の存在価値を否定され、ここに即座にその歴史的な実在性・現実性を奪われて、端的に無となるべきものであることが明らかとなることを意味する。我々の自己の「根源悪」に直面して、絶対者に従い得る (あるいは背き得る) という自己確信そのものが無に帰して、もはや我々の自己には、自らと世界に対するいかなる歴史的な想定も、あるいは予期や期待も失われて、自己の存在そのものがただ破滅することこそ、我々の自己の創造性が否定されて端的に虚無に帰することであり、すなわち「絶対の死」「永遠の死」である。そしてそれこそは、日常に言われる「死」においても本来含意されている、創造性の否定という死の本義がそこに尽くされている、根底的な「死」に他ならない。こうして我々の自己とは、宗教的な否定的転換において、自らの個性的な創造性を絶対に否定されることで、かえって自らが自らとして持つ個性的な創造性に根底的に開かれる。すなわち宗教的体験において、我々の自己はまさに唯一度的に生まれ、働き、死にゆく唯一なる個として、自らの本来のありように徹しうるのである。

もちろん我々の自己がこうした否定的な転換に撞着するのは、もっぱら我々の自己が自らを問うことにおいてではなく、むしろあくまでも「形作るもの」としての我々の自己と「形作られたもの」との間の〈形作られて形作ること〉それ自身が歩んでいく道行きにおいてである。むしろこの転換とは、我々の自己が無媒介な基体・実体として存在するのではなく、〈形作られて形作ること〉において存在することを自覚し、それを深めていくことに他ならない。西田はまたそれを「心身一如的に証せられる」(9, 334) ことと述べ、さらにそれについて「物となつて考へ物となつて行ふのである。万法すすみて自己を修証するをさとりと云ふ」(9, 333) と述べる。西田の言う宗教的体験の出来事とは、身体を媒介として技術的に成立する行為的直観において、歴史的生命のその本来の個性的な自己形成を実現することなのであり、回心と言っても我々の自己の心的態度の変化などではなく、第二章三節で考察されたような、我々の自己の意志や意識によって改変することのできない退引きならない生命の客観的な現実性を有して生起する事態なのである。

ただし、こうした宗教的体験の出来事は、それが「絶対の死」「永遠の死」と言われても、我々の自己と世界とがその根源悪性・悪魔性から脱することを意味するわけではない。我々の自己の根源悪とは、我々の自己は、自己によっては、自己の本来を実現できないということ、あるいは、自己の本来をあらしめる絶対者に背くことしかできないということであり、すなわち、「自己自身の中に自己同一を持たない」ような我々の自己が、自己において、ないし自己によって、自己同一を持とうとすることに他ならない。このことを他面から見れば、世界は、自らにおいて自己同一を持たないにもかかわらず、自らにおいて自己同一を持とうとするという根源的な悪魔性を有することを意味する。しかし我々の自己と世界とは、本来〈形作られて形作ること〉として成立するのであり、共に自らにおいて自己同一を持たない仕方で、すなわち、他を媒介する限りにおいて自己同一を持つ。別言すれば、我々の自己と世界とは、この〈形作られて形作ること〉に先立つような無媒介な〈もの＝基体・実体〉の自己同一ではない仕方で自己同一（自己形成）を持ち、したがって、〈自己において〉自己同一を持とうとするという自己基体化・実体化が徹底的に否定し去られることで、自己同一を持つ。それは我々の自己に即して言えば、自己は自己によっては自己同一を実現し得ないこと、自己は無基底的な「絶対無」としての「絶対的一者」において、自己同一を実現することを意味する。ゆえに、我々の自己の本来のありようにおいても、我々の自己は、自己によって、ないし自己においては、自己の本来の自己同一を実現し得ないのであり、しかも〈自己において〉自己同一を持とうとせざるをえないということはそのままに存している。すなわち、我々の自己は自らの根本悪そのものを、自己の本来のありようにおいても、いささかもぬぐい去られることはないと言わねばならない。

振り返って考えれば、そもそも我々の自己が根本悪的であるとはまた、我々の自己は、自らの自己同一の根拠を自己において持つことのできない存在であるにもかかわらず、この有限性・無力性に面することなく、自己を根拠として、自己において自己同一を持とうとせざるをえないということである。したがって、自己の根本悪性を自己によって斥け、克服しようとすることにより、さらに重ねて自己によって自己同一を持とうと差配するのではなく、自己が根本悪的であることそのものに面して、とりわけ根本悪の〈自己において自らの存在根拠を持たない〉ありように、あるいは、そうした根拠の無さ、根拠づけの不可能さに開かれるときに、我々の自己は自己の本来を実現する。「真に絶対の神は、何処までも我々を超越すると共に我々を包むものでなければならない」(11, 131) とも述べられるように、むしろ我々の自己は、その根本悪に徹することで、いわばその根本悪性そのままに絶対者に包まれると言わねばならない。ゆえに、我々の自己は「何処までも唯一なる個として意志的、反逆的である」、あるいは「欲望的」で「私欲的」であり (11, 131)、「人間より神に行く途は絶対にない」と共に、「而も我々は個となればなる程、神に近づくのである」(同)。こうした観点から言えば、我々の自己が自らの本来に背き、絶対者に背かざるを得ないということは、自己によって、ないし自己においてではなく、絶対者において包まれ、在らしめられていることに他ならない。したがって、我々の自己の根本悪とは、絶対者が自己否定的に形成し、在らしめたものであり、その意味において絶対者が自らのありようを表現したものである。上述したように、我々の自己は、自らが根本悪的であることそれ自身に面し、自らの基体化・実体化に基づく差配が否定し去られることで、その根本悪性のままに絶対者に包まれ、絶対者において無基底的な自己本来の自己同一・自己形成を実現するのである。

したがって、我々の自己の「絶対の死」「永遠の死」において、いかなる期待も死し、いわば我々の自己が破滅し、そのことで自己の基体化・実体化が消滅する時、唯一なる個としての我々の自己の根本悪は、そのままに絶対者に容れられ、赦されていることが、我々の自己に明らかになる。「自由といふもののない所に、人間はない。併し人間が徹底的に自由とならうとすればする程、絶対の鉄壁に打当る。人間が真に人間であらうとすればする程、人間は危機の上に立つのである。そこまでに至らない人間は、厳格には酔生夢死の動物の域を脱したものでない。故に人間は最も神に背く所に、最も神に近づいて居ると云ふこともできる。人間が人間自身を否定する所に、真に人間の生きる途があるのである」(9, 56)。我々の自己と世界とが、絶対者に否定的に転換せしめられ、自己の本来のありようを持ちうるのは、絶対者(神)に従い、近づくことによってではない。それは、我々の自己と世界とが、絶対者から遠く隔たり、絶対者に近づこうとして背くことしかできないことが、ただ徹せられるところに、すなわち、我々の自己が唯一なる個として、他に、そして絶対者に、徹頭徹尾反逆的であるそのありようからいささかも離れることのないままに可能となる。「神と人間とは何処でも相反するものでなければならない、絶対否定を隔てて相対するのである、否、対すると云ふことはできないのである……人間から神に行く途はない。そこには絶対の否定がなければならない。併し絶対否定によつてのみ、人間は真の生命を得るのである」(同)。

我々の自己はただ、形作られて形作る〈こと＝事〉として自らを持つ存在であり、この〈事〉に先行して自己において自己同一を持とうとすることへの否定を媒介として、したがって、絶対者による否定を媒介として、本来のありようを持つ。我々の自己が自らの本来に背き、それを見失い、そこに苦悩することは、我々の自己が自らを基体化・実体化して世界を差配・統御しようとすることにおいて、その原理的な不可能さに撞着するところに現れるものである。すなわちそれは、我々の自己の基体化・実体化への否定として現れるものである。我々の自己が「絶対の死」において否定的に転換せしめられることとは、自己において自己同一を持たない自らの生が、その悪も苦しみもが、自己基体化・実体化への否定の現成として、そのままに自己の本来の実現の場となることであり、苦が苦でありながら、苦から離れて救われていることに他ならない。苦が、我々の自己のものとして現れるのでなしに、絶対者のものとして現れるのであり、絶対者の自己形成・自己表現のこととして、苦が現れるのである。したがって宗教的立場とは、努力や苦の消滅を意味するのではない。西田は宗教的行について「それはその方向として無限の進行である、釈迦弥陀も修行最中と云ふ」(9, 332)とも述べる。こうした立場においては、我々の自己の行為とは、そのままに絶対者において包まれているものであり、現実の我々の行為における特定の意図や目的も、絶対者の自己表現のその一契機・一焦点として、ないしは、いわば絶対者から発するものとして、唯一・一度的な個としての在るべき在りようを在り、なすべきことをなすありようとして生きられるのである。「之に向ふと云ふことすらできない絶対から、我々は向ふ所を示される」(9, 46)。

こうして我々の自己の行為は、宗教的立場において、絶対者の自己表現の一焦点として成立するのであり、それも、このことを自覚してまさに絶対者に包まれた仕方で成立する。したがってそれは、すでに考察されたような、我々の自己が絶対者の自己表現の焦点として自己を形成し、自らを自覚すること、それもその「自覚的自証」を有して「自覚的直観」ないし「創造的直観」において自覚することの、その具体相を示すものに他ならない。この具体相はまた、さらに西田によってしばしば「自然法爾」と呼ばれる。西田は「自然法爾」を説明して次のように言う。「それは衝動のまゝに勝手に振る舞ふことではない、それは所謂自然主義ではない。それには事に当つて己を尽すと云ふことが含まれてゐなければならない。そこには無限の努力が包まれてゐなければならない。唯なるがまゝと云ふことではない。併し自己の努力そのものが自己のものではないことを知ることである。自ら然らしめるものがあると云ふことである。パウロが既に我生けるにあらずキリスト我にありて生けるなりと云ふのと同様であらう。然もそれは外から自己を動かすのでも内から動かすのでもなく、自己を包むものでなければならない。否、絶対矛盾的自己同一として、我々の自己がそれに於てあるのである」(12, 369)。

そもそも、「絶対矛盾的自己同一」としての絶対的全体ないし「絶対的一者」の自己表現において、我々の自己が自らとして行為し、自らを自覚するという「創造的直観」とは、我々の自己が絶対に唯一・一度的な事実の自己形成の創造的要素となることで、歴史的現実の世界のその全体のありようを、したがって、世界の歴史的形成の過程のその全体のありようを、表現することに他ならなかった。別言すれば、我々がそこにおいて生まれ、働き、死にゆく歴史的現実の世界とは、唯一・一度的な「形」の自己形成を焦点として、歴史的過程のそのすでに本来的に決定された「形」が自らを必然的に実現するという、「自由即必然なる」本来的必然ないし「歴史的自然」の過程において成立する。そして「自然法爾」とは、まさに我々の自己が絶対者の自己表現としての、この「自由即必然」なる「歴史的必然」ないし「歴史的自然」の過程において、一度的に生まれ、働き、死にゆく唯一の個であることを「自覚的」に「自証」する立場、すなわち「自覚的直観」ないし「創造的直観」を真に根底的に生きる立場に他ならないのである。

あるいはここでは、歴史的過程を「自然法爾」のそれとして把握することは、過去の一々の出来事を、とりわけその苦難や悲劇を、歴史の進展においては皆やむを得ざること、ないしは必要なことであったと主張することを意味するのではないかとの疑念も生じよう。だが、実際には「自然法爾」とは、歴史的過程が、その一々の出来事の生起の必要性や正当性について、さらにはそれがなぜ他ではなく、それとして生じたのかについて、それを根拠づけることが絶対に不可能な過程であることを示す語である。すなわち「自然法爾」的なる「歴史的自然」や「歴史的必然」とは、こうした根拠づけを介してなされる、我々の自己による歴史的過程の統括・差配そのものを否定するような意味での「必然性」を意味する。「自然法爾」の過程とは、現在の無基底的な事実が唯一・一度的な焦点となって、歴史的過程の本来のあるべき「形」が、そのあるべき必然性において現れることである。別言すれば、歴史的過程の一々の出来事が、その基体性・実体性への否定を媒介として無基底的に現れること、ゆえに、互いに他によって導出されることも根拠づけられることもなく、互いに異他的・非通約的であること〈こと〉において、全体として現在の唯一・一度的な事実の「形」をなすことである。そしてこのことが我々の自己に証示されるのは、現在の「形」が、自らに存在根拠を持たず、自らから根拠づけることも、導出・実現することもできない不可測・不可思議な仕方で成立することと、この現在の「形」が、他によらずに自らを実現することとが、一つの〈こと〉をなすという「自覚的自証」においてであった。

したがって、一々の唯一・一度の「個性的」な出来事が、それぞれの快・苦、如意・不如意・悲劇が、他にない唯一・一度の厳然・厳粛たる事実として、それであるがままに端的に容れられ、肯定されることで、その必要性や正当性の根拠づけについては挫折し、不可能なるままに、他ではありえない、あるべき本来の「自由即必然」なる我々のこの自己が、退引きならない仕方で証示される（こうした端的な肯定の具体相については、本章六節において述べる）。この意味において、すでに形作られた一々の唯一・一度の出来事は、その快・苦、如意・不如意・悲劇にかかわらず、「自然法爾」を実現すべく我々の自己に与えられる「課題」であると言いうる。それは、我々の自己の（基体的連続性への）差配が徹底して否定されて、自己が「自由即必然」なる本来の自己として生きうるか否か、それを問うものとして我々の自己の前に屹立する。「形作るもの」としての我々の自己と「形作られたもの」との、基体性への否定を媒介とした、形作られて形作る〈こと＝事〉が、そうした唯一・一度の「絶対事実」が、現在において生起し、現に実現するというこの事態そのものが、歴史的過程の一々が如意であるか不如意であるか、ないしは必要であるか不必要であるかということを超えて、あるいはそうした分別と価値づけとを無意味にする仕方で、現在の事実が、歴史の「自由即必然」なる「自然法爾的自然」の実現であることを自覚的に自証するのである。そこに歴史的現実の世界のすべての出来事が、「自然法爾」的に「個性的」な出来事へと転換し、その本来のあるべき固有のありようへと徹底する。そこに我々の自己は、過去から未来永劫に至るまで、自己の本来のありようを「自由即必然」なる「自然法爾」的に実現していない出来事は一つとしてなかったこと、別言すれば、歴史的現実の世界における我々の自己そのものが、したがって、世界と自己の根本的・根源的な悪性・悪魔性もが、すでに絶対者に包まれ、救い取られていることを自覚的に自証するのである。それゆえに、こうした「自覚的自証」は、一々の出来事の必要性・正当性の価値づけ、根拠づけを実現することではありえない。むしろそうした根拠づけは、歴史を貫く一元的な目的といった、歴史的過程に先立って成立している〈もの＝基体・実体〉を想定し、その下で歴史を統括しようとすることに他ならない。そもそも「自然法爾」なる本来的な必然の内容とその方向は、すなわち、歴史的現実の世界の統一的な「形」は、現在の現実の出来事の「個性的」な自己形成に先立って無媒介に存在する〈もの＝基体・実体〉ではありえない。繰り返し考察してきたように、歴史的現実の世界は、ただ「現在から現在へ」と、連続的な基体的自己同一性への否定を媒介として、その一々が他によって導出されたり他の内に還元されたりすることの不可能な仕方で「個性的」に自らを実現することにおいてのみ成立し実在する。すなわち、歴史の「自由にして必然なる」その本来があるべき仕方で必然的に実現する「自然法爾」の過程とは、「事は即形であり、形は即事である」とも述べられていたように、「形作られたもの」と「形作るもの」との〈形作られて形作ること〉の現実・現場において、我々の自己の行為が、否定を媒介として、自らの本来的必然を、過程的・段階的に一歩一歩、欺きつくすことのできない仕方で自証する〈こと＝事〉それ以外ではありえないのである。

ゆえに、「形作るもの」としての我々の自己が、歴史の本来的な必然としての「自然法爾」において存在するということは、我々の自己には自由が存しないということを意味しない。そもそもこうした理解は、我々の自己と歴史的現実の根本的・根源的な悪性が忘却されることに由来するものに他ならない。というのも、我々の自己には自由が存在しないという理解は、現在における未来への個物的限定によって形作られることなしに、それ自身において自己形成・自己限定を持ち、自己同一的に現前するような〈もの＝基体・実体〉を、過去からの一般的限定において見出し、そこに我々の自己を見出すものであり、すなわち、形作られて形作る〈こと〉としての歴史的現実の世界に先立って、ないしその外部に、我々の自己の根拠を置くような、主観主義に立つものに他ならない。それは、とりもなおさず、我々の自己が、自己において自己同一を持たないという根本悪・根源悪を忘却して自己において自己同一を持とうとすること、それに基づいて世界を自己において内在化しようとすることである。しかも西田によれば、この忘却は世界の根源的な悪魔性にその必然的な根拠を有する。「作られたものとして我々を動かすものは、抽象論理的に我々に迫るものでなければならない（斯くあつたから斯くすべしとして）」（9, 206）。そしてこの抽象論理とは「世界を決定したもの」として考えるという「真理の仮面を以て我々を誑すもの」と言われる（9, 205–206）。すなわち、歴史的現実の世界は根源的に悪魔的であるがゆえに、「形作られたもの」はまた、「形作るもの」としての我々の自己を抑圧し内在化するべく、我々の自己に迫り来るものである。それも、我々の自己をして、自らには自由が存しないものとしての確信を強めさせるように我々の自己の根源的悪性を増長させ、またそうした世界観（ないし論理）を構築させることで、我々の自己自身が自らの創造性を自らで減退させ、ひいては自己の在処を喪失するところへと、我々の自己を抑圧し追いつめるものである。

したがって「自然法爾」の過程とは、いかなる意味でも、我々の自己の行為に先立って観想しうるものではなく、ゆえに、行為の或る瞬間に一挙に十全に行為のありようを俯瞰しうるものでもありえない。我々の自己は、自らに内在化することのありえない「形作られたもの」との〈形作られて形作ること〉ないし〈働きつつ見ること〉を実現する、そのただ中においてはじめて、自らが自由に、かつ必然的に行為していることを、そしてその内実を、一歩一歩知るのである。すでに述べたように「自然法爾」とは「無限の進行」であり、我々の自己が唯一・一度的な個としての在るべきありようを在り、その都度なすべきことをなして、生き、働き、死にゆくことである。それは根源的な意味における「絶対の死」を媒介としてのみ、実現されるありようであり、それも、未来を先取りし統括することそれ自身が絶えず否定されていくありよう、いわば一歩一歩が「絶対の死」であるありように他ならないのである。

その意味では、むしろ「自由即必然」なる本来的必然の過程と、そこにおいて包まれる我々の自己の「自然法爾」なるありようは、我々の自己からも世界からも導出することができないものであると言わなければならない。「形作られたもの」と「形作るもの」との〈形作られて形作ること〉は、それに先立ついかなる〈もの＝基体・実体〉もなく、「形作られたもの」からも「形作るもの」からも、両者の相互否定的協働（の連続的自己形成）からも実現することができないものであり、まさにその意味において、それは、絶対者の自己表現において生じるものと言わねばならない。しかしこのことは、我々の自己の振る舞いに偶然的に、ないし無関係に、一々の出来事が絶対者から到来し、与えられるということを意味しない。絶対者と我々の自己との関係について、それを偶然的な、ないし無関係的なものとして理解することは、我々の自己が否定性を含まずに無媒介に存在し、それゆえに、自己において自己同一を有する基体・実体であるとみなした上で、それに対して、自己を否定するものとして絶対者を想定することである。しかし実は、かえってそうした絶対者こそ、我々の自己を超越する絶対ではなく、相対的なものに他ならない。真に超越的なる絶対とは、我々の自己において与えられるものではなく、我々の自己が、それにおいて与えられるものである。すなわち、我々の自己が自己であり、自由即必然なるありようにおいて自己を生きることそれ自身が、絶対者において、絶対者によって与えられる出来事である。したがって絶対者においては、そもそも我々の自己が絶対者と相互に限定しあうということも、また絶対者が自らの存在のために、我々の自己の存在を必要とするということも、ありえない。絶対者は我々の自己に絶対に超越的であり、すべての実在を実在として在らしめる。現実の一々の事実がそれとして生じることの根拠もまた、ただ絶対者にのみ帰せられるべきである。「絶対は一でなければならない。矛盾的自己同一でなければならない。絶対は力でなければならない、相対に相即的と云ふものではない」(9, 333)。絶対(者)は、いかなる意味においても、相対の働きに応じてそれと「相即的」に働くようなものではない。絶対は、ただそれ自身において絶対であり、「絶対的一」であって、絶対が我々の自己の振る舞いによって動かされ、媒介されるということは、いかなる意味でもありえない。ゆえに、我々の自己の行為が絶対者を限定するのではなく、絶対者が我々の自己の行為の仕方を限定し、歴史的現実の世界が本来の必然的な過程において成立するという仕方で、絶対者が世界を創造し限定するのである。

したがって絶対者は、いかなるものからの影響も受けず、あるいは影響を受けるか否かという対立図式そのものを超越しつつ、自らによりつつ、歴史的世界の本来的な必然性の進展において自己を表現する。それゆえに絶対者は、自己否定的に自己同一を持ち、すなわち「矛盾的自己同一」的に存在する。西田が引用箇所において述べているように、絶対者とは、本来的必然性の進展において、相対が、すなわち世界と我々の自己とが、そこにおいて自らの自己同一性を有するその「力」に他ならない。むしろその自覚的自証こそが、絶対的一者の自己表現において我々の自己が行為すること、具体的には「自然法爾」において唯一の個として世界において生まれ、働き、死すことに他ならないのである。

五　絶対的論理主義による矛盾的自己同一の論理——絶対論理の立場

それでは以上の考察をふまえつつ、『哲学論文集第三』以降の西田哲学の論理と方法とはいかなるものであるのか、またそれは、田邊や戸坂からの問題提起にいかなる回答を与えたものであったのか、検討していこう。まず『哲学論文集第三』以降の立場において、哲学の方法としての思惟とは、いかなる営みとして捉えられるのであろうか。西田は以下のように述べる。「我々の自己の行為的直観が、歴史的世界の唯一的事実として、絶対的一者の自己表現に結合する、即ち世界そのものの自己表現となる所に、判断が成立するのである。我々の行為的直観が世界の自己表現たる所に、客観的知識が成立するのである」(10, 560)、「我々の自己が、世界の唯一なる事として、自己否定的に世界を表現する時、我々の自己の作用は絶対的一者の自己表現に結合する、我々は世界を論理的に表現する、即ち思惟するのである」(10, 549–550)。ここで西田は、我々の自己の行為的直観が、歴史的世界の「唯一的事実」ないし「唯一なる事」として「絶対的一者の自己表現」に結合する際に、哲学的な思惟も含めて、広く客観的な思惟と知識とが成立すると述べていると言えよう。以下では、必要な限りにおいて前節までの考察を概括しつつ、まず西田のこの叙述を検討していこう。

西田にとって歴史的現実の世界とは、「形作られたもの」からの一般的限定と「形作るもの」からの個物的限定との〈形作られて形作ること〉が、それに先立ついかなる〈もの＝基体・実体〉もなく、その事実それ自身において自らを形成するという「絶対現在の自己限定」において成立する世界であり、その意味において「形から形へ」と「個性的」に成立する世界であった。したがってこの世界とは、個物的多と全体的一とが、自らにおいて自己同一を持たず、いかなる意味においても基体・実体を有しない仕方で「絶対矛盾的」に自己同一を持ち、自己を形成する世界である。そして西田によれば、世界のこうした形成とは、唯一・一度的な「形の自己形成」の「個性的」な事実を焦点として、歴史的現実の世界のその全体が、すなわち世界の歴史的形成の過程のその全体が、自らの「形」を限定し、決定することであった。したがって、歴史的世界の形成過程とは、唯一・一度的な「形」の自己形成を焦点として、歴史的過程のそのすでに本来的に決定された「形」が、自らを必然的に実現するという、「自由即必然なる」本来的必然ないし「自然法爾（的自然）」の過程に他ならない。ここでは一々の事実が、その背後にいかなる基体もない「世界創造の絶対事実」として、世界の全き創始かつ終焉であり、すなわち一々の「形」が、新たに世界が発生した「形」であると共に、しかしそれらはまた、一つの全体的実在の表現であり、その意味で「絶対的一者」の自己表現として成立すると言わねばならない。それゆえに、各々が全き世界とも言うべき一々の「形」はまた、一なる世界の自己表現の「個性的」な焦点とも言いうる。

したがって、我々の自己の行為的直観とは、唯一・一度的な「世界創造の絶対事実」として、絶対的一者の自己表現における「個性的」な焦点としての「形」を形成する出来事のことであり、そこに、すでに考察されたように、我々の自己の自覚が成立する。したがって、行為的直観の事実は、自らが無基底的に形成する唯一・一度的な「形」が、歴史的現実の世界それ全体が自らを表現する「形」であることの「自覚的自証」を持つのであり、そこに世界の「客観的な知識」の表現が成立する。その意味において先の引用箇所に述べられていたように、「我々の行為的直観が世界の自己表現たる所に、客観的知識が成立する」と言いうるのであるが、ただしこの際、西田によれば、我々の自己の行為的直観において特に「記号的」に表現された「形」が、世界の「客観的な知識」に他ならない。すなわち「知識と云ふのは、歴史的現実の記号的自己表現、広義に於ての言語的表現と云ふもの」(10, 462) に他ならない。ここで西田が言う「記号的」とは、以下で考察するように、広く個物的多が全体的一の代表となることである。そもそも、我々の自己の行為的直観において表現される、世界の「形」においては、「形相と質料との矛盾的自己同一的に、形が形自身を形成する」(10, 524) とも述べられていたように、個別的多が全体的一を、全体的一が個別的多を表現し、両者は互いに他において自己同一を持つ。すなわち世界の「形」とは、すでに考察されたように、無数の「個別的」なる形が、特定のある「形」が焦点となる仕方で、統一的で全体的な「形」を形成することである[17]。この際に無数の個別的多なる「形」が、自らに固有の実在性を持たず、より一般的な「形」の一代表例・表現例となる仕方で成立することが、「記号的」ということである。したがって世界の「記号的自己表現」とは、個物的な「形」を、何らかの仕方で自らの代表例・表現例として持つような一般的な「形」を焦点として、世界が自らを表現することであり、我々の自己の行為的直観において、それが生きられることである。そこに思惟は、自らの客観的真理性・妥当性の自証を持つ。ゆえに個別的多と全体的一との相互表現的な歴史的現実の「形」の、その一般的な形式・構造を、我々の自己の行為的直観において形成し表現することが、我々の自己が思惟するということである。それは、たとえば函数的設定が表現する「形」としての科学的法則体系や、あるいは概念的な限定が表現する「形」としての学問体系といった、諸々の記号的・概念的な体系としての、ある特定の「形」を焦点として、すなわちそうした「形」の自己表現・自己展開として、歴史的現実の世界が自らを表現することである。したがって、西田はまた思惟を、世界が「記号的表現面」に自らを投射することとも捉えるのである（10, 444）。

以上で考察したように、我々の自己の行為的直観が、唯一・一度的な「世界創造の絶対事実」として、絶対的一者の記号的自己表現となることによって、思惟が客観的な真理性・妥当性を有して成立する。したがって思惟は、「形作られたもの」と「形作るもの」との〈形作られて形作ること〉その〈こと＝事〉において、したがって「形作られたもの」からも「形作るもの」からも導出できない仕方で、成立するものであり、すでに「形作られたもの」としての知識体系から連続的に推移していくようなもの、ないしは、知識体系をそれたらしめている原理に基づき、諸々の知識内容を推論式的に導出していくものではありえない。さしあたり「推論式」とは、思惟が、思惟自らによって、その記号的・概念的な連関の必然性において自己を展開し、媒介していくその形式であるとするなら、西田によれば、そうした形式それ自身は、思惟の真理性・妥当性の根拠とはなりえない。というのも、思惟それ自身は、絶対的一者の記号的表現として、世界の一般的限定に即して成立するものの、しかしそれはあくまでも絶対的一者の自己表現における「唯一事実」として成立するものである。ゆえに思惟は、自らの「推論式」的な連続的自己限定・自己同一が否定し去られ、個物的限定に媒介されることによってのみ、自らの必然的な展開を実現しうるのである。

とはいえ、西田にとってこのことは、思惟における記号的・概念的表現を媒介しないような事実の自己形成・自己表現がまず生成し、それから事後的に思惟が生成するということを意味しない。西田は次のように述べる。「思惟の世界と云ふのは、無限なる関係の世界、無限なる過程の世界である。直観と云ふのは、これに反し一歩一歩が独自的に、非過程的とすら考へられる。直観は非論理的と考へられる。併し……無限なる関係が、関係の関係の立場から、コムポッシブル的に決定せられる所が、直観でなければならない。無限なる関係の網を離れて、直観と云ふものがあるのでなく、真理の決定せられる所に、直観がなければならない」(10, 528–529)。ここに述べられるように、まず思惟とは、ある記号的・概念的体系としての「形」ないし「関係」が、それをそれたらしめている原理としての統一的な形式ないし「形」に基づいて、無限に自己を限定し展開していく過程である。これに反して、我々の自己の「直観」すなわち「行為的直観」とは、唯一・一度の無基底的な「世界創造の絶対事実」が、事実それ自身として自らを現わし、形成することであり、それはさしあたり、思惟の自己限定・自己展開の過程を否定し去るような事実の現成に他ならない。しかしすでに考察されたように、世界創造の絶対事実が唯一・一度的に現れるということは、この事実が、すでに形作られた事実を否定し去って新たに現れることであると共に、またこの事実が、次なる新たな事実によって否定し去られ、唯一・一度的に消え去るものとして現れるということである。唯一・一度的な絶対事実は、無媒介に成立する〈もの＝基体・実体〉ないし、その事後的な自己限定によるのではなく、形作る〈もの〉なくして他と〈形作られて形作ること〉の、まさしくその〈こと＝事・事実〉それ自身として生成するのであり、したがってこうした生成とはまた、歴史の全過程の一々の事実が、互いに異他的・非通約的であるままに、他のその唯一・一度的な個性を互いに呼び起こしあい、歴史的過程全体がそれ全体として自らを限定し、決定することに他ならない。逆に、そうした仕方で歴史的過程全体が充実し連関づくことにおいて、歴史的現実の世界は、その本来のありようを実現するのである。絶対事実それ自身の自己形成を生きる行為的直観とは、歴史の全過程・全連関を包括し決定する「形」が、正確には「形の形」ないし「関係の関係」が、現在のこの唯一・一度的事実を焦点として決定され、表現されることに他ならない。むしろ一々のいかなる事実も基点となることなく、その意味において連続的過程性はいかなる意味でも否定されつつ、いわばすべての事実が唯一・一度的に個性的なるままに「コンポッシブル的に決定せられる所」が、

「行為的直観」に他ならないのである。

したがって、唯一・一度の無基底的な事実としての行為的直観の、その個性的な「形」とは、新たな「形」の生成によって自らの基体化が否定し去られることで、すなわち、自らからは絶対に導出も限定もできない仕方で、自らの「形」のその本来あるべきありようを表現し、あらわにしていく。「形」それ自身が、「形作られたもの」となって否定し去られることは、その「形」が、新たな「形」において位置づけ直されることである。すなわち、その「形」が新たな形において、一と他が規則的に対応するという意味において「表現」的な対応を持つことである。[18] それは現在の「形」そのものが廃棄されたり改変されたりすること、そして、それによって現在の「形」と無関係な新たな「形」が無媒介に現れることを意味するのではなく、現在の「形」が、新たな「形」の形成的・創造的要素として、新たな「形」において「コンポッシブル的に決定せられる」ことを意味し、ゆえに、かえって現在の「形」の本来の真義が表現されること、すなわち、限定され決定された現在の「形」が、自らをさらに限定し充実させて、厳密なものとすることを意味する。こうした意味において、〈形作られて形作ること〉としての行為的直観の進展する過程とは、まさしく歴史的現実のすでに決定されたその本来のありようが、唯一無二の「個性的」な事実の「形」を焦点として、自らを〈表現〉する過程に他ならない。すでに考察されたように、この過程においては、形作られて形作る〈こと＝事〉の一々が、世界創造の始発にして終焉でありつつも、しかしその一々の事実が、一なる実在全体の自己表現の焦点、すなわち「絶対的一者の自己表現」の焦点となる。歴史の一々の事実が、歴史的現実の自己形成のその全過程の、本来的なありようの実現であると言いうると共に、一々の事実の実現は、歴史の本来の「形」が自らを実現する、その必然的な過程として、「自由即必然」なる歴史的必然の過程、「自然法爾（的自然）」の過程に他ならない。したがって、ある記号的・概念的な体系を焦点として、歴史的現実の世界の「形」が、その本来のありようを自らで表現し、実現する過程が、思惟であるとするなら、それは上述したような、絶対的一者の自己表現としての本来的な必然の過程において成立するものである。すなわち、この過程においては、その都度の「個性的」な「形」の自己形成が、歴史的現実の世界の、その全過程の「形」の自己展開・自己表現の焦点として成立するのである。そしてその際に、西田によれば、現在の事実の「形」をなす根本形・基本形（「パラデーグマ」）が、時代性に媒介された「歴史的種」としての「社会」であり、またそうした根本形・基本形の具体的・現実的な重心が、我々の自己の「身体」に他ならない。それゆえに、その都度の思惟によって新たに学的に表現され、統一し直される記号的・概念的体系は、その一々が、時代性・社会性を媒介して、我々の自己において具体的・現実的に生きられる「形」であると言いうると共に、その一々が歴史的現実の世界を包括し決定する「形」として、それ自身において絶対性を有すると言いうる。「科学的知識は歴史的現実に基礎附けられながら、而も所謂歴史主義的に相対主義的でないと云ふことができる。絶対矛盾的自己同一的な歴史的空間の自己限定として、自己自身を形成する形の自己表現として、それぞれの立場に於てそれ自身に一つの体系を成すのである」(10, 468)。

たしかに、思惟のこうした自己限定・自己展開の必然性とは、唯一・一度的な「世界創造の絶対事実」としての我々の自己の行為的直観が、絶対的一者の記号的自己表現として成立することにおいて、ゆえにこの行為的直観が、あくまでも事実的な直接性において自覚的に自証するべきものである。しかしこの必然性とは、それが「形の自己形成」の過程における自証であってみれば、直接的な事実が、歴史的現実の世界そのものの「形」の本来的な自己表現の事実であるその限りにおいて成立するような、直接的な自証性に他ならない。「形」の自己表現としての思惟と、唯一の「絶対事実」の自己形成としての直観すなわち行為的直観とは、絶対的一者の自己表現としての本来的な必然の過程における、相異なる契機・方面に他ならない。個物的多と全体的一との「矛盾的自己同一的世界」において、その全体的一の方向において成り立つ思惟は、個物的多と全体的一との否定を媒介して〈形作られて形作ること〉である行為的直観の事実から、事後的に成立するのではなく、直ちにその不可欠な構成的契機をなしていると言わねばならない。

なるほどたしかに、こうして思惟と直観とが一つの事実的な自証性をなすことそれ自身は、行為的直観においてはじめて実現されるのであり、思惟が、一旦は思惟の立場そのものの否定を媒介しない限り、すなわち、否定を媒介とせずに、単に「形」の連続的自己表現・自己限定の立場に立つ限り、行為的直観（における思惟）の自証に開かれることはありえない。しかし同時に、「形作られたもの」と「形作るもの」との〈形作られて形作ること〉である行為的直観とは、すでに考察されたように、歴史的世界の本来の「形」の必然的な実現の過程であり、そうである以上、この「形」を記号的・概念的に表現する思惟の必然的な展開を、自らの契機として持つその限りにおいて、行為的直観がそれとして成立しうる。行為的直観とは、まさに思惟と行為的直観とが形作られて形作る〈こと＝事〉それ自身の自己形成・自己創造の過程として、自己同一を持つものに他ならない。「具体的思惟は具体的直観、具体的直観は具体的思惟でなければならない。かかる矛盾的自己同一的過程は、抽象的思惟と抽象的直観との相互作用ではなくして、一つの創造的過程でなければならない」(10, 504)。たとえば科学的実験の営みは、対象に問いかけつつ、いわば対象が事実的に表現する「形」によって、我々の認識が形作られることであるが、同時にそれは、我々が、論理的な必然性に基く思惟の記号的体系の仮説をもって対象に問いかけて、対象のありようを表現せしめることである。思惟の必然的な妥当性の証明は、対象がまさにそれとして現に現れることを見るという直観的な事実性によってなされ、またその直観の事実が、まさに虚妄ではなく、事実そのものであることは、思惟の「形」の記号的ないし概念的な自己表現の必然性を通してのみ現れうる。思惟の必然性と直観の事実性は、元来互いに否定しあいつつ、他によって自己を保証し得ており、共に行為的直観の自証性の相異なる両方向に他ならない。思惟と直観とは、まさに行為的直観において、常に相互否定的に生きられているものである。思惟の過程の必然性としての論理性か、それとも、それを否定する直観の非過程的な事実性としての超論理性ないし包論理性か、という二項対立図式に立つ限り、そのどちらを根底的なものとみなそうと、思惟の真理性・妥当性が、そしてそもそも行為的直観の真理性が、根拠づけられることはあり得ない。

したがって西田からすれば、論理とは、そもそも単に思惟の自己展開の必然性の形式なのではなく、むしろ「絶対的一者の自己表現の形式」（10, 475-476）ないし「実在の自己表現の形式」（11, 160）であり、ひいては絶対的一者の自己表現として成立する歴史的現実の世界の成立形式、すなわち「歴史的世界の自己形成の形式」（10, 445）と言われるべきである。思惟の必然的な自己展開の形式としての「論理」とは、記号的表現がそこにおいて成立する、一般者ないし媒介者としての「記号的表現面」に他ならないのであり、それは、絶対的一者の記号的自己表現の焦点としての「形」が持つ形式、別言すれば、記号的・概念的「体系」が持つ統一的な形式に他ならないのである。思惟が「行為的直観」において遂行されるとは、思惟の過程が、非過程的な直接的事実から生じるという意味ではない。思惟の必然性と直観の事実性とが一つの論理性の両方向であることがあらわになるのは、たしかに単なる思惟の連続的な自己展開によってではなく、むしろそうした思惟の自己基体化が、絶対に否定し去られることによってであり、思惟から導出しえない仕方によってである。しかし思惟は、こうした否定に撞着することから、事後的に成立するのではなく、思惟のこうした否定が、そのまま思惟の必然的な自己展開の深まりと直ちに同一の事態である。すなわち思惟が、論理的必然をもって展開している際には、換言すれば、思惟が記号的・概念的に表現する「形」が、「形から形へ」と表現的に対応しつつ進展していく際には、それはすでに何らかの意味において、思惟が自らの連続的自己限定・自己展開への否定を媒介として、一歩一歩事実的に進展していることの証左である。ゆえに、思惟が必然的に自己を展開しえている時、この事態それ自身が、すでに思惟の必然性が行為的直観の直接的事実性と一つの自証をなすという仕方において成立している。絶対的一者の自己表現において可能となる、我々の自己の行為的直観における記号的自己表現のその形式こそが「論理の形式」であり、この形式に即して我々の自己が行為的直観を生きることが、思惟に他ならない。逆にまた、我々の自己が行為的直観を生きるとき、たとえそこで記号的・概念的な表現が主題化されることはなくとも、やはり常になんらかの仕方で、記号的・概念的体系の「形」の必然的な自己展開を、すなわち思惟を、生きているのである。世界の「形」がそれとして自らを限定し表現する過程的な必然性と、事実が事実として唯一・一度的に現成するその非過程的な直接的事実性とは、歴史的現実の世界の自己形成の形式としての論理性の、相異なる方面に他ならない。思惟とは、我々の自己の行為的直観において、この論理性を記号的・概念的に、すなわち一般的・普遍的な「形」を重心にして、表現し展開するものに他ならないのである[19]。

ただし西田によれば、思惟ないし知識のなかでも、諸々の科学的・学問的な思惟・知識は、ある特定の限定された立場からの行為的直観において成立するものであり、ゆえに何らかの立場を「記号的表現面」として前提し、その限りにおいて世界の「形」を記号的に表現するものである。したがって「科学的知識とは、自己自身を形成する世界の形の、記号面に表現せられたものに外ならない」のであるが、しかしそれに対して哲学の立場は「世界自身の自覚」として、「世界が自己の内に自己を記号的表現面的に、即ち概念的に表現する。哲学とは、かかる世界の概念的自覚と云ふことができる」と述べられる(10, 471)。諸々の科学的・学問的思惟は、各々の特定の公理ないし原理を前提にし、それに基づく限りにおいて連続的に成立しているものであり、したがってそれは、思惟が、自らの連続的自己限定・自己展開を否定されることで、世界そのものの「形」の「記号的自己表現」となるという、思惟の本来のありように未だ徹していない。したがってそうした思惟は、ある立場を前提とする限りにおいて行為的直観の自証を持つも、しかしそれは、本来の自証すなわち「自覚的自証」ないし「自覚的直観」に開かれているとは言えない。それに対して哲学の立場とは、歴史的現実の世界そのものの成立構造を明らかにし、世界において成立する諸々の立場を統一的連関の下に把握する立場である以上、こうした「自覚的直観」として、ないしは、それに裏づけられた本来の根底的な行為的直観であるという意味での「創造的直観」においても、思惟を展開する立場でなければならない。哲学とは、「世界が自己の内に自己を記号的表現面的に、即ち概念的に表現する」立場、すなわち、ある記号的表現面において科学的に把握されうる限りにおいて、世界が自らを表現するのではなく、世界が自らにおいて「記号的表現」的に、すなわち「記号的表現面」を〈焦点として〉自ら自身を表現する立場であると言わねばならない。

それでは、こうした哲学の立場とは、いかなる方法によって可能となるものなのであろうか。西田は哲学の方法を、デカルトを参照しつつ「懐疑的自覚」ないし「否定的自覚」とみなす。ここで「懐疑」とは、我々の思惟が自らの主観的な実在構成を徹底的に否定し、疑っても疑いえない確実な実在のありように至ることであるが、それは具体的には、思惟が、自らの前提する体系的な立場や公理を省みつつ、「世界成立の根元に反省して行く」(10, 561) ことに他ならない。すなわち西田にとって、哲学の方法としての「懐疑」とは、ある立場を前提にした連続的で基体的な思惟の自己構成・自己展開への否定に、思惟が撞着することで、いかなる基体も有しない思惟のその本来のありようを自覚していくことであり、すなわち「否定的自覚」に他ならない。それは「主語的実在の独断」(11, 162)、すなわち他と無媒介にそれ自身において自己同一を持つような〈主語=基体・実体〉の実在についての、我々の自己の独断的な構成が、世界においても我々の自己においても、絶対に否定し去られることであり、すなわち、思惟の自己基体化・実体化が否定し去られることである。ここにおいて、我々の自己の思惟は、歴史的現実の本来的な必然、「自然法爾(的自然)」の過程に開かれることで、歴史的世界そのものの「形」の必然的な自己表現を、概念的に自証する。すなわち思惟は、絶対的一者それ自身の「記号的」な自己表現の焦点ないし「射影点」としての、唯一・一度的な「世界創造の絶対事実」として、すなわち「自覚的自証」

「自覚的直観」として、その本来のありようを持つ[20]。「何処までも自己自身を限定する絶対的事実としての、我々の創造的自己の自覚に基いて哲学的知識が成立する」(10, 561)。したがって、「哲学は自己を否定すること、自己を忘れることを学ぶのである」(11, 174)とも言われるように、哲学的な思惟の方法としての「自覚的直観」である「懐疑的自覚」「否定的自覚」とは、思惟における思惟の自己基体化・実体化への否定にとどまる事態ではなく、むしろ我々の自己そのものが、歴史的現実の真のありように開かれることであり、我々の自己の自己基体化・実体化そのものの否定において、我々の自己が真の自己を自覚的に自証することに他ならない。すなわち哲学の立場とは「真の実践的自己、歴史的行為的自己の自覚の原理」(11, 167)に立つことに他ならない。ゆえに「哲学とは、かかる〔一者の射影点として自覚する〕根源的自覚に基づくものでなければならない。故に哲学と宗教は相表裏するのである」(10, 470)とも述べられるのである(哲学と宗教との関係については、次節でさらに詳述する)。

以上のように、哲学の方法としての「懐疑的自覚」「否定的自覚」とは、単に理論的に、ないし思弁的に遂行されるものにとどまらず、むしろ我々の自己が、自己基体化・実体化によって生き、行為することへの根底的な否定を媒介として本来の自己を得るという、我々の自己の存在そのものに関わる仕方で遂行されるものである。しかし哲学が、「世界の概念的自覚」である以上、哲学の方法は、あくまでも世界の記号的自己表現としての思惟を焦点として、遂行されるものにもまた他ならない。「哲学の立場は、見るものなくして見る立場、考へるものなくして考へる立場として、そこに自己自身を限定する自覚的原理を把握するのである。それは自己自身によつて自己自身を限定する真実在の原理として、何処までも深く概念的に把握せられるものでなければならない。之を実体化する時、それまでである、死んだ概念に過ぎない」(11, 156)。哲学的な思惟の立場は、基体的・実体的自己同一性への否定を媒介とした歴史的現実の世界の自己表現において、すなわち無基底的な〈表現するものなくして表現すること〉それ自身において、自証を持つ立場であり、その意味で、いわば「考えるものなくして考える立場」に他ならない。しかもこの立場それ自身の成立構造が、「何処までも深く概念的に把握せられるところに、哲学の立場がある。したがって哲学の方法もまた、思惟の概念的限定を超えた直接的事実が原理としてまず与えられて、事後的にそれを概念的に限定し、表現することではありえない。むしろここでも、あくまでも「具体的思惟は具体的直観、具体的直観は具体的思惟」であり、すなわち思惟が概念的な体系連関の必然性において世界の「形」を表現していくことがまた、思惟が絶対的一者の自己表現において、自らの連続的自己構成・自己展開への否定を媒介として成立していることの証左に他ならないのである。

なるほど哲学的な思惟の立場は、その他の思惟のそれとは異なり、まさに絶対的一者の概念的自己表現それ自身として成立する立場であり、したがって、こうした立場それ自身は、思惟による概念的な限定に超越的な仕方で与えられる立場である。すなわちそれは、思惟による概念的表現が挫折することにおいて、現れる立場である。しかしまたそれは、思惟に超越的な〈もの＝基体・実体〉が、ないしは不可思議さという〈もの〉それ自体が、それとして現れ、直観されることではありえない。したがって絶対者とはまた、我々の思惟において、あるいは思惟に対して、超越的に与えられる〈もの〉、すなわち、思惟と独立し、思惟に無媒介な〈もの〉として与えられるものではない。そうした〈もの〉とは、自らにおいて基体的・実体的な自己同一性を持つ仕方で成立する、基体化された思惟に対して、否定的に現れる限りの〈もの〉に他ならない。むしろ真の超越性とは、他と無媒介にそれ自身において自己同一を持つ〈もの〉の自己同一的・自己充足的な現前を、絶対的に否定する仕方で現れるのであり、すなわち、絶対者ないし絶対的一者とはいかなる〈もの〉でもなく、〈形作るものなくして形作ること〉そのことを開くこと、したがって「形作られたもの」と「形作るもの」との〈形作られて形作ること〉を開く〈こと〉それ自身に他ならなかった。絶対者の超越性とは、我々の自己の思惟の自己同一・自己構成そのことが、思惟の基体的・実体的連続性への否定を媒介として自己同一を持つ、すなわち「矛盾的自己同一」において実現するということに他ならない。絶対者とは、我々の自己の思惟を、そうした否定の媒介において自らにおいて存在せしめ、自らにおいて包むような、「絶対無」の「場所的媒介者」に他ならず、別言すれば、「絶対矛盾的自己同一」としての創造者すなわち「絶対的一者」である。そして我々の自己（の思惟）が絶対的一者において成立するという、まさしくこのことこそ、我々の自己の自覚の事実が自覚的に自証するものに他ならなかったのである。

したがって、思惟の概念的自己表現そのものが、絶対的一者の自己表現として、思惟に超越的な事実として成立するというこのことは、思惟の自己同一・自己展開そのものが、思惟によって、思惟において、成立する出来事ではなく、矛盾的自己同一的な歴史的世界において成立している出来事、ないし絶対的一者において成立している出来事であるということを意味する。そしてこの事実は、思惟が概念的に表現する内容が、思惟の恣意的に創作したものではなく、思惟がそこにおいて成立する歴史的現実の世界それ自身の本来的なありようであること、すなわち、思惟が絶対的一者のありようの表現となっていること、を自証するものに他ならない。思惟が、思惟の挫折において思惟を持つという「懐疑的自覚」「否定的自覚」としての哲学の方法とは、「考へるものなくして考へる」こと、ないし〈思惟するものなくして思惟すること〉としての哲学の立場に、思惟自身が徹底することであり、この〈こと〉に先立つ思惟や直観は、いかなる意味でも存在しない。思惟は、思惟の挫折を媒介して、思惟として成立し自己同一を持つのであり、思惟の概念的な表現の必然的展開と別に、それを媒介しない思惟ならざる直接的事実性が与えられるのではない。思惟による世界の体系的な表現が、概念的な必然性によって整合的になされていると我々が理解することそれ自身のうちに、この概念的表現が、思惟の挫折としての直接的事実の表現であることが示されている。それゆえに西田は、こうした「考えるものなくして考える」こととしての

「否定的自覚」の方法をまた「否定的分析」「自覚的分析」とも呼ぶ。それは哲学的思惟の方法においては「自覚的反省」と「直観的分析」とが相異なりつつも相表裏すること、すなわち、反省的な思惟の概念的な必然性は、直観の唯一・一度的な事実性と相表裏する仕方で成立することを提起するために他ならない。

したがって、哲学の方法としての「否定的自覚」とは、思惟が概念的な必然性に即して世界を体系的に把握していくこととそれ以外ではありえない。ただし、ここでの概念的な必然性ないしその統一的な形式としての「論理」とは、上述したように、一般的・普遍的概念から必然的に特殊ないし個を導出するという意味における、「推論式」的なそれではありえない。「論理が世界の記号的表現面として、真の論理となるには、単に個物的多を否定して抽象面的となるのではなく、却つて個物的多を自己限定として含むといふ性質を有つて来なければならない」(11, 447)。すなわち、真の意味における思惟の普遍的・一般的な必然性は、直観の個別的な自己形成のその事実性を含み、むしろその固有性を解消することなしに、それらをそれとして自らにおいて媒介し、成立せしめる「場所的媒介者」に他ならない。換言すればそれは、事実の個別的形成を焦点として自らを限定する媒介者である。「論理が真に世界の自己形成の論理となるには、何処までも一般と個物との矛盾的自己同一として、私の所謂場所的論理の形式を有つて来なければならない」(同)。そしてこの一般者としての「場所」は、単に思惟の一般者ではなく、すなわち、個別的多に相対的に対立する〈もの＝基体・実体〉として自己同一を有する一般者ではなく、いわば「無の一般者」としての全体的一であり、「絶対的一者」に他ならないのである。

したがって、西田にとって「論理」とは、「矛盾的自己同一の場所的論理」に他ならない。それは個物的多と全体的一とが、すなわち歴史的現実の世界が、基体的・実体的自己同一性への否定を媒介として自己同一を持つという論理であり、世界(における多と一と)が自己自身の内に自己の存在根拠を持たず、超越的なるものにおいて「超越的自己同一」を持つという論理である。それは媒介性に着目すれば、「絶対否定」ないし「絶対無の場所」を媒介原理とする論理であり、自己同一性に着目すれば、無媒介な〈もの＝基体・実体〉の自己同一的現前とは「絶対の他」である仕方での自己同一を原理とする、すなわち自己否定的に（絶対無の場所において）自己同一を持つ「絶対的一者」を創造原理とする論理である。そして、この「論理」に即して思惟が世界を把握することは、すでに考察されてきたところからも明らかなように、思惟の自己基体化・実体化が直観の事実性に否定されて、思惟が、無基底的・無基底的な事実の自己表現となることによってのみ実現される。しかしまた、この無基底的な事実の自己表現は、思惟の概念的表現の必然的な自己限定・自己展開以外のことではありえず、ゆえに、概念的な思惟が、この場所的論理の概念的内容に即して世界を体系的に把握していくことそれ自身において、自らを自証すること以外ではありえないのである。

したがって、思惟が、行為的直観において、思惟の否定と挫折とを媒介として成立することは、西田によれば、概念的な必然性における自己媒介・自己展開そのこと以外ではありえない。このことを示すために西田は、「場所的論理」の形式は「推論式」であると主張するに至る。「絶対矛盾的自己同一的場所の自己限定としては、個は何処までも自己限定的でなければならない、一々が世界でなければならない。か丶る場所の自己限定が、推論式的と考へられるものである」（11, 83）。「推論式と云ふものが、固、真の矛盾的自己同一論理の形式でなければならない」[21]（11, 175）。本節でも述べてきたように、単に一般から特殊を導出するという意味における「推論式」は、抽象的な論理の形式にすぎない。従来から西田は、田邊の哲学的方法である、概念を媒介とする「推論」を念頭に置きつつ、こうした批判を繰り返してきた。しかし今や西田にとっては、哲学的な思惟の方法を概念の媒介によるものとすることとの批判が問題なのではなく、概念の媒介を思惟の主観主義的な自己基体化・実体化を排斥しつついかに根拠づけるのかが問題となっている。そして思惟が行為的直観において絶対的一者の自己表現の焦点として自らを遂行する時、哲学の思惟は、概念的な必然性における自己媒介・自己展開を、それを事後的に成立せしめるべく先行するいかなる超概念的なる体験も有しない仕方で遂行し、そのことで「真の矛盾的自己同一論理の形式」としての「推論式」において、自らの真理性・妥当性を自証する。むしろ、記号的表現が、単に一般的な「形」や、その形式としての「論理」の代表例ではなく、「自己限定」的となる時、すなわち「推論式」的に成立する時、その記号的表現こそが「概念」に他ならないのである。こうして西田は、概念を媒介とする推論的思惟それ自身の自証性を根拠づけるという、田邊と戸坂とから提起された課題を、我々の自己の思惟の形式が「真の矛盾的自己同一論理の形式」であることを明らかにすることで、果たしたのである。

以上で考察されたように、「否定的自覚」としての哲学の方法とは、概念を媒介する推論的な思惟を超越した体験的事実が、事後的に自らを思惟へと開くことにあるのではない。すなわち、いわば〈考えられないものから考える〉ことなどにあるのではなく、まさしく〈考えるものなくして考える〉立場に立つことに存する。そもそも、およそいかなる思惟であれ、元来、いかなる〈もの＝基体・実体〉も先立つことのない行為的直観の事実としてしか成立しえず、すなわち、考える〈こと＝事・事実〉ないし、思惟する〈こと〉としてしか成立しえない。哲学の立場とは、思惟が、思惟成立の事実に定位すること、すなわち、概念的に考える〈こと〉ないし思惟する〈こと〉が、自らを徹頭徹尾貫徹することに他ならない。それは、思惟主体としての我々の自己という〈もの〉の思惟とは異なる仕方で、すなわち我々の自己が、その底にいかなる〈もの〉もない「世界創造の絶対事実」において思惟すること、いわば歴史的世界それ自身から、世界の概念的自己表現として思惟することに他ならない。「如何なる立場から論理的に考へるのであるか。主観的自己の立場からと云ふならば、それは何処までも主観主義を脱することはできない。……我々が考へるとか、行ふとか云ふことは、歴史的世界の絶対事実となることでなければならない」(10, 517–518)、「何等かの意味において自己を基体的に考へ、そこから世界を考へるならば、それこそ主観主義、個人主義たるに過ぎない……私の立場は、之に反し世界から自己を考へるのである。主観主義とか個人主義とか云ふものとは、正反対の立場である」(10, 510)。我々の自己の思惟は、考えるものなくして考える〈こと〉となることで、我々の自己から、ないしは自己において、世界を思惟するものではなくして、世界から、ないしは世界において、世界を思惟し、世界においてある我々の自己を思惟するものとなる、すなわち、世界自身の自覚となるのである。

哲学の方法とは、思惟の連続的自己限定が否定されることを媒介して、それも、我々の自己そのものから、その基体的・実体的なありようが否定し去られることを媒介として、〈考えるものなくして考えること〉において「世界の概念的自覚」に立つことに他ならない。それは「自己から世界を考える」ような思惟、我々の自己の基体化に基づく思惟ではなく、「世界から自己を考える」ような思惟となることにおいて、概念的に考える思惟のその思惟成立の事実それ自身に、思惟が深まっていくことにおいて実現する。西田はこの方法を「絶対的論理主義」と呼ぶ。「私の立場は我々の自覚の事実を直に絶対矛盾的自己同一的事実として把握するのであり、そこから意識作用を考へるのである。世界から自己を考へるのである。所謂心理主義とは反対の立場である、絶対的論理主義である。抽象的思惟の形式たる形式論理の立場から世界を考へるのは、真の論理主義ではない」(10, 510–511)。引用文中に述べられる、「我々の自覚の事実」とは、すでに考察したように、「形作るもの」としての自己と「形作られたもの」としての他との〈形作られて形作ること〉ないし〈表現されて表現すること〉が、無基底的に自己を形成し自証する、唯一・一度の「絶対事実」として成立するものである。そして、そもそも事実が無基底的であるとは、その事実が自らに基体的根拠を持たず、したがって自己形成性に対する全き否定を媒介として成立すること、またその自覚を持つことを意味する。ゆえに自覚とは、「世界創造の絶対事実」として、それ自身が全き世界として唯一・一度的でありながら、基体性への否定を媒介とする「絶対矛盾的自己同一」としての「絶対的一者」において、一なる全体的世界の自覚的表現をなす事実であった。そして、こうして世界の自覚的な表現の「個性的」な焦点として、「我々の自覚の事実」が成立し、ゆえに、そこにおいて哲学的な思惟も成立することを、まさにこの「我々の自覚の事実」において自覚的に自証するものが、哲学的な思惟に他ならないと言えよう。ゆえに、引用箇所において西田は、この哲学的な思惟は、超論理的な体験の事実性によるのではなく、あくまでも論理的な思惟の徹底としての「真の論理主義」によって根拠づけられるべきものであることを述べるのである。すなわち、概念的思惟を超えた直接的体験が、概念的な表現ないし限定において事後的に分析されることによってではなく、また基体性・実体性への否定を媒介としない「抽象論理の形式たる形式論理」における思惟の連続的な自己限定・自己展開によってでもなく、「場所的論理」に即した概念的思惟の徹底において、哲学の立場が成立する。すなわち、自己という〈もの＝基体・実体〉からでなく、基体性への否定を媒介として「世界から自己を考えること」において、したがって、考えるものなくして概念的に考える〈こと＝事〉において、哲学の方法としての「否定的自覚」「自覚的直観」が達せられるのである。このことを提示するために、西田は自らの哲学としての立場を「絶対的論理主義」と呼んだのである。

西田が自らの立場を「絶対的論理主義」として表明することは、田邊と戸坂による問題提起に対して、今や十分な回答を与えうる地点に、西田哲学が到達したことを意味する。上に引用した箇所からも窺われるように、西田は、「絶対的論理主義」としての「世界から自己を考える」方法、すなわち「否定的自覚」「自覚的直観」（創造的直観）の方法について、それが「主観主義」「神秘主義」「個人主義」「自由主義」等を徹底的に斥ける方法であることを繰り返し強調する（10, 509–510 ないしは 11, 174 など）。こうした記述は言うまでもなく、田邊が西田の論理を無媒介な存在を観想する「寂静主義」的で「諦観的」な「神秘主義」であると批判したことや、戸坂が「自覚の弁証法」としての「個人主義」ないし「自由主義」であると批判したことを念頭においてのものに他ならない。事実、田邊の批判に抗する仕方で、『哲学論文集第二』において、生命は「単に論理ではない」、「論理的に無媒介的」であり（8, 384）、また「生命は論理によって弁証法的となるのではない……逆に生命の弁証法によって論理の弁証法が成立する」（8, 383）と記していた西田がまた、以下で考察するように、「絶対的論理主義」による歴史的現実の論理を「絶対論理」と述べ、「我々の歴史的生命は論理的であり、論理が我々の歴史的生命を規定する」（10, 475）と主張するのは、とりもなおさず田邊からの再批判を念頭に置いてのことに他ならず、とりわけ存在と論理との間に「先後はない」こと、しかもそこに「論理の存在に対するプリウス」の成立を主張するような、田邊の見解に応答するものとして評価しうる。また他方で西田は、この「世界から自己を考える」立場を、「主観主義」ないし「個人主義」を真に超越した「絶対的客観主義」（10, 510）とも呼ぶが、これは戸坂が、存在の客観的で必然的な弁証法に立って、西田の弁証法を「個人主義」による「自覚の弁証法」であると非難したことに応じてのものであると思われる。それでは、上述してきたような「絶対的論理主義」の方法に立つことで、西田は、田邊と戸坂に対していかなる応答をなしえたのであろうか。

田邊が、西田の論理に対峙して、存在と論理との間に「先後はない」と主張した時、それはとりもなおさず、概念的思惟を事後的に派生させるような、非合理的な存在の直観を排斥するという意図に基づくものであった。そして「絶対的論理主義」の名がまさしく示すように、西田も、今や従来の自らの論理の不適切な点を改める仕方で、概念的思惟に先行する超論理的な直接的体験の措定の排斥をさらに徹底して試みた。しかし田邊が、その帰結として「論理の存在に対するプリウス」を主張するのに対して、西田は、むしろ論理を、我々の概念的思惟を絶対に超越した「絶対的一者」の自己表現の形式と捉えることで、論理の原理を、ひいては論理を自らの存在形式として持つ歴史的現実の世界の原理を、絶対者としての絶対的一者の自己表現それ自身の内に求める。我々の自己の概念的思惟が、自らの連続的で基体的な自己限定・自己導出を否定されることが、そのままに概念的思惟が必然的に自己限定・自己展開することであり、〈考えるものなくして考える〉立場に立つことなのである。

西田はこうした立場から以下のように述べる。「哲学は、世界の自覚として、絶対論理的でなければならない、世界の論理的自覚と云ふことができる。論理とは、絶対的一者の自己表現の形式であるのである。論理の否定と云ふことも、単に所与の否定と云ふことでなく、否定即肯定として、かかる立場に基礎附けられねばならない。斯くして、我々の歴史的生命は論理的であり、論理が我々の歴史的生命を規定するのである」(10, 475-476)。知識を根拠づける論理と方法を論じた、「知識の客観性」論文(『哲学論文集第五』所収)の末尾に置かれるこの記述は、とりわけ田邊による方法論的な批判を念頭に置きつつ記されたものである。すでに考察してきたように、昭和九年以降、田邊は絶対媒介の論理の立場に立って、対立者に否定的に媒介されない無媒介なるものの存立を排斥し、無媒介・無限定にして非合理的なる直接態としての存在・生命と、それを媒介するもの、すなわち概念の媒介による論理は、共に互いに他に否定的に媒介されて「否定即肯定」的に存立するものとみなす。正確には、むしろ存在・生命と論理との相互否定的な媒介の運動それ自身が、歴史的現実の真なるありようであり、両者はこの現実の運動の両側面であるとみなす。そして田邊によればまた、こうした相互否定的な運動それ自身は、その媒介性ゆえに、無媒介なる存在・生命においてではなく、むしろ「論理」において成立するものに他ならない。「論理の否定は論理に由つて論理の否定として自覚せられるのである、論理に対立するものは論理に於て論理の対立者と認められるのである。否定的対立そのものが論理の媒介なのである」(THZ 6, 174)。そして前掲の西田の叙述中、田邊のこの記述を念頭に置いた上で述べられたのが、「論理とは、絶対的一者の自己表現の形式であるのである。論理の否定と云ふことも、単に所与の否定と云ふことでなく、否定即肯定として、かかる立場に基礎附けられねばならない」との箇所であろう。この箇所では、田邊が言うところの、論理を否定するものとされる非合理的なる直接態としての存在・生命が、論理によって媒介されるべく与えられる非合理的なる「所与」と理解された上で、論理の否定は、そうした「所与」による否定によるのではなく、むしろ「絶対的一者の自己表現」による否定であることが主張されているのである（この主張については後に検討する）。

しかもなお、さしあたり確認しておくべきことは、上述したような田邊の立場について、『哲学論文集第二』では、媒介性は概念的に表現されるそれに限らないとして、概念的な限定を超えた（歴史的）生命は、単に非合理的なる直接態なのではなく、概念の媒介を内に含むこと、したがって、生命によって論理が成立するとの応答を試みていることである。ゆえに、それにもかかわらず『哲学論文集第五』において、西田は「絶対的論理主義」の立場から、引用文中に見られるような、「哲学は、世界の自覚として、絶対論理的でなければならない」、「我々の歴史的生命は論理的であり、論理が我々の歴史的生命を規定するのである」といった新たな主張を試みていることになるが、これは西田が、昭和十二年の時点での田邊による「論理と存在とは表裏相即するのであつて、其間に先後はない。一方を他方から導き出すといふことは、何れの方向からも考へられぬことである」（THZ 6, 438）との主張に相対したことが背景にあると考えられる。「知識の客観性」論文からの前掲の引用箇所においては、論理が「絶対的一者の自己表現の形式」であることが述べられていたが、それは、生命も論理も、互いに他を導出することのできない仕方で「否定即肯定」的に、別言すれば、自らの基体的・実体的自己同一性を否定される仕方で、無基底的な「絶対的一者」において成立することを強調する叙述である。この主張は、すでに考察したように、『哲学論文集第二』においては、生命が概念の媒介を自らの必然的契機となしていることを、したがって、生命による概念的自己限定・自己表現の真理性・必然的妥当性について根拠づけることを、十分に果たせず、ゆえに、媒介性を含まない直接態としての生命から、概念の媒介としての論理を事後的に導出するような論理と、自らの論理との峻別を、十分に証示することができなかったという、西田自身の自省によっているると思われる。

したがって引用文中にあるように、西田が「論理」を「否定即肯定」的に成立するものとして根拠づけようとする以上、「其間に先後はない。一方を他方から導き出すといふことは、何れの方向からも考へられぬ」と言う田邊と同様に、西田もまた、無媒介な実在の措定を排斥し、論理と存在・生命とは否定的に媒介しあって成立することを主張しているとみなしうる。ただし西田によれば、論理と存在・生命とが相互否定的に媒介しあうということは、両者が、他によらずに自らにおいて、自らの存在根拠を持ち、ないしは両者の相互限定・相互形成の存在根拠を持ち、自らによって自己同一的に現前するという、基体的・実体的自己同一を否定される仕方で、自己同一を持つ、すなわち、自らに超越的に自己同一を持つということである。別言すれば、両者は、自らの自己同一そのものが否定性によって貫かれ、まさしく「否定即肯定」的に自己同一を持つということである。このことを確認するために、本章においてすでに考察してきたところを概括していくなら、そもそも西田にとって「哲学の論理」とは、「世界の概念的自覚」としての〈考えるものなくして考えること〉によって表現される、歴史的現実の世界の自己表現の「形」であり、それもその最も統一的・普遍的な「形」のことである。すなわち、具体的には「歴史的生命の世界」として成立する歴史的現実の世界の自己表現の形式（形の形）が「論理」である。世界の「形」とは、唯一・一度的に現れて消え去る「世界創造の絶対事実」の自己形成を焦点として、すなわち、基体的・実体的自己同一への全き否定を媒介として、自己同一を持つ「形」であるがゆえに、「論理」それ自身がまた、基体的自己同一への全き否定を媒介として、ゆえに自己において自己同一を持たない仕方で、自己同一を持つ。すなわち、「矛盾的自己同一」的に自己同一を持つ。したがって論理の必然性は、現在の歴史的現実の唯一・一度的な事実性ないし現実性を表現する限りにおいて「論理」として成立し、また歴史的現実のその唯一・一度的な現実性は、論理の自己同一的な「形」の必然性を表現する限りにおいて、現実として成立し、現れる。歴史的現実の世界は、いかなる〈もの＝基体・実体〉もなく、「形作られたもの」と「形作るもの」との〈形作られて形作ること〉として、すなわち「絶対現在の自己限定」としての無基底的な「形」の自己形成として、成立する世界である。

したがって、論理と現実とが、自らから導出しえない仕方で「矛盾的自己同一」的に〈形作られて形作ること〉その〈こと＝事〉が、論理が論理として成立することであり、現実の唯一・一度的な事実がそれとして成立することである。換言すれば、論理と現実の世界（の存在）が、自らにおける自己同一としての基体的自己同一を否定し、超越することで両者を媒介する、無基底的な「絶対的一者」の自己表現において、論理の肯定と論理の否定とが一つの〈こと＝事〉をなす。それこそが、西田からすれば「否定即肯定」として論理が成立することである。したがって西田によれば、論理は、自らの客観的で必然的な妥当性・真理性を証示するために、自らの自己同一的な体系を、概念的な思惟において実現し表現する〈こと＝事〉以外に何ものをも前提とせず、またこの〈こと＝事〉以外のなにものにも拠る必要はない。その意味において、論理とは「絶対的論理主義」の方法による論理に他ならない。歴史的現実の世界においては、論理が論理として自己同一的である〈こと＝事〉に先立ついかなる実在もなく、この〈こと＝事〉それ自身がまた、歴史的現実の世界がそれとして成立する〈こと＝事〉であるがゆえに、「論理」とはかつて『哲学論文集第二』において主張されたような、生命によって成立する「生命の論理」ではなくして、まさに「絶対論理」に他ならないことが主張されるのである。

以上のような西田の「絶対論理」の立場にとって、田邊の立場の批判されるべき点とは、論理と存在・生命との相互否定的な媒介の運動が、ただ「論理に由つて」「論理に於て」成立するものとされ、すなわち、結局は論理が自らによって自己同一的に現前しうるもの、自らの基体的自己同一性に基づくものとされる点に、直接的には存する。しかしそれは、むしろ根底的には、論理と存在・生命との相互否定的な媒介の運動それ自身が、自らにおいて自己同一性・自己形成性を持つことへの否定に媒介されて、それとして成立しうる運動であることが、明らかにされていない点に存する。すなわち、論理と存在との相互否定的運動それ自身が、それ自身において自らを形成し、現前する〈もの＝基体・実体〉の連続的な自己形成・自己同一による運動として、基体化・実体化されている点にこそ、批判されるべき点が存する。したがって西田からすれば、田邊の論理においては、本質的に否定を媒介としない、それゆえに本質的に無媒介である〈もの＝基体・実体〉の自己限定・自己導出によって「論理」と「生命」が成立するものとされており、それはまた、論理と生命との間の否定性・異他性を解消する立場を帰結せざるをえない。田邊は、結局は論理と存在・生命との相互否定的な運動を、基体的・実体的自己同一性において把握する論理しか持たないのであり、田邊が、論理と存在・生命との相互否定的な運動は、論理において成立すると述べたり、この運動が「絶対生命」であると述べたりするように、実際には、もはやこの運動の原理を「論理」ないし「生命」と概念的に限定することの必然性も失われている。したがって、しばしば理解されるように、西田の田邊に対する応答は、田邊が「論理主義」に立つことを批判するのではなく、むしろ田邊の立場が、論理に媒介されない無媒介なる直接態から、恣意的に歴史的現実を構成しようとする、主観主義的な非合理主義であることを批判し、自らの立場こそ「真の論理主義」であり、論理が歴史的現実を媒介する「歴史的現実の論理」であることを根拠づける立場であることを示す点にあるのである。

以上に考察したように、西田は自らの論理を、「生命の論理」としてではなく、「絶対的論理主義」の方法による「絶対論理」として提起するに至る。そしてこのことと共に西田は、今や自らの論理に対して「絶対弁証法の論理」との呼称を基本的に使用せず、むしろ「矛盾的自己同一の場所的論理」との呼称を用いるようになる。この事実は、従来は適切に顧慮されてこなかったものの、西田の立場の進展を示すものとして十分に注目されるべきことであろう。すでに引用したように、西田は「矛盾的自己同一」のその「一」性について以下のように述べていた。「絶対は一でなければならない。矛盾的自己同一でなければならない。絶対は力でなければならない、相対に相即的と云ふものではない」(9, 333)。この記述に関して、西田はまた昭和十四年九月二十一日付の久松真一宛書簡で、以下のように述べている。「今度出す本の終に一寸宗教のことにふれ　田邊君など絶対と相対とが相即といふ如きことを云はれるに対し　絶対は一（無論唯一ではないが）でなければならぬと云ひ……絶対が相対と相即といふのはどうも私にはシックリとせず　絶対といふものがそんなものと思はれないのです」（SNZ 3055）。西田は従来、「形作られたもの」からの一般的限定と「形作るもの」からの個物的限定との相互限定の関係を、あるいは、全体的一と個物的多との相互限定の関係を、「否定即肯定、肯定即否定」としての「矛盾の統一」「矛盾的自己同一」と呼ぶと共に、「弁証法的自己同一」とも呼んでいた。しかし今や西田は、自らの思想を現す用語としては「弁証法」という語をほとんど使用しなくなる。[22] こうした事態の背景には、全体的一と個物的多との相互限定の関係とは、この相互限定がそれ自身で自己形成性・自己同一性を持つことを否定する、絶対者の超越的一性において成立すること、またそれを明らかにする論理は、「矛盾的自己同一」の論理であり、それはもはや「弁証法的な自己同一」の論理ではありえないとの知見が存していると思われる。

なるほど田邊は、宗教的な「信」において、我々の自己が、自らの行為の、絶対者に対して持つ「往相還相の転換相即」を自覚し、行ずることとした（THZ 6, 494）。すなわち、相対としての我々の自己の行為が、絶対者によって否定されるという「向上往相」の側面と、絶対者が、相対としての我々の自己の主体的な行為を媒介として働くという「降下還相」の側面とが相即するとみなす。この際に田邊からすれば、本来、往相還相は共に絶対者にその成立根拠を持つものであるが、しかし、こうしてとりわけその還相的側面が主題化される際には、絶対者が絶対者であるためには、絶対者は相対としての我々の自己の行為を媒介しなければならないという観点が、すなわちその意味において、西田が評したように、絶対が「相対に相即的」に成立しているという側面が、強く表明されるものの、しかし元来、絶対者と相対の関係それ自身の成立根拠が、絶対者に存することには、特に焦点が当てられていない。そして根本的にこうした特徴は、田邊が、あくまでも弁証法によって歴史的現実を把握しようとしている点にあると思われる。というのも田邊が、そもそも歴史的現実の運動を弁証法的な運動とみなすことは、弁証法が元来、相互否定的な限定の形式に焦点を当てる論理であるゆえに、たとえば論理と生命の相互否定的な運動それ自身は、自らによる自己同一・自己形成の連続的実現を徹底的に否定し超越する「絶対者」「絶対的一者」において成立するという構造の適切な主題化を阻害するものであると言えよう。したがって田邊は、はからずもこうして歴史的運動を〈弁証法的に〉基体化・実体化したために、歴史的現実における相対としての、我々の自己と他との相互否定的媒介の行為を、それに対する絶対者の否定性・超越性を適切に主題化しないままに、絶対者による形成・創造と不当に連続視・相即視していると言えよう[23]。

しかし翻って考えてみれば、西田は、弁証法の立場に立つ田邊からの批判を受けて、概念的限定を超越した無媒介な〈もの＝基体・実体〉の措定の排斥を徹底するべく、自らの論理を「絶対弁証法」として企図したのであった。しかし、歴史的現実の基体化・実体化を斥けるためには、我々の自己と他との相互否定的媒介を特に主題化するような弁証法的論理では十分ではないことが、田邊の批判に応答していくなかで、西田に自覚されてきたと言ってよいであろう。すでに考察したように、我々の自己は、自己自身においては自己同一を持たず、そうした基体的自己同一性を否定されて、ただ超越的なる絶対者において包まれることにおいてのみ自己同一を持つ存在である。それゆえに絶対は、ただそれ自身において絶対であり、絶対的一であることにおいて、自己否定的に我々の自己を唯一固有の自己としてあらしめる。そして我々の自己の自覚の事実は、こうした絶対者把握の真実性・必然的妥当性を「絶対的一者の自己表現」において自覚的に自証する。したがって、ここではむしろ、歴史的現実の世界の構造を弁証法的に把握する論理に代わって、世界の構造を「絶対的一者の自己表現」として把握する論理が構築されるべきであり、まさにその方法こそ、無基底的な、考えるものなくして概念的に考える〈こと〉としての「絶対的論理主義」の方法に他ならなかったのである。

次に、戸坂による方法論的批判への西田の応答について検討するなら、まず戸坂の批判とは、主観的な意識や意志を超越した、歴史的現実の客観的（物質的）な現実性を重視する立場からなされたものであった。戸坂自身は、現実の客観的・必然的な運動を、社会的生産力の矛盾を媒介とした弁証法的な発展によるものとみなし、またその実践的模写こそが、あるべき哲学の方法であるとする。そして、戸坂のこうした唯物弁証法から西田に向けられた批判とは、西田の論理が、意識ないし主観に関わる限りでの弁証法的論理でしかありえず、それは存在の客観的で必然的な運動に媒介されない、主観主義的な「個人主義」「自由主義」の論理に他ならないというものであった。

これに対して西田は、「歴史的生命の弁証法」を提起して、歴史的現実の世界を、「形作られたもの」としての「環境」と、「形作るもの」としての「主体」との相互否定的形成による、「自由即必然」としての客観的で必然的な運動によるものとする。とはいえこの論理は、すでに考察したように、「形作るもの」としての我々の自己を、「形作られたもの」から独立する自由なる応答主体として位置づける傾向を抱えるものであり、事実、西田は、戸坂の方法論的な批判が提起する課題として、歴史的現実の運動を、主観としての我々の自己においてではなく、自己を超越した、しかも自己がそこにおいて自己として自由に行為するような、歴史的現実の運動それ自身に求めるべきことを自覚する。そして西田は、この課題への取り組みの深まりに応じて、そして先に述べた田邊からの問題提起に直面する中で、歴史的現実の運動を、生命の「弁証法的論理」においてではなく、「矛盾的自己同一の場所的論理」において捉え直していく。すなわち、歴史的現実の運動が超越的であり、客観的な必然性を持つとは、この運動が「形作るもの」としての我々の自己からの差配と統括とを超越しているということである。あるいは、そもそも「形作られたもの」においても「形作るもの」においても、またその相互否定的形成においても、それ自身で自己同一的に存在するような連続的基体を持たない運動であるということ、この意味において「動揺的」な運動に他ならないということである。したがってこの運動においては、「形作られたもの」からも「形作るもの」からも導出しえず、根拠づけえない仕方で、「自由即必然」なる本来のあるべき必然の過程が成立する。そして上述してきたように、この運動が、「形作られたもの」と「形作るもの」との相互否定的形成それ自身の連続的な自己形成・自己導出を原理とするものではないことを主題化する論理としては、「弁証法的論理」は不適切である。西田が戸坂の「唯物弁証法」について、それを物質の機械的運動を原理とするものとして批判した事実も、戸坂の「弁証法」を正確に理解した上でのものとは言えないにせよ、戸坂の「弁証法」の論理が、連続的自己同一・自己形成の論理であって、基体性・実体性への全き否定を媒介としない、したがって、歴史的現実の「動揺性」を適正に位置づけえない論理であるとの趣旨を持つ批判として、理解することもできよう（唯物弁証法は、社会の下部構造と上部構造の相互否定的形成を不当に無視しているという趣旨の西田からの批判についてもまた同様であろう）。すなわち西田からすれば、戸坂の唯物弁証法は、それが「弁証法」である限り、歴史的運動の客観的な必然性を、歴史的運動に先立って存在する〈もの〉として基体化・実体化していないかどうか、問いただされるべきものなのである。(24)

したがって西田からすれば、一方でたしかに戸坂が指摘するように、哲学的思惟が歴史的現実の客観的・必然的な運動に媒介され、開かれることによって、この思惟の真理性・必然的妥当性が成立すると言いうると共に、しかし、歴史的現実と思惟とのこうした関係は、戸坂のように「弁証法的論理」として示されるべきものではない。歴史的現実（の存在）の運動も、思惟によるその把握も、基体化・実体化の全き否定を媒介として、存在からも思惟からも導出できない仕方で、無基底的に自らの真理性を自証するものでなければならず、それこそがまた存在（とその構造としての論理）が、主観性に還元されない客観的な独立性を有することなのである。すなわち、まさしく論理に先立ついかなる〈もの＝基体・実体〉も根拠としない、「絶対的論理主義」による「絶対論理」

として成立する「矛盾的自己同一の場所的論理」においてのみ、現実の客観的・必然的な運動の実践的把握が可能になるのである。

六　歴史的現実における哲学の方法と論理——哲学の実践と宗教の立場

前節において明らかになったように、西田哲学の方法とは「否定的自覚」「自覚的直観」であり、それは〈考えるものなくして考えること〉の遂行を意味する。そしてこの際、この方法は単に理論的に、ないし思弁的に遂行されるものにとどまるものではなかった。哲学的な思惟とは、諸々の思惟の中でも、ある特定の立場（記号的表現面）においてではなく、我々の自己がそこにおいて生きる歴史的現実の世界が、それ自身において自らを概念的に表現する思惟である。換言すれば、我々の自己が唯一・一度の固有なる仕方で自らを概念的に自覚し、表現する思惟を焦点として、歴史的現実の世界が、自らを概念的に表現し、自覚する思惟である。哲学の方法とは、ある意図や目的に基づく特定の立場において我々がいかに行為するかを求めることではなく、そもそも我々のこの自己とはいかなる存在であるか、歴史的現実において唯一なる個として生まれ、働き、死にゆく我々の自己のその本来の在処はどこにあるのか、別言すれば、我々の自己がそこにおいて自らの生命を持つ、真の現実の世界とはいかなる世界であるのかを問い、自覚することに他ならない。

したがって、哲学の思惟としての〈考えるものなくして考えること〉が、自己基体化・実体化への否定を媒介として自らを展開することは、世界の歴史的現実を生きる我々の自己が、自己自身において自己の存在根拠を持ち、自己同一を持つという自己肯定から出発して、歴史的現実を差配し統括しようとすることの否定に、現実の日々の生活において撞着すること以外ではありえない。すなわち哲学の方法とは、田邊が批判したような、歴史的現実の世界をその外から「観想」する「寂静主義」や、戸坂が批判したような、主観化された歴史的現実において行為する「自由主義」「個人主義」といった独断的な「主観主義」が、現実の自己のありようから、むしろ徹底的に否定し去られることに他ならない。哲学の方法は、こうした立場において歴史的現実の世界の成立構造を明らかにし、世界における諸々の立場と現象とを統一的な連関において概念的に表現することにあり、そしてそのことによって、世界における我々の自己の生き方のその根本的なありようを自覚し、表現することに他ならない。「哲学は我々の自己が真に生きんとするより始まる。我々の自己の自覚の仕方であり、生き方である」(10, 472)。ゆえに、こうした仕方で自覚的に表現される哲学的な思惟の内容とは、実際に我々のこの自己の生が媒介し、現実において日々実地に検証し、実践しつつ生きている内容にも他ならない。したがって、哲学的な思惟が表現する概念的内容の真理性・妥当性はまた、我々の自己が、歴史的現実の世界においてその内容を現実のものとして生きることによって、証示されるものにも他ならない。それは逆に言えば、歴史的現実についての思惟による概念的な証示が、こうした我々の自己の現実の生(生命)の事実的な証示と、先後なしにただちに一つの〈こと〉をなすということこそ、哲学的な思惟が、自己基体化への否定を媒介とした〈考えるものなくして考えること〉においてその真理性を証示するということに他ならない。したがって哲学的な思惟が、〈考えるものなくして考えること〉として自らの概念的な必然性を徹底することは、それを媒介として、現実の世界が世界の本来を実現し、我々の自己が唯一の個としてその本来を実現することに他ならないのであり、その意味において、哲学的な思惟の徹底が、したがってその概念的な必然性における自己限定・自己展開の徹底が、歴史的現実の本来のありようの実現を可能にするものとも言いうる。それゆえに西田からすれば、哲学の方法としての「否定的自覚」「自覚的直観」とは、我々の真の歴史的実践がそこから出てくるものに他ならないのである(11, 158)。だがそれは、具体的には歴史的現実においていかなる仕方で可能となるものであろうか。換言すれば、哲学的な思惟（の概念的限定）と、その形式としての場所的論理とは、歴史的現実において我々の自己が生まれ、働き、死にゆくことにおいて、いかなる地位と役割とを有するものであろうか。しかも実際には、こうした問いに整合的な回答を与えることによってはじめて、哲学的な思惟の真理性・必然的妥当性の方法論的な根拠づけが貫徹されるのである。そして西田哲学の立場である、「絶対的論理主義」の方法としての〈考えるものなくして考えること〉による「絶対論理」の立場とは、以下で考察するように、まさにこうした方法論的な根拠づけを遂行する方法に他ならない。すなわち西田によれば、哲学的な思惟とは、場所的論理に即して、歴史的現実の世界の自己形成と、そこにおいて生きる唯一の個としての我々の自己のその根本的な成立構造とを表現し、証示する思惟であり、したがってまた、それを実現・実践するために、我々の自己にいかなることが、いかなる仕方で要求されるのかに、その根本構造を明らかにする思惟である。そして西田によれば、以下で考察するように、その要求とは「絶対的一者の絶対命令」として当為的に与えられるものである。

そもそも歴史的現実の世界とは、「形作られたもの」と「形作るもの」との〈形作られて形作ること〉において成立する世界であり、この〈こと＝事〉に先立って、自己自身で連続的・自己同一的に存在するいかなる〈もの＝基体・実体〉も存在しない。すなわち歴史的現実とは、いかなる〈もの〉もない〈形作られて形作ること〉ないし〈形作るものなくして形作ること〉の現在における自己形成として、すなわち「絶対現在の自己限定」として、成立する現実であり、またこの〈形作られて形作ること〉のその唯一固有の創造的要素をなす仕方で、我々の自己は、唯一の個として生まれ、働き、死にゆく。このことは別言すれば、こうした〈形作られて形作ること〉は、無基底的な「世界創造の絶対事実」として、それ自身が全き世界と言われるべきであり、かつそれがいかなる連続的・自己同一的な〈もの〉も有しないそのゆえに、それは、唯一・一度的な事実として現れて消え去る限りにおいて成立する無基底的な〈事＝こと〉である。すなわちこの事実は、自らとは異なる新たな唯一・一度的な事実を形成するその契機となる限りにおいて成立する〈事＝こと〉であり、自らの本来のありようを、自らの基体的・実体的自己同一性への全き否定を媒介とする仕方で実現する〈事＝こと〉に他ならない。

それゆえに、すでに考察されたように、それ自身が世界の創始であり終焉であるとも言うべき、唯一・一度の「世界創造の絶対事実」の一々の事実は、その基体的自己同一性を否定されることで、一なる全体的実在としての「絶対的一者」の自己表現の一契機・一焦点として互いに表現的に対応し、一なる全体世界の本来的な「形」を、一々が他にない仕方で表現する。したがって、歴史的現実の世界とは、世界の本来的な「形」の必然的な実現が、唯一・一度的なる無基底的な事実における、我々の自己の自由なる自己形成と直接に一つの〈こと＝事〉をなすような、「必然の自由、自由の必然の世界」(10, 129) である。この意味において西田は、歴史的現実の世界を「自由即必然」「歴史的必然」としての「自然法爾」の世界に他ならないとする。それは、歴史的現実の世界の形成の過程が、我々の自己を超越して必然的・自然的であるということを指す。すなわちそれは、単に我々の自己が自己によって連続的に、自己のあるがままに在り続けることを指すのではなく、むしろ、我々の自己の自己同一が成立することは、それが我々の自己によるものではなく、我々の自己を超越した仕方で、あるべくして然る事実であることを指すのである。我々の自己（を媒介し根拠づける歴史的現実の世界）による自己同一を超越し、かつそれを包んでいるゆえに、歴史的現実の世界が「必然的」「自然的」と呼ばれるのである。したがって、それ自身によって自己同一を持つような何らかの基体を、「形作るもの」にも、「形作られたもの」にも、自らの成立根拠として持たないような形成が、すなわち、いかなる意味でもそれ自身によって連続的に自己を形成し、導出することのないような形成こそが、この過程の我々の自己に対する超越性ゆえに、まさしく「必然」ないし「自然」の名に値する。また逆に、それが我々の自己の基体的自己同一に絶対に超越的であるからこそ、歴史的現実のこうした「必然」「自然」は、いかなる〈もの＝基体・実体〉も絶対に先行しない、「形作られたもの」と「形作るもの」との〈形作られて形作ること〉であり、すなわち、我々の自己（がおいてある歴史的現実の世界）が、連続的自己導出への否定を媒介として、自己の本来のあるがままを実現し、実践する過程なのである。ゆえに、我々の自己が自らの本来のありようを自覚し実現するとは、自己と世界とにおける様々な矛盾や問題が一挙に解決に至ることではなく、ゆえに、我々の自己と世界の根源的悪性が無に帰することではなく、「自由即必然」としての本来的なあるべき必然の過程において、現在になすべきことを我々の自己がなしていくことに他ならないのである。

したがって、西田は次のように述べる。「個性と云ふのは、無限なる個物的多と全体的一との矛盾的自己同一の形でなければならない。自由と必然との矛盾的自己同一として、個性的と云ふものが成立するのである」（10, 391）。逆に言えば、唯一・一度的なる個としての我々の自己の自己形成が、自己自身において基体的に自己同一性を持たない仕方で「矛盾的自己同一」を持ち、それゆえに、それが世界の本来的なあるべき「形」の表現であることが、西田にとって、他に代替不可能な「個性」がそれとして成立するということである。そしてこうした考察をもとに、西田は、「歴史はいつも絶対現在の自己限定として、唯一なる個性的世界を形成して行くのである。故に最深なる歴史的実在と云ふのは、何処までも個性的に深まり行く、唯一なる世界でなければならない」（10, 388）と述べた上で[25]、そしてこの「個性的」な形成の必然的な実現を我々に要求するものが、「絶対的一者の絶対命令」に他ならないとする。すなわち、歴史的現実の世界においては、「形作るもの」としての我々の自己をその必然性において限定する、すでに「形作られたもの」は、すでに考察されたように、それ自身がすでに絶対的一者の自己表現としての唯一・一度的な事実として形作られたものであり、ゆえにそれは、一なる全体的世界の本来的なあるべき「形」を、自己自身からは絶対に導出できない新たな唯一・一度的な事実において「個性的」に表現する事実である。そもそも我々の自己は、自己自身において自己同一的に存在するものではありえず、むしろそうした基体的自己同一性への否定を媒介することで本来の自己たりうる存在である。それゆえに我々の自己は、自己の意図や関心に基づく差配と統括が否定され、絶対的一者の自己表現に従って世界の「形」の必然的な実現の契機となることで、「自由即必然」なる仕方で自己の本来を実現し、世界の「個性的」な自己形成の創造的契機・要素となる。したがって、絶対的一者の自己表現として我々の自己に与えられる「形作られたもの」とは、歴史的現実の本来の「形」を必然的に実現するような、そしてそこにおいて我々の自己が自己の本来を実現するような、そうした歴史的現実の「個性的」な形成を実現すべく我々の自己に要求される「当為」の内容を表現するものであり、したがってそのために、この時この場所において従うべき唯一・一度的な内容を我々に要求するような、いわば一あって二ない「絶対命令」を表現するものである。西田は以下のように述べる。

「かかる〔世界が個性的に自己自身を形成するという〕立場に於てこそ、我々の自己は創造的世界の創造的要素として、個物的であればある程、絶対的一者の絶対命令に接して居るのである。絶対現在の瞬間として、歴史的必然の傍には、何時も自由があるのである。唯一なる時、唯一なる場所に於て、我々の自己は唯一なる責務を負って居るのである」(10, 378–379)。

したがって、世界の本来の「形」の必然的な実現に従うことで、歴史的現実の「自由即必然」なる「個性的」な形成を実践することが、我々の自己が自己として存在する限りにおいて与えられている「絶対命令」である。そしてこの絶対命令としての当為は、行為的直観によってはじめて知られるものであり、ただ〈働きつつ見ること〉ないし〈形作られて形作ること〉のそのことにおいてのみ、ゆえに我々の自己の思惟によっては導出することのできない仕方でのみあらわになるものである[26]。しかしこのことが、思惟を超えたものが直接的事実としてまず与えられて、それが事後的に思惟にもたらされることであるとみなされるなら、それはすでに排斥されたような見解に逆戻りすることを意味しよう。思惟は、それに先立ついかなる〈もの〉もない仕方で〈考えるものなくして考えること〉それ自体として成立するものであり、前節で考察したように、思惟を事後的に媒介するような思惟を超越した直接的事実はいかなる意味でも存在しない。したがって、絶対命令としての当為が行為的直観によってはじめて知られるということは、あくまでも思惟の〈考えるものなくして考えること〉がそれ自身を徹底することと同一の事態を意味する。さもなくば我々の自己は、実質的には現実を超越した立場に立っているのであり、自己の差配と統括とを中心として、恣意的に絶対命令の内容を解釈しつつ、主観化された現実を生きることともなろう。そこでは抽象的な思惟を排斥する具体的な実践的・行為的な立場が標榜されながらも、しかし実際には主観主義的な観想主義や自由主義に基づいて、歴史的な実践を行うこととなろう。ゆえに我々の自己がこの「唯一なる時、唯一なる場所」において「絶対的一者の絶対命令」に従うことは、諸々の思惟とりわけ哲学的な思惟を必然的に媒介する仕方で成立するものであることとなろう。以下では、それがいかなる構造において可能となっているのか、また具体的にいかなる事態を意味するのかについて、さらに明らかにしていこう。

西田からすれば、我々の自己が、絶対命令に従って歴史的現実の世界の「個性的」な自己形成の創造的要素として生き、行為することは、これまでの考察から明らかになったように、「形作られたもの」と「形作るもの」との〈形作られて形作ること〉としての行為的直観として、ないし正確には、自らの本来の自覚的自証（自覚的直観）性に開かれた根底的な行為的直観である「創造的直観」として成立するものである。そしてこうした意味での根底的な行為的直観、すなわち「創造的直観」とは、西田によれば、具体的には唯一なる個と唯一なる個とが相対する事実として生成する。「唯一的なるものと唯一的なるものとが、相互否定的に結合する過程が、直観である」(10, 511)。直観すなわち「創造的直観」としての行為的直観とは「形作られたもの」からも「形作るもの」からも、両者の相互形成からも導出し得ない仕方で成立する出来事である。「形作るもの」としての我々の自己から言えば、それは自らによって改変できず抗うこともできない必然性によって生起する出来事であると共に、しかしそれがまさに我々の自己が自己として行為する〈こと〉それ自身に他ならないという意味では、この出来事はまた我々の自己の自由の実現でもある。行為的直観において実現する、唯一固有の個としての我々の自己の自由とは、我々の自己において実現するものではなく、自己を超え、かつ自己を自己として然らしめるものにおいて実現する。したがって行為的直観とは、本来、自らにおいて自らの自己形成・自己同一の根拠を持たない仕方で、すなわち自己同一（統一）的・自己完結的な現前・実現への否定を媒介として現前する出来事である。ゆえにこうした行為的直観は、唯一なる個と唯一なる個とが互いに相互否定的で異他的なるままに相対する出来事である。すなわち、我々の自己の行為と自覚とは、自己自身において自己同一的に現在するものではありえず、それはかえって自らの自己同一・自己統一の内に回収できない異他性・断絶性を有する仕方で現前する事実である。したがって、歴史的現実においては元来、我々の自己の内において異他的なる個がその異他性を伴って現前するという仕方で、自己と他とが相対するのではない。異他的なる個にはそうした仕方では決して相対することはできないのであり、むしろ我々の自己の行為的直観としての自己成立の事実それ自身が不可視・不可思議な超越的な事実であること、すなわち、この事実が我々の自己からは導出しえない他の唯一なる個の成立事実と同じ一つの事実であるということにおいて、我々の自己と他の個とが相対するのである。「個物と個物と相対すると云ふのは、矛盾的自己同一的媒介によつて相対すると云ふのである。相対することのできないものが相対するのである」(9, 317)。個と個とを媒介するものはいかなる〈もの＝基体・実体〉でもなく、むしろ個の自己同一的・自己統一的現前を否定するような「矛盾的自己同一」の媒介に他ならない。

ゆえに、我々の自己が自己自身において自己現前を持ち、自己自身において世界を形成しうるという可能性が否定されることにおいて、唯一なる個としての我々の自己の自己成立の事実があり、そこに我々の自己は自らの主体的な形成を得る。西田はこの事情を指して、「絶対現在の自己限定」において「唯一的個」として我々の自己が自己を直観することは、「随処為主となる」ことであると言う（11, 144）。すなわち苦も不如意も、自己の差配と統括への否定によって自己が主体的に唯一の個として自己を形成する機縁であり、自己の基体性の否定の現場となることで、我々の自己の唯一なる個の「個性的」な形成が実現する。それは現状肯定・追従ではなく、かえって歴史的現実の形成・変革を我々の自己の差配と統括にではなく、歴史的現実の世界の本来的な必然の運動それ自身に帰することに他ならない。すなわち、我々の自己のいかなる差配も統括も否定されることによって実現する、歴史的世界の自己形成のその原理は、ただ歴史的現実の世界の本来的なありようの「個性的」な実現に、正確には、絶対的一者の自己表現の「個性的」な実現に帰せられるべきものである。ゆえにこの「個性的」な実現を阻害する事象、たとえば社会的な不正や悪も、それを我々の自己が差配によって外的に矯正するのではなく、ただ一々の事柄に即して、我々の自己とその事象とが、その互いの持つ性質や構造の本来あるべき「個性的」なありようへと〈働きつつ見ること〉、〈形作られて形作ること〉によってしか、その事象が孕む矛盾や問題を乗り越える歴史的な実践と変革とがもたらされることはないし、またその正当性が証されることもないと言わねばならない。それがどんなに険しく絶望的な道行きであっても、我々の自己が果たすべき絶対命令として科せられているのは、そうした道行きに他ならない。歴史的現実においては、およそいかなる存在も、他ではありえない、それ自身における唯一固有の主体的な働きによって転じていくのでなければ、自らの転倒・歪曲を転換することは生じえないのであり、すなわちこの転換は、まさしく西田がしばしば用いる言い方にならえば、「物となつて考へ、物となつて行ふ」ないし「事となつて見、事となつて働く」こととして可能となっていると言わねばならない。しかもそうした転換は、歴史的存在が自己において自己同一を持たず、矛盾的自己同一において成立するゆえに、そのものそれ自身によってではなく、ただ他の存在によって、正確には、歴史的現実の世界の運動において自らの本来的な必然を証示することによってしか起こりえないものである。いかなる形成・創造も、歴史的現実の状況が準備したものとしてのみ、正確には歴史的現実の本来的な必然の運動のまさにその「個性的」な契機としてのみ、現れうるものに他ならず、またそうした形成・創造においてのみ、我々の自己を含めておよそ諸々の歴史的実在は、各々に唯一固有の仕方で自らを形成し、本来そのものがなすべきありようを実践しうる。

以上のような考察に基づけば、西田にとって、歴史的現実の「個性的」な創造の成立構造を明らかにすることは、すなわち「歴史的実践の世界の、歴史的形成力の論理」を展開することは、歴史的現実の世界を「ポイエシス的世界」(10, 133) として明らかにすることにも他ならない。ここで西田は、古代ギリシャ哲学から着想を得つつ、およそ広義における、事物を形作る働きを「ポイエシス (=制作)」と呼ぶと共に、それに対して、我々の自己が、事物の形成・制作の主体である自己自身を目的として自己自身を形成する働き、すなわち「それによって自己が自己となる働き」(10, 143) のことを「プラクシス (=実践)」と呼ぶ。西田がここで事物の形成を「ポイエシス」と呼ぶのは、古代ギリシャ哲学においてこの語が持つニュアンスを生かしつつ、事物の形成・制作とは、単に我々の自己による人為的・主観的な営みではなく、むしろ歴史的現実の必然・自然に従うことで実現する形成に他ならないことを明確にするためである。「ポイエシスと云ふ語は制作とでも訳すべきと思ふが、それは単に人為的として主観的に解せられる恐が多い。それも無論ポイエシスではあるが、私の此語によつて云はうと思ふものは、いっそう深く広い客観的意義を有つて居るのである。自然の創造と云ふ如きこともポイエシスと云ふのである」(9, 306)。すなわち、我々の自己が歴史的現実において諸々の事実を形成する「ポイエシス」が、上述してきたように、一々の事物が自らに唯一固有の仕方で自らを形成することにおいて、したがって、歴史的現実の本来的な必然の運動において「個性的」に実現することに他ならないとすれば、それはまさしく、我々の自己が自己の本来を実践する「プラクシス」の実現にもまた他ならない。この意味において、プラクシスはポイエシスを通すことによってプラクシスたりえるものであり、またポイエシスはプラクシスを通すことによってポイエシスたりえるものであると定式化しうる（10, 152）。したがって以下のように言われる。「物となつて考へ物となつて行ふとは、ポイエシス即プラクシス的に、歴史的自然的に働くことでなければならない」（10, 158）。すなわち、こうした考察において西田が強調するのは、歴史的現実の本来的な必然としての「歴史的自然」ないし「自然法爾」の運動において我々の自己が行為すること、すなわち「物となつて考へ、物となつて行ふ」ことは、歴史的現実の世界（の事物・実在）が自らを形作る「ポイエシス」であると共に、それはまたとりもなおさず、我々の自己自身がそれによって唯一の個としてのこの自己となり、自己を形成する「プラクシス」の徹底に他ならないということである。

したがって、我々の自己が自らの差配と統括を否定されることによって、すなわち、自己自身において自己同一を持つという自己基体化・実体化が否定し去られることによって、歴史的現実の「個性的」な形成が実現されるというこのことは、我々の自己が歴史的現実の世界を超越することなどではなく、むしろ歴史的現実の世界のその一々の事実の本質や構造を把握していくこと、すなわち特定の事実の「形」を焦点としつつ、我々の自己がそこにおいてある歴史的現実の世界それ全体の「形」を把握することによって可能となる。それは我々の自己の思惟からの必然的な自己限定・自己構成が否定し去られて、どこまでもその一々の事象・事実のその固有の働きに即し、それを発揮せしめることで実現されることであると共に、むしろ世界それ全体の包括的な「形」が自らを表現することであり、したがって、世界の普遍的な「形」の必然的な自己限定・自己展開としての「形」の概念的な思惟を媒介とするものである。すなわち、単に思惟に対して偶然的に実現するのではなく、むしろ我々の自己の思惟の徹底として起こることに他ならない。こうした意味において、そもそも我々の日常のいかなる出来事も実際には、たとえ限定された立場・仕方においてであれ、まさしく「物となつて考へ、物となつて行ふ」こととして可能となっていることと言わねばならない。

したがって、歴史的現実の世界の「個性的」な自己形成における我々の自己の実践は、思惟によって限定し導出することができないものであると共に、思惟による世界の統一的な「形」の表現のその厳密化によってまた生じうるものであり、すなわち我々の自己の実践は、こうした思惟の統一的把握を媒介することなくして自らの真理性を得ることは不可能である。たとえば西田は、「歴史に進歩と云ふことを考へるならば、所謂価値的に考へられるのではなく、何処までも個性的に深まることでなければならない」(10, 388) と述べる。すでに見たように、西田によれば、歴史的現実の世界が「個性的」に自己を形成すること、すなわち絶対的一者の自己表現の焦点としての唯一・一度の個性的な事実において、我々の自己が自己を実現すること、そのことにおいて歴史のすべての事実が非通約的な唯一・一度的な事実として表現されることこそが、我々の自己が、与えられた過去の課題を解き、その矛盾を乗り越えるということの内実である。そして逆に「歴史に進歩と云ふことを考へるならば」、今ここに唯一・一度的な事実が実現したことが、過去ないし未来を基点にして、ある連続性・統一性によって価値づけられる時に、それは進歩/向上ないし退行と呼ばれる。しかし看過されてはならないのは、それは単に暫定的にないし仮説的に呼ばれるというだけでなく、絶対的一者の記号的・概念的表現として絶対的な真理性を持つということである。なるほどそうした価値づけの妥当性は、唯一・一度的な事実の「形」として、新たな唯一・一度的な事実によって否定されるべきものであると共に、しかしそれは新たな事実において表現的な対応を有するような「形」であり、すなわち一なる全体としての絶対的一者の自己表現としての「形」に他ならない。それゆえに、なるほど歴史的現実の世界においては、その運動を包括的に限定する「法則」はありえないと共に、しかしそれは、各々の学問的な立場における世界の「形」の把握が、より厳密さを増していくことを否定するものではなく、むしろかえってそれを媒介としてのみ、我々の自己の実践が可能となり、その真理性が検証されるということに他ならない。思惟のこうした地位と役割とを充分に主題化しない限りは、我々の自己に対して唯一無二なる仕方で与えられる「絶対命令」の内容を先入見をもって独断的に解釈する、主観主義的な寂静主義や個人主義に陥る危険を回避できないであろう。

すでに考察してきたように、ある意図や目的に基づく、特定の限定された立場における行為的直観によっては、我々の自己の本来のありようは自覚的に実現されず、ともすれば、むしろ自己喪失の度が強まる。その意味において、我々の自己は自らの行為の実践的根拠を、思惟を含め、我々の自己のいかなる行為によっても改変することのできない、客観的な必然性を有した歴史的現実の世界の運動に徹底的に帰さねばならない。すなわち、思惟による世界の「形」の概念的分析を媒介にして「絶対命令」の下に歴史的現実の世界の運動に従おうとすることが、そもそも思惟による概念的分析が目指されることそれ自身が、まずは否定し去られねばならない。なぜなら上述したように、歴史的現実の世界の「個性的」な自己形成を我々の自己が実践するのは、自己自身によって何かを意志し、何かを変革しようとする努力そのものが、あるいはその裏にある基体的な自己同一・自己肯定が、自己の主観主義的な差配として否定される、「自覚的直観」に開かれた根底的な行為的直観、すなわち「創造的直観」としてに他ならないからである。そこでは真の意味ですべての事実が、絶対的一者の自己表現として、すなわち「自由即必然」なる「自然法爾」の過程として「ポイエシス即プラクシス」的に実践される。もはや特別な何かを達成したことで自己と他者とが互いに自らの本来をもたらし、他をその本来へと転換せしめることに限らず、むしろすべての事実において、したがって価値や目的を共有し得る者の間に限らず、むしろそうした共有が挫折している場所、通じない場所において、ごく日常の所作が、たとえば一つの挨拶の言葉と調子が、あるいはそもそも共に在り、時と場所を共にすることただそれ自身が、それだけで自と他の各々にとっての救いになり、自らが生きていく力を新たに充ちさせる時、各々の自己において、一々の挫折と悲劇を、その理由づけも正当化も不可能なままに、自己自身のあるべき本来を実践しうる機縁となしてゆくような、そうした根底的な力が得られる。すなわち、何かのために何かをなしえたことによって自己を自己として肯定し、唯一の個として生きる力を得るのではなく、我々の自己が自己として生き、他と共に在るというそこのところで、〈何かのために〉というあり方よりも以前にある、あるいはその根本にある、生命が生命として現に在るというその端的な存在の事実において、自己を肯定し、自己を生きる力を得る。この力は不如意なる挫折や悲劇が繰り返されるこの歴史的現実においてなお、我々の自己が唯一の個として本来なすべきことをなしていく力なのであり、それは自己が我を失うことなく、自らの自由を日々の一々の現実に即して実現して行く力に他ならない。そして逆にまた、そうした力と方向性が働かないようないかなる実践も、結局は恣意的な差配に堕さざるをえないであろう。そもそも歴史的現実の世界の「個性的」な自己形成の過程においては、それがまさに連続的・基体的自己同一性への否定を媒介とするゆえに、その過程に先立って存在する方向や目的は存在しない。むしろ現実は「動揺的」であり、我々の自己の意図を超越した仕方で進展する。そしてまさにそうした歴史的現実のその「動揺性」のただ中にあって、なお「個性的」な自己形成の実践を可能にするその「歴史的形成力」が、上述したような、我々の自己の生命が生命として現に在るという端的な事実において働く立場こそ、以下に見るように西田の言う宗教的体験ないし宗教的な「行」「修行」の立場に他ならない。

そもそも我々の自己が、歴史的現実の世界の「個性的」な自己形成・自己創造をいかにして実践し実現するかということが問題となるのが道徳的立場に他ならないが（9, 144–145)、しかし宗教的立場とは、むしろ我々の自己の実践そのものが何を原理として成立するものか、どこから成立し、どのような立場において働くかが問題となる立場である。それは我々の自己がいかに世界に処するかではなく、我々の自己が自己自身によって存在しえないことに徹頭徹尾撞着することによって、すなわち道徳の立場においてではなく、道徳の立場の矛盾そのものに撞着することによって、開かれる立場である。言うまでもなく、この宗教的立場とは「善悪無差別の世界に入ると云ふことではない」、「我々は創造的世界の創造的要素として何処までも努力的でなければならない。真の宗教は静観的でもなければ、神秘的でもない」（9, 145–146）。すなわち宗教的立場とは、我々の自己の実践の努力や、それを契機とする我々の自己の生命の存在それ自身と、その根源としての絶対者との関係が問題となる立場に他ならない。そして宗教的立場とは、この問題を「我々の自己のそこからそこへといふ所」（9, 299）、すなわち「我々の全自己に最根本的」（9, 303）で「自己自身に最も根本的な事実」である「極めて平常底な立場」（10, 122）において問う立場であり、いわば我々の自己が自己として生命を持つというその事実そのものを端的に問う立場に他ならない。この立場において我々の自己の生命は、「単なる超越は絶対ではない……絶対は力でなければならない」（9, 333）と言われるその「絶対（者）」の「力」に開かれることで、「絶対命令」に従って自己のなすべき本来をなし、実践しうるものとなる。「宗教の修行と云ふのは……一挙にしてそこに達するとか、そこから全世界を直観するとか云ふことではない。それはその方向として無限の進行である、釈迦弥陀も修行最中と云ふ」（9, 333–334）。宗教的な「行」「修行」の立場とは、歴史的現実の繰り返される動揺と悲劇のただ中にあって、なお唯一の個として本来のなすべきことを無限になしていくこと、その無限の過程を歩むこと、それ以外ではありえない。しかもそうした無限の過程を歩みうる「力」を、何かをいかになすかということ以前に、我々の自己の生命そのものの事実において得る立場、すなわち歴史的現実の世界の「個性的」な自己形成の実践を可能にする「歴史的形成力」が根底的に成立する立場に他ならない。こうした立場においては、何かをなすことによる自己肯定という以前に、そもそも根本的に我々の自己が自己として生き、他と共に在るということ、そうした生命が生命として現に在るということ、ただそのことにおいて、我々の自己が自己の本来の在処を得て自己の生命を端的に肯定する。そしてそのことは西田によれば、以下に見るように、我々の自己の心境の問題ではなく、むしろ極めて現実的で実証的なことがらに他ならない。西田は、宗教的立場は具体的に「物となつて考へ、物となつて働くこと」であり、「身心一如的」に証せられる立場であるとみなす。

西田はそもそも宗教的な立場を「真の生命を得ること」(9, 332) と述べるが、こうした「生命」はまた、たとえばパウロの言葉「既に我生けるにあらずキリスト我にありて生けるなり」(12, 369) において示されるような「生（命）」である。我々の自己がこうした「生命」において生きるということは、すでに考察してきたように、我々の自己が、それ自身において自らの自己同一の存在根拠を持たず、基体的・実体的自己同一への徹底的な否定を媒介とすることで、すなわち「永遠の死」による否定的転換を媒介とすることで、歴史的現実の「個性的」な創造・形成を実践することを指す。しかも西田はまた、たとえば「主体が環境を環境が主体を形成する所に生命と云ふものがある」(10, 59) とも述べ、およそ「生命」とは、物質的世界から生物的生命の世界へ、さらには人間的生命の世界へと進展する「個性的」な形成・生産の発展の運動に他ならないとする。すなわち、そもそも宗教的立場において生きられる「生命」の運動と、人間的生命に至る「歴史的生命」の運動とは、一つの「生命」の「個性的」な自己形成の運動を異なる角度から見たものに過ぎない。実際、「主体が環境を環境が主体を形成する所に生命と云ふものがあるのであり、それは……歴史的世界の一つの局面が限定せられると云ふことでなければならない」(同) と述べられると共に、宗教的立場において得られる、我々の自己の「永遠の生命」もまた同様に、歴史的現実の「個性的」な創造・形成の創造的契機として、我々の自己が歴史的・社会的に「唯一の歴史的世界を形成し行くこと」に他ならないとされる (10, 158)。

したがって西田にとっては、宗教における「永遠の死」による否定的転換としての「回心」もまた、「身心一如」的に日々の生活において証される事実である。すなわち、動揺的で悲劇的なこの歴史的現実において、我々の自己が自らを見失い、苦に巻き込まれているのではなしに自己の生命を端的に肯定する力を持ち得ているかどうかは、この身この身体の「身心一如的」な現実の状態において、たとえば息が詰まる、地に脚が着かないといったことに対極的な仕方で、自分を取り巻く状況の如意・不如意にかかわらず、ふっと息を抜くゆとりを持っている、事に即して対応しうる弾力と自在さがある、といった仕方で、実証されるものである。「身心一如的」な仕方で、したがって、自らが今ここに生き、存在していることに充ち、快さを感じることで、すなわち第二章三節で見た、広義における「健康」であることにおいて、抗うことのできぬ退引きならない仕方で、我々の自己に与えられ実感されることがらである。すなわち、宗教的な立場とは、我々の自己の最も明らかな生命の事実であり、日々の生活において端的に実証されるもっとも現実的な出来事に他ならないのである(9, 334 ないしは 10, 120 など)。それゆえに、西田は宗教的な立場を、そこにおいて我々の自己が自らによる自己同一への徹底的な否定に退引きならない仕方で面する「終末論的」(9, 299) な立場と名指すと共に、[27] しかしそれはまた「動いて動かざるものの立場に入る」(9, 145) ことであり、「我々の自己のそこからそこへといふ所」(9, 299) としての「極めて平常底な立場」(10, 122) であるとも名指すのである。

以上のような考察をふまえれば、すでに述べたような根底的な行為的直観としての創造的直観の真相を、日々の日常・平常の生活において実証する立場こそが、西田によって宗教的立場と名指されるものに他ならないと言うことができよう。すなわち宗教的立場とは、何かの特別の成果をあげることによってではなく、また自己の如意・不如意にかかわらず、我々の自己と他とが現に共に在り共に生きていること、ただそのことに関わる次元において、端的に自己と他の今この存在を肯定し、他と共にある自らの生命に快さと歓びとを感じるという事実を、「動揺的」な歴史的現実の中で、自己の差配と意図の否定的転換によって、最も具体的に、かつ現実的に実証する立場である。たとえば夏の暑い日の、客を招いての午餐において、しつけの厳しいその家庭の娘が粗相をしてコップの水をひっくり返し、一同固唾を飲む中、客の一人が自分の前に流れてきた水に手を置いて何気なしに言った「ああ冷たい、気持ちいいな」という言葉に、その場がふっとゆるんだという出来事などは、その一つの実証となろう[28]。さらにこの立場がまた、我々の自己が他者と共に今ここに在り、生命を持つという、その唯一なる事実の端的な肯定であるという意味においては、たとえば西田が『哲学の根本問題』において挙げた「ステパノが石にて自分を撃ち殺すものの為に祈つたといふ愛」（7, 199）、罪を彼らに負わせぬように祈ったという愛の現成に、西田の言う宗教的な立場の実証を見ることもできよう[29]。宗教的立場とは、我々の自己が、自らと立場を共有できない、それゆえに真に唯一なるその個に存在してほしいと希むこと、すなわち互いに共感しあうことの挫折したところにおいてもなお、理由なしに端的にその存在を肯定する立場に立つことである。そしてそれは、我々の自己が自らによっては自己を実現することができず、ただ他の個からの否定を媒介としてのみ自己を実現しうること、正確には、我々の自己の実体化・基体化の否定を媒介として、歴史的現実の世界の「個性的」な自己形成においてのみ、自己を実現しうることを意味する。そこにすでに考察したような、現実の矛盾や問題を、あくまでもある事象・実在のその固有の働きに即して、ゆえに外的な差配や矯正によってではなしに乗り越えてゆくという、絶望的なまでに法外なその道行きを歩む力が与えられるのである。

ゆえにこうした宗教的な立場とは、その都度の現実に即した特定の目的と方向とを有する仕方で歴史的現実を形成し、変革することの実践とは別の次元で成り立つような、ゆえに特定の限定された「形」を焦点として持つ歴史的現実を超越するような、そうした立場を意味するわけではない。宗教的立場において、我々の自己は、自らの基体的自己同一性への否定を媒介とすることによって、〈何かのために〉というあり方よりも以前にある、各々の生命が生命として在るということそれ自身への端的な肯定を実証する。すなわち、特定の限定された目的（方向）を媒介としないのではなく、むしろ歴史的現実において諸々の特定の目的・方向を媒介としつつ各々の唯一なる生命が生命として現に共に在る〈こと＝事〉が、それに先立ついかなる目的（方向）も根拠として有さずに、それ自身で無基底的に自らを明らかにするということである。したがってこの立場は、「形作られたもの」と「形作るもの」との〈形作られて形作ること〉として、すなわち行為的直観の徹底として成立する事実であり、換言すれば、無基底的な絶対的一者の自己表現において、現在の行為的直観の「個性的」な「形」を焦点として、歴史的現実の本来あるべき「形」が実現することに他ならない。

したがって、西田の言う宗教的立場とは、「個人主義」「自由主義」「神秘主義」による立場を意味するものではありえないし、現実社会の様々な矛盾や問題を単に「観想」し、「諦念」的に包容するものではありえない。この立場は、我々の自己が歴史的現実の変革・創造を、我々の自己（の差配と統括）においてではなく、歴史的現実の世界の本来的な必然の運動それ自身において実践する立場であり、すなわち「自己の努力そのものが自己のものではない」、「自ら然らしめるものがある」（12, 369）とも言われる「自然法爾」なる運動において、その唯一無二の創造的な要素・焦点として実践する立場に他ならない。歴史的現実において、およそ我々の自己のいかなる行為も、それは我々の自己が自己自身を根拠として歴史的現実を統括しようとする自己基体化・実体化への全き否定を媒介として、あるべき本来の「個性的」なありようを実践する。それゆえに、他との対話であれ、さらに広く何らかの社会的実践であれ、それがあるべき真実のありようとなるのは、これらの行為が、上述したような、自と他とが互いに異他的であることが端的に肯定されるような、ないしはおよそ各々の生命が生命として在ることが端的に肯定されるような宗教的立場から、すなわち〈……のために〉などといった理由なしに、あるいはそうした理由づけが挫折する仕方で自と他とが共にあることが、その不可視・不可思議なる深みが、根拠（基底）なしに肯定されるような立場から成立し、力を得ている実践であることによってである。そしてこうした実践によってこそ、唯一にして互いに異他的なる個と個とが相対する「個性的」な現実の「形」の根本形・基本形（「パラデーグマ」）として、社会的共同体もまた成立しうる。すなわちたとえば、それ自身において正統なる起源と使命を持つものとしての「民族」や「家族」を根拠にするのではないような、したがって、内的な自己同一・自己統一を有してそれ自身によって現前する基体的自己同一性に基づくのではないような共同体が形成されうるのである(30)。逆にまた、こうした仕方で成立し、力を得ているのではないような実践は、「唯一なる時、唯一なる場所」において、その本来なすべき創造を果たしえず、したがって表面的にはどうであれ、本質的に、歴史的現実の「個性的」な形成と現実の社会的共同体の変革に向かうものではありえない。

もちろん以上のことは、我々の自己が歴史的・社会的現実から一旦は離れて、無基底的なる宗教的立場に出ることによって、そこからはじめて歴史的現実を形成する社会的実践が可能となる、といったことを意味するのではない。宗教的立場とは、すでに考察してきたように、我々の自己が歴史的現実の本来的なる必然の運動の「個性的」な焦点・要素となることであり、その意味においてまさに「自然法爾」なる立場である。したがって宗教的な立場とは、あくまでも歴史的・社会的な現実において、正確には、歴史的現実の世界の自己形成の一契機ないし一焦点として具現する事実である。すなわち、「唯一なる時、唯一なる場所」において、本来あるべき唯一なる方向を示す「絶対命令」に従うことによって実現される、歴史的現実の世界の「個性的」な自己形成の、その徹底的な、そして最も根本的な実践に他ならないのである。

したがって宗教的立場とは、我々の自己が、歴史的現実の世界の「個性的」な自己形成に開かれ、そこに徹することで、唯一の個として生まれ、働き、死にゆく、自己の本来のあるべき「個性的」なありようを実践する立場に他ならない。「宗教は科学と相反するかに考へられるが、却つて科学的精神は宗教によつて基礎附けられると云ふことができる。真の宗教の立場は、何処までも独断を捨てて、真に物そのものとなつて考へ、物そのものとなつて行ふことでなければならない。そこには己を尽すと云ふことが含まれてゐなければならない。無限の思惟が含まれてゐなければならない」(9, 300)。すなわち宗教的な立場とは、我々の自己が先入見を去り、独断を捨てることで実在の真実に即くということ、ただそのことを徹底的に遂行する立場に他ならない。それゆえに、今や我々の自己が真の自己を得る宗教の立場と哲学的な思惟との関係も明らかになる。「学問も道徳も即宗教的行でなければならない……絶対は力でなければならない」(10, 174)。先入見ないし独断が捨て去られて真実在を把握するような、宗教に固有の何らかの境地ないし体験があって、それが学問を生むというのではない。「学問も道徳も即宗教的行」なのであり、すなわちおよそ広く独断が捨て去られて真実に行くことそれ自身が宗教的な立場なのであり、したがって、たとえば学問的な思惟が先入見と独断的前提とを否定しつつ自らを展開していくことの徹底が、ないしは、いわばその徹底を可能にする力こそが宗教的立場に他ならない。なかでもとりわけ哲学的な思惟は、特定の立場において世界を概念的に表現するのではなく、世界そのものの概念的表現として、すなわち絶対的一者の自己表現の焦点として、我々の自己の「形」を世界の「形」の概念的表現として自覚する立場であり、宗教の立場もまた、あらゆる独断的前提を否定して世界そのものの表現を生きる立場である。それゆえにいまや西田は以下のように述べる。「哲学とはかかる〔絶対的一者の射影点として自覚する〕根元的自覚に基くものでなければならない。故に哲学と宗教とは常に相表裏するのである」(10, 470)。

たしかに宗教の立場とは、論理的な思惟によって可能になるものではなく、むしろ我々の自己が思惟によって世界を把握しうるとみなすことそれ自身が否定し去られることによって成立する立場である。その意味において、宗教の立場は思惟を超越する。しかしそのことは、概念的な思惟の自己限定を媒介としない体験がまず成立して、事後的に思惟が成立することを意味しない。すでに検討してきたように、現在の行為的直観の事実は、いかなる〈もの＝基体・実体〉も先立つことのない、それ自身で無基底的に自らを形成する、唯一・一度的な「世界創造の絶対事実」「世界成立の根本事実」であると共に、かつこの事実は、その無基底性ゆえに、自らの基体的自己同一性の否定を媒介として、すなわち、自らにおいて自己同一を持たない仕方で、「矛盾的自己同一」的に自己同一を持ち、自らに異他的なる他の唯一・一度的なる事実と表現的に対応する仕方で、自己同一を持つ。換言すれば、現在の行為的直観の事実は、「多と一との絶対矛盾的自己同一」としての絶対的一者の自己表現の「個性的」な焦点であり、それは唯一・一度的なる「形」の形成であると共に、歴史的現実の統一的・普遍的な「形」の「個性的」な焦点ないし表現点となることである。そして西田にとって、こうした歴史的現実の統一的・普遍的な「形」の記号的・概念的表現が、別言すれば、歴史的現実の「形」の概念的な自己表現が、概念を媒介とする思惟に他ならない。したがって、概念的な思惟が表現する「形」の真理性・妥当性は、思惟の自己限定・自己導出を否定して無基底的に自らの「形」を形成し、限定するような、唯一・一度的なる事実の直観的な事実性によって証されるものであると共に、またその直観の事実が虚妄ではなく、まさに事実そのものであることは、思惟の「形」の記号的・概念的な自己限定・自己表現の必然性による検証を通してのみ現れうる。概念を媒介とする思惟の必然性と唯一・一度的なる直観の事実性は、元来互いに否定しあいつつ、他によって自らを検証し、実証し得ており、共に行為的直観における「自覚的自証」「自覚的直観」の相異なる両方向に他ならない。思惟自身が概念の媒介による論理的必然性において自らを貫徹するという仕方で、思惟は、自らからは導出し得ない行為的直観の「自覚的自証」「自覚的直観」を持つ。ないしは、同じことを西田の用法に従って言い直せば、思惟は「創造的直観」となる。したがって宗教の立場は、行為的直観ないし創造的直観における、唯一・一度的な事実の自己限定の方向に焦点を置いて成立するものであり、また哲学の立場は、同一の事実における、統一的・普遍的な「形」の自己限定の方向に焦点を置いて成立するものである。すなわち宗教の立場は、日常のすべての事実において、歴史的現実の世界の自己形成の「個性的」な焦点としての唯一・一度的な事実を実践する立場であり、またそれであるがゆえに、この立場の徹底は、世界において成立する諸々の立場を統一的・普遍的な「形」の下に限定する哲学の立場の実現と一つの事態をなす。また哲学の立場は、特定の限定された立場においてではなく、歴史的現実の世界それ自身において、現在の唯一・一度的な事実の「形」を焦点として、世界がそこにおいて成立する統一的・普遍的な「形」を概念的に限定し、表現する立場であるゆえに、それは、歴史的現実の世界の「個性的」な自己形成・自己限定において、思惟の自己基体化・実体化が徹底的に否定されることを媒介として成り立つ、〈考えるものなくして考えること〉の立場である。この意味において、哲学の徹底は、思惟と我々の自己の基体性の根底的な否定に基づく宗教的立場の実現・実践と一つの事態をなす。「此処〔歴史的世界成立の根本的事実〕に哲学と宗教との根本的事実に於ての一致があるのである。併し哲学と宗教とがすぐ同一と云ふのではない。宗教はかゝる根本的事実の自覚から出立して何処までも事実が事実自身となる立場なのである。哲学も此処から出立するのであるが、事実が事実自身を反省する立場である。絶対矛盾的に自己自身を限定する事実の相反する両方向と云ふことができる」(10, 121)。

もちろん宗教的立場とは、西田自身が述べるように、「そこに言語思慮を入れる余地がない」(9, 67)とされる立場である。たしかに、思惟による自己限定・自己展開を超越する、ないしそれと断絶する仕方で否定的転換ないし回心が生起することで、すなわちいわば思惟の挫折が生じることで、宗教的立場が生起するという側面を「そこに言語思慮を入る余地がない」という述べ方によって大写しにすることは、思惟による、ひいては我々の自己それ自体による、自己基体化・実体化の排斥のために必然的なことである。しかし同時に、こうした思惟の挫折の出来事は、あくまでも行為的直観の「自覚的自証」「自覚的直観」における、その唯一・一度的な事実性の方向を焦点とする仕方で生起している出来事であり、すなわちこの出来事は、〈考えること＝事〉に先立って存在し、それを事後的に成立せしめるような〈もの＝基体・実体〉に基づくものではありえないこと、ゆえに、この出来事それ自体もまた、〈考えるものなくして考えること〉それ自身を概念的な必然性において実践する出来事であり、すなわち、考えるものなくして考える〈こと＝事〉における、〈考えるものなくして〉を焦点とする〈こと=事〉であることもまた、十分に顧慮されなければならない。したがって逆に言えば、〈考えるものなくして考えること〉の実践もまた、唯一・一度的に限定するものなくして限定する〈こと=事=事実〉としての宗教の立場における、その〈限定する〉を焦点として、それも統一的に、すなわち概念的に〈限定する〉を焦点として成立する〈こと=事〉に他ならない。まさしく西田が上掲の引用箇所で述べるように、宗教と哲学とは、「歴史的世界成立の根本的事実」「自己自身を限定する事実」における、すなわち、絶対的一者の自己表現の「個性的」な焦点として自らを限定し形成する、現在の行為的直観ないしは創造的直観の事実における、互いに他を根拠づけることも導出することもできない「相反する両方向」として、ないしは、自らにおいてではなく他において「絶対矛盾的」に自己同一を持つものとして、成立する立場に他ならない。そもそも現実には、宗教的事実の日常における実践・行も、哲学的思惟における概念的限定・表現も、それは日々の生活における経験とその思惟との相互検証の営みにおいて、そしてこの営みにおいて体現し表現する仕方で、遂行されているものに他ならないのである。

以上で考察したように、我々の自己の自己基体化・実体化が否定し去られることによって自らの本来を得るという宗教的な回心ないし転換は、一方で、たしかに思惟の自己限定・自己展開を挫折させる仕方で唯一・一度的に生じる事実であると言いうる。しかし他方では、すでに考察されたように、思惟を挫折させるこうした直観の事実性は、思惟において概念の媒介による真理性・必然的妥当性として表現される事実性であり、直観の事実性と思惟の必然性とは一つの自証性・明証性をなす仕方で成立する。ゆえに、宗教的な否定的転換はまた本質的に、概念的な思惟の媒介と検証を通して、すなわち世界の統一的な「形」の記号的・概念的表現を媒介して、成立するものである。思惟の挫折を通して、我々の自己が世界の本来的なる必然の過程に徹することが宗教的立場であると共に、まさにその本来的なる必然性こそを概念的に表現するものが思惟に他ならない。宗教的立場は、いかなる連続的な自己基体化・実体化も否定し去られることによって、したがって唯一・無二の無基底的な「世界創造の絶対事実」として生起すると共に、しかしまたそれは、あくまでも歴史的現実の世界の統一的な「形」の自己表現のその焦点としての生起でなければならない。したがって、歴史的現実の統一的な「形」の自己表現としての思惟の必然的な展開を媒介とすることのない宗教的立場は存在しえないのであり、宗教的立場が独断的な主観主義的な立場においてではなく、歴史的現実における真に「根本的事実」に立つ限り、宗教の立場が自らの真理性をその根本的な事実性において自証することと、思惟が概念的媒介の必然的な展開において自らを自証することと、この両者は本質的に〈先後〉を持たず、一つの〈こと＝事〉をなしているのである。

すでに考察してきたように、西田にとって宗教的立場とは「自然法爾」と呼ばれる立場であった。そこでは歴史的現実の世界のすべての実在、すべての事象が、ひいてはそれに向う我々の自己のすべての努力・行為までもが、「自己のものではない」すなわち〈我がもの〉ではないということ、むしろ歴史的現実の世界が基体的自己同一性への否定を媒介として「個性的」に自らを形成する出来事であるということが提起された。したがって、哲学的思惟がそれに即して表現する歴史的現実の世界の論理とは、基体性への否定を媒介する歴史的現実の形式構造を表現するものであり、さらに言えば、論理それ自身が、自らの自己同一・自己展開を否定され、論理からは根拠づけえない仕方で、自らが成立するその形式構造を表現するものに他ならない。この意味において論理の統一性・自己同一性とは、まさに「矛盾的自己同一」としてのそれに他ならない。それは論理が自らの自己実体化・基体化の否定を媒介する仕方を表現する論理であり、自らから導出し得ないそうした否定を媒介とすることがまた自らが自らの必然性をあらわにすることであるという構造を自らの必然的統一性において表現する論理に他ならない。「矛盾的自己同一」の論理とは、論理が論理である〈こと〉に先立ついかなるものも認めない「絶対論理」なのである。

こうしてみれば、およそ哲学的思惟の方法とは、単に世界把握そのものを目的とするものではなく、思惟が自らへの否定を媒介し、歴史的現実の世界の「個性的」な自己構成の創造的契機となること、思惟が、自らを超えて自らを然らしめるものへと帰することにあると言われるべきである。思惟の自己限定・自己展開の否定とは、思惟という〈もの〉が思惟の否定に媒介されることではなく、思惟が歴史的現実の世界において成立する思惟であることが徹底されることである。すなわち、自己においての、ないし自己のものとしての営みではなく、世界の概念的な自己形成・自己表現が思惟の営みであることが徹底されることである。思惟の否定が思惟の徹底と一つであるという仕方で、思惟が世界から〈考えるものなくして考えること〉となる「絶対的論理主義」による方法が、西田哲学の方法であり、そこに展開される「矛盾的自己同一」の論理こそが西田哲学の論理に他ならないのである。

註

(1) なお田邊は同論文において、種の論理の訂正点として、類の自己実現の運動性、個の主体性を強調する。
(2) もちろんこうした主張は、方法論的根拠を伴わずに独断的になされるものではなく、歴史的現実の本来的必然の過程において成立する、現在の行為的直観の事実において把捉されるものである。これについては本章で詳しく検討する。
(3) ここでの議論は、否定的相互協同それ自身の自己形成性が否定されなければならないという、すでに論じた主旨と同一の議論である。
(4) ただしこの引用箇所は、世界がまた、我々の自己がそこにおいて自己として働く世界でもあるという逆説を表現する記述へと続くものである。
(5) 形が形自身を形成することとは、主体と客体との相互限定とは異なるとも指摘されている (9, 163)。

(6)「形とは形成作用である（Gestalt ist Gestaltung）」(10, 377) とも言われる。

(7) したがって形は原理的に無限に成立しうる。西田はしばしば「世界は無限の周辺を持つ」と述べる。

(8)「形」とは、諸々の種すなわち媒介性を指すものであり、必ずしも歴史的種には限られないものである (9, 318)。「何等かの意義に於て体系と云ふものが考へられるかぎり、私は之を自己自身を限定する形と云ふのである」(11, 93) とも言われると共に、種は広く「イデア」「パラデーグマ」の意味を持つものとされる。

(9) こうした明確な定式化に先立ち、「絶対矛盾的自己同一」と同等の表現はすでに『哲学論文集第二』においても使用されている。西田において「絶対矛盾的自己同一」と「矛盾的自己同一」との使い分けについて論じたものとして、以下のものがある。杉本耕一「西田における絶対矛盾的自己同一の重層性」、『西田哲学会年報』第二号、二〇〇五年、一五九―一七二頁。

(10) 西田は「絶対的一者」の知見を得るに際して、プロティノスの「一者」の思想を参照していると思われる。以下を参照されたい。拙稿「形と形を超えるもの」、『新プラトン主義研究』第六号、二〇〇六年、三三―四六頁。

(11) 西田哲学における「自覚」の構造については、以下の文献に示唆を得た。大橋良介『西田哲学の世界』、筑摩書房、一九九五年、上田閑照『経験と自覚』、『上田閑照集』第二巻、岩波書店、二〇〇一年、美濃部仁「自己と世界」、長谷正當・細谷昌志編『宗教の根源性と現代』第二巻、晃洋書房、二〇〇一年、一一七―一三三頁。

(12)「形の自己形成」としての歴史的現実の世界において、我々の自己とは、世界の自覚の「一焦点」として自覚する存在であり、別言すれば世界の自己表現の「一立脚点」ないし「配景的一中心」として自己を表現する存在であるとも言われる。

(13) 西田は「表現」をまた「影像」であるとも述べる。プロティノスの言う「一者」が、すべての一性の根源でありつつ、それ自身は一とも名づけられぬものであったように、西田からすれば絶対者は、それがすべての自己同一性の根源でありつつ、しかもそれ自身は一とも呼びえないものであるという側面において、まさに「絶対的一者」と表現されるにふさわしい存在である。前掲拙稿「形と形を超えるもの」参照。

(14)「絶対矛盾的自己同一の世界に於ては、一々の事実が何処までも超越的なる絶対的一者の個物的多的自己限定として、絶対的一者の全体的一的自己表現に対せなければならない」(10, 494) と述べられる。

(15) 歴史的生命の自己形成が現在の現実において真に唯一・一度的な「個性」を有して実現するそのありようが

「自覚的」と呼ばれるのであり、すなわち、表現するものと表現されるものとの自己同一が絶対否定ないし絶対矛盾を媒介とした自己同一となることが、我々の自己が自らをこの自己として、対自性・意識性を媒介として自覚することなのである。

(16) ここで西田は、ショーペンハウアーの思想から着想を得ていると思われる。以下を参照されたい。拙稿「自己が自己であることにおける否定性」、『ショーペンハウアー研究』第八号、二〇〇三年、二四—五〇頁。

(17) 註7において述べたように、一つの形を焦点として、世界の形は無限の広がりを持ちうる。したがって形の外部を問うことはもはやできない。

(18) 西田はこの知見を得るにあたり、ライプニッツを参照している。西田とライプニッツの思想的関係については、米山優『モナドロジーの美学』、名古屋大学出版会、一九九九年、を参照。

(19) 西田は、思惟の根本的な論理法則である充足理由律と矛盾律とをあげて、両者は、共に絶対現在の自己限定として成立する矛盾的自己同一の世界における「矛盾的自己同一の原理」の両面であるとみなす。我々の自己の思惟がこれらの論理法則にしたがって思惟を展開し知識を導出する時、そのこと自体、すでに行為的直観が自証を持つことに他ならないのである。

(20) ここで射影とは、多と一との規則的対応のことであり、すなわち多と一との矛盾的自己同一として表現することである。この知見を、もともと西田はライプニッツより得ている。

(21) 西田からすれば、演繹と帰納、ないしその各々の原理としての理由律と矛盾律（同一律）は、推論式的形式の両方向として成立するものである。

(22) ただし、ヘーゲルと西田自身の論理を対照させるなど、限定的な文脈においては、「絶対弁証法」の語も使用される（11, 459 など）。

(23) 西田哲学からのこうした批判が、田邊哲学に対していかなる妥当性を有しているのか、また田邊哲学からはいかなる応答がなしうるのかについては、とりわけ晩年の「死の哲学」について考慮しつつ、改めて詳細に検討しなければならない。なお以下の拙論において、田邊の「種の論理」についての筆者の暫定的な評価を述べてある。拙稿「歴史の過程と永遠性」、『ヘーゲル哲学研究』一二号、こぶし書房、三一—四二頁。

(24) 西田哲学からのこうした批判が、戸坂の弁証法に対していかなる妥当性を有しているのか、また戸坂の立場からはいかなる応答がなしうるのかについては、改めて詳細に検討しなければならない。
(25) 後述するように、「歴史はかかる方向へ動いていくのである。歴史に進歩と云ふものを考へるならば、所謂価値的に考へられるのではなく、何処までも個性的に深まることでなければならない」(10, 388)とも記される。
(26) 「当為」については、以下の文献を参照。白井雅人「否定性と当為」、『西田哲学会年報』第四号、二〇〇七年、一四一―一五六頁。
(27) たとえばイエスの愛と痛みをイエスと共に「行ずる」ことを、自らの途とした赤岩栄の以下のような言葉に、一つの実証例を見出すこともできよう。「私の耳に残り今も消えないのは、キリストならぬイエスの手足の骨の砕ける音であります」(赤岩栄「無神論者の福音」、『赤岩栄著作集』九巻、教文館、一九七〇年、二九八―二九九頁)。
(28) この出来事を以下の叙述より知った。上田閑照『禅』、『上田閑照集』第四巻、岩波書店、二〇〇一年、三六六―三六七頁。
(29) 西田はこの愛を、人間の個によって実現される人類愛ではなく、個が自己によって存在し他に対するという自己基体化・実体化が否定し去られることにおいて実現する愛、すなわち神からの愛(アガペー)であるとみなす。
(30) 西田の「共同体」論については、本書の考察の成果をふまえて、改めて詳細に検討する必要があろう。なお西田の国家論についての最近の研究として以下がある。嘉戸一将『西田幾多郎と国家への問い』、以文社、二〇〇七年。

終　章　西田哲学の論理と方法

——徹底的批評主義から絶対的論理主義へ

一　徹底的批評主義

終章として、西田哲学の論理と方法の根本構造について、『善の研究』から後期西田哲学に至る進展過程を視野に収めて考察することとする。本節では、後期西田哲学に至る前の西田哲学の論理と方法について、本書の序論および第一章六節での考察内容をもとに概括する。(1)続いて次節以降では、『善の研究』からの哲学の論理と方法の進展の中に後期西田哲学の論理と方法を位置づけるという観点に立って、本書の考察の成果を概括する。

西田は自らの哲学の論理と方法について、『哲学論文集第三』の序において以下のように述べていた。「『善の研究』以来、私の目的は、何処までも直接な、最も根本的な立場から物を見、物を考へようと云ふにあつた。すべてがそこからそこへといふ立場を把握するにあつた。純粋経験と云ふのは心理的色彩を有つたものであつたが、それでも主客を越えた立場として、そこから客観界と云ふものをも考へようと云ふのであつた」(9, 3)。すなわち、西田が求めた哲学的方法とは、我々のこの自己に最も「直接な」立場が、我々の自己のみならずおよそ実在すべてにとって最も根源的で「根本的」な立場であることを明らかにしつつ、この立場から実在を統一的・体系的に把握することであった。そもそも西田の言う「何処までも直接な」立場とは、『善の研究』において、主観と客観とを独立的な存在とみなす「人工的仮定」、「我々の自己の細工」が否定し去られた純粋経験の立場が、最も直接的な経験の立場とみなされていたように、主観（と客観）を他とは無媒介にそれ自身において自己同一的に存在するものとして、主観主義的に基体化・実体化することが否定し去られた立場のことであり、そしてそれは、我々の自己が、自らがそこにおいてある実在世界そのものに開かれ、媒介されることで、元来自己がそうであるありように徹する立場を意味した。したがって、この「直接な」立場は、前掲の引用文中に示されるように、主観と客観の基体的・実体的な対立図式そのものを否定し超越した「主客を越えた立場」であり、その意味において、単なる主観的（心理的）な直接性の立場を超えた立場、我々の自己がそこにおいてある真の実在世界たる「客観界」についての最も「根本的」で統一的・体系的な把握をなしうる客観的な立場を意味する。しかし西田はまた、前掲のように「純粋経験と云ふのは心理的色彩を有つたものであつた」と述べた。すなわち西田は、「何処までも直接な、最も根本的な立場から物を見、物を考へよう」とするにあたり、そこに混入する主観主義的な性格の掃討と、この「何処までも直接な、最も根本的な立場」における実在の哲学的把握の真理性・客観性の究明とにとりわけ腐心したのであり、それゆえに「一つの哲学体系が組織せられるには、論理がなければならない。私はこの問題に苦んだ」(9, 3) と述懐もされるように、(2) 実在世界の統一的・体系的な哲学的把握の真理性・正当性を証示する「論理」と方法との探究が、西田にとっての焦眉の課題となったのである。

したがって『善の研究』以来の西田の思索の展開は、唯一なる自己と、この自己がそこにおいて生きる世界とのその最も直接の具体相を究明すること、すなわち『善の研究』において、我々の唯一のこの自己の在処を求める「人生の問題」「生命の問題」と表明された問いを遂行することと、現実の世界を包括的に解明する体系的な学としての哲学の論理を解明することとが、二つながら相関的に求められていく過程であったと言うことができよう。我々の自己と世界の最も直接的で具体的なありように徹する立場は、それがまた論理による自己と世界の体系的な把握を可能にする立場でもあることによってはじめて、したがって、体系的な哲学の論理の客観的必然性の根拠づけをもそこからなしうる立場であることによってはじめて、その直接具体の真実性を確証されるものなのである。

第一章五節で述べたように、こうした探究によって西田は、『働くものから見るものへ』において、哲学体系の論理としての場所的論理を提出するに至る。そして、この場所的論理の哲学的な方法とは、それ自身で無媒介に存在しうる自己同一的な〈もの＝基体・実体〉を措定する主観主義を徹底的に否定していくことで、意識主観と実在とを媒介するものが、いかなる基体・実体でもない「絶対無」としての「場所」であることを明らかにする方法である。ここで「場所」とは、意識と実在とを、各々の基体的自己同一性の否定において成立させる媒介のことに他ならない。そして西田はこの方法によって、意識による実在の構成と実在の自己顕現・自己限定とが「意識する意識」あるいは「見るものなくして見ること」としての「自覚」ないし「直観」それ自身における相異なる二つの契機として成立するものであり、そうした仕方で両者は直観において否定的に媒介しあっていることを示す。そして、この直観において実在世界の自己限定を概念的に遂行することで世界を体系的に自覚する立場が、哲学的な思惟の立場であり、そこで明らかにされる世界の成立形式が、正確には基体性への全き否定を媒介とした「限定するものなき限定」「絶対無の自己限定」の成立形式が場所的論理である。

したがって、こうした場所的論理の哲学的な方法とは、いわば意識する〈もの〉の措定を否定して「絶対無の自己限定」としての「意識する意識」ないし〈意識すること〉それ自身に立つ方法である。すなわち、意識に超越して自存する基体・実体の措定が否定されることで、体系的な論理を展開する哲学の立場それ自身の妥当性をも根拠づけうるような、真に「批評主義」的なる「徹底的批評主義」(5, 184)の立場に立つ方法である。この立場に立つことで西田は、直接的な「自覚」ないし「直観」それ自身が「限定するものなき限定」としての「語るものなくして語ること」として成立していること、すなわちそれは、哲学的な思惟による限定を絶対に超越しつつ、かつ自らを思惟によって限定することの必然的妥当性を根拠づける事態であることを示したのである。

とはいえ、こうした西田の論理と方法は、第一章五節と六節で論じたように、田邊元と戸坂潤による方法論的な批判に直面することとなった。両者の批判は、各々が対象とする西田の論理に時期的なずれがあり、また批判の背景となる哲学的な立場についても、田邊は現実の世界における哲学的な思惟の歴史的な相対性ないし動的な過程性に着目し、戸坂は現実の世界の歴史的運動の客観的必然性(物質性)に着目するという相違がある。しかし両者の批判は、共に西田哲学の哲学としての方法が、歴史的に限定され、制約された現実の世界の内で我々の自己と実在世界とを把握するものではなく、歴史的な現実に媒介されずに、その外に立って現実を主観的・恣意的に把握する「超歴史的」なものであるとの批判をなすものであった。両者の批判においては、西田哲学の哲学的な思惟の方法が、歴史的現実の世界に媒介された客観的な立場に立つものではない、主観主義的に基体化・実体化された立場に立つものであり、それゆえに、結局はその論理も「静観諦観」的(田邊)、ないし「没実践的・個人的」(戸坂)な主観主義の論理にとどまらざるをえないこと、したがって西田の意図に反して、それは「何処までも直接な、最も根本的な立場から物を見、物を考へ」るものではなく、真の自己と真の実在世界を明らかにする論理でもないことが主張される。そして田邊と戸坂は、基本的には同じ趣旨に基づいてこの後も西田哲学に対する方法論的な批判を行っていく。

こうした批判に応えるために、まず西田は『無の自覚的限定』や『哲学の根本問題』において、それまでは十分に主題化してはいなかった、歴史的現実の世界の成立構造の解明に取り組み、そのことで自らの哲学的な論理と哲学的な思惟の方法が、歴史的現実の世界においていかなる仕方で成立し、いかなる妥当性を持ちうるのかについて考察し直していく。西田は田邊と戸坂による批判に直面することで、客観界としての世界のその客観性を、世界の歴史的な現実性において具体的に明らかにすることを迫られたのである。そしてそこでは、「意識する意識」ないし「見るものなくして見ること」としての「直観」が、現在の「私」と、過去としての「汝」との相互否定的な協働の出来事として捉えられた上で、この直観こそが歴史的現実の世界の真相を明らかにする根源的事態であると主張される。しかし結論から言えば、ここでの西田の議論は、この「直観」が、私と汝との相互協働可能を先取りし前提しているような、したがって現実の世界の歴史的な運動を一挙に俯瞰するような、そうした「超歴史的」な立場に立つものなのではないかとの懸念を生じさせるものに他ならなかった。そもそも西田の言う「直観」とは、基体化・実体化がいかなる意味でも否定し去られる事態に他ならなかったが、しかしそうであるならば、それは現在の私からも過去の汝からも導出することができないような、ゆえに、両者の相互協働可能をいかなる意味でも前提にすることができないような事態でなければならない。本書で考察してきたように、西田にとって「直観」とは本来、過去と現在の相互協働・相互限定がそれ自身において自らの成立根拠を有することと、それ自身においてその連続的な自己限定性・自己形成性を有することそのものが否定し去られることによって可能となるはずのものである（この構造については次節でさらに考察する）。しかしこの時期の西田は、他に無媒介にそれ自身で自己同一的に成立し現前する〈もの〉による、否定性を媒介としない連続的な自己展開の事実と「直観」の事実とを十分に峻別する思索をなしえていない。したがって、西田の哲学的な思惟の方法は、歴史的現実に媒介されない超歴史的で主観的な体験内容の事後的な反省ないし解釈としてのそれにすぎないのではないかとの、田邊や戸坂からの再批判を被ることとなった。

こうした難点が自覚されることによって、『哲学の根本問題　続編』以降の後期西田哲学では、現在において

「形作るもの」としての我々の自己と、過去としてすでに「形作られたもの」との相互否定的な協働の事実について、それは、この事実がそれ自身において自己同一性を有し、それ自身においてその自己形成・自己現前の根拠を有することへの全き否定を媒介として成立することが主題化される。そして西田にとっては、この否定性の構造を徹底的に解明することこそが、我々の自己がそこにおいて存在する客観的世界を正しく把握する論理を可能にするのであり、またそれこそが、主観主義的に基体化・実体化された「超歴史的」な立場においてではなく、歴史的現実に媒介された立場において、哲学的な思惟を遂行することを意味する。それゆえに西田は、『哲学の根本問題　続編』において「前書〔『哲学の根本問題』〕の『私と世界』に於てはなお自己から世界を見るという立場が主となつてゐたと思ふ。従つて客観的限定といふものを明にするのが不十分であつた」(7, 203)、「個物的なる個人の立場から見れば、非連続の連続として個物と個物との媒介者Mと云ふものは先づ私と汝との関係によつて考へることができる。而して歴史的世界と云ふものは一面に私と汝とが相逢ふという意義を有つてゐなければならない……併し単にかかる立場から歴史の世界を考へるのは一面的たるを免れない、歴史の底には個人をも否定するものがなければならない」(7, 210) と述べたのである。

そしてこの引用からも看取されるように、後期西田哲学の課題もまた、我々の自己による世界と自己の主観主義的な基体化・実体化への否定を究めることで、我々の自己に「何処までも直接な」、また実在世界に媒介された「最も根本的」で真に客観的であるような立場から、我々の自己と実在世界のありようを究明するという課題に他ならない。そしてこの課題を遂行するにあたり、西田は、『善の研究』以来、哲学の論理と方法の真理性の根拠づけを志向してきたように、後期西田哲学の『哲学の根本問題　続編』でも、「主観と客観を包む真の現実の世界を論ずるには、私は論理から出立せなければならないと思ふのである」(7, 218) と述べる[3]。すでに『哲学の根本問題』において、「論理の新たなる構造が要求せられるのではないかと思ふ」(7, 181) と述べられた、その「現実の世界の論理」は、まさしく我々の唯一のこの自己がいかに生き、死にゆくのか、その在処を直接具体相において問う「生命の問題」を、歴史的現実の世界に即して問う論理であり、すなわちまさしく、我々の自己がそこにおいて生まれ、働き、死にゆくような「歴史的現実の世界」の構造を明らかにする論理に他ならないのである。したがって後期西田哲学においても、歴史的現実の世界において生まれ、働き、死にゆく、我々の唯一固有のこの自己に最も直接な立場が、歴史的現実の客観的・体系的把握を可能にする立場であることを証示するために、哲学の論理と方法の探究が必然的に求められていくのである。すなわち、歴史的現実の世界において歴史的に限定され制約されつつも、歴史的現実の世界それ全体のありようを、ないしは現実の世界の歴史的形成過程そのもののありようを、統一的・体系的に把握しうる哲学の論理と方法が成立する構造の、その根拠づけが求められていくのである。

以上のような考察をふまえて、後期西田哲学の論理と方法を、それに至るまでの論理と方法との関係において位置づけるなら、まず言いうることは、〈意識すること〉ないし〈語るものなくして語ること〉を哲学の方法とした「徹底的批評主義」は、哲学的方法それ自体としては、すでに正当な仕方で確立されたものであったということである。そもそも、後期西田哲学においても、徹底的批評主義による場所的論理においてと同様に、「絶対無」としての「場所」が、あらゆる基体性・実体性を否定する媒介者として捉えられており、また言うまでもなく徹底的批評主義においても、「絶対無の場所」は主観主義的に基体化・実体化された意識のことではなかった。それゆえにひとまずは、歴史的現実の世界についての考察を主題化することは控えて、哲学の論理と方法の成立構造を根本的に定式化するという課題の設定においてみれば、西田の徹底的批評主義の立場は、正当な仕方で哲学の論理の方法論的な根拠づけを遂行しえたものとして評価されねばならない。この事実を等閑視ないし過小評価し、絶対無の場所が「意識」とされたことをもってただちにこの論理が主観主義を克服していないものと評価し、西田哲学における方法論的な根拠づけの存在とその意義とを看過するなら、それは西田哲学が『善の研究』以来後期思想に至るまで、いかなる問題関心のもと、いかなる仕方で哲学の論理と方法を探究するものであったのかについての適切な理解を阻むであろう。

とはいえ、西田が田邊や戸坂の批判に応えて歴史的現実の世界を主題化した際、直ちには、自らの哲学的方法と超歴史的で主観主義的な方法との峻別を整合的になすまでには至らなかったのであり、その意味では、徹底的批評主義における方法論的な根拠づけは、歴史的現実の世界を主題化してもなお整合性を保ちうるまでの精緻さをもって完成されてはいなかったとも言わねばならない。それは上述してきたことから明らかなように、〈意識することと〉ないし〈語るものなくして語ること〉としての「直観」それ自身が媒介する、自らの自己形成性・自己現前性への否定性を、歴史的現実の世界の主題化に即して十分に明らかにしうるような立場に西田哲学が立っていなかったことを意味する。そして本書においても考察してきたように、後期西田哲学において、その哲学の方法が行為的直観から自覚的直観ないし否定的自覚へと進展し、その論理が「絶対弁証法」の論理から「矛盾的自己同一」の論理へと進展したのは、こうした否定性の把握の徹底によるものと考えられる。後期西田哲学の論理と方法を考察した本書の成果について概括しつつ、この点について節を改めて考察していこう。

二　絶対的論理主義――後期西田哲学の論理と方法

『哲学の根本問題　続編』以降の後期西田哲学の論理は、歴史的現実の論理である。「新たなる構造が要求せられる」べきこの論理は、当初は「絶対弁証法」の論理として提起されたものの、明確には『哲学論文集第五』以降、「多と一との矛盾的自己同一の場所的論理」として定式化される。本書で考察してきたように、歴史的現実の世界においては、個物的多によって全体的一が成立するのでもなければ、全体的一によって個物的多が成立するのでもない。したがって、歴史的現実の世界の自己同一は、個物的多を基底とした自己同一でも、全体的一を基底とした自己同一でもない。それは、個物的多と全体的一とが互いに自らに還元できない他において自己同一を持つという仕方で成立する自己同一であり、「多と一との矛盾的自己同一」とは、こうした仕方で成立する歴史的現実の世界の自己同一の形式を指す。ここでまず、この自己同一が「(絶対)矛盾的」な自己同一と呼ばれるのは、個物的多と全体的一とは、自らによって、ないし自らにおいて自己同一を持つことに徹底的に矛盾し、異他的なる仕方で、すなわち、基体的・実体的な自己同一の否定を媒介する仕方で、自己同一を持つからである。そしてこうした「多と一との矛盾的自己同一」が、歴史的現実の世界それ自身の自己同一のありようであるゆえに、「多と一との矛盾的自己同一」は、西田によって「場所的」な「自己同一」とも呼ばれる。すなわち西田によれば、個物的多と全体的一との、基体的自己同一への否定を媒介とした「矛盾的自己同一」とは、個々の事実の形成が、全体的一において他の個々の事実の形成に媒介される限りで成立することであり、かつそれと共に、全体的一もまた、それが個ではなくして全体的一である限り、個々のあらゆる事実の形成を自らの内に包括する限りでの全体であること、この意味において、個物的多による唯一・一度的なる形成が自らを実現することにおいて、全体的一が自己同一を持ち、自らを実現するということである。それは別言すれば、全体的一の自己同一・自己形成は、そもそも全体的一に還元不可能な、各々の個による唯一・一度的な自己同一・自己形成がその唯一固有なるままにそこにおいて包まれ、成立する「場所」であることを意味する。こうして、そこにおいていかなる基体・実体も存しない仕方で、個物的多と全体的一とを両側面として持つ、歴史的現実の世界の自己同一のありようが、すなわち、世界それ自身の「矛盾的自己同一」のありようが、「場所的」な「矛盾的自己同一」

と呼ばれるのである。したがって、この「場所的」な「矛盾的自己同一」のありようを、現実の世界のその歴史的現実性に即して言い直せば、それは、唯一度現れて永遠に消え去る現在の事実の唯一無二なる自己形成において、それを焦点として、現在を含む過去から未来にわたる現実の世界の自己形成のありようのその全体が、すなわち歴史的現実の世界のその一なる全体が、自己を定め、自己を表現するということである。歴史的現実の世界は、過去の事実による歴史的な限定・制約を、ないしは過去から未来にわたる自らの自己同一を、基体的・実体的自己同一性への全き否定を媒介として持つ、すなわち表現的に持つのである。

西田によれば、こうした歴史的現実の世界の「場所的」な「矛盾的自己同一」の構造を統一的・体系的に表現するのが「論理」であり、すなわち「矛盾的自己同一の場所的論理」である。したがって、西田にとって「論理」とは、第三章五節で考察したように、「矛盾的自己同一」において自己表現的に自己同一を持つ歴史的現実の世界の成立形式、すなわち「実在の自己表現の形式」であり、この「論理」は、唯一度現れて永遠に消え去る現在の個の唯一・一度的なる自己形成の事実において、歴史的現実の世界それ全体が概念的・記号的に自己同一を持ち、自らを表現するという仕方で、表現されるものに他ならない。ゆえに、西田の言う「矛盾的自己同一の場所的論理」とは、唯一・一度的なる個としての我々の自己の存在を包むような、真に全体的で客観的な歴史的現実の世界の構造を示す「論理」、すなわち西田が自ら求めた、そこにおいて我々の自己が唯一・一度的な個として生まれ、働き、死にゆくような歴史的現実の世界の構造を示す「論理」である。しかもこの「論理」は、唯一無二の個としての我々の自己が、自己がその中においてある歴史的現実の世界それ自身の体系的な論理的構造を自覚的に表現しうることの根拠をも方法論的に明らかにする、そうした「論理」に他ならないのである(4)(自覚の構造については後述するが、その詳細は第三章四節を参照)。

それでは、以上のように定式化される、後期西田哲学の論理と方法は、前節で考察した徹底的批評主義の論理と方法に対していかなる関係にあるのであろうか。それを明らかにすることを主眼として、以下では改めて後期西田哲学の論理の構造をまとめ直してみよう。

そもそも西田からすれば、歴史的現実の世界とは、我々がそこにおいて生まれ、働き、死にゆく世界のことである。すなわち、唯一の個としての我々の自己の存在がそこにおいて創造され限定される世界であると共に、またそこにおいて我々の自己が唯一無二の事実を形成し創造する世界のことである。後期西田哲学は、この世界においては、すでに「形作られたもの」と新たに「形作るもの」は、自らにおいて自己同一を持つ〈もの＝基体・実体〉ではありえず、互いに自らに還元できない他の媒介において自らを持つ存在であることを強調する。それゆえに世界の歴史的な進展ないし形成とは、「形作られたもの」と「形作るもの」との〈形作られて形作ること〉が、こうした相互形成に先行し独立して存在するいかなる〈もの＝基体・実体〉もなしに、それ自身で無基底的に生成する事態を意味する。西田はそれを「永遠の今の自己限定」ないし「絶対現在の自己限定」と呼ぶ。そしてこうした〈形作るものなくして形作ること〉あるいは、形作られて形作る〈こと＝事〉とも言うべき事態は、それがいかなる〈もの〉の自己同一的な現前でもないゆえに、「形作られたもの」としての過去が過去として、また未来へと新たに「形作るもの」としての現在が現在として、自らの本来を実現する事態である。別言すれば、この事態は、過去からの必然的な形成と現在における未来に向けた唯一無二の新たなる形成とが、一つの〈形作られて形作ること〉における相反する両方面をなす事態であり、その意味で「必然即自由、自由即必然」なる事態に他ならない。

そしていかなる〈もの＝基体・実体〉の連続的な限定・展開でもありえないような、形作られて形作る〈こと＝事〉こそ、歴史的現実の世界の運動がそれとして成立するということであり、すなわち、機械的にでも合目的にでもなく、また単なる偶然的にでもなく、「作られたものから作るものへ」と進展する歴史的現実の世界の運動が成立することである。ゆえにまた「形作るもの」としての我々の自己の側から言えば、我々の自己はこうした歴史的形成の無基底的な運動における、その唯一無二なる創造的要素として行為することで、自己の本来を自覚し実践すると言いうる。我々の自己は、自己の基体化・実体化に対する全き否定（絶対否定即肯定）を媒介とすることで、自己を持つ。すなわち、自らが自らによって現実を差配し統括しうるものとして、したがって自ら自身によって行為し自己同一を持ちうるものとして、生き、行為することへの徹底的な否定を媒介とすることで、〈形作られて形作ること〉ないし〈働きつつ見ること〉としての無基底的な事実において自らを持つのである。そして西田は、我々の自己が自己を持ち、自己として生きるこうしたありようを、「行為的直観」と呼ぶのである。

ただしこの際に注視すべきことは、現在において生成するこうした〈形作られて形作ること〉を、自らの自己形成・自己限定の根拠を自らにおいて持つ事実として、すなわち、ただ自らによって自己同一的に現前し、内的に自己完結して現在する事実として、誤って理解してはならないということである。〈形作られて形作ること〉がそうした事実なのであれば、それはむしろ、自己自身において連続的に自らを導出し限定するような事実であり、すなわち、形作られて形作る〈もの＝基体・実体〉の自己限定・自己形成によっていることとなろう。そこでは〈形作られて形作ること〉の背後に究極の「形作るもの」が先立って存在することになり、「形作るもの」の内に決して回収できない「形作られたもの」からの限定という契機は解消される他ない。そうした事実であれば、それは結局、無媒介・無差別な永遠なる〈もの＝基体・実体〉の事後的な自己展開において成立する事実を意味することとなろう。

したがって「形作るもの」と「形作られたもの」との〈形作られて形作ること〉それ自身は、まさにその根底にいかなる〈もの＝基体・実体〉もなく、自らの自己形成・自己同一の根拠を持たない仕方で成立する。〈形作られて形作ること〉がそれ自身で自らを形成していくこととは、先行するいかなる〈もの〉もなく、ただ〈形作られて形作ること〉が自らを実現することその〈こと＝事〉において自らを得るということを意味する。したがって〈形作られて形作ること〉は、その実現に際して「形作るもの」からも「形作られたもの」からもそれを先取りすることはできず、また両者の相互限定可能性をも〈形作られて形作る自己同一的なる〈もの〉として〉前提することはできない。無基底的な〈こと＝事〉における、それに先立って存在する自己同一的なる〈もの＝基体・実体〉のない自己形成は、いかなる仕方においてもその実現を先取りしえず、それゆえ自らから導出することのできない仕方でその自己形成を実現する事態である。第三章四節において考察されたように、〈形作られて形作ること〉が自ら以外の他のいかなるものにもよらず、それ自身で自己を形成すること、このこと自身は、それが自らの自己形成の根拠を自らにおいて持つことが否定される仕方で現前することと、すなわち、この事態が自らからは根拠づけることのできないような不可測・不可思議な仕方で、内的な自己完結の否定において成立することと、一つの〈こと＝事〉をなすのである。

後期西田哲学は、無基底的な直観が、〈形作られて形作ること〉たる行為的直観として、その自己形成性への否定を媒介として成立するという構造を、新たに積極的に提起した論理である。そして行為的直観が自らの自己形成性への否定を媒介として成立すること、すなわち〈形作られて形作ること〉が自らから根拠づけできない仕方で自らを形成するというこのことを、西田は、根底的には、我々の自己が絶対者に面し、自らの基体化・実体化への全き否定に媒介されることで成立すると主張する。西田によれば、絶対者は、「形作られたもの」においてにせよ「形作るもの」においてにせよ、また両者の相互否定的協働においてにせよ、およそ〈もの〉が自らにおいて存在根拠を持ち、自ら自身によって基体的・実体的に自己同一を持つことを全き仕方で否定しつつ、かえってすべてのものをそれとして創造し在らしめるものである。したがって絶対者とは、〈形作られて形作ること〉の自己形成性を解消する〈もの〉ではありえない。そうしたものは、〈形作られて形作ること〉の対立項として存在する、それ自身相対的なるものに他ならず、すなわちそれは、〈形作られて形作ること〉がまずは自己自身において自己同一を持つ基体・実体であることを前提にした上で、それに対して否定的に想定された絶対者に他ならない。したがって絶対者は、それが〈形作られて形作ること〉の自己形成・自己同一を絶対的に超越するものであるがゆえに、かえって〈形作られて形作ること〉に先立って存在するようないかなる〈もの＝基体・実体〉でもない。むしろそれゆえに絶対者とは、第三章四節において検討したように、いかなる基体・実体も絶対的に否定し超越する仕方で、〈形作られて形作ること〉をそれとして現に開いている〈こと＝事〉と言うべきである。歴史的実在を全く超越し、我々の自己のいかなるはからいも超越して、絶対者が絶対者であるとは、絶対者がいかなる基体性・実体性をも否定し超越して「矛盾的自己同一」的に〈形作られて形作ること〉を開いている〈こと＝事〉と同義なのであり、絶対者はこの〈こと＝事〉に先立って自己同一的に存在する〈もの＝基体・実体〉ではありえない。絶対者とは、「形作られたもの」と「形作るもの」（と絶対者）との相互形成としての創造作用とは異なる。それは、いかなる基体性・実体性をも否定することによって、〈形作られて形作ること〉において、「形作られたもの」と「形作るもの」との間の否定性・他性を解消することなしに両者を媒介し、両者の唯一無二なる創造性をそのままに自らにおいて在らしめ、包むような「場所的」な創造者であり、媒介者である（絶対者の超越性・一性については主として第三章四節を参照）。

後期西田哲学は、基体的・実体的自己同一性に対する否定性への以上のような究明の進展にしたがって、第三章四節で明らかになったように、行為的直観においてこの否定性そのものを自覚する「自覚的直観」ないし「創造的直観」の位相を主題化するようになる。そして、無基底的な「場所」としての絶対者の存在構造についての以上のような把握・表現の真理性は、「自覚的直観」が自証するとされる（自覚的直観については後述する）。それゆえに後期西田哲学の出発点においては「行為的直観」とされていた哲学の方法も、「自覚的直観」「否定的自覚」とみなされるに至る[4]（それはまた後述するように絶対弁証法の論理から矛盾的自己同一の論理への進展を意味する[5]）。すでに明らかになったように、歴史的現実の世界とは、〈形作られて形作ること〉において成立する世界、「形作られたもの」からも「形作るもの」からも、両者の相互限定からも、導出しえない仕方で自己同一を持つ世界である。そしてこのことは、この世界は、形作られて形作る〈こと＝事〉において、「形作られたもの」も「形作るもの」も自己自身において自己同一を持たない仕方で、他に還元されないその唯一固有の自己同一を持つ世界であるということである。したがって、第三章三節において主題的に検討したように、〈形作られて形作ること〉とは、歴史の全過程の互いに異他的で非通約的なる一々の個性的事実がその各々の固有の個性を互いに呼び起こしつつ連関しあい、歴史的過程全体がそれ全体として自らを「個性的」に形成する「唯一事実」「絶対事実」であり[6]、そこにおいては歴史の全過程・全連関が、絶対的にそれとして形作られ、決定されると言わねばならない。しかし、この〈形作られて形作ること〉としての「絶対事実」は、あくまでもそれ自身がまた「形作られたもの」となり、自らから導出しえないような新たな無基底的な〈形作られて形作ること〉の要素となり、この事実を〈形作られて〉形作る〈こと＝事〉として、自己同一を持つ。したがってここでは、〈形作られて形作ること〉がいかなる意味においても〈もの＝実体・基体〉の連続的な形成ではないことが、改めて注視されねばならない。〈形作られて形作ること〉は、あくまでも自らが唯一度的に現れて消滅することを条件として、それゆえに、それ自身が基体性・実体性への否定に貫かれた仕方で生起する。このことを主題化するために、後期西田哲学は、他と異なるそのものとして形作られ、限定されたありようを、広くそのものの「形」と呼ぶ。すなわち、現在の無基底的な絶対事実において形作られ、定められるその「形」とは、それ自らが消えゆくことで現れる新たに決定される世界の「形」と、互いに規則的に対応するという意味での「表現」的な対応を持つものなのである。現在の〈形作られて形作ること〉は、無基底的な「世界成立」「世界創造」の「絶対事実」として、まさにそれ自身が全き世界であり、世界の創始にして終焉であると共に、また新たなる〈形作られて形作ること〉の唯一絶対の事実において自らの本来を現し、徹底する。したがって、一度的に現れて消えゆく現在の唯一絶対の事実の「形」は、この「形」においてある包括的な一なる実在全体としての世界の自己表現の焦点、すなわち「絶対的一者」の自己表現の焦点として成立するのである。そして第三章四節において考察したように、新たに西田は、こうして現在の唯一絶対の事実の無基底的な自己形成が、「絶対的一者」の自己表現の焦点として成立することにおいて、我々の自己の「自覚」が成立することを主題化する。

第三章四節において明らかになったのは、我々の自己の自覚が自覚として成立するということは、唯一・一度的な事実が、それに先立ついかなる〈もの＝基体・実体〉もない仕方で無基底的に自らを形成することであり、しかもそのことが、この事実が他の唯一・一度的な事実の媒介によって、自らからは根拠づけできないような仕方で超越的に形成されることと、一つの〈こと＝事〉として成立することであるという構造である。すなわち、我々の自己の自覚の事実とは、唯一・一度的なる「世界創造の絶対事実」であり、かつそれでありながら、自らによる／おける事実ではなくして「世界の事」ないし「世界の自覚」であり、すなわち「絶対的一者」の自己表現として現成する事実である。後期西田哲学は、我々の自己の自覚が、無基底的な直接的自証を持つべき事態であると共に、まさにその無基底的な自証性ゆえに、この事態は我々の自己によって自由に改変したり創作したりすることの不可能な、我々の自己に疑うことも離れることもできない仕方で現前する事実であると主張する。自覚の事実とは、我々の自己が、この事実の現前の根拠を自己において持たないことを、別言すれば、この事実が不可視性・不可測性をもって現前することを、我々の自己が把捉しているがゆえに現前するものである。すなわち、我々の自己の自覚の事実が現に現前しているということそれ自身が、この現前の事実が、我々の自己による／における把捉を絶対に超越した「絶対的一者」の自己表現において成立し、したがって、自己充足的・自己同一的な現前とは「絶対の他」なる仕方で成立しており、かつこうした自覚の成立構造それ自身が、当の自覚の事実においてそれ自体として自覚され、表現されていることを証しているものである。我々の自己は、自己の自覚の事実の生起において、西田が述べるような「絶対的一者に触れる」「絶対に触れることのできないものに触れている」ことの、したがって、自己からはそれに触れようと差配することの不可能な異他的なるものの不可視・不可測なる異他性に触れていることの「自覚的自証」「自覚的直観」を有しているのである（異他的なる唯一の個に触れゆく仕方については、第三章六節を参照）。

以上のような仕方で、現在の唯一絶対の事実の「形」が、「絶対的一者」の自己表現の焦点として成立するというこのことはまた、「形作られたもの」と「形作るもの」としての我々の自己との〈形作られて形作ること〉のそれ自身による自由なる形成と、それを焦点として歴史的世界のその全過程・全連関の「形」が、なるべき必然において自らを実現していくことが、相反しつつも一つの〈こと＝事〉をなすことを指す。そしてこの事態こそが、我々の自己が、そこにおいて唯一の個として成立し、行為する「行為的直観」の事実に他ならず、正確には、「自覚的直観」に開かれた自らの本来のありように徹した「行為的直観」、すなわち「創造的直観」に他ならない。したがって、我々の自己がそこにおいて存在する歴史的現実の世界とは、「自由即必然、必然即自由」ないし「必然の自由、自由の必然の世界」としての「歴史的必然の世界」であり、すなわち、「自由即必然」なるその本来のありようが、唯一・一度的な「世界創造の絶対事実」としての我々の自己の行為的直観（ないし創造的直観）において、そのなるべき必然において実現する世界、本来的な必然の世界である。ここに後期西田哲学が主眼に置く歴史的現実の構造、すなわち唯一・一度的な個の自己形成の「絶対事実」は、個を包括する全体的一なる世界が自らの「形」を表現し、自覚するその一焦点・一観点であるという、「場所的」な「矛盾的自己同一」の構造が明らかになるのである。

そして、第三章三節ならびに五節において考察したように、歴史的現実の世界とは、こうした構造において無数の「形」が互いに相互表現的に連関しつつ現在の現実において成立する世界である。後期西田哲学は、そうした現在の現実の「形」をなす根本形・基本形が、人間的生命においては、時代性に媒介された「歴史的種」たる「社会」として、またそうした根本形・基本形の具体的・現実的な重心を、我々の自己の「歴史的身体」として明らかにするのである。したがって、「歴史的種」と「歴史的身体」は、その本来あるべき必然を、歴史的現実の「自由即必然」なる本来的な必然の実現において持つ。逆に歴史的現実の本来的な必然とは、歴史的種と歴史的身体の本来あるべき「自由即必然」の実現において自らを実現する（歴史的種と歴史的身体については、第二章の考察も参照）。

したがって、歴史的現実の世界のこうした構造を表現する後期西田哲学の「論理」とは、基体性・実体性への徹底的な否定によって、しかもその否定を、自己形成的な無基底的事実それ自身が媒介する自己基体化・実体化への否定としてあらわにすることで、歴史的現実の世界を明らかにするものである。それゆえに、現在の唯一絶対の事実が、「絶対現在の自己限定」としての無基底的な〈こと＝事〉であるとされるのも、この事実に媒介者が存在せず、この事実は歴史的現実に無媒介であること、その意味において「超歴史的」であることを意味するのではない。むしろそれは、現在の自己成立・自己同一の事実それ自身において、異他的なる他の事実からの否定が現在しているということ、現在が事後的に、自らとは異なる他なるものに媒介されるのではなく、むしろ歴史的現実に媒介されざるものはないということ意味する。現在は、それが無基底的な自己形成的事実としての「絶対現在の自己限定」として捉えられるそれゆえにこそ、自らを根拠として自己同一的・自己統一的に現前するものではありえない。後期西田哲学の論理は、むしろ現在が無基底的であるからこそ、自らに回収できない、異他的なる唯一の個からの否定を、いかなる導出も根拠づけも不可能な仕方で、ないしは異他的なる唯一の個の自己同一的現前とは異なる仕方で、媒介して成立するという構造を示す論理なのである（第三章六節を参照）。

ゆえに、歴史的現実の世界においては、いかなる実在も他と無媒介にそれ自身で自己同一を持つ〈もの＝基体・実体〉ではなく、したがって、歴史的現実世界そのものが、自らを根拠として自己統一・自己同一を持たない仕方で自己同一を持つ。すなわち、いかなる歴史的実在も、他のなにものにも還元されない唯一の個としての自己同一を、自らによる自己同一、すなわち基体・実体としての自己同一を否定し超越する（「絶対の他」としての）場所的媒介者・創造者たる「絶対者」「絶対的一者」において持つ。自己自身において自己同一を有しない仕方で成立する自己同一性、いわば自己同一性とは矛盾し他なる仕方で成立する自己同一性こそが、「場所的」な「矛盾的自己同一」の形式に他ならない。「絶対者」はただそれ自身において「絶対的一」なる「絶対的一者」であると共に、そのことは、絶対者が歴史的現実の世界のすべての実在を、自らにおいて「矛盾的自己同一」の形式によって成り立たしめる〈こと＝事〉であり、それに先立ついかなる〈もの〉でもないことを意味するのである。

西田からすれば、以上のような「矛盾的自己同一」の構造は、一時期には西田自身も「弁証法的自己同一」のそれと名指したものの、しかし第三章五節において明らかになったように、むしろ「弁証法」的な構造ではないとみなすのが本来は適切である。西田が自らの論理を「絶対弁証法」の論理と定式化した際には、歴史的現実の世界の構造は、個物的限定と一般的限定とが、自らの連続的で基体的・実体的な自己同一性への全き否定を媒介として自己同一を持つという、「非連続の連続」の形式において把握されていた。そして、さしあたりこの形式それ自身は、上述してきたような「場所的」な「矛盾的自己同一」の形式と呼ばれるものと、基本的に同一の構造を指示すべきものである。ただし、この際に西田は、場所的論理が、無媒介に肯定された有の静的な「観想」

の論理であるとの田邊からの批判を念頭に置いて、自らの論理が無媒介な静的基体・実体をいかなる意味でも措定しない論理であることを提起するために、歴史的現実のその否定を媒介とした動的な創造・形成の構造を指して「弁証法」と呼び、現実の世界の構造形式を「弁証法的自己同一」による「絶対弁証法」の論理と呼んだのである。

したがって、後期西田哲学にとって「弁証法」とは、基体性・実体性への否定を媒介とした、個物的限定と一般的限定との相互否定的限定の構造のことである。『哲学論文集第四』までの後期西田哲学においては、基本的にこの構造こそが、個物的限定と一般的限定との無基底的な〈形作られて形作ること〉として成立する歴史的現実の世界の成立形式である。西田は「作られたものから作るものへ」と進展する歴史的運動の過程を明らかにする自らの弁証法について、連続的な基体を前提とするような意味での「過程」的な弁証法ではないこと、むしろその意味では、無基底的な絶対無を媒介とする弁証法であるとする。それは、無基底的な〈形作られて形作ること〉の自己同一性・自己形成性それ自身への否定を媒介とするものに他ならない。すなわち、個物的限定と一般的限定との相互否定的限定が自らに存在根拠を持つことへの全き否定を媒介とするものに他ならない。しかし、この否定性を弁証法的な否定性と呼ぶことは、むしろ西田からすれば、個物的限定と一般的限定の相互否定が、それ自身において連続的な自己形成性・自己同一性を持つとの知見と、自らの立場との区別を曖昧にする危険を有するものであることが、田邊の絶対媒介の弁証法と戸坂の唯物弁証法からの批判に応答する中で明らかになってきた。西田が自らの論理を弁証法として提起することは、前章までに検討してきたように、弁証法がそもそも相互否定的限定の形式に焦点を当てるものであるがゆえに、主観主義的な基体化・実体化への否定を媒介とする論理を提示するという西田の真意に必ずしも適したものではなかったと言わねばならない。実際問題として、後期西田哲学において、まさに自らの論理を「絶対弁証法」として提示していた時期の西田哲学の論理と方法は、本書において考察してきたように、無基底的な事実の自己形成性そのものへの否定的な媒介を適切に主題化するには十分ではなかったのである。

こうして後期西田哲学の論理は、「弁証法（的自己同一）」の論理ではなく「矛盾的自己同一」の論理であり、またそれが基体性・実体性への全き否定（絶対無）を真の意味で媒介する論理、すなわち、無基底的な「場所」としての「絶対的一者」による論理であるという意味において、「矛盾的自己同一の場所的論理」に他ならない。ただし、ここでさらに考慮されるべきことは、こうした「矛盾的自己同一の場所的論理」とは、歴史的現実の世界において生まれ、働き、死にゆく、我々の自己のありようを明らかにする「歴史的現実」の論理であり、それは、歴史的現実の世界を「自由即必然、必然即自由なる世界」、すなわち本来的な必然の世界として明らかにする論理に他ならないということである。この論理は、我々の自己の基体的・実体的な自己同一性への全き否定が、「自由即必然」なる歴史的運動を実現することであり、それは歴史的現実を媒介としない主観主義的な立場を帰結するのではなく、むしろ歴史的現実の世界の本来的な必然を実現することを示す。こうして「矛盾的自己同一の場所的論理」は、「自由即必然」なる歴史的現実の運動に、歴史的現実の本来を実現する創造と変革の根拠を、そして我々の自己の本来を実現する唯一無二なる創造の根拠を帰する。この論理は、第三章五節で明らかにしたように、「物となつて考へ、物となつて行ふ」あるいは「事となつて見、事となつて行ふ」ような「ポイエシス（即プラクシス）」の世界として歴史的現実を明らかにする「歴史的実践の世界の、歴史的形成力の論理」であり、それはまた、「歴史的自然」ないし「自然法爾（的自然）」の論理として展開されるべきものである。

西田によればこの論理は、我々の自己からの差配と統括とが否定し去られて、歴史的現実の本来的な、あるべき必然に我々の自己が即することによって、歴史的現実の形成のその本来のありようが実現され、そこに我々の自己の自由なる創造が実現されることを示す論理である。もちろんこのことは、定められた必然なる〈もの＝基体・実体〉が歴史的形成の過程に先立ってまずあって、それに向けて歴史的現実が展開することを意味しない。そうした見解を持つことは、形作られた〈もの〉と形作る〈もの〉とが、互いに他に無媒介にそれ自身において自己同一を持つとみなすような主観主義に立つことによっている。歴史的現実の本来的な必然、すなわち「自由即必然」とは、「形作られたもの」と「形作るもの」との〈形作られて形作ること〉である「行為的直観」の事実が、両者の基体的・実体的な自己同一性への否定を媒介として、すなわち両者から導出することも根拠づけることもできない仕方で、成立し、実現することを意味する。したがってこの本来的な必然とは、歴史的現実の世界の本来的なありようの実現が目的論的に定められていることを意味しない。

後期西田哲学は、歴史的現実の無基底性（無基体性）を究めることで、我々の自己と世界の根源的悪性を直視する。いかなる基体・実体も存せず、「形作られたもの」からも「形作るもの」からも、またその相互形成からも導出できず、実現できない歴史的現実の世界とは、世界のいかなる歴史的実在も、自己自身によって自己の本来を実現することのできない世界であり、したがってそれは、「自由即必然」なる世界、自らの本来的な〈必然＝自然〉の実現を自ら阻害してしまう他ないような「悪魔的世界」である。別言すれば、我々の自己は、自らによっては自らの本来に背くことしかできないという根源悪に貫かれた存在である。しかし、歴史的現実の世界が自らにおいて自己同一を持たないということは、現実の世界の一々の実在は、自らの根拠（底）にいかなる仕方でも基体・実体を持たないということであり、上述してきたように、異他的なるものとの否定的な媒介に貫かれて自己同一を持つということである。すなわち、現在の唯一・一度的なる事実が、無基底的である〈形作られて形作ること〉として、したがって、「自由即必然」なる「行為的直観」の創造的事実として、そもそも成立しうるということである。唯一・一度的なる事実は、それがいかなる基体的・実体的自己同一を根拠とすることもなく、まさに無基底的であるがゆえに、いかなる仕方においても連続的に導出しえない仕方でのみ、したがってこうした本来的な必然が、歴史的現実において見失われる、絶えざる「動揺」性の内においてのみ、実現されるのである。こうした事実は、西田によって、「絶対の死」「永遠の死」とも呼ばれる、基体的・実体的自己同一性への全き否定を媒介とする転換による宗教的事実の立場において、最も根本的な仕方で実現するとされる。しかしそれは、第三章四節で明らかになったように、我々の自己と世界との根源的な悪性（根本悪性・悪魔性）が無化されることを意味しない。我々の自己に即して言うなら、我々の自己は、自己によっては自己同一を実現しえず、自己の基体的・実体的同一性への否定を媒介として、唯一のこの自己としての本来の自己同一を持つ以上、そこでは我々の自己の根本悪そのものは、すなわち、我々の自己が自己によって自己の本来の自己同一を実現しえず、しかも〈自己において〉自己同一を持とうとせざるをえないというありようは、いささかもぬぐい去られることはない。むしろ我々の自己が根本悪的・根源悪的であることそのことに面して、その根源悪に徹することで、すなわち、我々の自己によって自らの根源悪を克服しようと意図するのではなく、我々の自己が自己において自らの存在根拠を持たないこと、そうした根拠の無さ、自己根拠づけの不可能さに開かれるときに、我々の自己は自己の本来を実現するのである（そもそも我々の自己と世界の根源的な悪性は、絶対者が自己否定的にあらしめたもの、自らを表現したものであり、絶対者においてそのままに包括されるものである。これについては第三章四節を参照）。

この意味においては、すでに「形作られたもの」としての一々の唯一・一度の出来事は、その快・苦、如意・不如意、悲劇にかかわらず、「絶対的一者」の自己表現の焦点として、現在の唯一・一度的な事実において歴史的現実の本来を果たすべく我々に迫る「絶対命令」であるとも言えよう。「形作られたもの」は、我々の自己の（基体的連続への）差配が徹底して否定されて、自己が「自由即必然」なる本来の自己として生きうるか否か、それを問うものとして我々の自己の前に屹立する。一々の唯一・一度の事実が、それぞれの快・苦、如意・不如意、悲劇が、他にない唯一・一度の厳然・厳粛たる事実として、あるがままに端的に容れられ、肯定されることを介して、その必要性や正当性の根拠づけについては挫折し、不可能なるままに、動揺的である歴史的過程のその一々の事実が、他ではありえない、あるべき本来の我々の自己の実現の過程へと転換される。また、そうした仕方においてのみ、根源的な悪性（悪魔性）を有して「動揺的」である歴史的現実が、本来的にあるがままの、あるべき「自由即必然」において現れるのである。

以上をまとめるならば、我々の自己が、自己を主観主義的に基体化・実体化し、歴史的現実と、そこにおいて生まれ、働き、死にゆく我々の自己と他とを、我がものとして我有化し、意図や期待によって、いわば〈私する〉ことへの、その徹底的な否定に自己自ら撞着することで、歴史的現実の世界の本来的な〈必然＝自然（自由即必然）〉に媒介され、世界が世界として、個が個として、その本来の「自由即必然」なるありようを実現し実践すると言いうる。それゆえに、西田の「歴史的現実」の論理とは、第三章六節で論じたように、「自己の努力そのものが自己のものではない」、「自ら然らしめるものがある」とも言われるべき「自然法爾」において、歴史的現実における本来の自己の実践と形成とが存することを証示する論理となる。したがって「動揺的」なる「現実」の世界がまた、「歴史的自然」「自然法爾（的自然）」なる世界であることを明らかにする論理が、後期西田哲学の論理であり、それは、西田哲学の論理が、歴史的現実の限定・制約を媒介しない「超歴史的」で主観主義的な論理であるという、田邊と戸坂からの方法論的な批判に抗して、我々の自己が「自由即必然」なる仕方で本来の自己を持つことを示す論理である。それも自らの主観主義的な実践を否定されて、歴史的現実の世界の本来的な必然の運動に限定された仕方で、正確にはこの運動の創造的要素として、「自由即必然」なる本来の自己を持つことを明らかにするのである。すでに本節でも述べたように、歴史的現実の世界が「自由即必然」なる世界であるとは、現在において我々の自己の自由なる行為が形作る「形」が、現実の世界の歴史的形成の全過程がそこに包括され決定される、本来あるべき必然が実現され、表現されている「形」であることを意味する。

したがって「自然法爾」とは、唯一・一度的なる〈形作られて形作ること〉において、唯一なる個としての我々の自己の創造によって「形」が形作られ限定されることと、その「形」が、我々の自己の自己基体化・実体化とそれに基づく差配と統括とを否定し超越した本来的な必然において現れることとが、相反しつつ一つの〈こと〉をなすという構造を意味する。この意味において、我々の自己の自己基体化・実体化の否定は、我々の自己から導出しえないことはもちろん、我々の自己の創造のありように無関係な仕方で、偶然的に与えられるものでもない。「形作るもの」と「形作られたもの」との〈形作られて形作ること〉である「行為的直観」の唯一・一度的なる事実の「形」が、一なる実在全体としての「絶対的一者」の自己表現の焦点として、全歴史的現実の形成過程の本来のあるがままの「形」を表現することを意味する。こうして、現在の唯一・一度的なる事実の「形」は、自らからその生起を導出することも根拠づけることもできないような、異他的なる新たな事実の「形」と、表現的な対応を持つ。それゆえに、現在の事実の「形」は、この新たな「形」において、歴史的現実の世界全体の「形」の表現としての的確さ、ないし厳密さを深め、そのあるべき本来のありようを実現し、証示する。(7) 現在の唯一・一度的なる事実の「形」とは、そこにおいて、一々の事実がその唯一・一度性を充実させつつ、全体として世界が「個性的」に連関づく「形」に他ならない。我々の自己による自由なる創造の徹底と充実が、それも、自己の差配と統括による形成への否定に撞着する工夫を含む仕方での徹底が、我々の自己から導出できない新たなる事実における我々の自己の自由なる創造の実現に、自己を撞着せしめるのであり、そして逆に、この新たな自由なる創造の実現こそ、自己の自由なる創造と工夫の徹底充実が、我々の自己の基体性・実体性への全き否定を媒介として、為されるべき必然において為されているものであることを証示するのである。我々の自己による「形」の自由なる創造の実現は、自己の差配と統括を超越した必然性において「形」が現れていることを証し、また逆に後者は前者を証し、こうした自由と必然とにいかなる意味においても先後はない。我々の自己の基体性・実体性への全き否定の媒介と、「自由即必然」なる本来性を、あるべき必然において実現する、現実の世界の歴史的形成の媒介とを、何らかの意味で峻別することこそ、後期西田哲学の本義を捉えずに、田邊や戸坂が批判した超歴史的な論理と方法を持つものへと、西田哲学を貶めるものに他ならない。

それゆえにまた、こうした「自然法爾」とは、我々の自己が形作る「形」を超越した「形ならざる〈もの〉〈からの働き〉」を受け取り見る（観想する）こと、すなわち一切の歴史的限定・制約を媒介としないような超歴史的な〈もの〉を摑むことではない。西田はここで、「形」と「形」を超越したもの（ないし無限なるもの）との関係を問おうとしているのではない。問われているのは、「形」が「形」として持つ自己同一性ないし実在性の成立構造であり、〈形作られて形作ること〉としての現在の「行為的直観」の事実の「形」が、すなわち唯一・一度的なる事実の定められた「形」がまた、歴史的現実の世界（の形成の全過程）の「形」の表現として成立することを自己証示するという、その自証性の構造である。むしろ「自然法爾」とは、「行為的直観」において形成・限定される「形」は、他ではなくしてかくあるべきことの必然性を有して成っている「形」であることを意味する。すなわち我々の自己がそれを創造することで自らの自由を実現する「形」は、そこにおいて自己と他が唯一固有の他ではありえぬ個となる「形」であり、したがって唯一固有のあるべき必然性において、我々の自己が恣意的に創出しえず、自己に内在化しえぬ仕方で現れるものである。「自然法爾」とは、我々の自己が形作る「形」が、元来、我々の自己の独断的な差配と我有化とを否定し去るような、それゆえに、我々の自己に疑いえず抗いえない仕方で、自らの真実性を自証することを意味するのである。そして唯一・一度的なる〈形作られて形作ること〉の無底性とは、「形」の「形」としてのこうした成立構造以外のことではありえず、「形」を介して「形」を超えた無限なるものを見るといったありようを示すものではありえないのである。

西田からすれば、歴史的現実の世界が我々の自己の差配と統括を否定するものである限り、そもそも、また我々の自己が他に無媒介な基体・実体として存在するのではなく、あくまでも世界において生まれ、働き、死にゆく存在である限り、そうした独断的で錯誤的な確信（自覚）を否定し、凌駕するような客観的な事実性・現実性において世界は成立する。しかしそれは、歴史的世界のその事実性・現実性を、我々の自己を超越した〈もの＝基体・実体〉として独断的に措定し、その現前に自己を基づけることではない。むしろ我々の自己が自由に創造した「形」が、我々の自己の唯一固有の本来をそうした創造において実現するような「形」であるがゆえに、この「形」は我々の自己の主観的・我意的な創作や改変を否定し、超越する客観的必然性・真理性を持つことを指すのである。そして独断的に措定された事実性・現実性を排斥しつつ、基体化・実体化された〈もの〉、すなわち我有化された我が〈もの〉ではなく、〈こと＝事〉の事実性・現実性を示す論理こそが、「形作られたもの」も「形作るもの」も自己において自己同一を持つ〈もの＝基体・実体〉ではないこと、したがって両者は無基底的な〈形作られて形作ること〉において、自らにおいて自己同一を持たない仕方で自己同一を持つことを示す「矛盾的自己同一の場所的論理」に他ならない。

こうして、後期西田哲学の「矛盾的自己同一の場所的論理」は、我々の自己の自己基体化・実体化が否定され、我々の自己から歴史的現実を差配し〈私する〉ことが徹底的に否定されることで、歴史的現実のすべての実在、すべての事実が、あるべき個性的な仕方で生き生きと息づく「形」が、そのあるべき必然において現れることを示す論理であり、そのことで一なる全体としての「絶対的一者」の自己表現の焦点として、我々の自己が生まれ、働き、死にゆくことが成立していることを明らかにする論理である。したがって後期西田哲学の論理は、「絶対的一者」において成立する歴史的現実のこうした「自然法爾」なる運動において、歴史的現実の創造と変革を可能にする、いわば「歴史的実践の世界の、歴史的形成力」を見出す論理である。そしてこの「歴史的実践」において、我々を限定し制約する現実の世界の歴史的形成の運動の、その「個性的」にあるべき必然の「形」が、我々の自己が唯一の個として自由に創造する「形」として現れるのである。

ここで、こうした「自然法爾」が最も根底的な仕方で実践されるのがまた、詳しくは第三章四節で考察したように、西田の言う「宗教的立場」に他ならない。この立場は、我々の自己が、いかなる意図も期待も破滅する「絶対の死」に撞着することで「絶対的一者の自己表現」において生き、働き、死にゆくものとなる立場である。すでに考察したところを概括するなら、例えば、西田が挙げた、自らを撃ち殺す者のために祈るステパノの立場に見て取ることができるように、宗教的立場とは、我々の自己と他とが現に共に在り、共に生きていること、ただそのことに関わる次元において、端的に自己と他がそれとして、そのように今ここに在ることを肯定しうる立場であり、ゆえに、他と互いに共感しあうことの挫折したところにおいて、別言すれば〈……のために〉などといった理由の存在しえないところにおいて、互いのありようが否定的に転換されて、なおも自己と他とが共においてある、今この事実のその唯一・一度の固有なるありように即し、それをあらわにする立場である。それは、我々の自己が歴史的現実の必然的な限定・制約（とりわけ「歴史的種」の社会的な限定・制約）を超越することではなく、むしろすでに形作られた歴史的・社会的現実が自らの本来あるべき必然を実現していく運動の、正確には、歴史的現実の世界そのものが本来あるべき必然において自らを形成し、実現していく「自然法爾」なる運動の、その「個性的」な要素として、我々の自己が働くことに他ならない。およそ歴史的現実のいかなる形成においても、またいかなる変革においても、当の事象が、他ではありえぬ、その本来あるべき唯一固有の働きを発揮することによってのみ、その事象の孕む矛盾や問題を乗り越え、現実を変革していく我々の自己の「歴史的実践」「歴史的形成」が実現しうるのである。それゆえに、いかなる社会的な実践・変革も、それがあるべき真実のありようとなるのは、根底的にはその行為が、上述したような宗教的立場におけるような仕方で、自と他とが互いに異他的でありつつ共にある今この事実・事象を端的に肯定し、その固有なるありように即することによってである。宗教的立場とは、我々の自己が歴史的現実の本来的なる必然の運動の「個性的」な焦点・要素となることであり、歴史的現実の変革と形成の運動のそうした「自然法爾」性に徹底的に焦点を当て、実践する立場である。むしろ西田からすれば、いかなる理由づけも挫折する仕方で自と他とが共にあることが、その不可視・不可思議なる深みが、根拠（基底）なしに肯定されるような宗教的立場から、それ自身において正統なる起源と使命を持つものとしての「民族」や「家族」を根拠にして、またその〈ために〉構成されたのではないような社会・共同体の形成が可能となるのである。すなわち、それ自身の内的な自己同一において、それ自身に存在根拠を持って自己充足的に現前するような基体の内に個が回収されないような、およそ各々の個が唯一の個として在ることを端的に肯定し実現していくような共同体の創造が可能となるのである。

こうした宗教的立場はまた、西田自身が強調するように、「動揺的」で「悲劇的」ですらある歴史的現実において、いかなる基体的・実体的連続も存し得ない「終末論」的な立場にして、しかしまた、すべての歴史的形成を貫いて、日々の生活において端的な実証を持つような「平常底」の立場であり、ゆえにそれは、我々の自己の生命の最も具体的な現実として、「心身一如的」に現れるものである。したがって我々の自己が、差配と矯正によってではなく、一々の事象の個性に即して処し、「自然法爾」的に自己を実現しているかどうか、ゆえにそもそも、如意・不如意にかかわらず、また物事の首尾・不首尾にかかわらず、他と共に自己が今ここに生き、存在していることのその唯一無二の固有さに即応し、快さと歓びを感じることができているかどうか、このことは西田によれば、まさしくこうした「平常底」としての我々の自己の「身心一如的」な現実の状態において実証されるものである。たとえば息が詰まる、地に脚が着かないといったこととは対極的な仕方で、したがって、息を抜くゆとりや、自在さがあるといった仕方で、欺くことも抗うこともできない退引きならない現実性をもって、我々の自己の「自然法爾」なるありようが実証されるのである。そこに「絶対的一者」の自己表現としての「自然法爾」なる「歴史的実践」「歴史的形成」が真に実現されているか否かが、したがって、「自然法爾的自然」「本来的な歴史的自然」の主観主義的な悪しき基体化・実体化が否定されているか否か、「本来性」の独断的な措定が根底的に否定されているか否かが、証示されるのである。

したがって、「歴史的現実」の論理であり、「歴史的実践の世界の、歴史的形成力の論理」であるこうした「矛盾的自己同一の場所的論理」を把握する後期西田哲学の方法はまた、言うまでもなく、我々の自己が自らの基体化・実体化への全き否定に撞着することによって遂行されるものとなろう。上述してきたように、歴史的現実の世界は「絶対的一者の自己表現」において「矛盾的自己同一」的に成立する「自由即必然」なる本来的な必然の世界、「自然法爾的自然」の世界であり、それゆえ現在の行為的直観の唯一・一度的な事実における「形」の創造を「個性的」な焦点として、歴史的現実のあるべき「形」が必然的に自らを限定し、表現する世界である。別言すれば、歴史的現実の世界とは、現在の唯一・一度的な行為的直観の事実が、一なる実在としての「絶対的一者の自己表現」のその「個性的」な焦点として、世界の統一的な「形」を自覚し、表現する世界である。

ここで西田によれば、世界の「形」のこうした必然的な自己限定・自己表現のその記号的・概念的な位相を「行為的直観」の事実において遂行し、実証することが、とりわけ第三章五節で考察したように、我々の自己が思惟するということである。したがって、そもそも思惟における概念連関の「形」の必然性・整合性と、直観の唯一・一度的な「形」のその事実性とは、元来互いに否定しあいつつ、他によって自らを検証・実証しえており、行為的直観の相異なる両方向に他ならない。思惟自身が論理的必然性を持って自らを貫徹しえていることが、思惟が自らからは導出し得ない行為的直観の自覚的自証を持つことなのであり、思惟が基体的自己同一性への否定に媒介されることそのものは思惟が構成したものではないが、しかしそれはまた、論理的必然によって思惟が自証するものに他ならないと言われるべきである。この自証において、思惟は、概念的な必然性における自己媒介・自己展開を、それを事後的に成立せしめるべく先行するいかなる超概念的なる体験も有しない仕方で遂行し、そのことで自らの真理性・妥当性を自証する。そして思惟のなかでもとりわけ哲学的な思惟とは、「世界の概念的自覚」として、世界そのものの包括的な「形」を、その一般的・普遍的位相において自覚し表現する「行為的直観」であり、すなわち、我々の自己が基体性・実体性への根底的な否定に媒介されることで実現するような自覚の立場である。それゆえに西田にとって、哲学の方法とは「否定的自覚」ないし「自覚的直観」に他ならない。詳しく言えば、「自覚的直観」に裏づけられた、自らの本来へと徹底した行為的直観、すなわち「創造的直観」に他ならない。それは上述したような思惟の自証を、最も根底的な仕方で自覚的に自証するものである。こうした見地からすれば、根底的な行為的直観すなわち創造的直観において、哲学の立場は、その統一的・普遍的な「形」の自己表現の方向において成立すると言えようし、また宗教的立場は、その唯一・一度的な事実の自己形成の方向において成立するものであると言えよう。ゆえに、たしかに宗教的立場とは、西田自身も述べるように、「そこに言語思慮を入る余地がない」ような立場であり、思惟による自己限定・自己展開が否定し去られることで、すなわち、いわば思惟を挫折させる仕方で唯一・一度的に生じる事実である。しかし、ここでは一方で、宗教的立場がこうした否定的転換において生起するという側面を、「そこに言語思慮を入る余地がない」という述べ方によって大写しにすることが可能であると共に、しかし他方で、宗教的立場はあくまでも歴史的現実の世界の統一的な「形」の自己表現のその焦点として成立するものであることも、強調されなければならない。したがって、概念的な思惟の媒介と検証を通すことのない、すなわち、世界の統一的な「形」の記号的・概念的表現を媒介とすることのない宗教的立場は存在しえないのであり、宗教の立場が自らの真理性をその根本的な事実性において自証することと、思惟が概念的媒介の必然的な展開において自らの真理性を自証することと、この両者は本質的に〈先後〉を持たず、一つの〈こと＝事〉をなしているのである。

したがってまた西田からすれば、そもそも歴史的現実の世界の運動そのものが、思惟の徹底を要求し、それを媒介する仕方で成立するものである。すなわち、現在の唯一・一度的な事実を「個性的」な焦点とした、統一的な「形」の必然的な自己表現である世界の運動とは、思惟の自己限定・自己同一が、唯一・一度的な事実による、思惟の基体的・実体的自己同一への否定を媒介として自己同一を持つことにおいて、すなわち、自らにおいて自己同一を持たない「矛盾的自己同一」において成立する運動である。そしてこの世界の運動に根拠づけられた哲学的な思惟の方法こそが、「考えるものなくして考える」その〈こと＝事〉によって「世界から自己を考える」ような「絶対的論理主義」に他ならない。それはまさしく、歴史的現実の世界の「自由即必然」なる運動を、その必然性に焦点を当てて実践し実証するものであり、別言すれば、論理が、歴史的現実の本来的な必然の運動を我々の自己が実践し実証するその媒介となることである。ゆえに、哲学的な思惟の方法が、思惟を超越した何らかの直観的事実が事後的に自らを限定し、思惟へと展開すること、すなわち、考えられない〈もの＝基体・実体〉から考えることとして、遂行されるならば、それは歴史的現実の運動が「自由即必然」なる運動であり、現在の唯一・一度的事実が全世界を表現する運動であることを否定することである。すなわち、歴史的運動を単に偶然的で飛躍的なものとみなして現実を把握し実践すること、歴史的必然の限定・制約を無意義化し、我々の自己を歴史的限定・制約を超越したものとして主観主義的に基体化・実体化することである。それゆえに、西田からすれば、哲学における世界の「形」の根源的な概念把握も、またそれを根底として「矛盾的自己同一」の形式にしたがって成立する諸々の学問的な体系も、〈考えるものなくして考えること〉において、概念的な媒介による自らの整合性を徹底することで、歴史的現実の本来的な必然の運動が自らを実現し実証する、その媒介契機として働くものとなる。この意味において、後期西田哲学の方法は、概念的に考える〈こと＝事〉ないし思惟する〈こと＝事〉が自らを徹頭徹尾貫徹する、真に徹底的な「論理主義」であると言わねばならない。西田哲学の方法とは、〈考えるものなくして考えること〉によって、思惟を事後的に成立せしめるいかなる直観的事実をも斥ける「絶対的論理主義」の方法なのである。

こうして西田哲学の「論理」とは、「世界の概念的自覚」としての〈考えるものなくして考えること〉の方法によって表現される世界の「形」であり、それもその最も統一的・普遍的な「形」である。それゆえに、単に思惟の形式であるのみならず、そもそも思惟もそこにおいて成立する歴史的現実の世界の自己表現的な成立構造・形式が「論理」である。しかも世界の「形」とは、上述してきたように、それが唯一・一度的な事実の自己形成を焦点として、基体的・実体的自己同一性への全き否定を媒介として自己同一を持つ「形」である。したがって「論理」もまた、それ自身が基体性・実体性への全き否定を媒介として「矛盾的自己同一」的に自らを持つ。論理の必然性、すなわち概念による自己同一的・自己統一的な体系の必然性は、現在の歴史的現実の唯一・一度的な事実性ないし現実性を表現する限りにおいて、論理としての自己同一性を有して成立し、また現在の事実の唯一・一度的な現実性は、論理において自己同一的な「形」を与えられ、それを表現するその限りにおいて、それとして成立する。歴史的現実の世界は、いかなる〈もの＝基体・実体〉もなく、〈形作られて形作ること〉、すなわち無基底的な「形」の自己形成として成立する世界である。それゆえに、論理が自らにおいて自らを自己同一的・自己統一的に表現し、限定していることと、論理が自らから導出できず、根拠づけることのできない仕方で、すなわち、論理の連続的な自己同一・自己統一が否定される仕方で成立することとは、共に両者が一つの〈こと＝事〉をなす限りにおいて成立している。この限りにおいて、論理は自らの客観的な妥当性と真実性を証示するために、自らの自己同一的な体系を実現し表現する〈こと＝事〉以外に何ものをも前提とせず、またこの〈こと＝事〉以外のなにものにも拠る必要はない。こうして歴史的現実の世界においては、論理が論理として自己同一的である〈こと＝事〉に先立ついかなる実在もなく、この〈こと＝事〉それ自身がまた、歴史的現実の世界がそれとして成立する〈こと＝事〉であるがゆえに、「論理」とは、まさに「絶対論理」に他ならないと言われる。したがって西田が『哲学論文集第五』において、自らの「矛盾的自己同一の場所的論理」を「絶対的論理主義」の方法による「絶対論理」であると記したことは、『哲学論文集第二』における、生命は論理的に「無媒介的」であり、かつ「生命の弁証法によつて論理の弁証法が成立する」などといった記述の不十分さを乗り越えていく意図を持つものであったことが看過されてはならない。論理が論理である〈こと＝事〉に先立ついかなる実在も存しないゆえに、「論理」とは、かつて『哲学論文集第二』において主張されたような、生命によって成立する「生命の論理」、正確には「歴史的生命（の自覚）の論理」ではなくして、まさに「絶対論理」に他ならないことが、今や主張されるべきなのである。

後期西田哲学の思考は、こうした見地に至り着くことでまた、自らの哲学の論理を「（絶対）弁証法的論理」と定式化することの不適切さを自覚するに至る[8]。そもそも西田が自らの論理を「弁証法」のそれとして表明するに至ったのは、本節でも述べてきたように、田邊からの方法論的な批判に応じることによってであった。そして、『哲学論文集第二』において西田は、「論理の否定は論理に由つて論理の否定として自覚される」とみなす田邊の弁証法については、それを論理の独断的な基体化・実体化であるとして排斥しつつ、むしろ真の「弁証法的論理」は、論理それ自身によって成立するものではないこと、すなわち、論理それ自身において自己同一を持つものではないことを強調した。それゆえに、「生命の弁証法によって論理の弁証法が成立する」との西田の記述は、歴史的生命としての現実性を有する歴史的現実の世界がそれとして成立し、自己同一を持つことと、論理が論理として成立し、自己同一を持つこととが、無基底的に一つの〈こと＝事〉であり、この意味において両者は、いわば互いに先後を持たないことの解明に向けられたものであったと言えよう。とはいえ、哲学の論理が弁証法的論理とされる限りにおいて、こうした意図が十分に実現されることはそもそも困難であったと言わざるをえない。

すでに繰り返し述べてきたように、弁証法的論理が志向される限り、そこでは無基底的な〈こと＝事〉それ自身の基体化・実体化が生じる傾向を回避しがたい。すなわち、生命と論理との相互否定的限定としての無基底的な〈こと＝事〉それ自身が基体化・実体化され、歴史的現実に無媒介なる〈もの〉が主観主義的に設定される傾向が、働かざるをえない。事実、第三章一節、二節で主題的に考察してきたように、西田の「歴史的生命の弁証法」では、論理を超越した生命から論理が事後的に成立するとみなすような、主観主義的な基体性・実体性に依拠した論理と、自らの場所的論理との峻別が十分になされていなかった。「歴史的生命」の世界である「歴史的現実」の世界によって論理が導出されるとみなす、いわば〈生命による論理〉としての「歴史的生命の弁証法」に対し、『哲学論文集第五』において定式化を見た「矛盾的自己同一の（場所的）論理」とは、現実の世界の自己同一の成立と論理の自己同一の成立とが、互いに自らから他を導出しえない仕方で一つの〈こと＝事〉をなすとみなす論理である。それは、論理が自己同一を持つことに先立って成立するいかなる実在もないとみなす論理なのであり、その意味において、まさしく「絶対論理」として、その論理性が特徴づけられるべきものなのである。

なるほど、後期西田哲学の「矛盾的自己同一の論理」が「絶対論理」として表明される限り、歴史的現実が論理を否定するという契機が不当に軽視され、ひいては無化されるのではないかとの危惧も生じよう。しかし論理の自己同一性が、歴史的現実に、その現実性・事実性において否定されるとは、概念的な限定を全く媒介しないような論理ならざる非合理的なるものが存在し、それに論理が否定されるということを意味しない。そうした仕方で想定される非合理的なるものとは、実際には論理との対立において、論理から消極的に限定されたものであり、それ自身がまた一種の論理であって、論理の自己同一性を否定するものではない。後期西田哲学に即して言えば、歴史的現実の統一的な「形」としての論理に対して、仮に「形」を媒介としないような、形なきもの、形にならない混沌とも言うべき非合理なるものを想定しても、それはまた、〈形がない〉というありようを他によらずに自ら持つものにすぎず、それ自身が一つの「形」に他ならない。したがって、論理の自己同一性が否定されるとは、自己同一性が無くなることを意味するのではなく、自己同一性の成立根拠・存在根拠を自ら自身において持つことが否定されること、すなわち、自らの自己同一性を、自己自身においては、ないし自己自身によっては持たない仕方で、持つことに他ならない。したがって、論理が歴史的現実に否定されるというその「否定」とは、それ自身において自らの存在根拠を持ち、それ自身において自己を統一して充足する、そうした基体・実体そのものの全き否定であり、この「否定」は、基体・実体でない〈もの＝基体・実体〉（上述の例なら、非合理なる〈もの〉、形なき〈もの〉）といった相対的否定としてのそれではなく、「絶対否定」としてのそれに他ならない。それゆえにこの「絶対否定」は、西田からすれば、ある特殊な否定、すなわち、ある特定の（宗教的な、あるいは東洋的な）世界観を前提とする限りにおいて認められるような「否定」のありようではありえない。すなわち「絶対否定」とは、基体・実体の存在を前提とした事後的な否定ではなく、その実在がそれとして成立することとそれ自身を貫き、それ自身に現在している否定、それゆえに真の意味で、その実在の自己同一を実現し、肯定する否定である。しかも西田からすれば、こうした「絶対否定」は、それがなんらかの肯定性に対して事後的に現れるような、したがって肯定性に還元されるような否定ではないゆえに、およそ「否定」の真義を示すものなのである。

したがって、後期西田哲学の「矛盾的自己同一の論理」が「絶対論理」として提起されるに至り、論理の自己同一性が生命の現実（の弁証法）から事後的に生成するという見解を適切に斥けえたとは言えない、自らの従来の「論理」把握の不適切さを西田自身が自覚するに至り、論理の自己同一性がつねに決して自己同一性を失わないこと、世界の「形」の自己同一性・自己統一性が、歴史の全過程を貫いて本来的に存在することが主張されるのである。もちろんこうした主張は、論理が生命を導出すると主張するものではありえない。上述してきたように、歴史的現実の世界の統一的な「形」としての論理の自己同一性は、無基底的な「絶対的一者」の自己表現において成立するものである。すなわち論理は、基体的・実体的な自己同一性の全き否定を媒介として、自らから導出できない唯一・一度的なる現実の事実の無基底的な自己形成において自らの「形」を表現することで成立する。ゆえに後期西田哲学において、「論理」は「絶対的一者の自己表現の形式」であり、「絶対的一者」の自己表現の記号的・概念的な「形」であると述べられる。唯一・一度的なる「世界創造」の「絶対事実」における、「生命の世界」としての「歴史的現実」の自己同一の現前と、世界の統一的・普遍的な「形」としての「論理」の自己同一の現前とは、他に無媒介にそれ自身で自己同一的に存在する〈もの＝基体・実体〉をいかなる意味でも否定する「絶対的一者」の自己表現における両契機・両方向として、いかなる先後もなしに成立するのである。

ゆえに論理が、自らにおいてその成立根拠を持たない仕方で、自己同一を持つという意味においては、論理は自らから根拠づけできない不可測・不可思議な仕方において、ないしは自らに収めつくすことのできない、自らに異他的なる仕方において、自己同一を持つと言いうる。しかしそれは、論理の概念的体系の自己同一としての必然性と別に、不可思議性が（不可思議なる〈もの〉として）現前するということではない。論理の概念的な必然性には、それが必然性であることのその裏面として、この必然性の成立の根拠を自らに持たないという不可思議性が存しているのであり、その限りにおいて、論理の必然性が必然性として成立しうる。すなわち論理は、その成立に先立ついかなる根拠もない仕方で、無基底的な〈こと＝事〉として成立するのであり、しかもまさにこの構造こそ、上述してきたように、論理が「絶対論理」として成立することを意味している。論理が現実からの否定を媒介とすることで、正確には、絶対的一者からの否定を媒介し、自らにおいて自己同一性を持たないことで、「歴史的現実」の論理とは、およそ「絶対論理」として成立するものなのである。

逆に言えば、西田哲学の論理が「絶対的論理主義」による「絶対論理」であることを適切に考慮することのない西田哲学理解が行われるなら、それは、論理を否定する現実の事実の経験と実践にのみ、論理と思惟の真理性の根拠を独断的に求めるような見解をもたらすものであろう。(9) したがって、西田哲学の論理を、歴史的現実の運動の必然性に媒介されない主観主義的な観想主義・個人主義の論理に陥らせるような理解を、はからずももたらすこととなろう。すなわち、哲学的思惟による歴史的現実の統一的・普遍的な「形」としての論理を表現する、哲学的な思惟の概念的把握の徹底が、したがって、現実に我々の自己がなすべき行為の内容や方策についての、「矛盾的自己同一」の形式による根本的な概念的把握の徹底が、我々の自己の個としての本来を実践する唯一・一度的な事実を実現することが、看過されてはならない。(10) 概念的な必然性による思惟の展開は、思惟が自らの基体化・実体化を否定しつつ唯一・一度的な事実に即応するその工夫を徹底していること、それがあるべき必然において成っていることの実証を意味すると言わねばならない。思惟を事後的に成立せしめるような唯一・一度的な事実の措定に基づく独断的な実証主義は、「絶対的論理主義」によって、いかなる意味でも否定されていかねばならない。(11)

こうして「絶対的論理主義」とは、論理の真実性を証示するにあたり、論理が自らの概念的な必然性を厳密に徹底していくこと以外になにものも前提としないという点において、中期西田哲学の「徹底的批評主義」の論理と方法と根本的に同一の立場に立つ。(12) しかし「徹底的批評主義」においては、すでに本章一節でも述べてきたように、論理が自らの成立根拠を自らの内に持たないことが適切に主題化されていなかった。そのためにそれ自身ではただちに歴史的現実の論理の方法とはなりえなかった。翻って考えてみれば、西田が自らの方法を「批評主義の途」の徹底として表明した時、そこには論理が自らに基づいて自らを「批評」しうるとみなすことが、すなわち自己批評のその根拠を自らにおいて持つとみなすことが、無自覚のままに西田哲学の方法の内へ忍び込んでいたとも言いうる。[13] 今や「絶対的論理主義」においては、論理が歴史的現実と離れてそれ自身で自立して自己同一を持つとの見解が、ないしは、歴史的現実が論理の自立的自己同一を離れてそれ自身で自己同一を持つとの見解が徹底的に否定されて、論理は現実の世界からの歴史的な限定・制約を媒介する〈形作られて形作ること〉において表現される仕方でのみ自己同一を持つものとして明らかにされる。したがって「絶対的論理主義」とは、論理が自らにおいて自己同一を持たない仕方で自己同一を持つことその〈こと＝事〉以外に、すなわち、論理が論理である〈こと〉以外に、論理を否定し超越する事実（ないし体験）を認めない立場、逆に言えば、論理の必然性それ自身が論理の自己同一性への、現実の唯一事実による否定を媒介として成立しているとする立場である。後期西田哲学の論理とは、自らに内的に還元できない歴史的現実の世界を、ひいては自らの自己同一を超越する無基底的な創造者としての「絶対的一者」を、自らにおいて明らかにし、自らの真実性を自証する論理である。こうしてみれば、元来「矛盾的自己同一の場所的論理」とは、論理が論理として徹底することにおいて、歴史的現実の世界において生まれ、働き、死にゆく我々のこの自己のその唯一なる本来のありようが実現する「絶対論理」のことに他ならないのである。

田邊は、歴史的現実の世界における哲学的な思惟の動的な過程性を重視しようとする立場から、西田哲学を批判する。田邊によれば、哲学的な思惟の方法とは、推論における概念の媒介が、概念に媒介されざる生命・存在との相互否定的な媒介運動を遂行するという「弁証法」的な方法である。田邊は、概念に媒介されない非合理的な現実的生命・存在と、推論における概念の媒介の形式・構造たる「論理」との間に「先後はない」とみなすと共に、この先後なき相互否定的媒介それ自身は、推論における媒介形式である「論理」によって成立するとし、「論理の存在に対するプリウス」を主張する。それゆえにまた田邊は、哲学的な思惟においては「繋辞」ないし「媒語」を、歴史的現実においては「種」を連続的な「基体」とみなす。こうした田邊の立場に対して、西田は、概念を超越した現実性・事実性を有する「歴史的生命」と、概念を媒介する思惟との関係について、この両者がいかなる意味においても他に先立って自己同一的に存在する基体・実体ではないこと、その意味において、両者は「先後はない」仕方で成立することを提起し、その整合的な解明を自らの課題とする。ただし西田は、論理が現実の世界に対してプリウスを持ち、論理において現実が成立するとみなす点で、田邊の立場それ自身は全く不適切なものであり、田邊は、論理が現実に否定されるという構造を適切に顧慮せず、それゆえに、現実に先立って存在するものとして、論理を（西田が言う意味で）基体化・実体化するという誤りを犯しているとみなす。したがって西田は、同じ構造を田邊の歴史的現実の把握についても見て取る。すなわち西田からすれば、田邊は、歴史的現実における現在の事実の唯一・一度性を適切に顧慮しないために、歴史的現実の把握においてもまた、「種」を基体化・実体化する誤りを犯すものである。むしろ上述したように、西田によれば、「歴史的種」は「歴史的現実」における「形」の無基底的な相互表現のその重心に他ならないのである。

なるほど西田哲学からすれば、上述してきたように、歴史的現実の世界の構造が、現実と論理との相互否定的な運動として「弁証法」的に捉えられる限り、それは主観主義的な基体化・実体化に依拠する論理に他ならないであろう。すなわち田邊の論理は、論理の基体化・実体化か、その反動としての現実の実体化か、あるいは論理と現実を超越するものの実体化か、そのいずれかに陥らざるをえないものとなろう。したがって西田は、田邊からの批判に際して、現実との間にいかなる「先後もない」ような、その意味での「論理」は、実際には決して「弁証法」としてのそれではないこと、したがって、この論理を「生命の弁証法」の論理として提示した、『哲学論文集第二』における自らの立場は不適切であることを自覚する。すなわち、論理と現実とが自らから導出しえない仕方で「矛盾的自己同一」的に〈形作られて形作ること〉その〈こと＝事〉が、論理が論理として成立することである。換言すれば、田邊の言うように、論理において論理の否定が成立するのではなく、むしろ現実の世界の自らによる自己同一と論理の自らによる自己同一とを共に否定し、そうした自己同一的現前のありようを超越する、無基底的な媒介者・創造者たる「絶対的一者」の自己表現において、論理（の必然的な自己同一）と論理の否定（としての現在の事実の唯一・一度的な自己同一）とが一つの〈こと＝事〉をなすのである。そしてまた、そこにおいてこそ、論理の否定を真に媒介する動的な過程が成立するのである。西田にとって、田邊の言う「論理」とは、田邊自身が、自らの論理は媒介されざる現実を許さない「絶対媒介」の論理であると表明しているにもかかわらず、実際には現実を媒介することのできない、したがって現実と対立したままにとどまっている相対的な（媒介の）「論理」である。そして西田は自らの論理こそ、論理が論理として自己同一的に成立する〈こと＝事〉に先立ついかなる実在もない仕方で成立するような「絶対論理」であり、そしてこの論理こそが、現実からの否定を媒介とする「歴史的現実」の論理であることを強調するのである。

戸坂は、主観的な意識や意志を絶対に超越した、歴史的現実の客観的（物質的）な現実性を重視する立場から、西田哲学を批判する。戸坂は、歴史的現実の世界を、社会的生産力の矛盾を媒介として必然的に発展する弁証法的な世界であるとみなした上で、哲学の方法は、歴史的現実のこうした弁証法的な必然性の運動の実践的模写にあるとするのである。これに対して西田は、とりわけ『哲学の根本問題　続編』から『哲学論文集第二』に至る過程において、まずは「歴史的生命」の弁証法を提起して戸坂の唯物弁証法に応えようとする。すなわち西田は、「歴史的生命の弁証法」の論理において、歴史的現実の世界の現実性・事実性を、「形作られたもの」としての「環境」と「形作るもの」としての「主体」との相互否定的形成の現実性として明らかにする。より具体的には、それを、「歴史的生命」の「個性的」な自己創造・自己生産のその「自由即必然」なる運動が持つ、すなわち本来的な必然の運動が持つ現実性として、明らかにする。しかし、戸坂の方法論的な批判が西田哲学に提起する課題とは、歴史的現実の運動の原理・根拠を、主観としての我々の自己においてではなく、自己を超越した、しかも自己がそこにおいて自己として自由に行為するような、歴史的現実の運動それ自身に求めていくことであるとみなした西田は、この課題への取り組みの深まりに応じて、さらには、先に見た田邊からの批判への応答に迫られる中で、歴史的現実の運動を「生命の弁証法」の論理においてではなく、「矛盾的自己同一の論理」において捉え直していく。すなわち、歴史的現実の運動が我々の自己に超越的であるとは、我々の自己が自らによって自己同一を持とうとする、そうした差配・期待を超越しているということであり、歴史的現実は、我々の自己の自己同一の根拠となるいかなる基体・実体も否定するということである。それゆえに、生命の「個性的」生産の運動それ自身は、あくまでも「動揺的」な運動であって、すなわち歴史的現実の運動は、なんらかの目的ないし到達点に向かう「過程」として俯瞰され、先取りされることの不可能な運動である。したがって、我々の自己を限定し、制約する歴史的現実の運動のその必然性とは、「形作られたもの」からも「形作るもの」からも導出しえず、根拠づけえない仕方で、それゆえに、連続的な自己同一を否定する仕方で成立する、「自由即必然」なる本来的な必然、「自然法爾（的自然）」に他ならない。ゆえにこうした運動が、「形作られたもの」と「形作るもの」との相互否定的形成それ自身の連続的な自己形成・自己展開を原理とするものではない以上、西田からすれば、やはりそれは「弁証法」的な運動とされてはならない。西田は、戸坂の唯物弁証法を、物質の機械的運動を原理とするものとして批判したが、その本義は、戸坂の「弁証法」の論理が、基体性・実体性に依拠した連続的過程の論理であって、我々の自己の差配・期待への全き否定を媒介とする歴史的現実の「動揺」性を適正に位置づける論理ではありえないとの趣旨にあると理解することができよう。

戸坂によれば、西田哲学は歴史的現実に媒介されない、「個人主義」的で恣意的な「意味解釈」によるものであり、したがって、そこには歴史的現実の運動を明らかにする「論理」は存在しない。しかし西田は、基体性・実体性への否定を媒介とした「絶対的一者の自己表現」において、唯一・一度的なる事実の「形」を焦点として、一なる世界の「形」が自らを表現することを示し、むしろ自らの論理こそは、意識や意志を基体化・実体化して「個人主義」的に歴史的現実を捉えることを否定しつつ「世界から自己を考える」、そうした「絶対的論理主義」の論理であると応じる。すなわち後期西田哲学の論理とは、主観的な意識や体験の事実性・現実性を前提としない「絶対論理」であり、そうした論理こそが、我々の自己が証示する論理ではない、まさに歴史的現実の客観的・必然的な運動それ自身が自証・実証する論理であると応じたのである。

むすび

西田哲学は、「何処までも直接な、最も根本的な立場」を、〈こと〉の「無基底的」な自己形成の内に求めてきた哲学である。そして後期西田哲学の論理の特性は、〈こと〉の無基底的な自己形成が、自らの存在根拠を自らにおいて持たない仕方で成立すること、自己において自己同一を持たない仕方で自己同一を持つことを明らかにしえた点にある。したがって、田邊の「種の論理」をはじめ、基体・実体に基づかない、無基底的な自己形成の事態に原理を求めるような諸々の哲学の論理がある中で、後期西田哲学は、無基底的な事態が、元来、それ自身において/によって自らの存在根拠を持つものではなく、かえって自己同一的・自己完結的な現前性への否定を媒介として成立することを、適確に究明する点で、根本的・根源的な立場に立つものと言わねばならない。

後期西田哲学は、無基底的な事実のこうした自己同一を「絶対矛盾的自己同一」と呼ぶ。現実の世界は、この「矛盾的自己同一」の形式において、「作られたものから作るものへ」、その「個性的」な進展を介して、世界が自らの本来的にあるべき必然を実現していく「歴史的必然」の世界として明らかになる。後期西田哲学の論理とは、歴史的現実の世界が、自らを「歴史的必然」の世界として、あるいは、そこにおいて生きるものに即して言えば「歴史的自然」の世界として、明らかにする論理である。そして終章において考察してきたように、その方法こそが、「絶対的論理主義」による〈考えるものなくして考えること〉に他ならない。

西田は「『善の研究』以来、私の目的は、何処までも直接な、最も根本的な立場から物を見、物を考へようと云ふにあつた。すべてがそこからそこへといふ立場を把握するにあつた」と述べていた。すなわち、『善の研究』以来の西田の思索は、我々の自己が、個としての自己に最も直接の立場にして、実在世界において最も根本的な立場であるような、そうした立場に立つ方法の探究の途であった。我々の自己に最も直接的な立場に立つことは、我々の自己を基体化・実体化して、そこから主観主義的に実在世界を把握することではなく、我々の自己が「最も根本的な立場」から実在世界を統一的・体系的に把握し、それを媒介として生きることである。西田が自らの課題としたのは、これを整合的に示すことであった。しかし西田の探究は、西田の言う「何処までも直接な、最も根本的な立場」が、歴史的な現実に限定・制約されることのない、主観主義的に基体化・実体化された「超歴史的」な立場にすぎないとの、田邊や戸坂からの批判を被ることとなった。したがって、我々の自己に最も直接的な立場が、歴史的な限定・制約を受けた立場であることをふまえた上で、この立場から実在世界を統一的・体系的に把握する論理と方法を探究し、その客観的な真理性ないし必然的な妥当性を根拠づけることが、常に西田の思索の中心に据えられてきた。そして、この西田の思索は、直接的な立場における〈考えるものなくして考えること〉による「絶対的論理主義」の確立に至る。

後期西田哲学が、この「絶対的論理主義」によって到達した結論とは、「何処までも直接な、最も根本的な立場」「すべてがそこからそこへといふ立場」は、実在世界の本来的な必然の運動、「歴史的必然」「歴史的自然」の運動を、我々の自己が、その個性的で創造的な要素として実践する立場に他ならないということである。後期西田哲学が明らかにしたのは、我々の自己の最も直接の立場とは、「矛盾的自己同一」としての「絶対的一者」の自己表現の「個性的」な焦点として成立する、「形作られたもの」と「形作るもの」との〈形作られて形作ること〉としての「行為的直観」の立場である、という事態である。そしてこの事態は、我々の自己に最も直接的な、現在の唯一・一度的なる無基底的な事実を焦点として、現在が他のすべての唯一・一度的なる事実と互いに媒介しあう「形」、すなわち、過去がその必然性において、未来がその未定性・動揺性において自らの固有性を発揮する、世界の統一的・包括的な「形」が具現し、表現されるということを意味する。すなわち、唯一度現れて永遠に消え去る、今この現在の「形」が、現在を含む過去から未来にわたる歴史的世界のあるべき本来の必然〈自然〉の「形」、実在の根本的・根源的な「形」となるのである。

こうした事態は、歴史的現実の世界は、唯一度あって二度とない現在の新たなる創造の事実が、世界のあるべき必然が実現するその焦点となるという、「自由即必然」としての本来的な必然の運動からなる世界であることを意味する。そして、そこにおいて我々の自己の最も「直接的な」あるべき〈自然＝必然〉が実践されるという意味において、この世界はまた、「事に当って己を尽す」ような自己の努力そのものが「自己のものではない」、「自ら然らしめるもの」において成立する、「自然法爾」なる世界である。もちろん「歴史的自然」「自然法爾」とは、唯一度現れて永遠に失われるという、現在の事実の唯一・一度性を媒介としないような、したがって非連続性・否定性を媒介としないような単なる連続的自己同一・自己展開の運動を意味するわけではない。むしろ歴史的現実の運動が真の意味で我々の自己を超越した必然的な運動であるからこそ、それは「歴史的自然」としての「自然法爾」なる運動と呼ばれる。すなわち、我々の自己の基体的・実体的自己同一とそれに基づく行為と差配をいかなる意味でも否定し、超越するからこそ、ひいては、そうした我々の自己の基体的・実体的自己同一を基づけうるようないかなる基体的・実体的連続をも超越するからこそ、現在の事実の唯一・一度性を媒介し、存在の非連続性、すなわち生命の死を媒介する歴史的現実の運動が、「歴史的自然」と呼ばれるのである。したがって、我々の自己が唯一度生まれ、働き、死にゆくことにあるがままの最も直接的な立場、しかも、そうした自己の生命において、世界の統一的・包括的な「形」を表現する根本的な立場が、「自然法爾」と呼ばれるのである。

ゆえに、西田が求めた「何処までも直接な、最も根本的な立場」とは、歴史的現実の創造と変革の原理を、歴史的現実の必然それ自身に帰し、現実においてなにものも「自己のもの」としない立場である。それは、〈我がもの〉として自らの意に沿わせるべく力を使うのではなく、我々の自己が現実において一々の事に即応し、個のそれ自身によるあるべき固有の働きに即応して転換せしめられることに、すなわち現実の唯一・一度的な事実の「個性的」な創造に、現実の創造と変革の実現を見出す立場である。したがって逆に言えば、こうした自然法爾なる立場において生きられる現実とは、およそ他を、そして自らを〈自らのもの〉として所有するいかなる実在もそこに存在しえない世界である。しばしば西田は、「歴史的」な現実を、自己による自己同一への否定を媒介とした世界、「公の物」、「公の事」の世界であるとする。我々の自己の差配が否定されることで、自らからは導出しえない仕方で、ないしは自らの自己同一を超えた必然的な仕方で、個が唯一無二のその個性を発揮し、現実の世界がその本来を実現する世界が、「歴史的自然」の世界に他ならないのである。

すでに見たように、「何処までも直接な、最も根本的な立場」に立つ方法を求めた西田の思索は、その主観主義的な基体化・実体化を排斥するために、哲学の論理とその方法の根拠づけを中心に据えて展開された。その到達点としての後期西田哲学は、思惟の形式である哲学の「論理」を、現在の唯一・一度的なる無基底的な事実を焦点として成立し、表現される、歴史的現実の世界の統一的・必然的な「形」として明らかにした。すなわち、生命の事実の唯一・一度性も、思惟の形式としての論理の統一的な必然性も、互いに他と独立に自己同一的に現前しうるものではなく、両者は自らの基体性への否定を媒介として、自己同一を持つ。したがって、哲学の方法は、自己同一的な基体・実体の否定を媒介することで、論理の統一的・必然的な「形」の自己表現と、歴史的現実の唯一・一度的な事実の自己形成とが、互いに自らからは導出しえない仕方で、しかし先後なしに、一つの〈考えるものなくして概念的に考えること〉をなすという方法である。そこに「絶対的論理主義」の方法による「絶対論理」としての哲学の論理が明らかになる。言うなれば、西田が、哲学の論理とその方法の根拠づけを追究し、それを果たした時、歴史的現実の統一的・必然的な「形」が、まさしく唯一・一度的に生まれ、働き、死にゆく我々の自己を個性的な要素となして成立する〈必然〉であることも明らかになったのである。

こうして見れば、むしろ西田が、「何処までも直接な、最も根本的な立場」に立つことを求め、そのためにまずもって哲学の論理と方法の根拠づけを探究していったその目的とは、歴史的現実の世界を、生命の非連続・否定を媒介する、本来的なあるべき必然、「歴史的自然」「自然法爾」としての世界として示すことにあったと言えよう。そして最終的に、このことの自覚を西田自身にもたらしたものこそ、「絶対的論理主義」の確立だったのである。そうした見地からすれば、後期西田哲学にとどまらず、およそ西田哲学の進展過程において、そこに見られる「統一力の統一活動」、「絶対自由意志の作用」、「絶対無の自己限定」、「弁証法的一般者の自己限定」、「歴史的生命の自己形成」、「絶対的一者の自己表現」といった表現はすべて、我々の自己を超越し包む、歴史的現実のあるべき本来の歴史的必然の運動を求め、実証するためのものであったことが今や明らかになろう。西田哲学の論理とは、我々の自己が、この自己を唯一の個として、その本来を尽くしつつ在ることを、「自己のもの」としてでも自己においてでもなく、〈歴史的現実の世界において〉証示し、実証する論理である。我々の自己が〈そこにおいて〉生まれ、働き、死にゆく「歴史的現実」の論理の真義とは、ここに存する。西田哲学が求めた論理と方法は、歴史の本来的な必然としての「歴史的自然」「自然法爾」の論理であり、その方法は、〈考えるものなくして考えること〉による「絶対的論理主義」であって、他ではありえないのである。

註

（1）その詳細については、拙著『西田哲学の論理と方法――徹底的批評主義とは何か』、法政大学出版局、二〇〇四年、において検討した。

（2）体系を組織する論理としての場所的論理を探究した『働くものから見るものへ』のとりわけ「後編」の諸論文は、西田自身によって述べられるように、我々の自己に最も直接的な「直観」と「概念的知識」との関係を「論理的に基礎附ける」ことを目的としたものであった（4, 5）。

（3）田邊と戸坂による再批判に応じた『哲学論文集第二』に収められる「論理と生命」論文執筆の直前の時期に書かれた「『理想』編輯者への手紙」においては、「私は真の具体的実在の論理といふものは如何なるものであるか、真に直接な具体的実在の論理的構造は如何なるものであるかの問題に苦心しました。そして今も尚苦心してゐます」（13, 140）と記されている。

（4）自覚と哲学の方法との関係については、以下の論攷も参照。白井雅人「歴史的世界における自覚の問題」『実存と政治』、理想社、二〇〇六年、一五三―一七〇頁。

（5）後期西田哲学の論理の進展に従って、歴史的現実の世界がそこにおいて成立する〈形作られて形作ること〉が「永遠の今の自己限定」から「絶対現在の自己限定」へと呼び換えられていくが、このこともまた、否定性へのこうした究明の深まりと共に、「永遠」という語の基体的・実体的な語感が誘発する誤った理解への懸念が強まっていったからに他ならないと言えよう。

（6）「個性」とは、個のその代替不可能なる唯一・一度性が、一なる全体（一般）と独立に成立するのではなく、かえって一なる全体に媒介されること、また後述するように一なる全体の「表現」として成立することを主題化するために用いられる概念である。第二章四節ないしとくに第三章三節を参照。

（7）たとえば技術には、工夫の結果、「形」がすっと一挙に現れ、しかもその「形」が、自らから導出できない新たな事実が生起するそのなるべき必然的な仕方を、すなわち自らの否定的転換の仕方を自らにおいて表現していると言う逆説的な事態が顕著である。第三章三節を参照のこと。

（8）ただし自らの論理を「絶対弁証法」と名指すことが全く見られなくなったわけではない。これについては、第三章註22を参照のこと。

（9）したがって「自然法爾」の立場とは、論理を媒介としない非合理的な直観による立場ではなく、ましてそうした見地から東洋的なるものないし日本的なるものを原理として肯定しようとする立場ではない。むしろ西田の意図は、我々の自己の行為が「自己のものではない」、「自ら然らしめるもの」に包まれているという「自然法爾」の本来が、そうした非合理主義的な立場の否定において成り立つことを明らかにする点にあると思われる。

（10）後期西田哲学の論理は、それが思惟の自己形成・自己展開の否定を媒介として証される論理であるという観点からすれば、「絶対的客観主義」「徹底的実証主義」の論理であるが、しかし本文で述べたように、その論理性そのものに焦点を当てるなら、自らの概念的な必然性の徹底以外のなにものにもよらずに自らの真理性を自証する「絶対論理」に他ならない。

（11）こうした西田の「絶対論理」はまた、第三章で詳しく検討したように、田邊と戸坂による方法論的な批判に対する、西田哲学からの応答という性格をもって成立しているものである。

（12）この点で、徹底的批評主義の論理と同様、後期西田哲学の論理も、「厳密な論理」を要求する論理であり、すなわち〈厳密な学〉としての論理であると言うこともできる（厳密な学としての西田哲学については、前掲『西田哲学の論理と方法――徹底的批評主義とは何か』、とくに序論ならびに結論を参照）。ただし、論理が自らにおいて自らの厳密性の根拠を持たず、その意味において自立性を持たないという観点からすれば、論理の自立性を彷彿させる厳密な論理ないし厳密な学との呼称よりも、論理が論理であることの絶対性を指示する「絶対論理」との呼称が用いられることが適切であろう。

（13）この見地からすれば、『哲学論文集第二』における「現実は自己批評的である」との西田の叙述は、論理の根拠を自己同一的な基体・実体に基づけることの否定を適切な仕方で表明できていないという点で不十分なものである。かつて筆者は、この西田の立場を「徹底的批評主義」の徹底として適切な立場であると評価した（拙稿「現実的世界において生成する論理」、『倫理学年報』第五十二集、二〇〇三年、一九三―二〇七頁）。しかしこの評価は本書で得られた見解に基づいて訂正されなければならない。

あとがき

二〇〇四年二月に刊行した拙著『西田哲学の論理と方法──徹底的批評主義とは何か』は、場所的論理が成立した中期西田哲学の論理と方法を、それに至る『善の研究』からの西田の思索の過程を追いつつ考察したものであった。本書はそれに引き続いて、さらに後期西田哲学の論理と方法を明らかにしたものである。折々の学会シンポジウム（日本ショーペンハウアー協会、比較思想学会、新プラトン主義協会、日本ヘーゲル学会、日本フィヒテ協会）での提題、学会誌等に掲載した諸論文、刊行した共編著、さらにはそれらをめぐっての諸々の議論などをふまえ、また援用してはいるが、本書の内容は、基本的に新たに構想し執筆したものである。

前著の「あとがき」において筆者は、「本書に直接に関わるものとして、後期の西田哲学の論理と方法とを明らかにするという課題が残されている。現時点で筆者は、それをやはり「徹底的批評主義」のさらなる〈徹底〉の道行きとして評価すべきであると考えている。……しかしこれは今後、さらに様々な考察によって精密に見極めていきたい事柄である」と述べた。当時の筆者は「現実は自己批評的である」という西田の言葉に手がかりを求めていた。しかしその後の検討の中で、「歴史的現実」は自らの存在根拠（そして「自己批評」の根拠）を自らにおいて持たないという西田の知見に、後期西田哲学の論理と方法の特性が示されていることに気づかされると共に、それは中期西田哲学の「徹底的批評主義」のさらなる徹底として単純に理解することが不可能なものであることに思い至らざるを得なかった。その後も筆者は、こうした後期西田哲学の論理と方法が「徹底的批評主義」による方法論的な根拠づけの何らかの仕方での深まりであるという見解を持ち続けていたが、後期西田哲学の論理と方法の何ほどかの理解に至ることは容易ではなかった。本書は、筆者が「絶対的論理主義」による方法論的な根拠づけという観点から、後期西田哲学の論理と方法を新たに根本的に検討し直したその最初の成果である。

なお筆者は、前著の「あとがき」において、「西田の思考をこの身で受け取り直し、この現代において思索をつむいでいくことも、遥かな課題として横たわっている」とも記したが、そして書評などでこの思索について期待する声もいただいたが、結局はわずかに「〈個〉との出会い――理由なき理由」（『アフリカ情報通信』Vol.03, No.04, http://www.africanewsletter.com）で素描するほどのことしかなしえなかった。依然「遙かな課題」ではあるが、今後必ずやそれを果たしたいと念じている。

本書を公刊するに際し、この度も多くの方からご恩をいただいた。門脇佳吉先生、上田閑照先生、田中裕先生には、前著を公刊した直後に、なによりも後期西田哲学の研究に集中し精励するようにとのお言葉を頂戴した。それぞれの先生のお言葉は、筆者に日々の思索に向き合う力を与えてくださった。今までにいただいた数え尽くすことのできぬご恩に心より御礼を申し上げると共に、今またこれからの一層の精進を期している。また本書の執筆にあたっては、思索においても人柄においても常に学ばせていただいている、美濃部仁氏と高橋陽一郎氏に、本書の草稿をめぐって議論する機会を何度も設けていただいた。お二人のおかげで何とか本書の完成に漕ぎ着けることができた。そして三人での議論を通じて、哲学することの歓びをひしひしと感じるこの上ない時間をいただいた。お二人には感謝の言葉を言い尽くすことができない。さらに、前著の刊行時に開いていただいた合評会での評者（山形頼洋氏、鎌田康男氏、美濃部仁氏）と参加者からのご教示と激励、西田哲学研究会のメンバーとの定例会での議論、さらには筆者の職場、立正大学文学部哲学科での敬愛する先輩、湯浅正彦氏と村上喜良氏に日頃よりいただいているご教示と暖かいお心遣いなくしては、筆者が日々の思索を続けていくことも不可能であったように思う。そして折々にお世話になった方で、ここでお名前を挙げられなかった方々についても、今あとがきを記しているなかで、そのお顔をお一人お一人思い浮かべている。こうして皆様からいただいた大切なものを想い、心より御礼を申し上げたい。

前著に引き続き本書も、法政大学出版局の現顧問（前編集代表）である平川俊彦氏が直接の編集担当となってくださった。平川氏もまた前著刊行時に、さらに続いて後期西田哲学研究に取り組むように薦めてくださった。それ以降、定期的にいろいろなお話をさせていただき、知的な刺激をたくさん頂戴する中で、とりわけ戸坂潤の西田哲学批判の重要性について示唆をいただいたことは、筆者にとって大きな出来事であった。また前著同様、このたびも「本」を共同で作っていくことの面白さと醍醐味を味わうことができたこと、これもひとえに平川氏のおかげである。あらためて深く感謝申し上げたい。

本書は出版にあたり「立正大学石橋湛山記念基金」より助成を受けた。関係各位には厚く御礼を申し上げる。

二〇〇八年二月一五日

板橋勇仁

人名索引

西田幾多郎，田邊元，戸坂潤，および板橋は省略．

あ 行

か 行

さ 行

た 行

な 行

は 行

ま　行

や　行

ら　行

事項索引

「行為的直観」は，頻出するので省略.

あ　行

か　行

さ　行

た　行

な　行

は　行

ま　行

や　行

ら　行

●著者紹介

板橋　勇仁（いたばし　ゆうじん）

1971 年生まれ．上智大学大学院哲学研究科博士後期課程修了．博士（哲学）．日本学術振興会特別研究員（PD），立正大学文学部（哲学科）専任講師を経て，2008 年度より同准教授．西田哲学会理事（2003 年 2 月の学会発足時より）．日本ショーペンハウアー協会理事（2007 年度より）．

専　門　哲学，近現代日本思想

著　書　『西田哲学の論理と方法——徹底的批評主義とは何か』（法政大学出版局），『ショーペンハウアー読本』（共編著，法政大学出版局），『知の軌跡』（共編著，北樹出版）．

歴史的現実と西田哲学

絶対的論理主義とは何か

2008年 8 月29日　初版第 1 刷発行

著 者　板　橋　勇　仁

発行所　財団法人 法政大学出版局

〒102-0073 東京都千代田区九段北3-2-7

電話03(5214)5540/振替00160-6-95814

製版・印刷/三和印刷 製本/鈴木製本所

ISBN978-4-588-15052-4